装备寿命周期费用
分析方法及应用

周 林 汪文峰 张 琳 编著

西北工业大学出版社

西安

【内容简介】 本书以提高装备系统作战效能和降低寿命周期费用为目标,围绕装备立项论证、研制生产和使用保障等活动,系统开展了装备寿命周期费用分析、估算、预测和管理研究,在简要介绍装备寿命周期费用分析的概念、内容、步骤、目的和意义的基础上,系统阐述了费用时间价值、学习曲线、费用分解结构和费用数据收集等基础理论,给出了装备寿命周期费用估算的基本要求、一般流程和主要方法,综合运用偏最小二乘回归、灰色系统、神经网络、遗传算法、支持向量机等理论方法,深入研究了装备寿命周期费用估算、装备寿命周期费用预测、装备可靠性费用分析、装备软件费用分析和装备费用风险分析的基本原理、主要内容和方法步骤,并通过装备寿命周期费用分析实例对相应的理论、方法和模型进行了应用验证分析。

本书可供装备管理机关、装备论证、研制、生产、使用和保障部门,以及装备研制单位管理人员与工程技术人员阅读,也可作为高等学校本科生、研究生的教学用书。

图书在版编目(CIP)数据

装备寿命周期费用分析方法及应用 / 周林,汪文峰,张琳编著. — 西安:西北工业大学出版社,2024.4
ISBN 978-7-5612-9193-1

Ⅰ. ①装… Ⅱ. ①周… ②汪… ③张… Ⅲ. ①武器装备-设备时间利用率-经济分析 Ⅳ. ①E144

中国国家版本馆 CIP 数据核字(2024)第 046298 号

ZHUANGBEI SHOUMING ZHOUQI FEIYONG FENXI FANGFA JI YINGYONG
装 备 寿 命 周 期 费 用 分 析 方 法 及 应 用
周林 汪文峰 张琳 编著

责任编辑:高茸茸		**策划编辑:**李阿盟	
责任校对:董珊珊		**装帧设计:**董晓伟	
出版发行:	西北工业大学出版社		
通信地址:	西安市友谊西路127号	邮编:710072	
电　　话:	(029)88491757,88493844		
网　　址:	www.nwpup.com		
印　刷　者:	陕西瑞升印务有限公司		
开　　本:	787 mm×1 092 mm	1/16	
印　　张:	18.125		
字　　数:	452 千字		
版　　次:	2024 年 4 月第 1 版	2024 年 4 月第 1 次印刷	
书　　号:	ISBN 978-7-5612-9193-1		
定　　价:	88.00 元		

如有印装问题请与出版社联系调换

前　言

装备系统是军队遂行作战任务的重要物质基础。随着装备系统信息化和智能化水平的提高,装备系统的功能结构更复杂、研制周期更长、投入费用更高,提高装备系统作战效能和降低寿命周期费用的矛盾日益突出,严重制约了武器装备系统的发展质量和效益。装备寿命周期费用分析方法是一种系统的分析方法,其以装备寿命周期费用的效果为标准,对装备系统的设计构型、生产计划、使用保障等可供选择的方案进行评价,以使提出的方案或问题获得费用-效果最佳的解答。因此,开展装备寿命周期费用分析研究,对于提高装备系统作战效能、降低寿命周期费用具有重要意义。

本书基于装备寿命周期费用分析的基本理论与方法,结合笔者多年的科研和学术成果,紧紧围绕装备寿命周期阶段和寿命周期费用分析内容,集理论性与实践性于一体。全书共8章:

第1章为装备寿命周期费用分析概述。本章简要介绍了装备寿命周期费用分析的概念与内涵、内容与步骤、目的与意义,并对装备寿命周期费用分析的应用进行了概括。

第2章为装备寿命周期费用分析基础。本章简要介绍了费用时间价值及其计算、学习曲线及其应用、寿命周期费用分解结构(Life Cycle Cost Breakdown Structure,LCCBS)等内容,并给出了费用数据收集、分析与整理的要求、方法和步骤。

第3章为装备寿命周期费用估算程序和方法。本章简要介绍了装备寿命周期费用估算的目的与要求,详细讨论了装备寿命周期费用估算的程序,并对常用的装备寿命周期费用估算方法进行了对比分析。

第4章为装备寿命周期费用估算模型。本章主要阐述了参数费用估算模型(Parametric Cost Estimating Model,PCEM)、等工程价值比模型、作业成本模型和时间-费用模型等的基本原理、模型形式和方法步骤,并通过实例进行了模型的应用分析。

第5章为装备寿命周期费用预测模型。本章主要阐述了基于反向传播(Back Propagation,BP)神经网络、支持向量机(Support Vector Machine,SVM)、偏最小二乘回归(Partial Least-Squares Regression,PLSR)、格拉姆-施密特(Gram-Schmidt)回归、遗传算法-反向传播(GA　BP)融合算法等费用预测模型的基本原理、建模过程和实施步骤,并通过实例进行了模型的应用分析。

第 6 章为装备可靠性费用分析。本章简要介绍了装备可靠性费用的概念、分类和结构，系统讨论了装备可靠性与寿命周期费用（Life Cycle Cost，LCC）之间的关系，重点阐述了装备可靠性费用估算方法、装备可靠性费用优化方法和装备可靠性工作费用估算方法，并通过实例进行了应用分析。

第 7 章为装备软件费用分析。本章简要介绍了装备软件的生命周期和开发模型，系统分析了装备软件寿命周期费用的构成与特点、费用项目和分解结构，简要讨论了装备软件费用的影响因素、估算方法和估算难点，重点阐述了基于功能点分析法（Function Points Analysis，FPA）、案例推理（Case Based Reasoning，CBR）和可维护性的装备软件费用估算的基本原理、估算模型、方法步骤和应用实例，并从装备软件可靠性的影响因素出发，深入研究了装备软件可靠性费用模型和软件可靠性费用优化模型。

第 8 章为装备费用风险分析。本章简要介绍了装备费用风险的概念、分类、来源与特点，以及装备费用风险管理的含义、过程和模型，系统阐述了装备费用风险识别、费用风险估计、费用风险评价的内涵、过程和方法，重点讨论了基于熵判据法、蒙特卡洛法、挣得值法的装备费用风险估计、费用风险评价和费用风险控制的基本原理、方法步骤和应用实例。

本书由周林、汪文峰、张琳共同编著，全书由周林负责统稿。其中，第 1～5 章由周林编写，第 6 章和第 7 章由汪文峰编写，第 8 章由张琳编写。

本书在成稿过程中得到了赵英俊教授、周峰教授、谢军伟教授、唐晓兵副教授等的指导与帮助，在此对他们的辛勤付出表示衷心的感谢。

本书引用了国内外专家、学者的研究成果，在此对列入及未列入参考文献的专家、学者在该领域所做出的贡献和无私的奉献表示崇高的敬意，笔者对能引用他们的成果感到十分荣幸并表示由衷的谢意。

由于笔者的水平有限，书中不妥之处在所难免，敬请广大读者批评指正。

编著者

2023 年 12 月于空军工程大学

目 录

第 1 章　装备寿命周期费用分析概述 ································· 1
  1.1　装备寿命周期费用分析的概念与内涵 ······················· 1
  1.2　装备寿命周期费用分析的内容与步骤 ······················· 6
  1.3　装备寿命周期费用分析的目的、意义与应用 ··············· 9

第 2 章　装备寿命周期费用分析基础 ································· 11
  2.1　费用时间价值及其计算 ··· 11
  2.2　学习曲线及其应用 ··· 15
  2.3　寿命周期费用分解结构 ··· 20
  2.4　费用数据收集、分析与整理 ··································· 25

第 3 章　装备寿命周期费用估算程序和方法 ······················· 32
  3.1　寿命周期费用估算的目的与要求 ······························ 32
  3.2　装备寿命周期费用估算的程序 ································· 34
  3.3　装备寿命周期费用估算方法 ···································· 37

第 4 章　装备寿命周期费用估算模型 ································· 48
  4.1　参数费用估算模型 ··· 48
  4.2　等工程价值比模型 ··· 60
  4.3　作业成本模型 ··· 65
  4.4　时间-费用模型 ··· 70

第 5 章　装备寿命周期费用预测模型 ································· 78
  5.1　基于 BP 神经网络的费用预测模型 ···························· 78
  5.2　基于 SVM 的费用预测模型 ···································· 84
  5.3　基于 PLSR 的费用预测模型 ··································· 92

5.4 基于 Gram-Schmidt 回归的费用预测模型 …………………………… 101

5.5 基于 GA-BP 融合算法的费用预测模型 …………………………… 106

第 6 章 装备可靠性费用分析 ………………………………………………… 112

6.1 装备可靠性费用的概念与构成 ……………………………………… 112

6.2 装备可靠性与 LCC 的关系分析 …………………………………… 116

6.3 装备可靠性费用估算与优化方法 …………………………………… 128

6.4 装备可靠性工作费用估算方法 ……………………………………… 158

第 7 章 装备软件费用分析 ……………………………………………………… 174

7.1 装备软件生命周期模型 ……………………………………………… 174

7.2 装备软件寿命周期费用 ……………………………………………… 182

7.3 装备软件费用估算方法 ……………………………………………… 187

7.4 装备软件费用估算模型 ……………………………………………… 193

7.5 装备软件的可靠性费用 ……………………………………………… 211

第 8 章 装备费用风险分析 ……………………………………………………… 227

8.1 装备费用风险的概念和特点 ………………………………………… 227

8.2 装备费用风险管理过程和模型 ……………………………………… 231

8.3 装备费用风险识别过程和方法 ……………………………………… 235

8.4 装备费用风险估计过程和方法 ……………………………………… 242

8.5 装备费用风险评价过程和方法 ……………………………………… 249

8.6 装备费用风险分析应用实例 ………………………………………… 256

参考文献 ………………………………………………………………………………… 275

第1章 装备寿命周期费用分析概述

装备寿命周期费用分析是装备寿命周期费用方法的重要组成部分,开展装备寿命周期费用分析研究,能够有效提高装备效费比、装备可靠性和管理质效。本章首先明确装备寿命周期费用分析的概念与内涵,然后阐述装备寿命周期费用分析的内容与步骤,最后给出装备寿命周期费用分析的目的、意义与应用。

1.1 装备寿命周期费用分析的概念与内涵

1.1.1 装备寿命

有关寿命的概念很多,其内涵也各不相同。例如,美国国防部标准《军用标准 特征分类》[DOD-STD-2101(OS)]中规定:"寿命是指影响产品的使用期、库存和放置期、疲劳特性、耐久性、可靠性、失效频率、耐磨性或耐环境应力特性。"影响寿命的因素有磨损、腐蚀、疲劳、最大应力、参数漂移、杂质、离子辐射反应、老化等。一般来说,装备有3种寿命:物质寿命、技术寿命和经济寿命。

1. 物质寿命

装备物质寿命,也称自然寿命,是指装备由于物质磨损原因所决定的使用寿命,也就是从装备投入使用开始,由于物质磨损使装备老化、坏损,直到报废为止所经历的时间。装备的物质磨损可分为两种:①有形磨损,指装备在使用或闲置过程中所发生的实体磨损;②无形磨损,指装备在使用或闲置过程中,由于再生产同种功能装备所需的社会必要劳动时间减少,或有更新的技术出现,生产原有功能装备所需的费用能够生产性能更优的装备而引起原有装备的贬值。

2. 技术寿命

装备技术寿命有广义和狭义之分。广义的装备技术寿命是指一项装备技术从构思、孕育、产生、发展,一直到被淘汰的全过程。整个技术寿命周期又可分为两个周期:①技术研制周期,指装备技术从酝酿开始到投入使用的时间,包括发明发现、研制试验、设计制造、生产试用等阶段;②技术使用周期,指装备技术从投入使用开始,直到该项技术完全过时,或因对抗性的技术出现而被淘汰所经历的时间。狭义的装备技术寿命是指装备从投入使用开始,到因技术落后而被淘汰所经历的时间。装备技术寿命是一种综合反映装备技术水平的指标,其不仅与装备本身的技术状态有关,还与对抗装备的技术水平及性能有关。

3.经济寿命

装备经济寿命是指从装备以全新的状况投入部队的作战和训练开始,到装备年平均总费用最低时的使用年限。一般来讲,装备经济寿命以装备使用经济性作为寿命终结的标志,当装备出现大面积损伤时,不修理则不能使用,若修理又成本太高,此时称装备到达了经济寿命。装备使用年限,通常是在考虑装备安全性和可靠性的前提下,根据技术先进性和经济可承受性进行综合确定的。装备寿命周期费用中的"寿命"通常指的是装备经济寿命。

1.1.2 装备寿命周期

1.装备寿命周期的概念

装备寿命周期(Life Cycle,LC)是指装备从立项论证到退役报废所经历的全部时期,通常包括论证阶段、方案阶段、研制阶段、生产阶段、使用阶段和退役阶段。

2.装备寿命周期各阶段的工作

(1)论证阶段。论证阶段的主要工作:进行战术技术指标论证、研制总体方案论证以及研制经费、保障条件、研制周期预测,形成《武器系统研制总要求》。

(2)方案阶段。方案阶段的主要工作:根据《研制合同》《武器系统研制总要求》进行武器系统研制技术方案的论证、验证(包括系统方案设计、关键技术攻关、新部件及分系统的试制与试验),根据装备的特点和需要进行模型样机或原理样机的研制与试验。

(3)研制阶段。研制阶段的主要工作:根据《研制合同》《武器系统研制总要求》和研制技术方案,进行武器系统的设计、试制、试验工作和设计定型与生产定型工作。其中:设计定型是对武器系统性能进行全面考核,以确认其达到《研制合同》和《武器系统研制总要求》的要求;生产定型是对产品批量生产条件进行全面考核,以确认其符合批量生产的标准,稳定质量,提高可靠性。

(4)生产阶段。生产阶段的主要工作:按照装备设计工艺的各类规范进行装备的批量制造、安装、调试,以及经验收后交付部队部署使用。

(5)使用阶段。使用阶段的主要工作:装备由使用部队担负训练、战备、执勤与作战任务,并进行装备的维护与修理工作。

(6)退役阶段。退役阶段的主要工作:对装备与其保障资源作退役处理。

3.装备寿命周期的特点

(1)军方内循环。武器装备是一种特殊的商品,其重要性决定了从装备论证开始,军方必须全程参与装备的研制和生产过程,然后经历军方使用维修保障等环节,直到退役处置。

(2)寿命周期长。武器装备的结构复杂、技术先进,质量要求高,研制和生产难度大,从方案论证到最终退役,一般要经历长达几年、十几年,甚至几十年的时间。

(3)循环阶段多。从装备寿命周期阶段的划分可以看出,各主要阶段包含的工作内容非常丰富,且都有其自身的特点,这给装备寿命周期费用管理和监控带来很多困难。

(4)控制环节多。大型装备寿命周期过程中涉及的单位和部门比较多,各项活动的制约因素也比较复杂,需要进行控制的环节也相应增多。

(5)决策层次高。装备寿命周期各阶段的决策内容广、决策层次多、决策层级高,各种决策处于不同的层次和位置且相互关联程度大,使得装备寿命周期费用管理和控制更加复杂。

1.1.3 装备寿命周期费用

1. 费用的概念

费用是指消耗的资源,如人力、物力、财力和时间等的货币度量。除费用这一概念外,人们还经常使用成本、价值和价格等类似的概念。通常情况下:成本指的是产品在生产阶段的消耗;费用指的是产品在研制、使用阶段的耗费;价值指的是产品消耗的社会必要劳动;价格指的是产品同货币交换比例的指数,或者说,价格是价值的货币表现。价值主要包括3个部分:①耗费的物化劳动的转移价值,即消耗的劳动对象的转移价值(如原材料、辅助材料和燃料动力等)和劳动手段的转移价值(如折旧、大修等);②劳动者活劳动所消耗的价值中归劳动者个人支配的部分(如工资等);③劳动者活劳动所消耗的价值中归社会和企业支配的部分,主要指利润(如我国军品利润按照军品定价成本的5%计算)。

2. 寿命周期费用的概念

目前,对寿命周期费用(LCC)尚没有统一的定义。美国预算局的定义是:寿命周期费用是指大型系统在预定有限期内发生的直接、间接、重复性的、一次性的及其他有关的费用,是设计、开发、制造、使用、维修、保障等过程中发生的费用和预算中所列入的必然发生的费用的总和。美国国防部的定义是:系统的寿命周期费用是政府(军方)为设计和获得系统以及系统一生所消耗的总费用,包括开发、设计、使用、后勤保障和报废等费用。我国《武器装备寿命周期费用估算》(GJBz 20517—1998)中给出的定义是:寿命周期费用是指在装备的预期寿命周期内,为装备的论证与研制、购置、使用与保障及退役处置所支付的所有费用之和。

虽然关于装备寿命周期费用的定义不同,但其基本含义却是相同的,主要体现在以下3个方面:

(1)寿命周期费用的全面性,是武器装备"从生到死"所需的全部费用;

(2)寿命周期费用的主观性,是武器装备在预计的寿命周期内人为估计的费用值;

(3)寿命周期费用的动态性,是武器装备在发展过程中不断修正的估计值,在某一时间点,其包含该时点前已经发生的费用和该时点后预计要发生的费用。

3. 寿命周期阶段和费用划分

寿命周期费用是在装备寿命周期内,为装备的论证、研制、生产、使用保障,直至退役所付出的一切费用之和。武器装备寿命周期阶段和费用划分如图1-1所示。

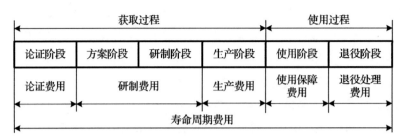

图 1-1 武器装备寿命周期阶段和费用划分

一般来讲,装备立项前的论证费用和最后的退役处理费用在装备寿命周期费用中所占比例较小,且退役处理费用多半是负值,即收益,因此,在进行装备寿命周期费用分析时,应重点考虑装备的研制费用、生产费用和使用保障费用这三项费用单元,三者的比例分别是 10%～15%、20%～25%、60%～70%。

4. 寿命周期阶段对费用的影响

装备寿命周期各阶段的工作内容不同,对寿命周期费用的影响也不一样。波音公司通过对弹道导弹寿命周期及其对费用的影响进行了统计分析,得到了描述装备寿命周期阶段对费用影响的帕累托(Pareto)曲线,如图 1-2 所示。其中,横坐标是装备寿命周期的主要阶段,纵坐标是装备累积寿命周期费用,决定费用曲线是指在相应阶段结束时已决定的装备寿命周期费用占全寿命周期费用的百分比,消耗费用曲线是指在相应阶段结束时所消耗的累积寿命周期费用占全寿命周期费用的百分比。

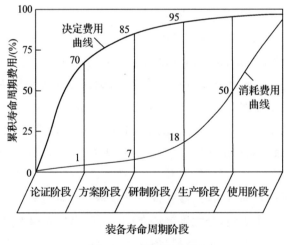

图 1-2 帕累托曲线

从图 1-2 可以看出,装备寿命周期各阶段对装备寿命周期费用的影响是不一样的。虽然论证阶段所花费的费用只占整个寿命周期费用的 1%,但它决定了 70% 的寿命周期费用,到方案阶段结束时的影响程度达 85%,到研制阶段结束时的影响程度达 95%,此时装备寿命周期费用几乎已成定局。随着装备寿命周期各阶段的进程,经费的消耗大幅度提高,但决定装备寿命周期费用的能力越来越小。因此,在装备论证阶段开展性能和费用的权衡研究,对于降低装备寿命周期费用、控制寿命周期费用增长具有重要意义。

1.1.4 装备寿命周期费用分析

1. 装备寿命周期费用分析的概念

寿命周期费用分析(Life Cycle Cost Analysis,LCCA)是寿命周期费用方法的重要组成部分,是以寿命周期费用估算为基础的系统分析方法。

美国布兰查德教授对寿命周期费用分析的定义是:"寿命周期费用分析是一种系统的分析方法,用于选择和确定装备等的有限资源的最佳费用,并为此而对各种方案做出必要的评价。"具体地说,寿命周期费用分析"是用于对装备的设计构型、生产计划、后勤保障方针等方面可供选择的方案进行评价,以寿命周期费用的效果为标准,逐步进行分析,使提出的方案或问题获得费用-效果最佳解答的一种方法"。

日本寿命周期费用委员会对寿命周期费用分析的定义是:"为了使用户所用的系统(装备)具有经济的寿命周期费用,在系统(装备)的开发研制阶段将寿命周期费用作为设计参数,并对系统(装备)方案进行彻底分析比较时做出决策的一种方法。"

我国《武器装备寿命周期费用估算》(GJBz 20517—1998)中对寿命周期费用分析的定义是:"对寿命周期费用及各费用单元的估计值进行结构性分析研究,旨在确定寿命周期费用主宰因素、费用风险项目及费用效能变化因素的一种系统分析方法。"

2. 装备寿命周期费用分析的内涵

虽然各国对寿命周期费用分析的定义有所不同,但都体现了以下几个方面的含义:

(1)寿命周期费用分析是一种系统分析方法,必须要用系统的观点来看待和应用它;
(2)寿命周期费用分析是对可供选择的各种设计方案、使用方案等进行评价;
(3)寿命周期费用分析以寿命周期费用效果作为对各种方案进行评价的标准;
(4)寿命周期费用分析的目的是确定费用主宰因素、费用风险项目及费用效能变化因素。

3. 装备寿命周期费用分析的特点

(1)费用结构是基础。寿命周期费用结构分解得细致、合理,能使得估算出的寿命周期费用有高的置信度。

(2)费用模型是核心。建立符合精度要求的费用估算关系式和费用模型,是进行装备寿命周期费用分析的核心工作。

(3)影响分析是关键。探讨影响装备寿命周期费用的各种不确定因素,并对影响效果进行定量分析是寿命周期费用分析的重要内容。

(4)方案优化是目标。以费用为约束进行装备战术技术性能指标优化,实现装备效能与费用之间的最佳匹配,可以有效提高武器装备的效费比。

1.2 装备寿命周期费用分析的内容与步骤

1.2.1 装备寿命周期费用分析的类型

装备寿命周期费用分析从狭义和广义角度可分为两大类:装备寿命周期费用结构分析和装备寿命周期费用权衡分析。

1. 装备寿命周期费用结构分析

狭义的装备寿命周期费用分析是指装备寿命周期费用结构分析,即确定装备寿命周期费用各组成部分数值,并分析它们对总费用的影响。装备寿命周期费用结构是构成装备寿命周期费用的费用项目,主要包括论证费、研制费、生产费、使用保障费和退役处理费等。国内外的相关统计数据显示,在不计退役处理费的情况下,论证研制费、生产费、使用保障费的比例关系约为1∶3∶6。由此可见,装备寿命周期主要费用构成是生产费和使用保障费,而对装备寿命周期费用影响最大的却是装备研制阶段。

2. 装备寿命周期费用权衡分析

广义的装备寿命周期费用分析,既包含装备寿命周期费用结构分析,又包含装备寿命周期费用权衡分析。装备寿命周期费用权衡分析是将装备寿命周期费用或某个主要费用单元的费用作为权衡的目标,在各种备选方案之间进行评价与平衡分析,以确定最佳方案的一种系统优化方法。

装备寿命周期费用权衡分析主要包括:①装备寿命周期费用与装备系统效能的权衡分析;②装备寿命周期费用与战备完好性的权衡分析;③装备寿命周期费用与可靠性和维修性的权衡分析;④装备寿命周期费用与主要作战性能的权衡分析;⑤装备研制费用与使用保障费用的权衡分析;⑥装备采购费用与使用保障费用的权衡分析;⑦装备使用保障费用中各费用单元之间的权衡分析。

装备寿命周期费用与可靠性的权衡如图1-3所示,装备可靠性提高使得装备购置费用增加,但由于装备故障率的降低而使得装备使用保障费用减少,因此,可以找到一个装备寿命周期费用最少的最佳平衡点。

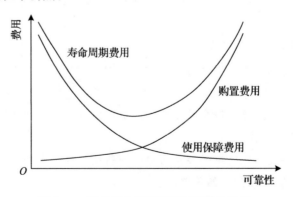

图1-3 装备寿命周期费用与可靠性权衡

装备寿命周期费用与战备完好性的权衡如图1-4所示。假设按装备战术技术性能中的"作用距离"大小有A、B、C共3个备选方案,由图1-4可以看出,随着战备完好性的提高,3个方案的寿命周期费用都逐步升高,只有备选方案C的部分曲线在同时满足寿命周期费用与战备完好性要求的区间内,因此,权衡分析的结果是备选方案C为最佳方案。

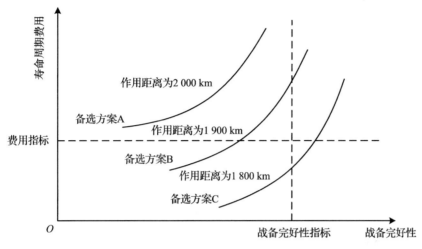

图1-4 装备寿命周期费用与战备完好性权衡

1.2.2 装备寿命周期费用分析的内容

由装备寿命周期费用分析的类型可知,装备寿命周期费用分析通常包含以下4个方面的内容。

1. 寿命周期费用分解

寿命周期费用分解的目的在于建立装备寿命周期费用分解结构。装备寿命周期费用分解结构能够系统、全面地反映装备寿命周期费用的构成及其相互关系。

2. 寿命周期费用估算

寿命周期费用估算是指运用一定的科学方法,对未来费用水平及其变化趋势做出科学的推断和估计。寿命周期费用估算的目的在于为费用决策、费用计划、费用控制等提供科学依据,主要研究内容包括费用估算的过程与步骤、费用估算的方法及其选择等。

3. 寿命周期费用权衡

寿命周期费用权衡是指通过确定费用主宰项目(高费用项目)及影响因素、费用风险项目及费用效能的影响因素等,为控制和降低寿命周期费用提供依据,以提高费用的管理与使用效益。

4. 寿命周期费用评价

寿命周期费用评价是指以寿命周期费用为准则,对不同的待选方案进行权衡决策,从而为装备设计、开发、使用、维修、更新等活动中所涉及费用的决策提供有效信息。

1.2.3 装备寿命周期费用分析的步骤

装备寿命周期费用分析的过程就是对装备寿命周期费用各组成部分的识别、量化和分析的过程,其基本步骤如下。

1. 阐述用户使用需求

详细阐述用户对装备的使用和维修需求,确定合适的技术性能测量措施(Technical Performance Measurement Measures,TPMM),从功能角度对装备系统进行描述,即进行系统级的功能分析。

2. 描述阶段业务活动

根据装备寿命周期的阶段划分,描述各阶段的主要业务活动,明确预定的装备寿命周期年限,从而建立用于费用构造和估算的"基线"。

3. 建立费用分解结构

根据寿命周期阶段及其业务活动,建立一种自上而下和自下而上的费用分解结构(Cost Breakdown Structure,CBS),包含装备寿命周期内与费用有关的所有类别,以便进行装备初步费用分配(自上而下)和费用数据收集与汇总(自下而上)。

4. 确定数据输入需求

根据确定的装备费用类别,确定数据输入需求和数据来源,并针对研究问题的性质、装备所处的阶段、费用分析的深度等,明确需要收集的数据类型和数量等。

5. 估算各类别费用值

基于长期的实践活动基础,确定合适的费用概算关系(Cost Estimate Relationship,CER),采用"基于活动的费用计算"方法,对每一类别的费用进行估计,并为CBS中的每一类别的费用设置相应的费用值。

6. 选择合适费用模型

选择或开发一种基于计算机的费用模型,以便于利用计算机进行费用估算,要求费用模型对装备系统必须是敏感的。

7. 产生装备费用汇总表

根据各类费用的计算结果,构造一个装备费用汇总表,以说明装备寿命周期内的各类费用及其占全部费用的比例。

8. 确定装备高费用因素

依据装备的费用汇总表,确定装备的高费用因素及其产生原因,从而明确装备的哪些功能、哪些组成、哪些过程等在装备设计或改进中需要重点进行研究。

9. 进行费用敏感性分析

对费用估算模型、输入输出关系以及"基线"分析结果进行评估,以确保装备寿命周期费用分析总体上是正确的,各类费用估算模型对于所研究的问题是合适的,且对于装备寿命周期费用是敏感的。

10.确定问题的优先等级

根据装备寿命周期费用估算结果,绘制帕累托曲线图并进行分析,以确定待解决问题的优先等级,即哪些问题应该得到管理人员的最大关注。

11.确定可行的设计方案

基于单个设计方案的寿命周期费用分析方法,将其扩展用于多个设计方案的寿命周期费用分析,对多个设计方案从费用的角度进行评价,确定其是否是一个可行的设计方案。

12.评估并选择首选方案

对确定的每一个可行方案均建立相应的费用汇总表,根据费用值对各可行方案进行比较和平衡分析,从而确定装备系统的首选设计方案。

1.3 装备寿命周期费用分析的目的、意义与应用

1.3.1 装备寿命周期费用分析的目的

装备寿命周期费用分析既可用于对现有武器装备进行分析,也可为新研装备的设计及改进提供信息,其目的可归结为以下4个方面。

1.确定装备费用指标

通过对类似装备的寿命周期费用分析,可为新研装备的寿命周期费用指标确定,以及进行定费用设计(Fixed Cost Design,FCD)提供依据。

2.确定最佳平衡方案

通过装备寿命周期费用的权衡分析,评价备选使用方案、保障方案、设计方案,寻求费用、进度、性能之间达到最佳平衡的方案。

3.确定费用主宰因素

通过装备寿命周期费用结构分析,确定装备寿命周期费用的主宰因素,为装备的设计方案、改进措施、使用方案与保障计划的修改及调整提供决策依据。

4.获得最佳费用效能

通过装备寿命周期费用与战术技术性能的权衡分析,为装备研制方案和采购计划的制定提供费用信息和决策依据,以获得具有最佳费用效能或以最低寿命周期费用实现作战任务的装备。

1.3.2 装备寿命周期费用分析的意义

进行装备寿命周期费用分析的意义主要体现在以下3个方面。

1.有效提高装备的效费比

通过装备寿命周期费用分析,可以明确显示装备寿命周期各阶段或各因素的费用,从而为装备费用和效能的权衡决策提供重要依据。

2.有效提高装备的可靠性

通过装备寿命周期费用与可靠性和维修性的权衡分析,可以有效地改进装备的可靠性和维修性,从而为装备可靠性和维修性的提高提供依据。

3.有效提升管理的质效

通过装备寿命周期费用结构分析,可以得到各要素或各子系统的费用及其产生的影响,从而为新装备的研制和管理工作提供借鉴和参考。

1.3.3　装备寿命周期费用分析的应用

装备寿命周期费用分析可用于装备寿命周期的各个阶段,在装备采办过程中主要用于以下5个方面:

(1)装备设计方案的比较与选择。

(2)装备研制与生产方法的改进。

(3)装备经费预算和计划的制定。

(4)装备管理方法和对策的选择。

(5)装备相关费用方案优化决策。

第 2 章 装备寿命周期费用分析基础

现代武器装备组成结构复杂、寿命周期长、投入费用高,在进行装备寿命周期费用分析时,需要考虑费用时间价值和研制生产规模的影响,并基于寿命周期费用的分解结构,利用获得的装备费用数据进行费用估算和预测。本章首先介绍费用时间价值的基本概念和计算方法,然后给出学习曲线(Learning Curve,LC)的描述方法和应用实例,并讨论寿命周期费用分解结构的概念、要求和步骤,最后详细研究费用数据收集、分析和整理的内容、方法和步骤。

2.1 费用时间价值及其计算

2.1.1 费用时间价值的概念

1. 费用时间价值

费用时间价值是指费用随着时间的推移而引起价值量的变化。由于装备的寿命周期往往长达二三十年,甚至更长,而货币价值随时间的变化是客观存在的,因此,在进行装备寿命周期费用分析时,必须要考虑费用的时间价值,要将不同时刻发生的费用折算到一个基准时刻的价值,使得费用数值具有可比性。

2. 现值

现值是指货币的现在瞬时价值,或指定基准时点的价值,通常用 P 来表示。

3. 未来值

未来值是指按一定利率对货币现值计息,经过一定时间间隔期的新货币值,也叫期终值或将来值,通常用 F 来表示。

4. 贴现

贴现是指将资金按一定的贴现率折算成某一时点的价值。现值就是贴现到现在时刻的价值,贴现率一般为综合考虑货币时间价值的投资收益率。

5. 利率

利率即利息率,是指单位时间(计息周期)所得的利息与本金的比率,通常以百分数形式

表示,即

$$利率 = \frac{单位时间的利息}{本金} \times 100\% \quad (2-1)$$

计算资金的时间价值,按利息是否继续生息可分为单利法和复利法。

(1)单利法。假定经过计息周期的利息不再投入资金周转过程,也就是利不生利,计算公式为

$$F_n = P + Pni \quad (2-2)$$

式中：F_n 为 n 周期末的本利和,即期终值；P 为本金,即现值；n 为计息周期；i 为年利率。

(2)复利法。考虑经过计息周期的利息再生情况,即把本金及前期所累积的利息作为新的本金来计算利息,计算公式为

$$F_n = P(1+i)^n \quad (2-3)$$

6.提价

提价体现了在某个期间价格变化的程度。当需要研究未来经费时,提价因素必须予以考虑。在我国,通常用物价指数反映这一现象,它表示不同时期商品价格水平变化趋势和程度的动态相对数,常以百分数表示。物价指数的变动直接反映币值的变化,其上升的幅度即通货膨胀的幅度。这种变化情况可用下式表示：

$$EF = (1+r)^n \quad (2-4)$$

式中：EF 为提价系数；r 为提价率；n 为年数。

7.等值

资金的等值是指现在的一笔资金,在确定的利率下与不同时点的一笔或几笔资金具有相同经济价值的值。

8.等额年金

等额年金是指在若干连续的时间段中,每个时间段末按一定利率对现值 P 所做的每段数字相同的支付金额,通常用符号 A 表示。

2.1.2 费用时间价值的计算

1.费用时间价值的计算方法

费用时间价值计算的通常做法是选取一个"基准财年",然后将各年度费用向"基准财年"转换。在进行费用转换时,要同时考虑利率与通货膨胀因素。常用的处理方法如下：假定每年通货膨胀率(或物价指数)为 r,年利率为 i,设各年的 r 和 i 均相同,则由基准财年的现值 P 转换至 n 年后的期终值 F 的计算公式为

$$F = P(1+r)^n(1+i)^n \quad (2-5)$$

2.费用时间价值的计算公式

常用的用于计算费用时间价值的复利计算公式见表 2-1。

表 2－1　复利计算公式

公式编号	公式名称	已知→未知	公 式	系 数	系数符号
1	一次支付复利终值公式	$P \to F$	$F = P(1+i)^n$	$(1+i)^n$	$F/P, i, n$
2	一次支付复利现值公式	$F \to P$	$P = F \dfrac{1}{(1+i)^n}$	$\dfrac{1}{(1+i)^n}$	$P/F, i, n$
3	等额支付年金终值公式	$A \to F$	$F = A \dfrac{(1+i)^n - 1}{i}$	$\dfrac{(1+i)^n - 1}{i}$	$F/A, i, n$
4	等额支付年金公式(1)	$F \to A$	$A = P \dfrac{i}{(1+i)^n - 1}$	$\dfrac{i}{(1+i)^n - 1}$	$A/F, i, n$
5	等额支付年金公式(2)	$P \to A$	$A = P \dfrac{i(1+i)^n}{(1+i)^n - 1}$	$\dfrac{i(1+i)^n}{(1+i)^n - 1}$	$A/P, i, n$
6	等额支付年金现值公式	$A \to P$	$P = A \dfrac{(1+i)^n - 1}{i(1+i)^n}$	$\dfrac{(1+i)^n - 1}{i(1+i)^n}$	$P/A, i, n$

(1) 由现值求未来值。已知年利率(贴现率或物价指数) i、周期(年或月)数 n，由现值 P 求未来值 F。换算系数称为整付本利和系数(或复利系数)，其符号为 $F/P, i, n$，计算公式见表 2－1 中的公式 1。

(2) 由未来值求现值。已知年利率(贴现率或物价指数) i、周期(年或月)数 n，由未来值 F 贴现为现值 P。换算系数称为整付现值系数(或贴现系数)，其符号为 $P/F, i, n$，计算公式见表 2－1 中的公式 2。

(3) 由等额年金求未来值。已知每年支付等额年金 A、年利率 i、年期数 n，求 n 年期后与逐年的年金值等值的总期终值 F。换算系数称为等额支付本利和系数(或等额支付复利系数)，其符号为 $F/A, i, n$，计算公式见表 2－1 中的公式 3。

(4) 由未来值求等额年金。已知年利率 i、年期数 n、第 n 年期末要积累(或偿还)资金的总金额 F，求每年要积累(或偿还)多少等额年金 A，才能在 n 年期末积累(或偿还)与 F 等值的资金。换算系数称为资金积累系数(或偿还基金系数)，其符号为 $A/F, i, n$，计算公式见表 2－1 中的公式 4。

(5) 由现值求等额年金。已知投入现值资金 P 与年利率 i，求在规定年期 n 内每年应回收多少等额年金 A，才能全部回收与现值 P 等值的资金。换算系数称为资金回收系数，其符号为 $A/P, i, n$，计算公式见表 2－1 中的公式 5。

(6) 由等额年金求现值。已知每年支付相同金额的资金 A、年利率 i、年期 n，求与这些等额年金等值的总现值 P。换算系数称为等额支付现值系数，其符号为 $P/A, i, n$，计算公式见表 2－1 中的公式 6。

例 2－1：某型武器装备的寿命周期为 5 年，已知各年期末支付的费用分别是 1 000 万元、3 500 万元、5 000 万元、6 000 万元、2 000 万元，假设年利率为 10%，试求计划时刻即零年末的现值。

解：依题意知，此为已知未来值 F 求现值 P 的问题，且已知 $i = 0.1$，则有

$$P = \frac{1\,000}{1+0.1} + \frac{3\,500}{(1+0.1)^2} + \frac{5\,000}{(1+0.1)^3} + \frac{6\,000}{(1+0.1)^4} + \frac{2\,000}{(1+0.1)^5} = 12\,898.15(万元)$$

于是,可得计划时刻即零年末的现值为 12 898.15 万元。

2.1.3 物价指数对费用的影响

在武器装备费用上涨的诸多影响因素中,技术进步和物价上涨是两个重要的因素。大量的理论和实践证明,物价上涨导致装备寿命周期费用的增幅仅次于技术进步的影响。例如,20 世纪 70 年代美国"企业"号核动力航空母舰的首舰制造费用为 4.513 亿美元,之后生产的"尼米兹"级航空母舰的费用为每艘 45 亿美元,两舰的技术性能基本相当,但费用却增长了近 9 倍,这主要是由于物价上涨的影响。

1.物价指数的数学表示

物价指数是指两个时期价格水平变动趋势和程度的一种相对指标,通常用百分数来表示。常用的物价指数有单品价格指数和综合物价指数。

(1)单品价格指数。单品价格指数是指某商品报告期的价格与基期的价格的比值,其计算公式为

$$K = \frac{P_1}{P_0} \times 100\% \tag{2-6}$$

式中:K 为单品价格指数;P_0 为商品基期的价格;P_1 为商品报告期的价格。

(2)综合物价指数。综合物价指数是指报告期各种商品的价格和对应销量的乘积,与基期各种商品的价格和对应销量的乘积的比值,其计算公式为

$$\overline{K} = \frac{\sum\limits_{i=1}^{n} P_{1i} q_{1i}}{\sum\limits_{i=1}^{n} P_{0i} q_{0i}} \times 100\% \tag{2-7}$$

式中:$\overline{K}$ 为综合物价指数;P_{1i} 为第 i 种商品报告期的价格;P_{0i} 为第 i 种商品基期的价格;q_{1i} 为第 i 种商品报告期的销量;q_{0i} 为第 i 种商品基期的销量;n 为统计的商品种类数。

2.物价指数的影响对象

根据 1996 年颁布的《军品价格管理办法》,装备价格由装备定价成本和按定价成本 5% 的利润组成。装备成本主要由材料费和工时费两部分构成,因此,物价指数对装备成本的影响主要体现在以下 3 个方面。

(1)对材料费的影响。材料费主要包括原材料费、外购配套设备费、备品备件费等,其是坦克、舰船、飞机、导弹等大型复杂武器装备制造的主要成本之一,物价指数上涨,必然导致原材料价格上涨,而军品所用原材料价格涨幅更大。例如,舰船装备的原材料费包括钢材、有色金属材料、管系材料、焊接及切割材料、电缆材料、油漆、木材、绝缘材料、油料、铸锻件等材料费用,外购配套设备费包括推进动力系统、电气系统、武器系统、电子系统、舰船装置系统、舵系装置、锚系装置、系泊装置、救生装置、减摇装置、生活设施等设备费用。舰船装备的材料费通常占建造成本的 60%~80%,在维修成本中也占到 30% 左右,因此,舰船等大型装备价格中的材料费与工业品生产价格指数(Producer Price Index,PPI)及原材料、燃料、动

力购进价格指数(Purchasing Price Index of Raw Material,PPIRM)等关系密切,其随 PPI、PPIRM 的变动而变动。

(2)对工时费的影响。工时费主要包括工人工资及福利费、燃料动力费、制造费用和财务费用等,其中大部分用于工人的工资及福利费等开支。据统计,一般装备制造中工人工资占工时费的比例为 40% 左右,复杂装备制造中工人工资占工时费的比例达 50%～60%,此外,配套设备中也含有相当比例的工资成分。例如,舰船装备的工时费,在建造成本中约占 20%,在维修成本中占 60%～70%,而随着国民经济的不断发展,居民消费价格指数(Consumer Price Index,CPI)不断上升,为保证人民实际生活水平不断提高,要求工人工资的上涨幅度大于物价的上涨幅度,因此,CPI 是工人工资水平的重要因素,CPI 的上涨推动工人工资水平的上涨,必然带来装备成本中工时费的增加。

(3)对利润的影响。尽管规定利润为装备总成本的 5%,且对于总装厂和配套厂均是如此,但对于经过多层次配套的装备来说,利润会因为配套轮次的增加而出现滚动计算问题,物价上涨的影响也会出现累积效应,也就是使得利润绝对占比增加,这必然导致装备价格指数高于物价指数。

2.2 学习曲线及其应用

2.2.1 学习曲线的概念、描述及使用的条件

1. 学习曲线的概念

学习曲线也称熟练曲线,是用来描述在连续的产品制造中制造工时的变化情况的,这种现象也称为"熟练曲线效应"。学习曲线理论是 1936 年由美国康奈尔大学莱特博士首先提出的,后经许多专家和学者长期探索和研究,总结出了产品制造工时随着累计产量变化的规律,描述这一规律的理论和方法就是学习曲线。

学习曲线理论认为,随着产品生产数量的不断增加,其总工时也将随之增加,但单位产品制造工时将随着产品累计数量的增加而下降,随着产品累计数量的增大,下降的速率逐渐变小,直到趋于稳定;反之,产品生产数量减少时,其总工时也将随之减少,但单位产品制造工时将随着产品累计数量的减少而增加。因此,人们也常常将学习曲线反映出的规律形象地称为"Learning by doing",意即"在干中学",其原因不仅仅是工人通过不断地"学习",更好地掌握了制造和装配过程,而且因为在这一过程中,制造和工程计划能力不断提高,生产能力不断改进,从而使得单台产品制造工时下降。

很显然,在一定时期,单位工时分摊的制造费用即制造费用分配率一定,这时,产品制造费用也表现出与上述相同的规律。

2. 学习曲线的描述

学习曲线的概念可通过图 2-1 来描述,其中横坐标表示累计生产产品数量,纵坐标表示单位产品制造工时。

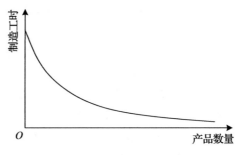

图 2-1 学习曲线示意图

从图 2-1 中可以看出,学习曲线是一条下凹的曲线,在对数坐标中为一条直线。其数学表达式为

$$Y = T_1 x^b \qquad (2-8)$$

或

$$\ln Y = \ln(T_1) b \ln x \qquad (2-9)$$

式中:Y 为第 x 件产品费用(或累积生产 x 件的平均单件费用);T_1 为首件产品费用(理论值);b 为斜率(对数空间)。

在学习曲线理论中,假定生产数量每增加 1 倍,费用降低固定比例,这个比例称为学习曲线斜率(Learning Curve Slop,LCS),通常用百分数来表示。

这样,对于第 1 件产品,有

$$Y_1 = T_1 \times 1^b = T_1 (\text{首件产品费用})$$

对于第 2 件产品,有

$$Y_2 = T_1 \times 2^b = T_2 (\text{第 2 件产品费用})$$

因此,$\dfrac{Y_2}{Y_1} = \dfrac{T_1 \times 2^b}{T_1 \times 1^b} = 2^b = 常数 = \text{LCS}$,即 $\ln(\text{LCS}) = b \ln 2$,于是有

$$b = \frac{\ln(\text{LCS})}{\ln 2} \qquad (2-10)$$

或

$$\text{LCS} = e^{b \ln 2} \qquad (2-11)$$

例 2-2:假设某项作业的原始劳动工时为 200 h,重复生产时,所需工时的熟练率为 0.8。试求第 8 次和第 12 次进行该项作业时所需的工时。

解:由题意知,$T_1 = 200$ h,LCS$=0.8$,$b = \dfrac{\ln(\text{LCS})}{\ln 2} = -0.321\,9$。

当 $x = 8$ 时,$Y_8 = T_1 \times 8^b = 200 \times 8^{-0.321\,9} = 102.4$ (h),当 $x = 12$ 时,$Y_{12} = T_1 \times 12^b = 200 \times 12^{-0.321\,9} = 89.9$ (h),即第 8 次和第 12 次进行该项作业时所需工时分别为 102.4 h 和 89.9 h。

3.学习曲线使用的条件

(1)学习效应产生的因素。学习效应的产生主要是基于以下因素:

1)劳动效率提高。工人通过重复性的工作提高了熟练程度,节约了劳动时间,提高了劳

动效率,包括进行更有效的生产维修和检验工作。

2)生产工艺改进。企业通过对生产工艺和生产技术的不断改进,提高了生产效率。

3)产品功能优化。企业通过对产品重新设计,减少了不必要的或成本高的某些功能。

4)产品标准统一。产品的标准化和规范化减少了更换和装配的时间,提高了重复性,降低了转换成本等。

(2)学习曲线成立的条件。学习曲线成立的条件主要包括:

1)连续的系列化生产。

2)稳定的产品设计。

3)以提高单位时间产量为主要管理目标。

(3)学习曲线的影响因素。学习曲线通常会受到以下因素的影响:

1)加工方法流程。产品生产过程中"接触性"劳动越少,即更多的自动化,则学习曲线会越扁平,即学习曲线斜率越大。假如历史学习曲线斜率为 0.85,而在新的生产中企业倾向于应用更多的自动化生产,则可以预测新的生产过程中学习曲线斜率会略高于 0.85。

2)产品复杂程度。一个产品越复杂,学习曲线会越陡。原因是存在更多可以改进生产流程的机会和更多的知识需要学习。假如一个历史项目的学习曲线斜率为 0.93,那么另一个新的更复杂的同类项目的学习曲线斜率将会低于 0.93。

3)工人的稳定性。工人更换的频率越高,学习曲线通常会越扁平,这是因为平均生产率受工人更换频率的直接影响。

4)生产过程中断。在产品系列化生产过程中,中断停产会导致学习曲线相对于以前产生一些变化。假如恢复生产时许多新工人加入生产过程,这势必会导致训练新手的熟练工缺乏,反映在学习曲线上是同历史学习曲线相比更扁平。即使停产没有真正影响到学习曲线本身,但这个生产停顿也会改变学习曲线的值,因为工人已经因停产而丧失了一些生产技巧。

2.2.2 学习曲线斜率的确定

1.学习曲线斜率确定的步骤

(1)收集相关数据并正规化处理。收集某型装备各财年的采购数量及相应费用,并将费用转换至某一相同年度。

(2)处理数据并转换至对数空间。计算累积产量(Cumulative Units Produced, CUP)、累积生产费用(Cumulative Production Cost, CPC)、累积平均单件费用(Cumulative Average Unit Cost, CAUC)。其中,累积平均单件费用指各年度生产费用的总和除以累积生产产品的件数,这里需要考虑费用的时间价值。

(3)描点并进行学习曲线分析。以 $\ln(\text{CUP})$ 为横轴、$\ln(\text{CAUC})$ 为纵轴作散布图,并进行数据分析。通过相关系数分析以及回归方程拟合度检验来判断数据是否满足统计性要求。一般情况下,要求相关系数大于或等于 0.7。若拟合情况不满足要求,则可利用该系统学习曲线斜率的平均值。

(4)确定直线截距和斜率。可通过最小二乘法等方法来确定直线截距和斜率,直线截距

对应值为 $\ln(T_1)$，斜率为 b。

(5) 将结果转换到正常空间。将对数空间转回到正常空间，可得到首件产品费用 T_1 和 LCS 的计算公式为

$$T_1 = e^{\ln(T_1)} \qquad (2-12)$$

$$LCS = e^{\ln 2} \qquad (2-13)$$

2. 学习曲线斜率确定举例

现以美国 F-16 战斗机学习曲线斜率的确定为例加以说明。根据上述学习曲线斜率确定的步骤，收集 F-16 战斗机的以下数据：①累积产量(CUP)；②累积生产费用(CPC)；③累积平均单件费用(CAUC)。

根据数据处理要求，需要考虑费用时间价值，将所有费用转换为 1975 年美元币值(单位：百万美元)。将数据转换成对数值，最终可以得到，F-16 战斗机首架费用 T_1 = 1 386 万美元，学习曲线斜率 LCS = 0.93。计算过程见表 2-2。

表 2-2 F-16 战斗机飞行学习曲线斜率计算

区间数	CUP	CPC	CAUC	ln(CUP)	ln(CAUC)	斜率(b)	截距($\ln a$)	T_1	LCS
1	105	1 071.70	10.21	4.65	2.32				
2	250	1 924.50	7.70	5.52	2.04	−0.33	3.84	46.36	0.80
3	425	2 796.50	6.58	6.05	1.88	−0.32	3.79	44.13	0.80
4	605	3 732.60	6.17	6.41	1.82	−0.29	3.68	39.50	0.82
5	725	4 754.30	6.56	6.59	1.88	−0.25	3.46	31.85	0.84
6	845	5 651.00	6.69	6.74	1.90	−0.22	3.29	26.77	0.86
7	989	6 626.60	6.70	6.90	1.90	−0.19	3.15	23.30	0.87
8	1 139	7 695.50	6.76	7.04	1.91	−0.17	3.03	20.66	0.89
9	1 319	8 826.10	6.69	7.18	1.90	−0.15	2.93	18.80	0.90
10	1 499	9 914.80	6.61	7.31	1.89	−0.14	2.86	17.50	0.91
11	1 679	10 879.60	6.48	7.43	1.87	−0.13	2.81	16.69	0.91
12	1 859	11 983.30	6.45	7.53	1.86	−0.13	2.77	16.03	0.92
13	2 009	13 033.00	6.49	7.61	1.87	−0.12	2.74	15.41	0.92
14	2 117	13 696.00	6.47	7.66	1.87	−0.12	2.70	14.93	0.92
15	2 165	14 070.30	6.50	7.68	1.87	−0.11	2.68	14.53	0.93
16	2 189	14 286.30	6.53	7.69	1.88	−0.11	2.65	14.20	0.93
17	2 201	14 568.50	6.62	7.70	1.89	−0.10	2.63	13.86	0.93

2.2.3 学习曲线的应用实例

1. 装备生产费用预测模型的构建

学习曲线主要用来描述在连续的产品制造中制造工时的变化情况，其可以用于装备生产费用预测模型的构建。由于所收集到的不同型号的装备样本，其生产数量和对应的费用都不完全相同，因此，在建立生产费用预测模型时，首先应选定一个相同的数量作为基准，并在这一相同的基准条件下，建立生产费用预测模型。

不同国家、不同装备种类的基准值选定应根据实际情况而定，一般认为，装备数量达到该基准值后，应处于比较稳定的状态。例如，在建立飞机机体生产费用预测模型时，兰德公司开发的 DAPCA I 模型中，这一基准值取为 100，而在其开发的 DAPCA II 模型中，这一基准值取为 200。根据我国作战飞机发展情况，建议将这一基准值取为 100。

现假定基准值取为 200，得到的生产费用预测模型为

$$Y_{200T} = \beta_0 x_1^{\beta_1} x_2^{\beta_2} \cdots x_n^{\beta_n} \tag{2-14}$$

式中：Y_{200T} 为生产数量为 200 时的生产总费用；$x_1, x_2, \cdots, x_n$ 为选定的费用驱动因子；$\beta_1, \beta_2, \cdots, \beta_n$ 为待定系数。

由学习曲线的表达式 $Y = T_1 x^b$ 可得，生产 200 台时，单台装备的平均费用为

$$Y_{200} = Y_1 \times 200^b$$

故有

$$Y_{200T} = Y_{200} \times 200 = Y_1 \times 200^b \times 200 = Y_1 \times 200^{b+1} \tag{2-15}$$

综合式(2-14)和式(2-15)，可得首台装备费用为

$$Y_1 = \beta_0 x_1^{\beta_1} x_2^{\beta_2} \cdots x_n^{\beta_n} \times 200^{-(b+1)} \tag{2-16}$$

从而，可得累积生产台数为任意数 Q 时，生产总费用 Y_{QT} 的预测模型为

$$Y_{QT} = Y_Q Q = Y_1 Q^b Q = Y_1 Q^{b+1} = \beta_0 x_1^{\beta_1} x_2^{\beta_2} \cdots x_n^{\beta_n} \times Q^{b+1} \times 200^{-(b+1)} \tag{2-17}$$

2. 装备生产数量及价格的确定

由于武器装备的定购量相对较少，由多个厂商生产同一种武器装备是不经济的。同样，同时生产或购买设计相对较好的几种方案的产品也是不经济的。一般说来，只有购买一种设计类型的武器装备，才能大幅度地降低成本。因此，一般情况下，几乎所有的主要武器装备都来自同一个生产厂商。

假设某大型武器装备的学习曲线如图 2-2 中的实线所示，军方对该武器装备的购买价格，即"控制价格"为 C_1。在不考虑军方的订购数量的情况下，以 C_1 为纵坐标作平行于横轴的直线，与学习曲线相交于 A 点，对应于直线 AC_1 上方的阴影部分为厂商的亏损区，在 AC_1 下方的阴影部分为厂商的盈利区，比较这两部分的面积，就可以对生产均衡点进行决策。当这两部分的面积相等时，则对应于图 2-2 中 a 点的生产量 Q_a，即厂商生产均衡点产量。若军方的订购数量超过 Q_a，则厂商会赢利，否则，厂商将亏本。

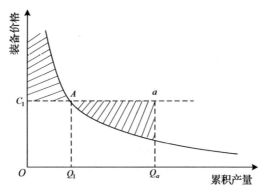

图 2-2 某大型武器装备的学习曲线

下面,利用学习曲线来求出生产均衡点 Q_a。通过前面的分析可知,生产厂商保本时,直线 AC_1 上方的阴影部分与下方的阴影部分的面积相等。假设该大型武器装备的学习曲线为 $Y = T_1 x^b$,令 $T_1 = C_0 (C_0 > C_1)$,则有

$$\int_0^{Q_1} C_0 x^{-b} \mathrm{d}x - C_1 Q_1 = C_1 (Q_a - Q_1) - \int_{Q_1}^{Q_a} C_0 x^{-b} \mathrm{d}x$$

实际上就是总收益等于总成本,即

$$C_1 Q_a = \int_0^{Q_a} Y \mathrm{d}x = \int_0^{Q_a} C_0 x^{-b} \mathrm{d}x$$

通过计算可得生产均衡点 Q_a 为

$$Q_a = \left[\frac{C_0}{C_1 (1-b)} \right]^{1/b}$$

当军方对该武器装备的订购量为 Q^* 时,装备生产厂商所面临的相关问题如下:

(1) 当 $Q^* = Q_a$ 时,由于军方的订购量等于装备生产厂商的保本均衡产量,此时装备生产厂商的利润为零。

(2) 当 $Q^* > Q_a$ 时,也就是说军方的订购量超过装备生产厂商的保本均衡产量,此时装备生产厂商将获得超额利润。

(3) 当 $Q^* < Q_a$ 时,此时军方的订购量小于装备生产厂商的保本均衡产量,装备生产厂商将处于亏损状态。

由于武器装备事关国家安全,不同于一般商品,对于大多数武器装备来说,军方是唯一的可能购买者,那么装备生产厂商为了弥补亏损,唯一的途径就是扩大出口。

2.3 寿命周期费用分解结构

2.3.1 费用分解结构的概念

1.费用分解结构的定义

费用分解结构(Cost Breakdown Structure,CBS)是指按装备的硬件、软件和寿命周期

各阶段的工作项目,将装备寿命周期费用逐级分解,直至分解到基本费用单元为止,所构成的按序分类排列的费用单元体系。

寿命周期费用分解结构又称寿命周期费用构成体系,是一种按树状结构排列构成的费用单元的集合,其表示了装备寿命周期费用估算的"记账模型"。

进行寿命周期费用分解时,首先按费用等级将寿命周期费用分解为若干主费用单元,每个主费用单元又分解为若干子费用单元,如此逐级分解,直到分解到可以单独进行计算的基本费用单元为止。

2.相关术语

(1)费用单元。费用单元是指构成寿命周期费用的费用项目。根据寿命周期费用管理与估算的需要,按费用分解结构逐级细分为主要费用单元及各级费用单元。

(2)主要费用单元。主要费用单元也称主费用单元,是指寿命周期费用分解结构中寿命周期费用下一级的费用单元。在《武器装备寿命周期费用估算》中,典型的寿命周期费用分解结构的主要费用单元划分为论证与研制费、购置费、使用与保障费及退役处理费。对于不同的装备类型、不同的装备研制与管理部门的传统习惯,可以根据寿命周期费用管理与估算的需要,有其他的划分方法。

(3)基本费用单元。基本费用单元是指可以单独进行计算的费用单元。基本费用单元是进行寿命周期费用估算的最小元素,主要取决于费用管理时费用的分类方法,因此,对不同的装备类型和不同的装备研制与管理部门,允许定义不同的基本费用单元。

2.3.2 建立费用分解结构的要求

武器装备的类型不同,进行费用分析的目的不同,以及所定义的费用单元不同,所建立的费用分解结构的形式也不相同,也就是说,费用分解结构没有一个统一的、不变的模式。但是,建立费用分解结构应当遵循以下的一般要求。

1.必须考虑装备整个系统在寿命周期内发生的所有费用

费用分解是为寿命周期费用估算与管理服务的,所分解的费用必须完整,既不能遗漏,也不能重复,应当包括装备硬件的各结构层次、各种软件,保障系统的所有保障资源(如人员、保障设备、保障设施、零备件、技术资料等)和寿命周期剖面内所有的工作项目与服务活动所发生的费用。

2.每个费用单元必须有明确的定义且为各方人员所共识

为了防止遗漏和重复计算,每个费用单元必须有明确的定义,对于有相互关系的费用单元必须区分界面,例如已列入购置费中的初始保障费内的初始备件费用,必须要与列入使用与保障费中的维修费内的器材费相区分。寿命周期费用的各种费用单元可能发生在承制方和使用方的不同单位,进行寿命周期费用分析的人员可能是承制方人员,也可能是使用方人员,为了能准确、有效地收集费用数据,所定义的费用单元必须为使用方与承制方的费用分析人员及项目管理人员所共识。

3.费用分解结构应当与装备研制项目的财务类目相协调

费用分解结构只有与装备研制项目的计价、军品的定价,以及管理部门的财会类目相协调,才能使分解的费用单元的定义容易为各方的费用分析人员和经费管理人员所共识,而且便于费用数据的收集。

4.每个费用单元要有明确的数据来源并赋予单元编号

费用分解结构中每个费用单元必须明确是在何处(单位)发生的费用,以及找谁去收集费用数据。对于大型复杂的武器装备,由于其费用分解结构十分复杂,费用单元众多,为了便于建立费用估算模型和费用数据库,每个费用单元要赋予可识别的标记符号(定义名),其费用数据单元要给出数据编号(编码)。

5.寿命周期费用分解结构的详细程度可以有所不同

一般来说,寿命周期费用分解结构的详细程度与装备研制、生产与部署使用的进展相关联。在装备研制的早期,当处于指标论证或方案论证阶段时,只有装备的研制技术方案,还未详细确定装备技术状态和制造之前,允许给出粗略的费用分解结构,此时所估算的寿命周期费用也是粗略的,主要用于备选方案的评价与权衡分析。只有当装备经过定型进入批量生产并部署使用之后,才可能建立详细的费用分解结构,比较准确地估算寿命周期费用。

2.3.3　建立费用分解结构的步骤

建立寿命周期费用分解结构主要包含两个步骤:①识别费用元素(Cost Element,CE),即识别所有与项目或系统有关的费用元素;②汇总费用元素,即将所有费用元素加以汇总,形成费用分解结构。

1.识别费用元素

识别所有费用元素是建立系统、全面的费用分解结构的基础,一般可以采用列表方法,以确保没有费用元素被忽略。由于任何费用元素的产生都是要针对一定的"产品",通过采取一定的"作业",最终和相关的"资源"联系起来,因此,按照这一思路可以系统、全面地识别所有费用元素。

(1)作业(Activity)。作业是指在装备寿命周期内完成的所有作业。这里的"作业"是由多个任务组合而成的。所谓任务,就是完成一件工作的最基本的过程。每一项任务的完成总是与一定的预期目的相对应,与此同时,也要花费相应的人力、物力和财力。尽管对于不同的武器装备来说,完成的各项作业具体内容不同,但装备寿命周期各阶段完成的作业还是具有一定的普遍性。例如,在装备寿命周期中,可能发生的作业可以划分为以下几类:管理、研究、分析、仿真、工程、购置、试验、评价、试用、验证、包装、装卸、储存、运输、培训、安装、使用、维修、补充等。

(2)产品树(Product Tree)。产品树是指在装备寿命周期内应予以关注的所有产品元素,包括交付用户的产品及用于产品研制和生产所必需的专用资料。交付给用户的产品包括主装备系统以及保障系统。

不同装备系统的构成往往与其实现的功能有关,通常差异性比较大,因此,应根据不同类型装备的特点,建立与之相适应的费用分解结构。但是,对于保障系统来说,则有许多共同特点,主要包括资料、备件、保障设备、训练设备和器材、包装、装卸、储存和运输及各种设施等。

专用资料包括装备设计、研制和生产所采用的一切要素,主要有仿真工具、装配设备、试验和试用设备等。

(3)资源(Resource)。资源是指完成全部作业所消耗的可能资源。各种系统所需的资源基本是类似的,主要有人员、设备、消耗品、设施、维修保养、信息等。

通过上述对作业、产品树、资源的分解,就可以得到全部的费用元素,如图2-3所示。

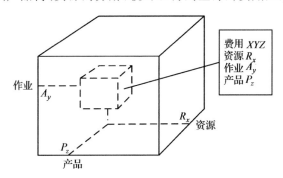

图2-3　费用元素的主要结构组成

2.汇总费用元素

由于大型武器装备的复杂性,识别出的费用元素往往很多,如果不加以处理,那么在实际中很难使用。费用分解结构不是所有费用元素的简单堆砌,一般需要将所识别出的具有内在联系的数个费用元素汇总成费用项目,以方便使用。对武器装备来说,在建立费用分解结构时,还需要考虑到各项作业重要程度的不同,从而更好地确定费用结构的层次。

2.3.4　装备典型寿命周期费用分解结构

1.我军装备典型寿命周期费用分解结构

根据《武器装备寿命周期费用估算》中给出的舰船、飞机、装甲、地面雷达等装备的寿命周期费用分解结构,可给出我军装备典型寿命周期费用分解结构,如图2-4所示。使用时应正确理解费用分解结构中各费用项目的内涵。

现以"军品定价成本费"为例加以简要说明,其他各项费用的内涵可参见相关规定,在此不再展开说明。根据有关规定,军品定价成本费包括制造成本费和期间费。

(1)制造成本费。制造成本费或生产成本费,是指生产单位为生产一定种类、一定数量的产品所耗用的直接材料费、直接人工费、制造费、燃料动力费、军品专项费的总和。

1)直接材料费指在生产经营过程中,预计消耗的原材料、辅助材料、备品配件、外部协作件、外购半成品、燃料、动力、包装物及其他直接材料费用。

2)直接人工费指直接从事军品生产人员的工资、奖金、津贴、补贴,以及按生产工人工资总额和规定比例计提的职工福利费。

3)制造费指基层各生产单位为组织和管理生产所发生的各项间接费用。

4)燃料动力费指直接用于产品生产的外购和自制的燃料费和动力费。

5)军品专项费指为生产某种军品所发生的直接特殊消耗费用,可一次或分次计入制造成本。

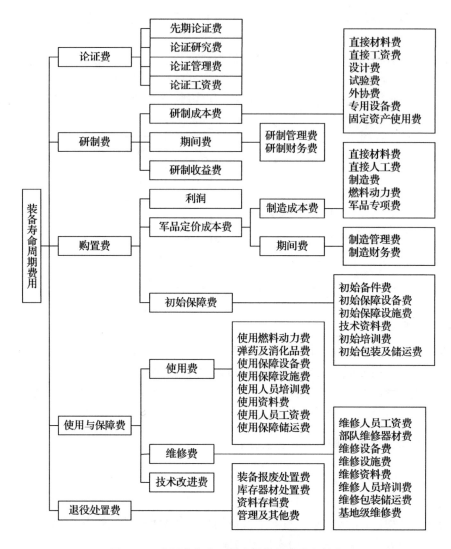

图 2-4 我军装备典型寿命周期费用分解结构

(2)期间费。期间费主要由管理费和财务费两部分构成。

1)管理费:指生产单位行政管理部门为组织和管理生产经营活动所发生的各项费用。

2)财务费:指生产单位为筹集资金所发生的各项费用。

2.美军装备典型寿命周期费用分解结构

美军将装备寿命周期费用定义为四大类费用的总和,每一类都对应于寿命周期中的某些阶段,且这些费用相互有搭接。四大类费用是指:①科研费,对应于方案细化阶段、技术开发和验证阶段;②采购费,对应于生产和部署阶段;③使用与保障费,对应于维持阶段;④退役处理费,对应于装备退出军事使用后的时间段。美军装备典型寿命周期费用分解结构如图 2-5 所示。

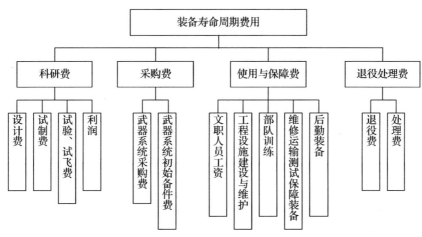

图 2-5 美军装备典型寿命周期费用分解结构

(1) 科研费。科研费是指武器系统在各个研制阶段所耗费用之和,既包括早期的研究发展费用,也包括后续的工程研制、试验与鉴定、项目管理、培训、特种设备费等。虽然装备寿命周期费用中研制费仅占 10%～15%,但却影响到装备寿命周期费用的绝大部分。据美军统计,在研制方案确定时,寿命周期费用已经确定了 70%,到工程制造与开发阶段,95% 的寿命周期费用就确定了。

(2) 采购费。采购费是指军方为其订购的武器系统及其备件所支付的全部费用,也可以理解为军方与承包商签订合同、生产武器系统所需的全部费用。采购费包含一次性费用(如工艺装备费)和经常性费用,它与采购批量密切相关,对分批采购的装备,每次采购单机价格可能会有差别。采购费约占寿命周期费用的 20%～30%。

(3) 使用与保障费。使用与保障费是指用户在装备使用与保障阶段所支付的全部费用,包括使用费和保障费两个部分,前者包括武器系统的部署、人员、弹药、训练、基地保障等费用,后者包括维修设备、运输、测试和保障设备、燃油、承包商后勤支援、技术资料等费用。使用与保障费约占寿命周期费用的 50%～70%,提高武器系统的使用与保障特性(可靠性、维修性、保障性、测试性、安全性等)是控制使用与保障费的关键所在,也是降低寿命周期费用最有效的途径。

2.4 费用数据收集、分析与整理

2.4.1 费用数据收集

1. 费用数据收集的目的和要求

费用数据收集是寿命周期费用分析的关键工作之一。由于寿命周期费用数据收集往往不是一次就能完成的,因此,在费用数据收集前一定要明确目的,并根据寿命周期费用的不同阶段,制订相应完善的数据采集计划,确定费用数据采集的范围,以有效保证费用数据的完整性和可用性。无论费用数据采集工作是在寿命周期费用的哪个阶段,针对哪种武器装备进行分析,费用数据采集的目的都是要为寿命周期费用分析提供有意义的、适当的费用比较数据,并为费用-效能权衡分析、费用-效益分析、保障性分析等提供量化依据。

在进行寿命周期费用数据采集时,应满足以下要求:

(1)可操作性较强。进行寿命周期费用估算所需的数据量大、范围广、牵涉部门多,而且所需数据不是一次就能全部得到,甚至有的数据根本不可能得到。因此,在制订费用数据采集计划时,首先要保证其具有较强的可操作性,能较为容易地获取所需的费用数据。

(2)数据准确全面。为了尽可能准确地进行寿命周期费用分析,要全面、详细地收集那些与寿命周期费用相关的数据,努力做到既不遗漏关键数据,也不增加无用数据。

(3)数据真实可靠。费用数据收集人员必须充分认识数据真实性和有效性的重要意义,在费用数据收集前必须明确规定数据的具体来源,并且要求数据记录和报告准确无误。

(4)数据便于处理。对费用数据的处理是一项十分繁杂的工作,数据记录形式直接影响数据处理的效率,因此,在费用数据收集前必须依据不同的数据类别,制定通用、规范的数据收集表格或收集卡片,以保证整个数据系统的统一和一致。

2.费用数据的主要来源

寿命周期费用数据贯穿于装备研制、试验、采购、使用、维护和退役的整个过程,因此,在费用数据收集之前必须要确定寿命周期费用数据的来源。总体来说,在装备的寿命周期内,寿命周期费用数据的主要来源如图2-6所示。

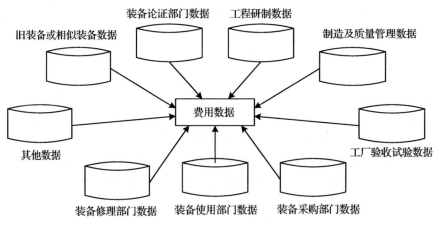

图2-6 寿命周期费用数据来源示意图

(1)旧装备或相似装备数据:以前的老旧装备或相似装备的费用数据。

(2)装备论证部门数据:在装备论证阶段为进行装备战术技术指标论证、总体技术方案论证,以及研制经费、保障条件、研制周期预测,形成《武器系统研制总要求》所支出的全部费用,主要包括先期论证费、论证研究费、论证管理费和论证人员工资等。

(3)工程研制数据:研制单位为研制装备所支出的全部费用,主要包括研制设计费、材料费、外协费、试验费、研制工资费和研制管理费等。

(4)制造及质量管理数据:武器装备定型后,生产装备及对生产过程质量控制所花费的全部费用,主要包括生产成本、工人工资、生产管理费和生产收益等。

(5)工厂验收试验数据:主要是指检验装备各项战术技术性能是否达标所需的费用。

(6)装备采购部门数据:定购方向承制方购置装备并获得装备所需初始保障所支出的全部费用,主要包括定价成本、利润和初始保障费等。

(7)装备使用部门数据:部队使用装备所付出的全部费用,主要包括人员培训费、技术资料费、保障设施费、保障设备费和燃料动力费等。

(8)装备修理部门数据:装备使用期间为维修装备所付出的全部费用,主要包括维修器材费、维修设备费、维修人员培训费、维修人员工资、维修资料费等。

(9)其他数据:其他与装备寿命周期费用有关的一切可预见和不可预见的额外费用或追加费用。

3.费用数据收集的内容

依据寿命周期费用分解结构的一般模式,主要费用单元的费用数据可分为以下6类:

(1)研制费用数据:主要包括方案可行性分析、研究与工程设计、设备开发与试验、文件与资料编制等工作的管理费用。

(2)投资费用数据:主要包括自制设备的制造或外购设备的采购与订货,以及设备的运输、安装、调试等各项费用。其中以设备本身的费用为主,包括硬件部分和软件部分,硬件部分包含主设备、辅助设备、管系、电气等。另外,还有为设备安装或使用所需的各项设施,其费用由各单项费用累加得到。

(3)使用费用数据:主要包括人员工资费、人员培训费、设施设备费、使用保障费、辅助设备费等。

(4)维修费用数据:主要包括平均修理工时费、等待工时费、备品材料费等。

(5)宏观经济数据:主要包括装备开发年度的通货膨胀水平、银行利率水平,以及国家对该行业、该领域装备产品开发的扶持政策等。

(6)开发企业数据:主要包括开发企业研制人员队伍结构变动情况,人员知识、技术、技能的熟练程度,开发企业新设备、新工艺的投入情况,研制生产组织管理模式优化,等等。

以上是一般情况下费用数据收集的主要内容,但在进行实际的费用数据采集时,需要根据费用估算的不同阶段,以及所采取的费用估算方法,来确定具体的费用采集内容和采集重点。例如:在装备论证阶段,可获取的数据源相对较少,应重点采集旧装备和相似装备的数据,以及专家评判的数据;采用参数法估算时,应重点采集装备的物理特性参数(如质量、体积、尺寸、零部件数量等)和性能特性参数(如速度、功率、射程、探测距离、平均故障间隔时间等);采用工程估算法时,则应依据装备的费用分解结构,重点采集装备系统在全寿命周期内各费用单元的费用数据(如定价成本、生产直接费用、生产间接费用等)。

4.费用数据收集的步骤

为快速、准确、全面地收集装备费用数据,费用数据采集工作需要按照一定的步骤和程序进行。通常将装备费用数据采集工作分解为以下8个步骤:

(1)明确数据采集的内容和目的。熟悉装备系统的费用分解结构和费用估算模型,明确费用数据采集的内容和目的,清楚地了解所需的费用数据。

(2) 构建三层费用数据采集体系。针对不同层次费用数据的特点,应采取不同的数据采集方式。对原始数据层的数据采集,要以手工采集方式为主;对二次数据层的数据采集,要根据统计报表数据、原始凭证数据等进行统计整理;对财务报表或汇总表等形成的顶层数据的采集,要根据需要进行拆分或者分配,如制造费用在不同零配件间的分配等。

(3) 确认潜在的费用数据来源。一般来讲,装备费用数据主要来自论证、设计、制造和使用等几个方面,大量数据存在于各阶段所形成的文件、报告和各种报表中,而这些文件、报告和报表通常存放在相关的机构、资料室、信息中心以及各相关人员的手中,应当进行广泛的搜寻。三类典型数据类型及其可能来源见表 2-3。

表 2-3　三类典型数据类型及其来源

数量类型	数据种类	数据来源
费用型数据	①装备历史费用数据; ②使用人员费用数据; ③历史项目的费用估算关系式; ④装备研制费; ⑤装备生产费; ⑥装备维修费,包括大修费、中修费、小修费、人员费等; ⑦装备训练费,包括人员训练费、训练消耗费等; ⑧装备保障费,包括场地费、车辆保养费、人员费等	①基本的汇集数据; ②费用报告; ③历史数据库; ④合同; ⑤费用提案; ⑥装备研制生产部门; ⑦装备使用现场; ⑧装备管理机关; ⑨装备大修厂等
性能型数据	①物理特征数据,如质量、口径等; ②性能特征数据,如装备的可靠性(MTBF)、维修性(MTTR)、精确度、杀伤力、服役年限数据; ③性能度量数据; ④技术描述数据; ⑤主要设计更改数据; ⑥操作使用环境数据等	①军方有关文件; ②装备使用现场; ③研制单位的方案报告; ④服役装备的说明书; ⑤领域专家; ⑥技术数据库; ⑦工程说明书; ⑧工程图纸; ⑨性能/功能说明; ⑩最终用户和操作者等
管理型数据	①研制和生产进度表; ②生产数量; ③生产效率; ④生产中的间断; ⑤重要的设计更改; ⑥异常事件; ⑦装备编制人员数量; ⑧大修次数及时间; ⑨中修次数及时间; ⑩装备打靶情况等	①项目数据库; ②职能部门; ③项目管理计划; ④主要子合同; ⑤装备使用现场等

(4) 提出开发费用数据来源策略。费用数据采集人员可能来自不同方面，有其熟悉和不熟悉的资料来源，因此需要针对不同的费用数据类型，设计相应的费用数据采集表格，并提出开发各种费用数据来源的策略，如采访、信访或电话查询等。例如，对于制造方而言，设计、制造费用的资料可在本单位收集，而用户资料的收集则较为困难，可建立必要的信息反馈系统来获得相关数据。

(5) 获取可用的装备费用数据。装备的许多费用发生在研究与生产过程、采购过程、使用与维修过程中，费用数据采集人员必须努力说服各个过程的参与者去做那些与费用或费用因子有关的琐碎工作。可以通过查阅文件、报告、各种表格或专门采访，从中获得大量有用的数据。

(6) 提取费用估算所需的数据。从收集到的大量数据中，提取进行费用估算所需的数据。该项工作要与费用估算模型的分析相结合，要根据费用估值的需要进行数据提取。

(7) 对装备费用数据进行分类。把收集到的费用数据分为确定的和不确定的两类，确定的数据进入费用估算模型可得到确切的费用，不确定的数据可能发生变化，使所估算的费用也随之变化，必要时需进行不确定性分析。有些费用由于资源缺乏，在估算时难以准确得出，往往参照类似的系统进行选取，也应将其作为不确定性数据。

(8) 确定遗漏的数据与补充采集。针对收集的费用数据确认是否存在遗漏，并提出进一步采集的方法和途径，在此基础上对数据进行精确化处理，或做必要的修正，以得出费用估算所需的有效数据。

5. 费用数据收集的方法

装备费用数据通常包含定量数据和定性数据，对于定量数据，通常采用以下几种方法收集：

(1) 调查和/或问卷；
(2) 实际统计；
(3) 专门的费用、技术和计划数据可查阅相关原始资料。

定性数据一般可通过交流、会议等方式进行收集。

2.4.2 费用数据分析

装备费用数据收集的目的是进行费用数据分析。费用数据分析是对收集到的费用数据数量、完整性和有效性进行检查，以发现费用数据中存在的各种问题。为了保证装备寿命周期费用分析结论的准确性，费用数据的质量就显得非常重要，因此，必须要对所收集的装备费用数据进行分析。

1. 费用数据分析的内容

费用数据分析通常包含以下内容：

(1) 数据是否实现标准化。数据标准化有助于减轻费用数据处理的负担，且便于进行装备寿命周期费用分析。因此，所收集数据应在记录系统范围内，且实现了数据的标准化。

(2) 数据是否已经过时。在采集装备的某些费用数据时，如装备的可靠性数据和维修性数据，应当选择在界定年限内的数据，因为选择历年记录的全部数据，往往既费时又费力，有时却是不可用的。

(3)数据是否准确可靠。由于各种人为因素和环境因素的影响,必须要对费用数据来源的可靠性和数据本身的可靠性进行分析。

(4)数据是否呈现规律性。对比发现费用数据发展变化规律及其原因,根据规律对一些缺失数据进行弥补,对异常数据进行剔除,并对造成数据缺失和异常的原因进行分析,探寻装备费用缩减的方法和途径。

(5)数据偏差是否过大。根据实际经验对费用数据的偏差进行判断,对与客观实际出入较大的数据做出标记,分析其产生的工程或物理方面的原因,并对其进行数据剔除或修正。

(6)是否缺少系统数据。对于有些费用单元,目前没有费用数据,或者费用数据一时无法得到,应单独对其进行列表说明,为装备费用分析提供参考。

(7)检查数据有无错漏。检查收集到的数据表格有无错误或遗漏,如有错误,要对照原始凭证进行修正,如果原始凭证本身有误,要根据统计规律等对其进行修正,对于遗漏项要设法弥补,对确实难以收集的费用数据,要及时采取专家调查法或其他方法进行补充。

(8)分析费用的影响因素。对装备费用的影响因素及影响程度进行分析,重点是新技术、新工艺、新组织管理方法等对装备费用的影响程度。对装备费用具有较大影响的因素要予以重点分析跟踪,分析其未来技术演变路线和可能取得的突破程度。

2. 数据筛选和调整要求

(1)数据的一致性。考虑到收集数据是为了用于估算费用,因此,所收集的数据应在一定范围内且有一定连续性,否则,建立起来的费用模型将难以反映内在规律。

(2)剔除奇异数据。在所收集的装备费用数据中,有的数据可能受多种因素的影响,导致费用数据与实际情况相比不甚合理,这时需要予以剔除或进行修正。例如,要对5个相似项目的发展试验费用进行比较分析,通过调查发现,其中一个项目经历过一次大的试验失败,导致人力资源大量增加,这些多余的人力资源支出数据应该剔除。

(3)技术进步影响。技术进步会导致装备费用变化,是费用数据调整时需要考虑的一个问题。例如,早期的电子线路采用分离的电子元件,而现在大都采用集成电路。技术对工时的影响程度可能没有相关的历史数据,但仔细分析和判断这些数据,无疑有助于提高结论的合理性。

(4)费用数据调整。由于通货膨胀、学习曲线、生产效率等的影响,因此需要对收集到的费用数据进行调整。

2.4.3 费用数据整理

收集到的装备费用数据,只是一堆数字而已,且往往杂乱无章,既难以看出其中的规律,也不便于利用,因此要对其进行进一步的整理加工。

1. 数据整理的内容

费用数据整理一般包含以下7个方面的内容:

(1)统一费用元素。由于我国还没有形成统一的装备费用数据收集管理制度,对装备费用基础数据的收集多停留在某一行业、某一企业,甚至单位某一部门内,各种费用元素的名称、划分及内涵具有较大的随意性,因此,在数据整理时要注意费用元素的统一和转换。

(2)统一计量单位和精度标准。在装备的费用单元中,各种参数的计量单位和表现形式千差万别,如速度、功率、频率、质量等的参数单位,必须将其统一为国际或国内统一标准形式。根据量价分离原则,各计量单位要尽量用规则化耗量来表示,如燃油耗率以"升/小时"为单位,维修工时则以"标准工时/运行小时"为单位,此外,还需要对"标准工时"的含义及标准做出统一规定。针对不同的费用计量单位以及费用元素本身属性,还需要确定不同的数据精度标准,如费用元素为钢材等贵金属耗量且当其单位为"吨"时,可保留4位小数的精度,但当其单位为"千克"时,可保留两位小数的精度。

(3)费用数据的折算。由于资金具有时间价值,而大型武器装备的设计、研制、生产与使用所跨年度较长,不同年度的利率、汇率和通货膨胀水平对其影响较大,在费用数据整理时要将费用折算到统一的核算年度水平。

(4)个别异常数据处理。对与实际情况有明显出入的个别异常数据,在进行数据剔除时要分析其异常原因,明确其是由于数据收集过程造成的,还是数据本身可靠性原因所造成的,是由于环境政策的变化造成的,还是装备某项指标的变化所造成的,要针对不同原因分析异常数据是否可以调整,或者剔除,或者作为变动的重要费用诱因进行分析,便于优化设计新的武器装备系统。

(5)缺失费用数据弥补。由于人为、统计或者原始凭证丢失等原因所造成的费用数据缺失,若这部分缺失的费用数据是装备费用估算中必不可少的数据,则需要根据统计规律或调查、试验等方法对其进行弥补,以保证费用数据的连续性。

(6)费用数据统计分析。对维修性数据和可靠性数据等进行统计分析,以发现装备费用数据的统计规律。

(7)装备费用数据调整。由于不同的经济管理体制对装备费用会产生较大的影响,相关的法律法规和产业政策也在不断地完善和优化(如对装备制造业的税收优惠、贷款贴息等),因此,为客观反映装备真实费用构成,需要对收集到的费用数据进行相应的调整。

2. 数据整理的方法

费用数据整理既可用人工方法,也可借助计算机和其他辅助工具进行。装备费用数据整理结果直接关系到装备寿命周期费用分析效率和有效性。良好的标准化数据是费用分析过程中极为重要的资源,其一方面能准确反映各个竞争方案之间可比经济价值的费用关系,有效支援装备费用分析工作,另一方面有助于实现装备费用文件和数据库的标准化。

第 3 章 装备寿命周期费用估算程序和方法

装备寿命周期费用估算是装备寿命周期费用分析的一项重要内容,也是进行装备寿命周期费用权衡和寿命周期费用评价的前提和基础。本章首先介绍装备寿命周期费用估算的目的与要求,然后详细给出装备寿命周期费用估算的流程和步骤,最后对常用的装备寿命周期费用估算方法进行对比分析。

3.1 寿命周期费用估算的目的与要求

3.1.1 寿命周期费用估算的目的

装备寿命周期费用估算的目的是向负责装备论证、研制、生产及使用的主管部门和管理人员与工程技术人员,提供装备寿命周期费用的估计值、各主要费用单元费用的估计值及其按年度的预计费用等用于决策与工程分析的经济信息,以便对装备寿命周期费用进行设计和有效的控制与管理。装备寿命周期费用估算主要用于以下3个方面:

(1)评价与权衡备选方案:从装备寿命周期费用效能的角度评价与权衡各种备选方案。

(2)跟踪与控制费用指标:确定与检查费用设计的费用目标值与门限值,以及跟踪与控制费用指标的实现情况。

(3)分析与决策费用支持:为装备寿命周期费用分析、费用-效能分析、费用-效益分析、保障性分析、决策风险分析等提供费用信息。

3.1.2 寿命周期费用估算的要求

依据《武器装备寿命周期费用估算》中规定的寿命周期费用估算要求,并结合装备寿命周期费用估算的目的和作用,可将装备寿命周期费用估算的基本要求归结为以下7个方面:

(1)选择合适的费用估算方法。装备寿命周期费用估算是一种预测技术,费用预测的精度与所选择的费用估算方法、所建立的费用估算模型等密切相关,因此,在进行费用估算方法的选择时,应考虑费用估算的目的和要求、武器装备类型特点、所处寿命周期阶段、所掌握的费用数据资源等。寿命周期费用估算的目的不同,需要估算的费用单元和估算精度也不相同,此外,装备所处的寿命周期阶段也直接影响费用数据的获取,进而影响费用估算方法的选择。

(2)明确估算的条件和时间范围。从理论上讲,寿命周期费用估算适用于装备寿命周期的各个阶段,而在装备长达十几年甚至几十年的寿命周期内,许多费用的发生往往是难以预计的,因此,应当明确费用估算的条件和时间范围,尽量计及估算条件与时间范围内所发生的或预计发生的所有费用,并按照费用分解结构确定费用单元,既要防止遗漏又要避免重复计算。

(3)采用可比的估算方法与模型。寿命周期费用估算模型的适用性是对所建立费用估算模型的基本要求,不适用的费用估算模型显然得不出可信的估算结果。装备寿命周期费用估算的结果,通常用于设计方案的选择、保障方案的评价与权衡分析等,为保证方案的评价与权衡具有可比性,要求尽可能地采用同一种估算方法和建立相同类型的费用估算模型。

(4)考虑寿命周期费用的时间价值。装备寿命周期费用中的各费用单元往往是在装备寿命周期的不同时刻发生的费用,由于物价指数和银行利率等的影响,不同时刻的相同数目的资金的实际价值是不相同的,因此,在进行装备寿命周期费用估算时,要将所有费用单元的费用金额折算到同一个基准时间或其等价形式,即要考虑装备寿命周期费用的时间价值。

(5)相关费用要考虑熟练因子影响。对于反复地完成具有相同功能的重复作业,如大批量生产装备或零部件、持续地进行同一种类装备的维修生产等,其所发生的费用金额将随重复作业次数的增加而有规律地下降,因此,在进行相关费用单元的费用估算时应考虑熟练因子的影响。

(6)相关费用在装备之间分摊应合理。在进行装备寿命周期费用估算时,经常会遇到一些费用单元的费用不仅与所估算的装备有关,而且与其他装备及工作有关,如固定设施费、设备使用费、间接保障人员费等,应当按照费用的分摊关系合理地分摊相应的费用。一般来讲,费用分摊应视具体情况而定,假如多种装备共用一个设施,在分摊费用时,一般要考虑该设施的建造与维修费用、使用寿命和所估算装备使用该设施的频次与使用时间等因素。考虑设施与设备的折旧费是一种常见的费用分摊方法。

(7)费用估算精度与装备阶段相适应。装备寿命周期费用估算贯穿于装备寿命周期的各个阶段,装备处于寿命周期的不同阶段,能够获取的费用数据数量和详细程度也不相同,因此,寿命周期费用估算的精细程度要与装备的研制、生产、部署、使用的进展相适应,费用单元的费用在发生前用估计值,在发生之后应尽量用实际值,以确保费用数据的准确与可靠。

3.1.3 费用估算模型的基本要求

费用估算模型是指用于定量计算寿命周期费用而建立的描述寿命周期费用各费用单元或费用影响因素之间关系的数学模型。一般来讲,费用估算模型与费用估算方法相关联。《武器装备寿命周期费用估算》规定:"应根据寿命周期费用估算的目标、要求及费用分解结构,建立适用于所选估算方法的费用估算模型。"例如,工程估算法采用费用单元的累加数学模型,参数估算法采用回归分析数学模型,类比估算法采用类比分析数学模型,专家判断法采用专家征询综合模型。费用估算模型可以采用多种适用的数学方法,如最小二乘法、层次分析法、神经网络法、仿真分析法等。对装备费用估算模型的要求如下:

(1)模型应正确描述费用单元与影响因素的关系。装备寿命周期费用分解结构有效体现了寿命周期费用与主要费用单元、主要费用单元与基本费用单元之间的关系,寿命周期费用估算模型应能全面、正确地反映寿命周期费用与各费用单元及影响因素之间的关系，同时其正确性应当通过验证方法予以确认。例如，参数费用估算模型应当进行相关性检验，证明费用估算模型满足费用估算精度的要求。

（2）模型应当适用于装备的管理过程和评审过程。装备寿命周期费用作为控制武器装备建设的三大决定因素之一，是装备研制、生产和使用过程中重点管理的内容，并作为装备研制各阶段评审的重要议题，评价装备寿命周期费用是否符合各项费用指标要求。因此，要建立与各研制阶段所选用的寿命周期费用估算方法相适应的费用估算模型，以利于装备管理过程和评审过程的使用。

（3）模型应当反映决策问题的所有费用主宰因素。装备寿命周期费用估算的目标与要求不同，要求建立的费用估算模型也不相同，因此，要根据装备管理决策和工程分析需要，建立相适用的费用估算模型，即模型应能清晰地反映与所考虑的决策问题有关的所有重要费用的主宰因素。例如，研究使用与保障费用问题，所建立的使用与保障费用估算模型应当反映所有与使用与保障费用有关的主宰因素。

（4）模型应当对影响因素和设计参数具有敏感度。装备寿命周期费用是控制装备建设的重要决定因素，在武器装备的研制过程中，费用是备选设计方案、保障方案的评价和权衡分析所考虑的重要因素，因此，为了以寿命周期费用为目标优化设计方案和保障方案，所建立的费用估算模型应当对重要费用的主宰因素、管理控制因素、设计更改、使用与保障情况的变化、影响备选设计方案的设计参数等具有敏感度，以便通过变更这些费用影响因素，选择最佳的设计方案和保障方案或采取措施改进方案。

（5）模型应当适应于各种不同的假设和约束条件。由于装备寿命周期费用估算是在一定的假设和约束条件下进行的，而物价指数、贴现率和熟练曲线因子是寿命周期费用估算必须要考虑的因素，因此，所建立的费用估算模型应当灵活、方便地适于对假设和约束条件的修改与调整。

（6）模型的输出应当可信且估算结果应当具有可重复性。费用估算模型的输出可信和估算结果的可重复性是对费用估算模型最基本的要求，否则所建立的费用估算模型就失去了意义。费用估算模型输出的可信性主要取决于费用估算模型的正确性，对于基于神经网络和基于仿真分析的费用估算模型等人工智能型费用估算模型，应当注意模型估算结果的可重复性。

3.2 装备寿命周期费用估算的程序

装备寿命周期费用估算是采用预测技术对装备预期的寿命周期内所支付费用进行估算，求得装备寿命周期费用的估算值。装备寿命周期费用估算的一般流程如图3-1所示。

3.2.1 确定费用估算目标

确定费用估算目标就是对所要估算的费用给予正确的说明。要根据费用估算所处的阶段及具体任务，确定费用估算的目标，明确费用估算范围（寿命周期费用或某主要费用单元，或主要分系统的费用）及估算精度要求。费用估算的目标能确定和限制费用分析的范围，并将寿命周期费用估算值与工程项目的决策联系起来。费用估算的目标又往往受数据的不适当性、估算的进度与工作量及准确度的要求、估算结果的应用等因素的限制。

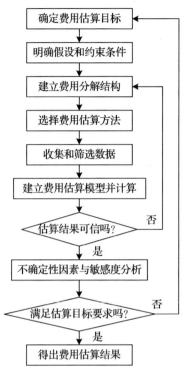

图 3-1 装备寿命周期费用估算流程图

3.2.2 明确假设和约束条件

确定了费用估算目标之后,要对费用估算所涉及的各种因素进行分析,做出相应的各种假设和建立约束条件,以保证费用估算的顺利进行。估算装备寿命周期费用应有明确的假设和约束条件,一般包括研制进度、装备数量、部署位置、供应与维修机构的设置、使用方案、保障方案、维修要求、任务频次、任务时间、使用年限、利率、物价指数、可利用的历史数据等。凡是不能确定而估算时又必需的约束条件都应做出假设。

对于所做出的所有假设,都应当做出清楚的说明,而且要用实际数据加以证明。如果既不能做出清楚的说明,也不能用实际数据加以证明,那么应该说明此假设的理由(如在数学上处理简便,符合常理),指出要做多少额外的研究工作,并准确地指出可能产生偏差的地方。对于关键的假设,还应检验其合理性。约束条件能够用来缩小问题范围,但必须具有一定的伸缩性,不应妨碍得到问题的解。随着装备研制、生产与使用的进展,原有的假设和约束条件会发生变化,某些假设可能要转换为约束条件,应当及时予以修正。

3.2.3 建立费用分解结构

根据费用估算目标、假设和约束条件,采取自上而下的方法将费用项目逐级展开,直至达到所需要的层次和范围，由此即可得到寿命周期费用分解结构(LCCBS)，简称为费用分解结构(CBS)。各费用项目组成称为费用元素(CE)。

3.2.4　选择费用估算方法

针对不同的费用估算时机、目的等，人们总结出了多种费用估算方法，应当根据实际情况灵活选择，以满足不同的费用估算要求。具体选择何种方法应视具体情况而定，主要原则是当采取更精确估算方法所需的条件成熟且认为有必要时，费用估算方法就应当及时进行调整，一般应考虑以下4个关键因素：

(1)进度要求：主要考虑完成费用估算的时间要求，是否有足够的时间完成相关数据收集和数据分析等。

(2)资源要求：主要考虑完成费用估算可以利用的人力及经费需求。

(3)数据要求：主要考虑完成费用估算所需数据，即需要哪些数据，以及可以采取的数据收集方案等。

(4)用户期望要求：主要考虑费用估算的目的和用途、费用估算精度要求等。

选择费用估算方法考虑的因素如图3-2所示，这些因素应在费用估算前由费用估算人员和决策者达成共识。

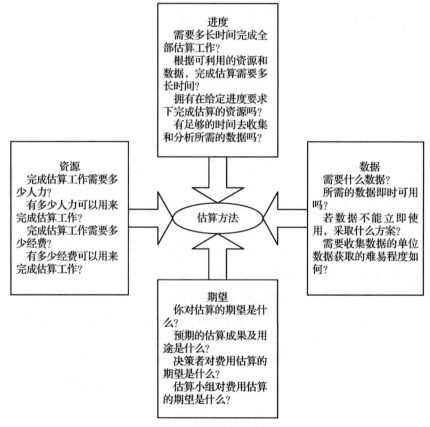

图3-2　影响费用估算方法选取的关键因素

3.2.5 收集和筛选数据

经上述步骤后的工作是收集与筛选数据,这是装备寿命周期费用估算中工作量最大的一项工作,其基本步骤如下:

(1)确定可能的数据来源,如经费及财务记录、所估算装备的费用数据库、费用研究报告、专家的分析判断、类似装备的历史费用数据等。

(2)拟定利用数据源的策略,如进行现场收集或通信查询。

(3)获得可利用的数据,并提取数据。

(4)去伪存真,筛选数据,剔除数据中有明显错误的野值。

(5)补充遗漏的数据或更正错误的数据。

3.2.6 建立费用估算模型并计算

根据已确定的费用估算目标、估算方法和已建立的费用分解结构,按相应的要求建立适用的费用估算模型,然后输入数据进行计算。计算时,要根据估算要求、物价指数及贴现率,用普通复利基本公式表将费用换算到一个时间基准。

3.2.7 不确定性因素与敏感度分析

不确定性因素主要包括与费用有关的经济、资源、技术、进度等方面的假设,以及费用估算方法与估算模型的差别等。对某些明显的且对寿命周期费用影响重大的不确定性因素和影响费用的主宰因素(如可靠性、维修性及某些新技术的引入)应当进行敏感度分析,以便估计决策风险和提高决策的准确性。

3.2.8 判断估算结果是否满足估算的目标要求

按得出的费用估算结果与费用估算目标进行比较,以判断费用估算结果是否满足要求。若满足要求,则编写费用估算结果报告;若不满足要求,则反馈到第一步,重新审定费用估算目标并继续估算,直到满足费用估算目标为止。

3.2.9 得出费用估算结果

将费用估算结果形成《寿命周期费用估算报告》,其一般包括以下三部分内容:

(1)按费用估算流程详细叙述和论证每一部分的工作内容及做法。

(2)将计算得到的费用数值制成表格并绘制费用分布图。

(3)初步的分析、评价及建议等。

3.3 装备寿命周期费用估算方法

只有选择合适的费用估算方法,才能准确、有效地估算出需要的寿命周期费用。常用的费用估算方法有工程估算法、参数估算法、类比估算法、专家判断法、作业成本法和仿真分析法等。

3.3.1 工程估算法

1. 基本思想

工程估算法，又称工程累积法，是指按费用分解结构从基本费用单元起，自下而上逐项将整个装备系统在寿命周期内的所有费用单元累加起来得到寿命周期费用估计值的方法。采用该方法进行费用估算时，对每一项已发生的费用单元的费用采用实际费用，当较低层次的费用单元的费用尚无实际值时，可使用参数估算法、类比估算法或专家判断法的估算值进行估算。其通用的数学表达式为

$$C_T = \sum_{i=1}^{n} C_i \tag{3-1}$$

式中：C_T 为寿命周期费用；n 为费用单元数；C_i 为第 i 项费用单元的费用。

2. 主要特点

工程估算法要求对装备系统有详尽的了解，对装备的生产过程、使用方法、保障方案、历史资料数据等都非常熟悉。该方法的显著特点是：

(1) 估算精度高，而且能够清晰地得到各费用单元的细节，可以独立地应用于各种零件、元器件、子系统或装备各个阶段的费用估算；

(2) 得出的费用估算值更便于进行敏感性分析；

(3) 能够很容易地找到费用的主宰因素，能为降低费用提供决策依据。

工程估算法的主要优点是：

(1) 能按照费用分解结构表达寿命周期费用的各费用单元的关系，估算的费用准确；

(2) 能灵活、独立地估算出寿命周期费用中需要估算的装备的任何部分、任一阶段和任何费用单元的费用；

(3) 能方便地为费用仿真和敏感性分析提供费用数据，可应用各种方式重新组合并计算各费用单元的费用。

工程估算法的主要缺点是：

(1) 对数据要求高，没有足够的详细资料，无法进行有效的费用估算；

(2) 建立起来的费用模型过于庞大、复杂和详尽，估算结果有时很难进行评价与鉴定；

(3) 某些费用输入是主观的，往往对部分费用和总费用的计算产生一定的影响。

3. 适用范围

工程估算法的计算精度比较高，是目前经常被采用的一种费用估算方法，但其比其他方法需要更为详尽的装备结构和费用信息。该方法适用于装备方案论证后期，特别是工程研制阶段以后；适用于详细地估算装备及各有关分系统的购置费；适用于估算各种保障设施的修建费用和保障设备的研制或购置费用。

4. 实施程序

工程估算法是最详细的一种费用估算方法，以装备寿命周期费用估算的一般程序为基础，并结合费用估算的实际情况，可得到工程估算法的实施程序。

(1) 确定费用估算目标。根据费用估算的需求，确定费用估算的任务，明确估算的费用

是寿命周期费用,或某个费用单元费用,或某个分系统、某个保障设施、某个保障设备的费用,以及明确费用估算所要求的详细程度。

(2)明确假设和约束条件。工程估算法需要明确的假设和约束条件一般包括装备研制进度、装备数量、部署位置、供应与维修机构的设置、使用方案、保障方案、维修要求、任务频次、任务时间、使用年限、利率、物价指数、可利用的历史数据等。假设和约束条件的数量和内容可因估算目标的不同而不同。

(3)建立费用分解结构与费用估算模型,收集费用数据进行估算。典型的装备寿命周期费用分解结构的主要费用单元包括论证与研制费、购置费、使用与保障费及退役处置费。寿命周期费用分解结构的范围与详细程度应与费用估算的目标、假设和约束条件相对应。

(4)不确定因素和敏感性分析。根据费用估算与分析的要求,进行不确定因素和敏感性分析。

(5)得出费用估算结果。整理费用估算结果,按要求编写寿命周期费用估算报告。

3.3.2 参数估算法

1. 基本思想

参数估算法是根据多个同类装备的历史费用数据,选取对费用敏感的若干个主要物理与性能特性参数(如质量、体积、射程、探测距离、平均故障间隔时间等,一般不超过5个参数),运用回归分析法建立费用与这些参数的数学关系式,来估算寿命周期费用或某个主要费用单元费用的估计值。

2. 主要特点

参数估算法是建立在装备某些特性参数与费用相互关系基础上的,运用回归分析法建立参数费用估算关系式,将待估算的新研装备的参数值输入费用估算模型,就可以预测新研装备的费用估算值。

参数估算法具有以下优点:

(1)建立的费用估算模型简单且与费用影响因素的关系清晰,便于计算机计算与仿真,也便于进行敏感性分析;

(2)费用估算模型的建立主要依赖同类装备的历史费用数据,且对待估算的新研装备只需要明确主要的物理与性能特性参数值,不必对装备系统详细设计参数有过多要求;

(3)费用估算模型一旦建立,即提供了一系列输入参数与相关费用的逻辑关系式,这些关系式可以重复、快速、廉价的使用;

(4)参数估算法采用装备系统的性能参数和构型方案等参数作为输入,能在一定程度上避免人为偏见造成的影响,费用估算的准确性高。

参数估算法存在以下缺点:

(1)要求新研装备系统与现有装备系统有足够的相似之处,即不能用于一个全新的武器装备系统的费用估算;

(2)对于过分依赖技术或带有独特设计特性的装备系统,不易取得可靠的费用估算结果;

(3)通常用于装备系统级或分系统级的费用估算,不宜用于武器装备分系统以下各级的费用估算;

(4)由于使用与维修保障费用的影响因素较多,因此应用该方法时尚有不少需要解决的问题。

3.适用范围

参数估算法的估算精度主要取决于同类装备的相似性,以及所选影响费用的特征参数、费用关系式的形式、回归分析的统计样本数量等。该方法主要适用于装备论证与研制的早期,特别是仅有装备系统规范,还没有详细研制规范的阶段;可用于对一个装备系统的多种可能方案进行费用估算;可用于装备研制初期的技术经济权衡分析或按费用设计的方法中,以及为厂商提供价格建议、为政府提供价格评估等。

4.实施程序

参数估算法的实施程序如图3-3所示。

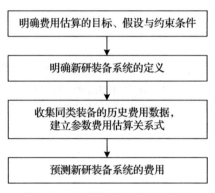

图3-3 参数估算法的实施程序

(1)明确费用估算的目标、假设与约束条件。

1)明确费用估算的目标。根据费用估算的需要,明确估算的费用是寿命周期费用,或某个费用单元的费用,或分系统的有关费用(如某分系统的购置费、研制费)。

2)明确假设与约束条件。参数估算法需要明确的假设和约束条件一般包括装备研制进度、装备数量、部署位置、供应与维修机构的设置、使用方案、保障方案、维修要求、任务频次、任务时间、使用年限、利率、物价指数、可利用的历史数据等。此外,还可规定回归模型的显著性水平和估计值的置信度。

(2)明确新研装备系统的定义。定义待估算费用的新研装备系统的详细程度应满足费用估算目标与参数估算法的要求。一般包含以下内容:

1)作战任务、使用要求及使用方案与保障方案(可以是初始的);

2)包括作战性能与保障性能指标在内的主要战术技术指标要求,特别要明确主要物理特性与性能特性的参数指标要求;

3)总体设计方案(可以是初步的),特别要指明采用了哪些可能对费用产生较大影响的新的与关键的技术。

(3)收集同类装备的历史费用数据,建立参数费用估算关系式。

1)收集同类装备的历史费用数据。广泛收集同类装备的历史费用数据,若已建立装备费用数据库,可直接从库中提取所需的费用数据。对于收集的费用数据应说明装备相应的主要物理特性与性能特性,对于采用的独特的新技术必须要明确。若所采用的独特的新技术对费用产生特别的影响,则应从费用数据中剔除该种装备的费用数据。同时,还要剔除缺乏相似性的装备费用数据。

2)选取费用影响参数。费用影响参数是参数费用估算关系式的自变量,选取费用影响参数就是选择对费用起主要影响作用的参数因素。选取费用影响参数的方法:①通过直观分析,从影响费用的诸多参数中筛选出若干影响明显的参数;②将可能产生相同影响的参数尽量合并和综合,以减少参数的数量,如将原材料、零部件、制造工时的消耗以及复杂程度与某些性能参数合并归集为装备的质量、体积等物理参数的影响,将数个单项性能指数综合为一个综合性性能指数等,一般选取的参数不宜超过5个;③有必要时,将收集的费用样本数据用预选的参数分别作出散步图,从中选取与费用相关程度大的参数。

3)建立参数费用估算关系式。根据费用影响参数的数量及费用的统计关系选择回归模型的形式,运用回归分析法建立参数费用估算关系式。通常优先选择线性回归模型,单影响因素的选择一元线性方程,多影响因素的选择多元线性方程。当线性方程明显不成立或相关检验不满足线性统计关系时,采用非线性方程,选择的非线性模型应尽可能通过变量代换能够线性化的函数方程,如幂函数、指数函数、对数函数、双曲线函数与 S 函数等。

4)参数费用估算关系式的相关性检验。计算所建立的参数费用估算关系式的相关系数或 F 值,用相关系数检验或 F 检验判断显著性水平 α 下的参数费用估算关系式是否有意义。

(4)预测新研装备系统的费用。将确定的新研装备系统的参数值代入参数费用估算关系式,得出新研装备系统费用的估计值,并求得在置信度 $P=1-\alpha$ 时估计值的置信区间。

3.3.3 类比估算法

1.基本思想

类比估算法也称类推法或模拟法,该方法是将待估算装备系统与有准确费用数据和技术资料的基准比较系统,在技术、使用与保障方面进行比较,分析两者的异同点及其对费用的影响,利用经验判断求出待估算装备系统相对于基准比较系统的费用修正方法,再计算出待估算装备系统的费用估计值。

类比估算法采用比较分析的基本依据是待估算装备系统与基准比较系统在结构、功能和性能特征上具有相似性与可比性,比较分析的重点是分析待估算装备系统与基准比较系统的差异对费用的影响,以及找出费用修正的方法。

2.主要特点

类比估算法是建立在待估算装备系统与基准比较系统比较分析的基础上的,简单装备的基准比较系统可以是一种现有的相似装备系统,复杂装备的基准比较系统可以是由多个不同装备系统的相似分系统组成的组合体。

类比估算法的主要优点有：

(1)使用起来简单、方便，只需要收集基准比较系统的费用数据，能有效弥补参数估算法和工程估算法的不足；

(2)基准比较系统具有的准确的费用数据和技术资料，使得估算结果较专家判断法更具客观性；

(3)既可以用于简单装备，也可以用于复杂装备，而且可以与专家判断法结合使用。

类比估算法的主要缺点有：

(1)费用估算的许多方面要基于估算者的判断，因而估算的准确程度较差；

(2)难以在技术参数与经济参数间建立起直接关系，因而起不了直接的定量分析作用；

(3)不适用于技术上变化跨度大、相似性小的装备系统。

3. 适用范围

类比估算法的精度主要取决于待估算装备系统与基准比较系统的相似程度，不确定性主要是由费用估算人员或专家的主观评价引起的。该方法主要适用于装备的研制阶段，特别是在方案论证阶段，用于制定各项费用指标和确定各备选设计方案及保障方案费用；适用于估算装备寿命周期费用，也适用于估算装备各费用单元的费用或各有关分系统的费用。

4. 实施程序

类比估算法的实施程序如图3-4所示。

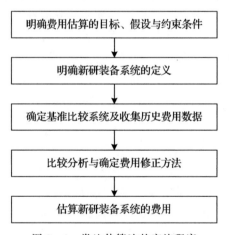

图3-4 类比估算法的实施程序

(1)明确费用估算的目标、假设与约束条件。

1)明确费用估算的目标。根据费用估算的需要，明确估算的费用是寿命周期费用，或某个费用单元的费用，或分系统的有关费用(如某分系统的购置费、研制费)。

2)明确假设与约束条件。类比估算法需要明确的假设和约束条件一般包括装备研制进度、装备数量、部署位置、供应与维修机构的设置、使用方案、保障方案、维修要求、任务频次、任务时间、使用年限、利率、物价指数、可利用的历史数据等。假设和约束条件的数量和内容可根据估算目标的不同而不同。

(2)明确新研装备系统的定义。定义待估算费用的新研装备系统的详细程度随装备研制的进展而提高,并应与费用估算的目标和要求相适应,一般包含以下内容:
1)装备作战任务、使用要求及使用方案;
2)装备作战性能与保障性能等主要战术技术指标要求;
3)按估算目标明确到所需层次的设计方案,特别要明确所采用的新的和关键的技术;
4)装备保障方案与保障要求,特别要明确新的和关键的保障资源要求;
5)装备的初始供应保障计划。

(3)确定基准比较系统及收集历史费用数据。根据定义的新研装备系统,调查并了解现有相似装备的技术资料,确定用于比较分析的基准比较系统,收集基准比较系统的历史费用数据。收集费用数据的详细程度应能满足费用估算目标的要求。

(4)比较分析与确定费用修正方法。由费用分析人员或相关专家将新研装备系统与基准比较系统从技术、使用与保障等方面,对影响所估算费用的各主要影响因素进行定性和定量的比较分析。通过分析确定定量的费用修正方法,如确定调整的物价指数与贴现率、相对于基准比较系统的复杂性系数或调整因子、参数费用估算关系式等。由于相比较的装备之间的相似性是千差万别的,因此,修正的方法也是多种多样的。

(5)估算新研装备系统的费用。利用基准比较系统的历史费用数据与所确定的费用修正方法,按照费用估算的目标和要求,估算出新研装备系统费用的估计值。

3.3.4 专家判断法

1.基本思想

专家判断法是指由专家根据经验判断估算出装备寿命周期费用的估计值。该方法是以专家为索取信息的对象,利用专家所具有的装备与费用估算的知识和经验,对待估算装备或类似装备的费用、技术状态和研制、生产及使用保障中的情况进行分析与综合,然后估算出装备寿命周期费用。

2.主要特点

采用专家判断法,首先要为估算某装备系统费用成立专家小组,采取函询方式多次征求并收集专家对待估装备系统费用估算的意见。然后,将专家的估算意见经过综合、归纳和整理,匿名反馈给每位专家,再征求意见。这样多次征询与反馈,使每位专家有机会将自己的估算意见与别人的意见进行比较,不断地修正自己的判断。最后,将专家分散的估计值加以统计,用中位数或平均数加以综合,得出费用的估计值。

专家判断法的主要优点有:
(1)具有很好的适用性,可用于装备寿命周期的所有阶段;
(2)对装备参数和费用数据要求少,能有效弥补其他方法的不足;
(3)可用于装备寿命周期费用以及各种费用单元费用的估算。

专家判断法的主要缺点有:
(1)费用估算精度取决于专家的知识和经验,受主观因素的影响较大;
(2)费用估算结果带有很强的主观性和随机不确定性,费用估算精度一般较低。

3.适用范围

专家判断法是预测技术中的专家意见法(或称德尔菲法)在寿命周期费用估算中的应用,主要用于装备费用数据不足,难以采用工程估算法、参数估算法、类比估算法,而又允许对费用做出粗略估算的场合。该方法适用于装备寿命周期所有阶段,对装备寿命周期费用、各主要费用单元,以及各种基本费用单元和装备各种分系统的费用的粗略估算。

4.实施程序

专家判断法一般由费用估算征询小组来组织实施。

(1)征询小组的组成和准备工作。

1)征询小组的组成。征询小组应由新研装备系统的科研主管部门和技术、经济以及管理等单位的人员组成。

2)征询小组的准备工作。

A.明确目标和假设。

a.目标:根据装备论证和研制主管部门的计划或要求提出具体的费用估算目标。例如,估算某装备的论证与研制费、购置费,或估算某装备分系统的研制费等。

b.假设:以估算装备论证与研制费为例,假设内容一般包括装备研制周期、贴现基准年、研制设计样机数等。

B.拟制费用估算程序。专家判断法实施的一般程序如图3-5所示。

C.确定征询方式。只要时间充裕且费用允许,应尽量采用函询方式。

D.编制背景材料。背景材料一般包括新研装备系统的以下内容:

a.任务和体制;

b.主要战术、技术性能,初步原理组成框图;

c.关键技术及其研究状况;

d.主要器件的国内价格;

e.已了解到的相似装备及其分系统的费用;

f.其他有关材料。

E.拟定专家名单。专家小组成员的选择是费用估算成功的关键,聘请专家应考虑以下因素:

a.专家确实具有关于新研装备系统的较高学术水平、丰富实践经验及综合判断能力;

b.专家应由多方面具有代表性的人员组成,其范围应覆盖装备科研、生产、经济、使用、维修和管理等方面;

c.专家小组总数一般应在10~15人左右为宜,人数过少则缺乏代表性,使结论不可信,人数过多则使管理过于复杂。

(2)第一轮征询。

1)向专家提出邀请。邀请时应说明:

A.费用估算目标、假设和约束条件;

B.费用估算的程序和征询方式。

向专家分发第一轮征询表及背景材料。第一轮征询表的示例如表3-1所示,背景材料的内容如前所述。

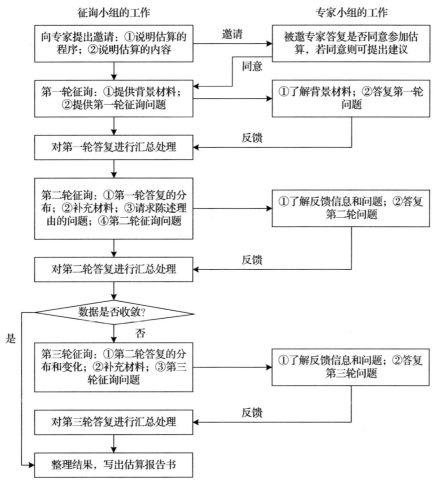

图 3-5 专家判断法实施的一般程序

表 3-1 第一轮征询表示例

装备型号：	分系统名称：			
费用估计值	中估值 （C_M）	高估值 （C_H）	低估值 （C_L）	计量单位
估算依据	经验	理论计算	直观	综合	参考资料
程序熟悉度	很熟悉	熟悉	一般	不熟悉
其他需要说明的问题				

2)对第一轮答复进行汇总处理。第 i 位专家估算值 Y_i 的计算公式如下:

$$Y_i = (4C_M + C_H + C_L)/6 \qquad (3-2)$$

式中:C_M 为估算的最优可能的费用;C_H 为估算的最不顺利情况下的费用;C_L 为估算的最顺利情况下的费用。

A.四分位点法。假设回收到的专家征询表的数量为 n,将专家的估算值 Y_i 按由小到大的顺序排列,即 $Y_1 < Y_2 < Y_3 < \cdots < Y_{n-1} < Y_n$,则中位数为

$$Y = \begin{cases} Y_{(n+1)/2}, & n \text{ 为奇数} \\ Y_{n/2} + Y_{(n+2)/2}, & n \text{ 为偶数} \end{cases} \qquad (3-3)$$

在小于或等于中位数的费用估算值中再取中位数为下四分位数,在大于或等于中位数的费用估算值中再取中位数为上四分位数,上下四分位点之间的区域为四分位区间。

B.加权平均法。根据征询结果及通过其他途径对专家的了解,确定每位专家的权重,按加权平均法求费用估算值。设专家总人数为 n,第 i 位专家的估算值为 Y_i、权重为 F_i,则估算值为

$$Y = \sum_{i=1}^{n}(Y_i \times F_i) / \sum_{i=1}^{n} F_i \qquad (3-4)$$

(3)第二轮征询。第二轮征询表的示例如表 3-2 所示。背景材料以外的材料也同时向专家提供。

表 3-2 第二轮征询表示例

装备型号:		分系统名称:		
费用估计值	中估值 (C_M)	高估值 (C_H)	低估值 (C_L)	计量单位
第一轮征询结果 四分位区间	中位数	上四分位区间	下四分位区间	
补充说明的问题				

1)对第二轮征询表的汇总处理。同第一轮征询结果的处理一样,可用四分位点法,也可用加权平均法。

2)数据收敛性判别。数据收敛性是指所处理的费用数据趋于某一固定值的程度。根据征询结果数据,绘出四分位区间曲线。若四分位区间收敛,则征询可以结束;如果四分位区间不收敛,输出结果不稳定,则应进行第三轮征询。一般来讲,征询总次数不超过三次。

(4)费用估算报告。根据要求按标准写出费用估算报告。

以上4种方法是最常用的装备寿命周期费用估算方法,在装备寿命周期各阶段的适用情况如表3-3所示。

表3-3 各种费用估算方法的运用阶段

费用估算方法	寿命周期阶段				
	论证阶段	方案阶段	工程研制阶段		生产阶段
			早期	后期	
工程估算法	不适用	较适用	适用	适用	适用
参数估算法	适用	较适用	较适用	不适用	不适用
类比估算法	较适用	较适用	适用	不适用	不适用
专家判断法	适用	适用	适用	适用	适用

第4章 装备寿命周期费用估算模型

装备寿命周期费用估算是指运用一定的科学方法,对未来费用水平及其变化趋势做出科学的推断和估计,其目的是为装备系统的费用决策、费用计划、费用控制等提供科学依据。本章重点讨论参数费用估算模型、等工程价值比模型、作业成本模型和时间-费用模型等4种典型的寿命周期费用估算模型的基本原理、模型描述和方法步骤,并通过实例进行模型应用分析。

4.1 参数费用估算模型

4.1.1 参数费用估算模型的描述

参数费用估算法采用装备系统特征参数作为输入,通过参数费用估算模型来建立装备特征参数与相应费用之间的联系,并以此来估算装备系统全部费用或其中重要部分费用。

复杂装备系统的参数费用估算模型通常由很多内在相关的费用模型组成,构成参数费用估算模型体系,因此说参数费用估算模型也是现实系统的一种反映。参数费用估算模型的基本形式可表示为

$$C = f(x_1, x_2, \cdots, x_n) \tag{4-1}$$

式中: C 为费用; $x_1, x_2, \cdots, x_n$ 为费用驱动因子或其组合。

传统的参数费用估算模型大多采用回归分析方法建立,但随着武器装备技术和其他相关学科的发展以及费用估算的实际需要,参数费用估算模型也在不断发展,如模型的表现形式、模型的建立方法等。

4.1.2 参数费用估算模型构建的步骤

参数费用估算模型构建的一般步骤如图4-1所示。

1.数据收集与处理

数据收集是建立参数费用估算模型的基础性工作,也是一项非常耗时的工作。数量足够和高质量的数据是保证参数费用估算模型有效性的重要基础,平时必须重视对有关数据的收集和积累,此外,还要对所收集的数据进行一致性和匹配性筛选。

2.选择费用驱动因子

选择费用驱动因子(Cost Driven Factor,CDF)对费用估算结果有重大影响,随着武器

装备复杂程度的不断提高,影响费用的各种因素也日益复杂,因此,要在潜在的费用驱动因子中,采用适当方法选择费用驱动因子以供使用。

3.数据分析

数据分析主要包括相关矩阵分析、绘制数据分布图、数据维数分析等。

4.建立参数费用估算模型

采用多种有效的方法建立参数费用估算模型。一般来讲,即使采用相同的数据、选择相同的费用驱动因子,当采取先进的建模方法时,也可在一定程度上提高费用估算的精度,因此,应当灵活采用多种建模方法,并对模型进行对比分析,以提高费用估算的精度。

5.检验参数费用估算模型

对由不同建模方法得到的参数费用估算模型进行检验,以便为最终参数费用估算模型的确定提供决策信息支持。

6.选择参数费用估算模型

对参数费用估算模型的检验结果进行对比分析,选择费用估算精度高且满足费用估算目标的参数费用估算模型作为最终的参数费用估算模型。

7.参数费用估算模型确认

如果有必要,可利用费用数据库中的数据,对选择的参数费用估算模型进行再次确认。

8.批准

为了使建立的参数费用估算模型受到认可、得到广泛使用,必须得到相关机构的批准。

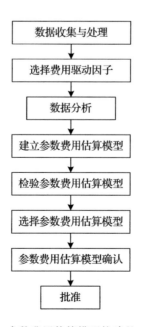

图4-1 参数费用估算模型构建的一般步骤

4.1.3 费用驱动因子的选择方法

费用驱动因子选择是建立参数费用估算模型的关键,正确、合理的费用驱动因子是参数费用估算模型预测效果的重要保证。

1. 费用驱动因子的基本要求

由于武器装备系统的复杂性,影响费用的特征参数很多,如性能参数、物理参数、进度参数等,而且多个特征参数之间往往存在相互影响,因此,仅需选取重要的特征参数作为费用驱动因子。对费用驱动因子的基本要求如下:

(1)逻辑关联性。费用驱动因子与所估算的费用元素应在逻辑上或理论上相关联,也就是说,所选择的费用驱动因子与相应费用元素应具有内在的因果关系,如材料费用与使用材料的质量密切相关等。

(2)统计相关性。费用驱动因子与所估算的费用元素应在统计上有较大相关性,也就是说,费用驱动因子的选择应能通过有关统计理论的检验。

(3)变化一贯性。费用驱动因子的变化对费用元素的变化应具有一贯性,这是保证所建立的参数费用估算模型在应用中有稳定的估算结果的基础。

(4)易于确定性。费用驱动因子的量值应在装备设计和研制的初期就易于确定,也就是说,要考虑到装备设计和研制初期数据获取的各种限制,以确保所建立的参数费用估算模型能够用于装备研制的初期。

(5)相互独立性。各个费用驱动因子对装备费用的影响应是相互独立的,尽管这在实际应用中往往是很难做到的,但在选择时应尽可能避免同时使用相关性较强的费用驱动因子。

2. 费用驱动因子的三维模式

影响装备费用的参数多种多样,在进行费用驱动因子的选择时,除了要满足费用驱动因子的基本要求外,还需要给出费用驱动因子的选择范围。一般来讲,费用驱动因子主要有以下三类参数,也称为费用驱动因子的三维模式。

(1)性能参数。性能参数反映了装备系统的性能量值,通常包括专用性能参数及通用性能参数。专用性能参数因不同装备而有所不同,如飞机的最大飞行速度、最大使用过载等,导弹的最大射程、最大速度、发射重量等;通用性能参数主要指可靠性、维修性和保障性等。

(2)物理参数。物理参数反映了装备系统对资源的占有程度,如飞机的质量、尺寸、功率等,导弹的长度、质量、直径等。

(3)时间参数。时间参数主要指装备系统研制或生产的时间,它在一定程度上反映了装备系统的先进程度,如技术因子、研制年份等。

3. 费用驱动因子的选择方法

不同的武器装备类型,甚至同一装备的不同系统,其费用影响因素也可能会有很大的不同,因此,选择费用驱动因子时往往需要费用分析人员和工程师一起讨论,初步筛选出能反映费用变化趋势和规律的参数。常用的费用驱动因子的选择方法主要有以下4种:

(1)主成分分析法。主成分分析法是把多个性能指标转化为少数几个综合指标的一种统计方法。在多指标或变量的研究中,往往由于指标或变量太多,并且彼此之间存在着一定的相关性,使得所观察的数据在一定程度上反映的信息有所重叠,而且当指标或变量较多时,在高维空间中研究样本的分布规律比较困难。主成分分析法正是把这种情况化简,即采用一种降维的方法,找出几个综合因子来代替原来众多的变量,使这些综合因子能尽可能反映原来变量的信息,而且彼此之间互不相关。

主成分分析法在简化结构、消除变量之间相关性方面具有明显效果,但它也给回归模型的解释带来一定的复杂性。这是因为主分量是原始变量的线性组合,最终仍需回到原始变量中去才能给回归模型赋予实际意义的解释。

(2) 因子分析法。因子分析法最初是由心理学家查尔斯·斯皮尔曼(Charles Spearman)于1904年提出的,主要用于智力测验得分的统计分析,目前,该方法已在多个领域中得到了成功应用。因子分析法研究相关矩阵的内部依赖关系,它将多个变量综合为少数几个"因子",以再现原始变量与"因子"之间的相关关系。在统计学领域,它属于多元分析的范畴。

因子分析法与主成分分析法有很大的区别,主成分分析法不能作为一个模型来描述,它只能作为通常的变量变换方法,而因子分析法则需要构造相关的因子模型。主成分分析法的主分量数和变量数相等,它是将一组相关的变量变换为一组独立的变量,而因子分析法的目的是要使主分量数比变量数少,而且要尽可能地选取少的主分量数,以便尽可能构造一个结构简单的模型。主成分分析法是将主分量表示为观测变量的线性组合,而因子分析法则是将原观测变量表示为新因子的线性组合,即新因子的综合指标。因此,因子分析法是主成分分析法的发展。

(3) 基于偏F检验的方法。基于偏F检验的方法是进行多元统计数据分析时常常采用的方法。根据建立方程和因子显著性检验处理方法的不同,基于偏F检验的方法通常可分为3种:后退法、前进法和逐步判别法。

1) 后退法。后退法的基本思路是从包含全部变量的回归方程中逐步剔除不显著的因子。首先建立包含全部变量的回归方程,然后对每个因子做显著性检验,剔除不显著因子中偏回归平方和最小的因子,再重新建立方程,重复上述过程,直到方程中留下的每个因子都显著为止。可见,在后退法中,剔除掉的因子将不会再进入回归方程中。

2) 前进法。与后退法相反,前进法的基本思路是在回归方程中不断引入显著性因子。首先计算因变量同各个自变量的相关系数,对于相关系数绝对值最大的因子,再对其偏回归平方和做显著性检验,如果显著就引入方程。上述工作在其余自变量中重复进行,直到没有自变量能通过显著性检验为止。可见,在前进法中,进入回归方程中的因子将永远留在其中。

3) 逐步判别法。针对后退法和前进法确定回归方程因子的不足,逐步判别法对待选因子采取"有进有出"的措施,可以克服上述两种方法的不足。逐步判别法反复执行两个步骤:一是对回归方程的因子进行检验,将显著的因子保留,将最不显著的因子剔除;二是对不在回归方程中的因子,挑选最重要的一个进入方程,直到回归方程中再也不能剔除因子,同时再也不能引入因子为止。

逐步判别法主要是依据统计量-偏F值来进行变量的筛选,其优点是具有合理的统计依据,可以对所有变量进行重复检验,以避免遗漏重要的变量,此方法严谨、可靠。其不足之处主要是不能判断自变量之间的相关程度,因而,难以判断自变量之间是否可以相互替代。

(4)灰色关联分析法。灰色关联分析法是借鉴灰色系统理论对变量进行筛选的。灰色关联(简称灰关联)是指事物之间的不确定性关联,或系统因子与主行为因子之间的不确定性关联。它主要是对态势发展变化的分析,即对系统动态发展过程的量化分析,并根据因素之间发展态势的相似或相异程度来衡量因素间的相关程度,从而进一步判断自变量之间是否可以相互替代。

灰色关联分析法主要通过构造灰色关联度并进行计算来实现自变量选择,其主要步骤如下:

1)对数列作无量纲化或归一化处理;
2)确定比较数列和参考数列;
3)求关联系数;
4)求关联度;
5)对关联度按大小排序。

4.1.4 参数费用估算模型建模方法

在确定了费用驱动因子后,如何选择合适的方法来建立参数费用估算模型,将对费用估算结果有重要影响。常用的参数费用估算模型建模方法主要有以下4种。

1.回归分析法

回归分析法是预测科学的一种重要方法,它通过建立因变量与自变量之间变化的数量关系,即回归方程,然后用某种方法给出未来期间外生变量的数值,并将这些外生变量数值代入数学模型,计算出要预测变量的未来数值,即预测值。其中,外生变量是指不受模型中变量影响的,由外部条件决定的变量。

回归分析法根据自变量数量的多少,可分为一元回归分析和多元回归分析。依据自变量与因变量之间的关系,一元回归分析包括一元线性回归分析和一元非线性回归分析,多元回归分析包括多元线性回归分析、多元非线性回归分析、多元逐步回归分析、多元岭回归分析、多因变量多自变量线性回归分析等。

采用回归分析法来建立装备参数费用估算模型,往往会受到以下两方面因素的制约:

(1)对样本容量有一定的要求。采用回归分析法建立参数费用估算模型,当数据样本数量过少时,所建立的模型往往难以通过有关检验,建立的费用估算模型将不能用于费用估算。由于武器装备系统的特殊性,相近的数据样本数量往往有限,难以满足费用估算要求,影响费用估算精度。因此,在选择回归分析法建立费用估算模型时,必须要处理好估算模型的精度要求和实际可利用数据样本之间的矛盾。

(2)模型形式难以满足实际需求。费用估算模型形式直接影响费用估算结果,由于回归分析法可供选择的模型形式有限,且在模型形式选择时往往是根据建模者的经验去判断的,当费用影响参数较多且影响关系复杂时,很有可能导致出现偏差,从而直接影响到参数费用估算模型的精度。

2.灰色系统预测法

灰色系统是指部分信息已知、部分信息未知的系统。灰色系统理论是由我国学者邓聚龙于20世纪80年代初提出的,是研究解决灰色系统分析、建模、预测、决策和控制的理论。灰色系统理论认为,任何随机过程均可看作是在一定时空区域变化的灰色过程,随机量可看作灰色量。另外,无规律的离散时空数列是潜在的有规律序列的一种表现,因而,通过生成变换能从无序的数据中发现有序性。

灰色系统建模的任务是对小样本数据建模,其目标是微分方程模型,其要求是动态信息的开发、利用和加工。灰色系统理论通过关联分析提取建模所需变量,并在对离散函数的性质进行研究的基础上,实现以离散数据建立微分方程的动态模型,即灰色模型(Grey Model,GM))。灰色系统预测法具有以下优点:

(1)建模所需信息较少,通常只要有4个以上样本数据即可建模;

(2)不需要知道原始数据分布的先验特征,对无规律或服从任何分布的任意光滑离散的原始序列,通过有限次的生成即可转化成有规律的序列;

(3)建模的精度较高,可保持原有系统的特征,能较好地反映系统的实际情况。

装备费用估算常用的是$GM(1,N)$模型,是指变量为一阶的N个变量的微分方程模型。该模型具有以下特点:

(1)建立了微分方程模型。一般的系统理论大多只能建立差分方程模型,而不能建立微分方程模型。差分方程模型是一种递推模型,只能按阶段分析系统的发展,主要用于短期分析,了解系统显著的变化,而灰色系统理论基于关联度收敛原理、生成数、灰导数、灰微分方程等观点和方法建立了微分方程模型。

(2)挖掘出了数据内在规律。利用数据生成对原始数据进行处理,可挖掘得到数据中的内在规律。由于所建立的模型不是原始数据模型,而是生成数据的模型,所以要得到费用估算数据,还必须要进行逆生成处理。

(3)提高了模型预测精度。$GM(1,N)$模型是通过模型计算值与实际值的残差来建立残差$GM(1,N)$模型的,其作为提高模型预测精度的主要途径,要注意的是残差$GM(1,N)$模型与主模型之间在时间上一般是不同步的。

利用灰色系统预测法建立参数费用估算模型也有其不足,就是模型建立过程中对建模人员的经验要求较高。例如,在进行数据累加处理时,需要经过多次试算才能确定合适的累加次数等。

3. 偏最小二乘回归法

偏最小二乘回归(PLSR)法是一种新型的多元统计数据分析方法,在处理样本容量小、说明性变量多、变量间存在严重多重相关性问题方面具有独特优势。偏最小二乘回归法与普通最小二乘回归法在思路上的主要区别是:偏最小二乘回归法在回归建模过程中采用了信息综合与筛选技术,它不直接考虑因变量和自变量集合的回归建模,而是在变量系统中提取若干对系统具有最佳解释能力的新综合变量(即成分提取),然后利用提取的新综合变量进行回归建模。

装备参数费用估算模型常用的是单因变量回归,其建模思路是:设已知因变量Y和P个自变量$\{x_1,x_2,\cdots,x_p\}$,样本数为n,构成数据表$X=[x_1,x_2,\cdots,x_p]_{n\times p}$和$Y=[y_1,y_2,\cdots,y_p]_{n\times 1}$。在$X$中提取成分$t_1$,$t_1$是$x_1,x_2,\cdots,x_p$的线性组合,要求$t_1$尽可能地

携带 X 中的变异信息,且与 Y 的相关程度最大。这样,t_1 就尽可能地代表了 X,同时对 Y 有最强的解释能力。

在第一个成分 t_1 被提取后,偏最小二乘回归实施 X 对 t_1 的回归,若回归方程已经达到满意的精度,则算法停止;否则,将利用 X 被 t_1 解释后的残余信息以及 Y 被 t_1 解释后的残余信息进行第二轮的成分提取,如此反复,直到能达到一个较满意的精度为止。若最终对 X 共提取了 m 个成分 $t_1,t_2,\cdots,t_m(m\leqslant n)$,偏最小二乘回归将通过施行 Y 对 $t_1,t_2,\cdots,t_m$ 的回归,然后表达成 Y 对自变量 X 的回归方程。

偏最小二乘回归法之所以在参数费用估算模型应用中受到重视,主要是因为其在建模中具有以下特点:

(1)能够在自变量存在严重多重相关性的条件下进行回归建模;
(2)可以比最小二乘法更简洁地进行费用驱动因子的筛选;
(3)允许在样本数量少于自变量个数的条件下建立模型;
(4)允许在最终模型中包含原有自变量,最大限度地利用数据信息。

4.神经网络方法

人工神经网络(Artificial Neural Network,ANN)是由大量简单处理单元广泛连接而形成的以模拟人脑行为为目的的复杂网络系统,该系统是靠其状态对外部输入信息的动态响应来处理信息的。神经网络模型开发的一般过程如图 4-2 所示。

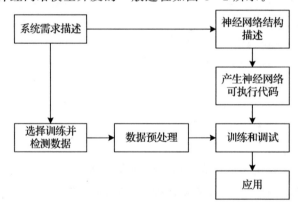

图 4-2 神经网络模型开发过程

从图 4-2 中可以看出,在完成系统需求描述后,需要根据具体问题选择神经网络模型,包括神经网络结构、训练方法等,然后编制计算机程序。最后,将数据传递给编译好的神经网络软件进行训练和调试,神经网络训练完成后,将确定的神经网络处理部分并入整个系统,对实际输入数据进行预测。

神经网络模型的选择是费用估算模型开发的重要工作。目前,在数十种神经网络结构、上百种训练学习算法中,应用最广泛、技术最为成熟的是多层前向式网络结构,它应用误差反向传播学习算法(Error Back Propagation Learning Algorithm,EBPLA),简称 BP 神经网络。

采用神经网络方法建立参数费用估算模型,主要是基于以下考虑:

(1)神经网络在解决非线性问题方面具有独特优势。相关研究表明,在处理非线性问题方面,神经网络方法的精度优于传统的回归分析方法。

(2)由于收集到的装备系统费用等信息,往往既不完整又含有伤残结构及错误成分,而且经常有不确定性信息,传统的数据处理方法存在较大困难,而神经网络方法对这种信息源含糊、不确定、有假象等复杂情况,可以通过不断的学习,从典型样本数据中学会处理许多问题,并能对不完整信息进行补全,以及根据已学会的知识和处理问题的经验,对复杂问题做出合理的判断决策,给出较满意的解答或对未来做出有效的预测和估计。

(3)费用估算模型建立过程相对简单,可以实现计算机自动建模,在某种程度上可以解决参数费用估算模型的自适应问题。

采用神经网络方法建立参数费用估算模型也存在一些固有的不足:
(1)神经网络结构的确定没有统一的准则;
(2)模型的优化过程容易陷入局部极小点;
(3)对训练样本数量有一定的要求;
(4)容易出现过拟合现象,模型的泛化能力不强。

4.1.5 参数费用估算模型应用实例分析

1.基于线性回归的导弹系统导引头购置费估算

某导弹系统处于论证阶段,需要对新型导引头的购置费进行估算,下面运用回归分析法来构建参数费用估算模型,对导弹系统新型导引头的购置费进行估算分析。

(1)明确费用估算的目标、假设与约束条件。费用估算的目标是导弹系统新型导引头的购置费,要求参数费用估算模型的显著性水平 $\alpha \leqslant 5\%$,估算值的置信度 $P \geqslant 1-\alpha$ 。

(2)明确导弹系统新型导引头的技术要求。导弹系统新型导引头的技术要求是:探测距离>3 km,质量<10 kg,信噪比为 2,干扰反应时间<2 ms,抗干扰概率$>60\%$。

(3)收集同类装备的历史费用数据,建立参数费用估算模型。

1)根据边际贡献筛选特征参数。参数的边际贡献是指如果该参数纳入费用估算模型使得回归平方和(Explained Sum of Squares,ESS)得到一个新增量,则称此增量为该参数对费用的边际贡献。为讨论方便,回归平方和记为 U ,残差平方和(Residual Sum of Squares,RSS)记为 Q ,总离差平方和(Total Sum of Squares,TSS)记为 S ,则有 $S=U+Q$ 。判决系数 $R_2=U/S$ 表示某一参数变化而引起费用变量的变差占总离差的百分比。评价变量边际贡献的方差分析表如表 4-1 所示。

表 4-1 评价变量边际贡献的方差分析表

变差来源	变 差	自由度
归因于变量 X_1 的回归平方和	$U(X_1)$	1
归因于变量 X_1、X_2 的回归平方和	$U(X_1,X_2)$	2
归因于变量 X_2 的回归平方和	$\Delta U = U(X_1,X_2)-U(X_1)$	1
归因于变量 X_1、X_2 的残差平方和	$Q(X_1,X_2)$	2
归因于变量 y 的总离差平方和	S	$n-1$

检验参数 X_2 的边际贡献是否显著,可构造 F 统计量进行判断:

$$F = \frac{[U(X_1,X_2) - U(X_1)]/\mathrm{d}f_1}{Q(X_1,X_2)/\mathrm{d}f_2} \quad (4-2)$$

在检验时需确定一个显著性水平,一般取 $\alpha \leqslant 5\%$,查自由度为 $\mathrm{d}f_1$、$\mathrm{d}f_2$ 的 F 分布临界值表确定临界值 F_α。当 $F > F_\alpha$ 时,说明参数 X_2 纳入模型使 U 增加显著,应把参数 X_2 加入模型;否则,不应把参数 X_2 加入模型。

对于第一个性能参数的选择,应分别建立导引头购置费 y 与探测距离(X_1)、质量(X_2)、信噪比(X_3)、干扰反应时间(X_4)和抗干扰概率(X_5)的一元线性回归模型,其回归分析结果如表 4-2 所示。

表 4-2 各性能参数对应的回归方程的回归平方和

$U(X_1)$	$U(X_2)$	$U(X_3)$	$U(X_4)$	$U(X_5)$
2 774.44	3 203.97	3 497.05	2 438.6	3 554.15

由表 4-2 可知,性能参数"抗干扰概率"的回归平方和 $U(X_5) = 3\ 554.15$ 最大,说明性能参数"抗干扰概率"与购置费构成的回归方程的拟合度最好。通过显著性分析得到 $F_\alpha = 5.11$,$F = 48.91$,$F > F_\alpha$ 成立,说明该一元回归方程显著,性能参数"抗干扰概率"可纳入多元回归方程,并确定参数费用估算模型形式为

$$y = \beta_0 + \beta_5 X_5 \quad (4-3)$$

对于第二个性能参数的选择,将性能参数"探测距离"(X_1)加入上述模型,可得到一个二元线性回归模型,其形式为

$$y = \beta_0 + \beta_1 X_1 + \beta_5 X_5 \quad (4-4)$$

将 X_1、X_5 的历史数据代入,经回归分析得 $U(X_1,X_5) = 4\ 372.00$,$Q(X_1,X_5) = 615.89$,X_1 的边际贡献 $\Delta U = U(X_1,X_5) - U(X_5) = 817.85$。将以上各值代入式(4-2)进行显著性检验,得到 $F = 10.62$,查表得 $F_\alpha = 0.829$,$F > F_\alpha$ 成立,说明性能参数"探测距离"纳入模型使回归平方和增加显著,应将性能参数"探测距离"加入多元回归方程。

对其他性能参数的选择可按照 X_1 的选取方法,分别把其余的参数与 X_5 构成二元回归方程。最后,经过显著性检验,X_2、X_3、X_4 均可纳入方程,则参数费用估算模型形式为

$$y = \beta_0 + \beta_1 X_1 + \beta_2 X_2 + \beta_3 X_3 + \beta_4 X_4 + \beta_5 X_5 \quad (4-5)$$

2)建立多元线性回归分析模型。根据数理统计理论,利用与该装备系统类似的装备技术参数,用最小二乘法确定多元回归模型式(4-5)中的各回归系数(见表 4-3),并进行相应的显著性检验(见表 4-4)。同时,为确定式(4-5)中购置费 y 与参数 X_1、X_2、X_3、X_4、X_5 间的线性相关关系是否符合,需进行 F 检验,在显著性水平 $\alpha = 5\%$ 时,计算与查表的结果分别为 $F = 10.516$、$F_\alpha = 4.704$,$F > F_\alpha$ 成立,所以购置费 y 与性能参数 X_1、X_2、X_3、X_4、X_5 间的线性相关关系显著。可见,对各回归系数都有 $|T_i| > T_{\alpha/2}$,说明各回归系数都符合显著性检验。

表 4-3 回归系数表

β_0	β_1	β_2	β_3	β_4	β_5
241.97	−4.772	0.089	−37.407	−8.89	−0.144

第4章 装备寿命周期费用估算模型

表 4-4 回归系数显著性检验值

	回归系数				
	β_0	β_1	β_2	β_3	β_4
统计值（T_i）	-0.501	0.648	-1.510	-0.949	-1.220
临界值（$T_{a/2}$）	0.481				

经过上述两种显著性检验，可以确定多元回归方程为

$$y = 241.97 - 4.772X_1 + 0.089X_2 - 37.407X_3 - 8.89X_4 - 0.144X_5 \quad (4-6)$$

(4) 估算导弹系统新型导引头的购置费。将导弹系统新型导引头的技术参数值代入多元回归方程式(4-6)，可得到新型导引头购置费的估计值为 $y = 80.844$（万元）。

2. 基于灰色系统的导弹发射装置研制费用估算

导弹发射装置是防空反导武器系统的重要组成部分，其性能的优劣对武器系统的作战效能有重要影响。科学合理地估算导弹发射装置研制费用，能够有效地提升装备研制的质量和效益，现采用灰色系统预测法进行导弹发射装置研制费用的估算分析。

假设收集到类似导弹发射装置的有关历史数据如表 4-5 所示，其中，D、C、J、I、A 为 5 个装备型号的样本代码，对应的研制费用为表中 $X_1^{(0)}$ 所在行（单位：元）。根据初步选择，确定费用驱动因子有 4 个，其数值分别对应 $X_2^{(0)}$、$X_3^{(0)}$、$X_4^{(0)}$、$X_5^{(0)}$ 所在行数值（与实际数据有调整），要求模型预测误差在 20% 以内，试建立二次累加生成数列的 GM(1,5) 模型。

表 4-5 导弹发射装置研制费用数据表

参数	D	C	J	I	A
$X_1^{(0)}$	6 065 675	5 269 425	5 053 970	5 196 275	2 820 475
$X_2^{(0)}$	2 202	2 202	1 220	1 210	1 065
$X_3^{(0)}$	5 093	5 058	6 262	6 170	4 550
$X_4^{(0)}$	7.0	7.0	7.5	8.0	8.0
$X_5^{(0)}$	517.9	472.5	643.5	600.0	525.0

(1) GM(1,N) 模型。设 $X_1^{(0)} = (x_1^{(0)}(1), x_1^{(0)}(2), \cdots, x_1^{(0)}(n))$ 为系统特征数据序列，而

$$X_2^{(0)} = (x_2^{(0)}(1), x_2^{(0)}(2), \cdots, x_2^{(0)}(n))$$
$$X_3^{(0)} = (x_3^{(0)}(1), x_3^{(0)}(2), \cdots, x_3^{(0)}(n))$$
$$\cdots\cdots$$
$$X_N^{(0)} = (x_N^{(0)}(1), x_N^{(0)}(2), \cdots, x_N^{(0)}(n))$$

为相关因素序列。

对原始数据序列做一次累加，生成序列 $X_i^{(1)} = (x_i^{(1)}(1), x_i^{(1)}(2), \cdots, x_i^{(1)}(n))$，其中 $x_i^{(1)}(k) = \sum_{j=1}^{k} x_i^{(0)}(j)$ ($k = 1, 2, \cdots, n$) 为 $X_i^{(0)}$ 的一次累加序列(1-AGO)。

$X_1^{(1)}$ 的紧邻均值生成序列为 $Z_1^{(1)} = (z_1^{(1)}(1), z_1^{(1)}(2), \cdots, z_1^{(1)}(n))$，其中 $z_1^{(1)}(k) =$

$\frac{1}{2}[x_1^{(1)}(k)+x_1^{(1)}(k-1)](k=1,2,\cdots,n)$,则 GM(1,N) 的灰微分方程为

$$x_1^{(0)}(k)+az_1^{(1)}(k)=\sum_{i=2}^{N}b_i x_i^{(1)}(k) \tag{4-7}$$

GM(1,N) 的灰微分白化方程为

$$\frac{\mathrm{d}x_1^{(1)}}{\mathrm{d}t}+ax_1^{(1)}=b_2 x_2^{(1)}+b_3 x_3^{(1)}+\cdots+b_N x_N^{(1)} \tag{4-8}$$

令

$$\boldsymbol{B}=\begin{bmatrix}-z_1^{(1)}(2) & x_2^{(1)}(2) & \cdots & x_N^{(1)}(2) \\ -z_1^{(1)}(3) & x_2^{(1)}(3) & \cdots & x_N^{(1)}(3) \\ \vdots & \vdots & & \vdots \\ -z_1^{(1)}(n) & x_2^{(1)}(n) & \cdots & x_N^{(1)}(n)\end{bmatrix},\quad \boldsymbol{Y}_N=\begin{bmatrix}x_1^{(0)}(2) \\ x_1^{(0)}(3) \\ \vdots \\ x_1^{(0)}(n)\end{bmatrix}$$

则 GM(1,N) 模型参数列 $\hat{\boldsymbol{a}}=[a\ b_2\ b_3\ \cdots\ b_N]^\mathrm{T}$ 的最小二乘估计为

$$\left.\begin{aligned}\hat{\boldsymbol{a}} &= \boldsymbol{B}^{-1}\boldsymbol{Y}_N, & n=N+1 \\ \hat{\boldsymbol{a}} &= (\boldsymbol{B}^\mathrm{T}\boldsymbol{B})^{-1}\boldsymbol{B}^\mathrm{T}\boldsymbol{Y}_N, & n>N+1 \\ \hat{\boldsymbol{a}} &= \boldsymbol{B}^\mathrm{T}(\boldsymbol{B}\boldsymbol{B}^\mathrm{T})^{-1}\boldsymbol{Y}_N, & n<N+1\end{aligned}\right\} \tag{4-9}$$

灰色 GM(1,N) 模型的近似时间响应为

$$\hat{x}_1(k+1)=\left[x_1^{(0)}(1)-\frac{1}{a}\sum_{i=2}^{N}b_i x_i^{(1)}(k+1)\right]\mathrm{e}^{-ak}+\frac{1}{a}\sum_{i=2}^{N}b_i x_i^{(1)}(k+1) \tag{4-10}$$

累减还原生成(1-IAGO),可得预测值为

$$\hat{x}_1^{(0)}(k+1)=\hat{x}_1^{(1)}(k+1)-\hat{x}_1^{(1)}(k) \tag{4-11}$$

(2)模型精度检验。模型精度的检验可采用残差合格模型。残差 $\varepsilon(k)=x_1^{(0)}(k)-\hat{x}_1^{(0)}(k)(k=1,2,\cdots,n)$,其中,$x_1^{(0)}(k)$ 为真实值,$\hat{x}_1^{(0)}(k)$ 为通过模型得到的预测值。若相对误差为 $\Delta_k=\frac{|\varepsilon(k)|}{x_1^{(0)}(k)}$,则称 $\bar{\Delta}=\frac{1}{n}\sum_{k=1}^{n}\Delta_k$ 为平均相对误差,其精度等级为:$\bar{\Delta}\leqslant 2\%$ 为一级精度,$2\%<\bar{\Delta}\leqslant 7\%$ 为二级精度,$7\%<\bar{\Delta}\leqslant 15\%$ 为三级精度,$15\%<\bar{\Delta}\leqslant 25\%$ 为四级精度,$\bar{\Delta}>25\%$ 为等外级精度。

(3)实例计算。对表 4-5 中的原始导弹发射装置研制费用数据进行二次累加运算(2-AGO),得到二次累加数据如表 4-6 所示。

表 4-6 导弹发射装置研制费用二次累加数据表

参数/符号	D	C	J	I	A
$X_1^{(2)}$	6 065 675	17 400 775	33 789 845	55 375 190	79 481 010
$X_2^{(2)}$	2 202	6 606	12 230	19 064	26 963
$X_3^{(2)}$	5 093	15 244	31 657	54 240	81 373
$X_4^{(2)}$	7.0	21.0	42.5	72.0	109.5
$X_5^{(2)}$	517.9	1 508.3	3 141.7	5 375.1	8 133.5

计算 Y_N 和 B 得

$$Y_N = \begin{bmatrix} 11\ 335\ 100 & 16\ 389\ 070 & 21\ 585\ 345 & 24\ 405\ 820 \end{bmatrix}^T$$

$$B = \begin{bmatrix} -11\ 733\ 225 & 6\ 606 & 15\ 244 & 21 & 1\ 508.3 \\ -25\ 595\ 310 & 12\ 230 & 31\ 657 & 42.5 & 3\ 141.7 \\ -44\ 582\ 518 & 19\ 064 & 54\ 240 & 72 & 5\ 375.1 \\ -67\ 578\ 100 & 26\ 963 & 81\ 373 & 109.5 & 8\ 133.5 \end{bmatrix}$$

于是,可计算得模型参数

$$\hat{a} = B^T (BB^T)^{-1} Y_N = \begin{bmatrix} 2.42 & 2\ 621.08 & 1\ 232.31 & -863.0 & -28\ 799.46 \end{bmatrix}^T$$

由此得原始模型为

$$\hat{x}_1^{(2)}(k+1) = [6\ 065\ 675 - 1\ 081.803\ 3 x_2^{(2)}(k+1) - 1\ 784.368\ 3 x_3^{(2)}(k+1) +$$
$$356.188\ 8 x_4^{(2)}(k+1) + 11\ 886.449\ 7 x_5^{(2)}(k+1)] e^{-2.42k} +$$
$$1\ 081.803\ 3 x_2^{(2)}(k+1) + 1\ 784.368\ 3 x_3^{(2)}(k+1) -$$
$$356.188\ 8 x_4^{(2)}(k+1) - 11\ 886.449\ 7 x_5^{(2)}(k+1)$$

对模型进行精度检验:$k=0, \hat{x}_1^{(2)}(1) = 6\ 065\ 675; k=1, \hat{x}_1^{(2)}(2) = 15\ 494\ 172.13; k=2,$
$\hat{x}_1^{(2)}(3) = 32\ 152\ 695; k=3, \hat{x}_1^{(2)}(4) = 53\ 458\ 077.8; k=4, \hat{x}_1^{(2)}(5) = 77\ 646\ 202.3$。

将数据进行还原得 $\hat{x}_1^{(0)}(1) = 6\ 065\ 675, \hat{x}_1^{(0)}(2) = 3\ 362\ 822.13, \hat{x}_1^{(0)}(3) = 7\ 230\ 025.73,$
$\hat{x}_1^{(0)}(4) = 4\ 646\ 859.93, \hat{x}_1^{(0)}(5) = 282\ 471.78$。

分别计算,得到各点的残差及相对误差如表 4-7 所示。

表 4-7 各点的残差及相对误差表(一)

实际值	残差($\varepsilon(k)$)	相对误差(Δ_k)/(%)	平均相对误差($\bar{\Delta}$)/(%)	精度等级
$x_1^{(0)}(1) = 6\ 065\ 675$	$\varepsilon(1) = \hat{x}_1^{(0)}(1) - x_1^{(0)}(1) = 0$	$\Delta_1 = \dfrac{|\varepsilon(1)|}{x_1^{(0)}(1)} = 0$	18.404	四级
$x_1^{(0)}(2) = 5\ 269\ 425$	$\varepsilon(2) = -1\ 906\ 602.9$	$\Delta_2 = 36.18$		
$x_1^{(0)}(3) = 5\ 053\ 970$	$\varepsilon(3) = 2\ 176\ 055.7$	$\Delta_3 = 43.06$		
$x_1^{(0)}(4) = 5\ 196\ 275$	$\varepsilon(4) = -549\ 415.1$	$\Delta_4 = 10.57$		
$x_1^{(0)}(5) = 2\ 820\ 475$	$\varepsilon(5) = 62\ 266.8$	$\Delta_5 = 2.21$		

可见,原始模型的误差较大,需要建立残差模型加以修正。经试算,决定建立二次累加残差模型,残差模型的原始数据如表 4-8 所示。

表 4-8 残差模型的原始数据表

$\varepsilon^{(0)}$	1 906 602.87	-2 176 055.74	549 415.1	-62 266.77
$X_2^{(0)}$	2 202	1 220	1 210	1 065
$X_3^{(0)}$	5 058	6 262	6 170	4 550
$X_4^{(0)}$	7.0	7.5	8.0	8.0
$X_5^{(0)}$	472.5	643.0	600.0	525.0

做二次累加,按照前面相同方法进行计算,得到残差模型为

$$\hat{\varepsilon}^{(2)}(k+1) = [1\ 906\ 602.87 - 1\ 036.948\ 3x_2^{(2)}(k+1) + 227.366\ 9x_3^{(2)}(k+1) + \\ 7.532\ 4x_4^{(2)}(k+1) + 304.044\ 0x_5^{(2)}(k+1)]e^{-1.83k} + \\ 1\ 036.948\ 3x_2^{(2)}(k+1) - 227.366\ 9x_3^{(2)}(k+1) - \\ 7.532\ 4x_4^{(2)}(k+1) - 304.044\ 0x_5^{(2)}(k+1)$$

由上述模型计算残差修正值:$k=0, \hat{\varepsilon}^{(2)}(1) = 1\ 906\ 602.87; k=1, \hat{\varepsilon}^{(2)}(2) = 1\ 669\ 967.08; k=2, \hat{\varepsilon}^{(2)}(3) = 1\ 929\ 148.22; k=3, \hat{\varepsilon}^{(2)}(4) = 2\ 143\ 656.20$。

将上述数据进行还原得:$\hat{\varepsilon}^{(0)}(1) = 1\ 906\ 602.87, \hat{\varepsilon}^{(0)}(2) = -2\ 143\ 238.70, \hat{\varepsilon}^{(0)}(3) = 495\ 846.92, \hat{\varepsilon}^{(0)}(4) = -44\ 673.52$。

将原始模型与残差模型的估算值合并得 $C_1(1) = \hat{x}_1^{(0)}(1) = 6\ 065\ 675, C_1(2) = \hat{x}_1^{(0)}(2) + \hat{\varepsilon}^{(0)}(1) = 5\ 269\ 425, C_1(3) = \hat{x}_1^{(0)}(3) + \hat{\varepsilon}^{(0)}(2) = 5\ 086\ 787.08, C_1(4) = \hat{x}_1^{(0)}(4) + \hat{\varepsilon}^{(0)}(3) = 5\ 142\ 676.85, C_1(5) = \hat{x}_1^{(0)}(5) + \hat{\varepsilon}^{(0)}(4) = 2\ 838\ 068.62$。

计算得到各点的残差及相对误差如表 4-9 所示。

表 4-9 各点的残差及相对误差表(二)

实际值	残差($\varepsilon(k)$)	相对误差(Δ_k)/(%)	平均相对误差($\overline{\Delta}$)/(%)	精度等级
$x_1^{(0)}(1) = 6\ 065\ 675$	$\varepsilon(1) = C_1(1) - x_1^{(0)}(1) = 0$	$\Delta_1 = \dfrac{\|\varepsilon(1)\|}{x_1^{(0)}(1)} = 0$	0.46	一级
$x_1^{(0)}(2) = 5\ 269\ 425$	$\varepsilon(2) = 0$	$\Delta_2 = 0$		
$x_1^{(0)}(3) = 5\ 053\ 970$	$\varepsilon(3) = 32\ 817.08$	$\Delta_3 = 0.65$		
$x_1^{(0)}(4) = 5\ 196\ 275$	$\varepsilon(4) = -53\ 598.15$	$\Delta_4 = 1.03$		
$x_1^{(0)}(5) = 2\ 820\ 475$	$\varepsilon(5) = 17\ 593.62$	$\Delta_5 = 0.62$		

由此可知,模型精度达到一级,可用于导弹发射装置的研制费用预测。

4.2 等工程价值比模型

4.2.1 等工程价值比模型的描述

1. 等工程价值比的概念

等工程价值比是指两个国家各自研制同一技术产品,按各自经费统计口径计算所需费用的比值(按各自货币计算或同一货币计算均可)。由于不同国家的经济发展和技术进步速度不同,币值的变化不同,研制时间不同等,都会对等工程价值比值产生明显的影响,因此,等工程价值比不是简单的比值,它具有动态特性。

2. 等工程价值比的计算

为了得到动态的等工程价值比,应分别对两国原有的、相关的技术领域进行比较分析,

建立相应的技术参数成本模型,求得等工程价值比,即

$$C_A = C_A(X_i, T_A, t_A) \tag{4-12}$$

$$C_C = C_C(X_i, T_C, t_C) \tag{4-13}$$

式中:C_A 表示 A 国以 T_A 年的技术研制技术产品 X_i,按 t_A 年度不变价格统计所耗经费的数值;C_C 表示 C 国以 T_C 年的技术研制技术产品 X_i,按 t_C 年度不变价格统计所耗经费的数值。则等工程价值比为

$$R_i(X_i; T_A, T_C; t_A, t_C) = \frac{C_A(X_i, T_A, t_A)}{C_C(X_i, T_C, t_C)} \tag{4-14}$$

式中:R_i 表示 A、C 两国分别以 T_A、T_C 年的技术研制完全相同的技术产品 X_i,用 t_A 及 t_C 年度不变价格统计所耗经费的数值比。

3.等工程价值比的特点

等工程价值比的主要特点是:

(1)等工程价值比是在相应技术领域统计模型的基础上求得的,其可以较好地综合反映出两国在该领域的等工程实际币值。

(2)等工程价值比与两国之间的汇率、货币单位等无直接关系。

4.2.2 等工程价值比模型构建的步骤

1.国外费用估算模型的选取

采用等工程价值比模型的首要工作是选择国外相关费用模型,若不能得到国外已建立好的费用估算模型,则必须根据所能收集到的国外的样本数据,自己建立符合条件的费用估算模型。考虑到在等工程价值比估算方法中,选择国外费用估算模型的目的在于"为我所用",因此,在选择国外相关费用估算模型时需要注意以下两个方面的问题:

(1)明确费用估算模型的费用项目及内涵。每个费用估算模型都是针对估算特定的费用项目而建立的,这些费用项目有其特定的内涵。简单地选取费用估算模型而忽略其估算的本质内容,很显然会造成估算结果的较大偏差,尤其是在国与国之间,有些费用项目及其内涵划分不尽相同。

(2)明确费用估算模型的估算范围。每个费用估算模型都有其一定的适用范围,这一适用范围通常由建模时采用的原始数据范围决定。当待估算的装备系统特征超过选择模型的适用范围时,费用估算精度将显著降低,费用风险随之增加。

2.确定等工程价值比

根据建立的两国的技术参数成本模型,计算两国的等工程价值比。

3.建立费用估算模型并应用

采用等工程价值比对国外相关模型进行修正,从而得到适合国情的费用估算模型。

4.2.3 等工程价值比模型应用实例分析

1.防空反导装备研制费用估算

由于国内研制的防空反导装备型号少且数据匮乏,而国外在防空反导装备领域开展了

多年的研究探索,积累了大量的装备数据或开发出了较为成熟的研制费用估算模型,因此,可采用等工程价值比模型进行防空反导装备研制费用估算。

(1)费用模型形式与样本数据。费用模型可采用非线性模型,其一般形式为 $Y=C_0 X_1^{\varepsilon_1} X_2^{\varepsilon_2} \cdots X_P^{\varepsilon_P}$,其中,$Y$ 为装备的研制费用,X_1、X_2、$\cdots$、X_P 为 P 个特征参数,ε_1、ε_2、$\cdots$、ε_P 为特征参数的权重指数,C_0 为费用常数。收集到某国研制的 8 种型号防空反导装备的数据,其具体性能参数和研制费用数据如表 4-10 所示。

表 4-10　某国防空反导装备研制费用数据表

序号	研制费用(Y)(2001年) 百万美元	最大有效射程(X_1) km	目标容量(X_2) 个	发射重量(X_3) kg	飞行速度(X_4) (Ma)
1	287.85	5	1	84	2.5
2	294.46	3.6	1	9	2.0
3	354.02	6	1	16	2.0
4	441.90	7	2	45	1.0
5	863.54	19	2	602	2.5
6	925.40	37	2	1 404	2.5
7	956.18	46	1	627	2.5
8	1 108.38	46	2	636	2.5

(2)研制费用估算模型的建立。针对收集到的防空反导装备样本数据,运用回归分析方法选择费用驱动因子,最终选择最大有效射程(X_1)和目标容量(X_2)作为模型变量,在此基础上得到防空反导装备研制费用(2001年)估算模型为

$$Y = 148.648\,2 X_1^{0.478\,635\,5} X_2^{0.283\,674\,4} \quad (4-15)$$

考虑到资金的时间价值,运用费用变换指数使模型动态化为

$$Y = 148.648\,2 X_1^{0.478\,635\,5} X_2^{0.283\,674\,4} (1+\overline{TOA_A})^{t_A - 2001} \quad (4-16)$$

式中:$\overline{TOA_A}$ 为某国平均费用变换指数(取 0.065);t_A 为估计年份。

(3)等工程价值比的求取。以上建立的装备研制费用估算模型是针对某国的样本数据,不能直接用于估算本国的装备型号,应采用等工程价值比方法对其加以修正。通过调研,得到国内同类装备的性能参数及研制费用如表 4-11 所示。

表 4-11　国内防空反导装备研制费用数据表

序号	研制费用(C_C)(2000年) 百万元	最大有效射程 km	目标容量 个
1	130	8.5	2
2	200	8.5	3

把表 4-11 中两个型号的参数代入式(4-16),可以得到两个型号装备在某国环境下的研制费用分别为 $C_{A1} = 252.076$ 百万美元(2000年),$C_{A2} = 282.79$ 百万美元(2000年)。而两个型号装备在国内的研制费用分别为 $C_{C1} = 130$ 百万元(2000年),$C_{C2} = 200$ 百万元(2000

年)。由此可得两种型号装备的等工程价值比分别为 $R_1=252.076/130=1.939$(美元/元)，$R_2=282.79/200=1.414$(美元/元)。于是，可以得到两种型号装备等工程价值比平均值为 $\overline{R}=1.677$。

(4)研制费用估算模型的修正。用该等工程价值比的平均值对式(4-16)进行修正，得到适合国内防空反导装备型号研制费用估算的模型为

$$Y=88.64X_1^{0.478\,635\,5}X_2^{0.283\,674\,4}(1+\overline{\text{TOA}_\text{A}})^{t_\text{A}-2001} \tag{4-17}$$

2. 远程战略轰炸机研制费用估算

远程战略轰炸机系统复杂程度高，研制投资大、周期长，在启动型号研制前必须要对其经济可承受性进行充分论证，研制费用的测算就是其中一项重要的工作。鉴于国内在远程战略轰炸机研制领域的现状，利用国外远程战略轰炸机研制的数据，采用等工程价值比模型进行远程战略轰炸机研制费用的估算。

(1)国外费用估算模型的选取。美国兰德公司(RAND)受美国军方委托，在飞机费用预测方面开展了大量的工作，从20世纪60年代～20世纪80年代，先后提出了DAPCA Ⅰ～DAPCA Ⅳ模型，其中，DAPCA Ⅳ模型对于估算战斗机、轰炸机和运输机等的研制与生产费用有广泛的适用性，且包含的样本中大型飞机覆盖范围较大，因此，选取美国兰德公司DAPCA 系列模型中的DAPCA Ⅳ模型作为远程战略轰炸机研制费用的估算模型。

DAPCA Ⅳ模型主要用于估算研究、发展和生产阶段所需的工时，包括研制工时、工具工时、制造工时和质量控制工时，将其乘以每小时的工时费即可得到相应的费用。此外，该模型对发展保障费用、试飞费用和制造器材费用等直接进行估算。

1)研制工时(H_E)。研制工时包括机体设计和分析、试验工作、技术状态控制和系统等方面工作所需的工时，其计算公式为

$$H_\text{E}=4.86W^{0.777}V_\text{M}^{0.394}N^{0.163} \tag{4-18}$$

式中：W 为机体质量；V_M 为最大平飞速度；N 为飞机数量。

2)工具工时(H_T)。工具工时包括所有的生产准备工作、工具夹的设计、制造、模具和样板的准备、数控加工的程序编制、生产测试设备的研制和生产等工作所需的工时，其计算公式为

$$H_\text{T}=5.99W^{0.777}V_\text{M}^{0.696}N^{0.263} \tag{4-19}$$

3)制造工时(H_M)。制造工时是指制造飞机所耗费的直接劳动工时，包括成型、机械加工、部件制造、对接、总装配、管路敷设和成件安装等工作所需的工时，其计算公式为

$$H_\text{M}=7.37W^{0.820}V_\text{M}^{0.484}N^{0.641} \tag{4-20}$$

4)质量控制工时(H_Q)。质量控制工时包括产品验收检验、生产检验和最终产品检验等工作所需的工时，其计算公式为

$$H_\text{Q}=0.133H_\text{M} \tag{4-21}$$

5)发展保障费用(C_D)。发展保障费用是指在研制阶段用于生产方面的非重复费用，包括样机制造、结构试验件和其他在研制阶段供发展试验所用的试验件等的费用，其计算公式为

$$C_\text{D}=45.42W^{0.630}V_\text{M}^{1.3} \tag{4-22}$$

6）试飞费用（C_F）。试飞费用包括制订试飞计划、测试设备、试飞、数据处理以及试飞的研制费用、生产和保障费用等，其计算公式为

$$C_F = 1\ 234.03 W^{0.325} V_M^{0.822} \text{FTA} \tag{4-23}$$

式中：FTA 为试飞飞机的数量，典型值为 2～6 架。

7）制造器材费用（C_M）。制造器材费用是指原材料及外购的成品件和设备的费用，包括结构原材料和电气、液压、气压系统、环境控制系统、紧固件、安装支架、标准件等的费用，其计算公式为

$$C_M = 11.0 W^{0.921} V_M^{0.621} N^{0.799} \tag{4-24}$$

8）发动机费用（C_{ENG}）。DAPCA Ⅳ 模型假定发动机费用是已知的，若发动机费用未知，则可利用下式进行计算：

$$C_{ENG} = 1.548(0.043 T_M + 243.25 M_M + 0.969 T_{TI} - 2.28) K_E \tag{4-25}$$

式中：T_M 是发动机最大推力；M_M 是最大飞行马赫数；T_{TI} 是发动机涡轮进口温度；K_E 是修正系数，涡轮喷气发动机取 $K_E = 1$、涡轮风扇发动机取 $K_E = 1.15 \sim 1.20$。

9）航空电子设备费用（C_{AV}）。DAPCA Ⅳ 模型不包括航空电子设备费用，该费用可通过同类飞机航空电子设备的价格外推来估算。据统计，航空电子设备费用约占飞机出厂费用的 25%～40%，所占比例的大小取决于设备的先进程度。

综上所述，可以得到飞机研制费用估算模型为

$$C = H_E R_E + H_T R_T + H_M R_M + H_Q R_Q + C_D + C_F + C_M + C_{ENG} N_{ENG} + C_{AV}$$

$$\tag{4-26}$$

式中：R_E、R_T、R_M、R_Q 分别是研制工时、工具工时、制造工时、质量控制工时对应的每工时费用，包括工作人员的工资、行政管理费、间接费等；N_{ENG} 为飞机产量（N）乘以每架飞机安装的发动机数量。

（2）等工程价值比的计算。将我国历史上已经研制成功的机型有关技术参数作为输入，利用 DAPCA Ⅳ 模型得到一个费用估算值，它表示国外同一时期开展同一项工程的研制费用，用 C_A（单位：美元）表示，将国产飞机型号的研制费用用 C_C（单位：元）表示，然后求两者的比值，可得到等工程价值比为 $R = C_A / C_C$。

假设美国欲生产与我国 1993 年研制的某型战斗机性能相当的飞机，飞机产量 $N = 4$ 架，试飞飞机数量 FTA $= 2$ 架，研制每工时费用 $R_E = 26.56$ 美元，工具每工时费用 $R_T = 24.25$ 美元，制造每工时费用 $R_M = 23.75$ 美元，质量控制费用与制造费用的比值为 0.133。于是，可计算得到

$$H_E = 4.86 W^{0.777} V_M^{0.394} N^{0.163} = 13\ 932.48$$

$$H_T = 5.99 W^{0.777} V_M^{0.696} N^{0.263} = 2\ 176\ 380.4$$

$$H_M = 7.37 W^{0.820} V_M^{0.484} N^{0.641} = 1\ 230\ 672.9$$

$$H_Q = 0.133 H_M = 163\ 679.5$$

$$C_D = 45.42 W^{0.630} V_M^{1.3} = 3.757\ 8 \times 10^8$$

$$C_F = 1\ 234.03 W^{0.325} V_M^{0.822} \text{FTA} = 30\ 418\ 789$$

$$C_M = 11.0 W^{0.921} V_M^{0.621} N^{0.799} = 16\ 667\ 923$$

综合可得国外研制该型战斗机的机体研制费用[单位：亿美元（2005 年）]为

$$C_A = H_E R_E + H_T R_T + H_M R_M + H_Q R_Q + C_D + C_F + C_M = 5.124\ 6$$

将其以年利率0.075%,利用资金等值计算公式折算到1993年的机体研制费用(单位:亿美元)为

$$C'_A = C_A (1+0.000\ 75)^{1993-2005} = 5.078\ 7$$

已知我国该型飞机的机体研制费用为 $C_C = 28.989\ 3$ 亿元,于是可得等工程价值比为

$$R = C'_A/C_C = 5.078\ 7/28.989\ 3 = 0.175\ 2(美元/元)$$

(3)确定研制费用估算模型。若要预测国产新型轰炸机的研制费用,则将其相关参数作为输入,利用所选的国外模型进行费用估算得到 C_A,然后通过等工程价值比系数进行换算,即可得到我国的新型轰炸机研制费用的估算值 $C_C = C_A/R$。

假设我国要在2005年发展一款与美军B-52性能相当的战略轰炸机。根据相关数据,得到美军B-52轰炸机的机体研制费用为7 400万美元(1954年),利用资金等值计算公式折算到2005年(年利率为0.075%)为

$$C_A = 7\ 400 \times (1+0.000\ 75)^{51} = 7\ 688.42\ (万美元)$$

于是可得,我国发展类似战略轰炸机的机体研制费用为

$$C_C = C_A/R = 0.768\ 842/0.175\ 2 = 4.388\ 4\ (亿元)$$

在此基础上,加上发动机费用和电子设备费用,便可以得到发展该型战略轰炸机的研制费用。

4.3 作业成本模型

4.3.1 作业成本法的基本原理

1.作业成本法的基本思想

作业成本法(Activity Based Costing,ABC),即基于作业的成本计算法,是指以作业为间接费用归集对象,通过资源动因的确认、计量,归集资源费用到作业上,再通过作业动因的确认、计量,归集作业成本到产品上的间接费用分配方法。

作业成本法建立在"作业消耗资源,产品消耗作业"这两个前提之上,其基本原理如图4-3所示,可以概括为依据不同成本动因(Cost Driver)分别设置成本库(Cost Pool),再分别以各种产品所耗费的作业量分摊其在该成本库中的作业成本,然后分别汇总各种产品的作业总成本,计算各种产品的总成本和单位成本。

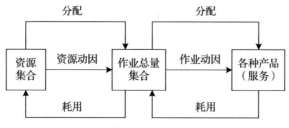

图4-3 作业成本法基本原理图

2.作业成本法的相关概念

(1)作业。作业是指实现某一职能目标所必须的行动,如拧上螺栓就是一项最简单的作业。

(2)资源成本。资源成本是指在作业进行中被运用或使用的经济要素,如资金等。

(3)成本动因。成本动因是指导致成本发生、具有相同性质的某类作业的计量,主要包括资源动因和作业动因两类。

(4)资源动因。资源动因是指对一项作业所消耗资源数量的计量。

(5)作业动因。作业动因是指产品对作业需求频度和强度的计量。

(6)成本库。成本库是指由相同成本动因归类而产生的一组成本。

3.成本动因的选择标准

(1)所选成本动因应是定量的,并且是同质的。

(2)所选成本动因的数据应易于收集,并且具有代表性与全面性,能把产品与作业的消耗联系起来。

(3)所选成本动因应与作业成本库中的资源消耗情况有高度相关性,成本库费用变化可由所选的成本动因做出线性解释。

4.3.2 作业成本法的基本程序

作业成本法以作业为核心,依据作业对资源的消耗情况将所消耗资源的成本分配到作业,再由作业依据成本动因追踪到产品的形成和积累过程,由此得出最终产品成本。作业成本法的基本程序如下:

1.确认主要作业和作业中心

作业是企业组织为了特定目的而消耗的活动或事项。生产一个产品所需的作业是很多的,而且每项作业还可以进一步细分,因此,在确认作业时,只需确认主要的作业,而将各类细小的作业加以归类。要特别注意具有以下特征的作业:①资源昂贵、金额重大的作业;②产品之间的使用程度差异极大的作业;③需求形态与众不同的作业。一个作业中心即生产程序的一部分,包括与机器有关的作业和直接人工有关的作业,如检验部门、装配中心等。按照作业中心披露的成本信息,便于企业管理部门控制作业和评估业绩。

2.归集资源费用到同质成本库

每一个作业成本库所代表的是它所在中心所执行的作业。这一步的分配工作反映了作业成本法的基本前提:作业量的多少决定着资源的耗用量,资源耗用量的多少与最终的产出量没有直接的关系。资源耗用量与作业量之间的关系就是资源动因,资源动因是分配的基础。例如,对于"检验部门"这一作业中心,"检验小时"就称为一个资源动因,许多与检验有关的成本将归集到消耗该项资源的作业中心。

3.选择成本动因作为分配的基准

选择成本动因作为分配基准的具体方法是:先计算出每一成本库每单位成本动因的成本及成本库分配率,再按各种产品耗用的成本动因数量计算出每种产品应分摊的制造费用,如图4-4所示。这一步的分配工作反映了作业成本法的基本前提:产出量的多少决定着作业的耗用量,作业耗用量与企业产出量之间的关系就是作业动因,因此,这里所说的成本动因即作业动因。

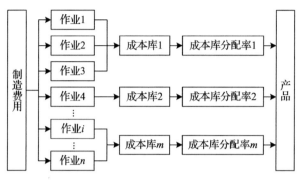

图4-4 成本动因选择及成本库分配示意图

4.计算成本库分配率

成本库分配率的计算公式如下:

$$成本库分配率 = 成本库制造费用总额 / 成本动因消耗的作业量$$

5.分配作业库中费用到各产品

根据各成本库分配率和产品消耗的成本动因数量,把成本库中的制造费用分配到各产品。某产品某成本动因成本的计算公式如下:

$$某产品某成本动因成本 = 某成本库分配率 \times 成本动因数量$$

6.计算产品最终成本

直接成本可单独作为一个成本库处理,将产品分摊的制造费用与产品的直接成本相加,便可得到产品的总成本,即

$$某产品成本 = \sum 成本动因成本 + 直接成本$$

4.3.3 作业成本法的计算模型

产品的总成本通常分为两部分:一部分是在生产产品过程中所消耗的直接费用,如直接材料费、直接人工费等;另一部分是间接费用。采用作业成本法,直接费用直接计入产品总成本,间接费用在有关作业间进行分配,按产品耗用作业的数量,把作业成本计入产品总成本。

1. 基本模型

假设某企业生产 m 种产品,作业中心共有 n 种作业,产品消耗 t 种资源。列向量 $\boldsymbol{C}=(C_1 \quad C_2 \quad \cdots \quad C_m)^{\mathrm{T}}$ 表示产品总成本;列向量 $\boldsymbol{DM}=(\mathrm{DM}_1 \quad \mathrm{DM}_2 \quad \cdots \quad \mathrm{DM}_m)^{\mathrm{T}}$ 表示产品消耗的直接材料费用;列向量 $\boldsymbol{DL}=(\mathrm{DL}_1 \quad \mathrm{DL}_2 \quad \cdots \quad \mathrm{DL}_m)^{\mathrm{T}}$ 表示产品消耗的直接人工费用;矩阵 $\boldsymbol{D}=\begin{bmatrix} d_{11} & d_{12} & \cdots & d_{1n} \\ d_{21} & d_{22} & \cdots & d_{2n} \\ \vdots & \vdots & & \vdots \\ d_{m1} & d_{m2} & \cdots & d_{mn} \end{bmatrix}$ 表示产品消耗作业的数量;矩阵 $\boldsymbol{R}=\begin{bmatrix} r_{11} & r_{12} & \cdots & r_{1t} \\ r_{21} & r_{22} & \cdots & r_{2t} \\ \vdots & \vdots & & \vdots \\ r_{n1} & r_{n2} & \cdots & r_{nt} \end{bmatrix}$ 表示单位作业消耗资源的数量;矩阵 $\boldsymbol{P}=\begin{bmatrix} P_1 \\ P_2 \\ \vdots \\ P_t \end{bmatrix}$ 表示单位资源的费用,即资源分配率。

由此,可列出作业成本的计算公式为

$$\boldsymbol{C}=\boldsymbol{D} \cdot \boldsymbol{R} \cdot \boldsymbol{P}+\boldsymbol{DM}+\boldsymbol{DL} \quad (4-27)$$

将其写成矩阵形式为

$$\begin{bmatrix} C_1 \\ C_2 \\ \vdots \\ C_m \end{bmatrix}=\begin{bmatrix} d_{11} & d_{12} & \cdots & d_{1n} \\ d_{21} & d_{22} & \cdots & d_{2n} \\ \vdots & \vdots & & \vdots \\ d_{m1} & d_{m2} & \cdots & d_{mn} \end{bmatrix}\begin{bmatrix} r_{11} & r_{12} & \cdots & r_{1t} \\ r_{21} & r_{22} & \cdots & r_{2t} \\ \vdots & \vdots & & \vdots \\ r_{n1} & r_{n2} & \cdots & r_{nt} \end{bmatrix}\begin{bmatrix} P_1 \\ P_2 \\ \vdots \\ P_t \end{bmatrix}+\begin{bmatrix} \mathrm{DM}_1 \\ \mathrm{DM}_2 \\ \vdots \\ \mathrm{DM}_m \end{bmatrix}+\begin{bmatrix} \mathrm{DL}_1 \\ \mathrm{DL}_2 \\ \vdots \\ \mathrm{DL}_m \end{bmatrix}$$

(4-28)

2. 模型改进

按照成本或费用从资源向作业再从作业向产品的分配过程对该模型进行改进。首先,建立作业成本库,为每一个成本库选择最恰当的成本动因,计算每个成本库的成本动因分配率;然后,按产品消耗成本动因数量情况,把成本库的成本分配到产品中去。

若只考虑间接费用的计算,假设条件依然为某企业生产 m 种产品,作业中心共有 n 种作业,建立 n 个作业成本库,列向量 $\boldsymbol{C}=(C_1 \quad C_2 \quad \cdots \quad C_m)^{\mathrm{T}}$ 表示产品总成本,第 i 种产品的成本为

$$\mathrm{DI}_i=\sum q_{ij}r_j \quad (i=1,2,\cdots,m;j=1,2,\cdots,n) \quad (4-29)$$

式中:q_{ij} 为第 i 种产品消耗第 j 成本库的成本动因数量;r_j 为第 j 成本库的成本动因分配率。

加上直接费用,产品的总成本为

$$\boldsymbol{C}=\boldsymbol{DI}+\boldsymbol{DM}+\boldsymbol{DL} \quad (4-30)$$

式中:$\boldsymbol{DI}$ 为间接费用,表达式为

$$\mathbf{DI} = \begin{bmatrix} \mathrm{DI}_1 \\ \mathrm{DI}_2 \\ \vdots \\ \mathrm{DI}_m \end{bmatrix} = \begin{bmatrix} q_{11} & q_{12} & \cdots & q_{1n} \\ q_{21} & q_{22} & \cdots & q_{2n} \\ \vdots & \vdots & & \vdots \\ q_{m1} & q_{m2} & \cdots & q_{mn} \end{bmatrix} \begin{bmatrix} r_1 \\ r_2 \\ \vdots \\ r_n \end{bmatrix} \tag{4-31}$$

假设成本库的成本动因分配率未知,则可列出最优组合模型为

$$\left.\begin{aligned} & q_{11}r_1 + q_{12}r_2 + \cdots + q_{1n}r_n \leqslant \mathrm{DI}_1 \\ & \cdots\cdots \\ & q_{m1}r_1 + q_{m2}r_2 + \cdots + q_{mn}r_n \leqslant \mathrm{DI}_m \\ & r_1, r_2, \cdots, r_n \geqslant 0 \end{aligned}\right\} \tag{4-32}$$

4.3.4 作业成本模型应用实例分析

假设某军工企业生产 A 和 B 两种产品,已知条件如下:①A、B 产品的年产量分别为 5 000 件和 20 000 件;②A、B 产品的单位直接人工成本均为 10 元;③A、B 产品的单位直接材料成本分别为 25 元和 15 元;④军工企业的年制造费用总额为 875 000 元;⑤A、B 产品的年直接人工小时分别为 10 000 h 和 40 000 h。现要求对产品成本进行估算。

1. 传统成本法估算

按照传统成本计算方法,以直接人工小时为标准分配制造费用。由已知条件可知,A、B 两种产品的年总产量为 25 000 件、年直接总工时为 50 000 h,可得 A、B 两种产品的单位直接人工小时为 2 h,A、B 两种产品的单位制造费用为 35 元,由此可得 A、B 两种产品的成本分别为 $C_A = 25 + 10 + 35 = 70$(元/件),$C_B = 15 + 10 + 35 = 60$(元/件)。

2. 作业成本法估算

依据产品成本动因,设置机器调整准备、质量检验、生产订单、维修调整、原材料采购等 5 个成本库,其内容包含成本库费用、作业量和成本动因分配率,如表 4-12 所示。

表 4-12 作业成本计算表

成本库	成本库费用/元	作业量(d_{ij})/h			成本动因分配率(r_j)/(元·h^{-1})
		A 产品	B 产品	合计	
机器调整准备	230 000	3 000	2 000	5 000	46
质量检验	160 000	5 000	3 000	8 000	20
生产订单	81 000	200	400	600	135
维修调整	314 000	300	700	1 000	314
原材料采购	90 000	150	600	750	120
合计	875 000	—	—	—	—

根据表 4-12 中的计算结果,可编制产品制造费用分配表,如表 4-13 所示。

表 4-13 制造费用分配表

成本库	A 产品		B 产品		费用合计/元
	作业量(d_{ij})/h	制造费用/元	作业量(d_{ij})/h	制造费用/元	
机器调整准备	3 000	138 000	2 000	92 000	230 000
质量检验	5 000	100 000	3 000	60 000	160 000
生产订单	200	27 000	400	54 000	81 000
维修调整	300	94 200	700	219 800	314 000
原材料采购	150	18 000	600	72 000	90 000
合计金额		377 200		497 800	875 000
产品数量		5 000		20 000	—
单位产品应分摊的制造费用		75.44		24.89	—

考虑到 A、B 两种产品的单位直接人工成本和单位直接材料成本,可得 A、B 两种产品的成本为 $C_A = 25 + 10 + 75.44 = 110.44$(元/件),$C_B = 15 + 10 + 24.89 = 49.89$(元/件)。

3. 成本估计结果分析

A 产品分配的制造费用,以传统成本法计算为 35 元/件,少于以作业成本法计算的 75.44 元/件;而 B 产品分配的制造费用,以传统成本法计算为 35 元/件,多于以作业成本法计算的 24.89 元/件。导致此结果的主要原因是传统成本法以直接人工小时为标准分配制造费用,忽视了产品生产的复杂程度不同和所需作业量的差异,失真度比较大,而作业成本法考虑了具有代表性的各种成本动因,因而它能客观、真实地反映高新技术环境下各种产品的成本信息。

4.4 时间-费用模型

4.4.1 时间-费用模型的基本原理

1. 时间-费用模型的概念

时间-费用模型,即描述费用随时间变化规律的一种数学模型。装备系统的研制过程一般分为立项论证阶段、方案设计阶段、工程研制阶段和产品定型阶段。由于每个阶段的任务不同,所以经费的使用状况也不相同,往往具有较大的波动性:①开始时,研究工作尚未开展,费用需求较小;②随着研究工作的深入,分系统的研制全面展开,费用的需求逐渐增多,尤其是进入关键技术攻关时期,费用会大幅攀升,出现研制费用的投入高峰期;③到了研究工作结束时,费用需求又逐渐减少。显然,装备研制费用需求与时间的关系具有中间多、两端少的特点。同时,由于装备系统研制工作是一项复杂的系统工程,其间有许多不确定因素,所以研制费用投入高峰期必然不止一个,很可能有两个或两个以上,但每个高峰期研制费用前后使用情况是一致的,可以用某种曲线拟合各个高峰期,然后将各曲线叠加从而得到整个研制过程的时间-费用模型。

2.时间-费用模型的作用

研究装备系统时间-费用模型的目的在于以下两个方面:①在项目结束后,根据发生的实际费用拟合资金分布模型,并对立项阶段的费用概算进行再评估;②在一个新项目开始前,根据已有类似项目的资金分布模型科学合理地做投资概算,尽可能地避免或减少资金的现时价值损失和投资风险。此外,时间-费用模型还具有一定的预测功能,可用于分配和控制装备系统研制、生产过程中相应年份(月份)的投资强度和总费用的需求量,可为经费的计划、控制和分配提供一种量化的方法。

4.4.2 时间-费用模型的典型形式

根据研究对象实际和研究目的的不同,通常采用以下几种典型形式来描述装备系统费用随时间的分布规律。

1.单峰值韦布尔分布模型

当装备系统研制费用的投入只有一个高峰期时,可采用单峰值韦布尔分布时间-费用模型来描述,示意图如图4-5所示。单峰值韦布尔分布密度函数为

$$f(t) = \begin{cases} mat^{m-1}e^{-at^m}, & t > 0 \\ 0, & t \leqslant 0 \end{cases} \quad (4-33)$$

式中:m 为形状参数,取正整数,其大小表示曲线上升的速度,值越大曲线越陡;a 为尺度参数,取正整数,其大小表示工期的紧迫度,值越大工期越短;t 为时刻。

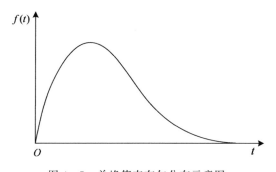

图4-5 单峰值韦布尔分布示意图

若以 $c=c(t)$ 表示 t 时刻装备系统(或某分系统)所需的费用,K 为总的研制费用,则有

$$c = Kf(t) = Kmat^{m-1}e^{-at^m} \quad (4-34)$$

2.双峰值韦布尔分布模型

当装备系统研制费用的投入有2个或2个以上高峰期时,需要使用多峰值韦布尔分布时间-费用模型来描述。多峰值韦布尔分布可以看成是单峰值韦布尔分布的叠加。由于研制费用投资双峰分布具有相当比例,此时可建立双峰值韦布尔分布时间-费用模型来描述。双峰值韦布尔分布密度函数为

$$f(t) = c_1 f_1(t) + c_2 f_2(t) \qquad (4-35)$$

此时,装备系统研制费用分布形式为

$$Y = K[c_1 f_1(t) + c_2 f_2(t)] = K c_1 m_1 a_1 t^{m_1-1} e^{-a_1 t^{m_1}} + K c_2 m_2 a_2 t^{m_2-1} e^{-a_2 t^{m_2}} \quad (4-36)$$

式中:$c_1 + c_2 = 1$;K 为装备系统的总费用。

3. 冈珀茨曲线

冈珀茨曲线是由英国统计学家和数学家冈珀茨(B. Gompertz)提出的,是一种生长曲线,其示意图如图 4-6 所示。类似于植物生长趋势的一种曲线:最初缓慢上升,然后迅速增长,最后慢慢趋于极限。经济学家发现大型项目的资金投入以及耐用消费品的市场发育等过程大多与生长曲线类似,因此,可以用冈珀茨曲线来描述装备系统研制费用随时间的分布情况。

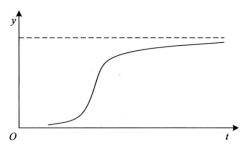

图 4-6 冈珀茨曲线示意图

冈珀茨曲线的数学表达式为

$$y = K a^{b^t} \qquad (4-37)$$

式中:a、b 为常数且 $0 < a < 1, 0 < b < 1$;t 为时间,当 $t \to \infty$ 时,$b^t \to 0$,$y \to K$;K 为冈珀茨曲线的极限值,即图 4-6 中曲线逼近的极限值。

需要说明的是,冈珀茨曲线主要用来描述装备系统总费用随时间的变化趋势,如果要预测各年度的费用,还需要用到生命周期曲线。

4. 生命周期曲线

生命周期是指像生物一样诞生、增长、成熟、衰亡的过程,这是所有事物的共同特点。项目单位时间的费用消耗也表现出一定的普遍规律,通常用生命周期曲线来加以描述,其示意图如图 4-7 所示。

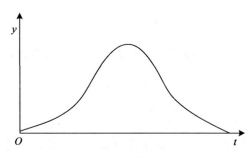

图 4-7 生命周期曲线示意图

由于每种事物各具特点,因而其生命周期曲线也是不同的,应当根据研究对象选用合适的生命周期曲线。这里利用冈珀茨曲线推导生命周期曲线,即对式(4-37)进行求导,得

$$s = y' = Ka^{b^t}b^t \ln a \ln b \tag{4-38}$$

式(4-38)就是由冈珀茨曲线推导出的生命周期曲线的数学表达式。如果主要以装备系统研制阶段费用随时间的分布为研究对象,则 dy/dt 表示单位时间内研制总费用的变化量,即对应单位时间内投入的经费,如果以年为单位,则可理解为每年投入的研制经费。

4.4.3 时间-费用模型参数的拟合

1. 单峰值韦布尔分布函数模型参数拟合

(1) 公式推导法。对模型 $c = Kf(t)$ 取 $dc/dt = 0$,可得

$$t(c(\max)) = \left(\frac{m-1}{ma}\right)^{\frac{1}{m}} \tag{4-39}$$

由此可得

$$a = \left(\frac{m-1}{m}\right)\left[\frac{1}{t(c(\max))}\right]^m \tag{4-40}$$

假定装备系统研制基本结束时,累积费用达到总费用的 99.5%(对应韦布尔分布函数值),则根据韦布尔分布特点,结合式(4-40)有

$$1 - e^{-\left(\frac{n-1}{m}\right)\left[\frac{t(s)}{t(c(\max))}\right]^m} = 0.995 \tag{4-41}$$

式中:$t(s)$ 为装备系统研制基本结束时点(由任务计划给出);$t(c(\max))$ 为发生最高费用值时点(用经验估计给出)。

由式(4-41)可确定 m 值,由式(4-40)可确定 a 值,这样模型中的参数就可以确定下来了。用这种方法得到的韦布尔分布曲线参数不需要样本点,一般模型体系中求装备系统投资强度时,都可以采用这种方法。

(2) 回归分析法。由于费用与时间的关系不是线性关系,因此可通过变量代换将其转换为一元线性回归分析来处理,用最小二乘法求出回归方程系数,并进行相关性检验(统计准则),然后利用变量逆变换来计算逐年费用和总费用。

对于这种函数形式的曲线拟合,一般采用线性化处理,即对式(4-34)取对数,并令 $Y = \ln c - (m-1)\ln t$,$A = \ln(Kma)$,$B = -a$,$X = t^m$,则有 $Y = A + BX$。

然后,根据样本数据,确定回归方程的参数。具体处理时首先要确定或事先估计一个 m 值,才能确定 Y 值。一般来说,如果通过装备系统进度计划或专家估计法能够判断出投资强度最高的年率位于研制周期的中点到 2/3 之间,那么,m 的估计值为 2.9~4.7;或者对于 $c(t)$ 的图形,预先估计 m 的结果(可能会有一定的误差),然后在一定的范围内以一定的步长(如 0.1 或更小)算出回归曲线族。在该回归曲线族中,可以根据以下两个原则确定一个 m,从而得到 $c = c(t)$ 的拟合曲线。

1)总误差率 $E\left(E = \dfrac{\hat{Y} - Y}{Y}\right)$ 最小;

2)线性回归的相关系数 r 的绝对值最大。

2.双峰值韦布尔分布函数模型参数拟合

由双峰值韦布尔分布函数模型形式可知,处理单峰值韦布尔分布函数模型参数拟合的线性化变换方式不再适用。可采用高斯-牛顿迭代法来进行曲线拟合,其基本思想是使用泰勒级数展开式去近似代替非线性回归模型,然后通过多次迭代来修正回归系数,使其不断逼近原回归模型,最后使原模型的残差平方和达到最小。

3.生命周期曲线参数拟合

生命周期曲线模型中 K、a、b 均为未知数,可以通过专家估算的方法估算出装备系统研制总费用的上限 K 和年投资强度的极大值 s_{mi} 及对应的时间 t_{mi} (i 为第 i 个投资强度极大值年)。这样,令 $s'(t_{mi})=0$, $s_{mi}=s(t_{mi})$,就可以得到 a、b 值,从而得到以第 i 年为峰值的生命周期曲线 s_i。

由生命周期曲线模型得

$$s'(t) = K \ln a \ln b (a^{b^t} \ln a \ln b \times b^{2t} + a^{b^t} \ln b \times b^t) \quad (4-42)$$

令 $s'(t_{mi}) = 0$,可得

$$a = e^{-b^{(-t_{mi})}} \quad (4-43)$$

令 $s_{mi} = s(t_{mi})$,联立式(4-43),可推导出

$$b = e^{-\frac{s_{mi}}{K}} \quad (4-44)$$

这样,生命周期曲线模型中的各项未知参数均可确定出来,即可得到以第 i 年为峰值的生命周期曲线数学表达式:

$$s = K a^{b^t} b^t \ln a \ln b \quad (4-45)$$

考虑到时间 t 的划分是人为的,在数学上并不合理,为了更好地利用生命周期曲线的峰值特性,在此引入一个时间因子 N,其值随不同装备系统有所不同。这样,式(4-45)就变为

$$s = K a^{b^{Nt}} b^{Nt} \ln a \ln b \quad (4-46)$$

4.4.4 时间-费用模型应用实例分析

1.基于韦布尔分布时间-费用模型的防空反导武器系统研制费用估算

(1)分系统叠加法。某型防空反导武器系统由功能和结构相对独立的 4 个分系统组成:发射系统(A)、雷达系统(B)、导弹系统(C)和指控系统(D)。通过对已有类似装备的研制费用分析,各分系统的研制费用分布均可用单峰值韦布尔分布来描述。表 4-14 是专家估算给出的系统研制费用和进度数据,可据此对该型防空反导武器系统总研制费用的时间-费用模型做出估计。

第4章 装备寿命周期费用估算模型

表4-14 某型防空反导武器系统研制费用和进度数据

分系统	研制费用/万元	开始年份（基准年为0）	结束年份	峰值年份
A	2 900	0	6	3
B	3 200	0	7	4
C	1 400	2	8	6
D	1 800	4	10	9
总计	9 300	0	10	—

利用式(4-41)和式(4-40)可确定4个分系统的待估参数 m_j 和 a_j 分别为

$$m_1 = 2.551, a_1 = 0.037\ 1, r_1 = 0, K_1 = 2\ 900$$
$$m_2 = 2.978, a_2 = 0.010\ 8, r_2 = 0, K_2 = 3\ 200$$
$$m_3 = 3.581, a_3 = 0.004\ 99, r_3 = 2, K_3 = 1\ 400$$
$$m_4 = 5.563, a_4 = 0.000\ 105, r_4 = 4, K_4 = 1\ 800$$

叠加各分系统的分布模型,可得到系统总研制费用的分布模型,结果如图4-8所示。

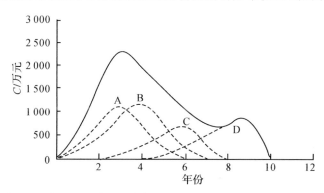

图4-8 防空反导武器系统各分系统叠加的总研制费用分布模型

(2)分段建模法。分段建模法的基本思路是根据多峰值韦布尔分布的峰值数量,将其分解为相应数量的单峰值韦布尔分布,从而得到确定的解。

假设某型防空反导武器系统研制费用分布的原始数据如表4-15所示,研制费用分布如图4-9所示。

表4-15 某型防空反导武器系统研制费用发生情况

年份	费用/万元	年份	费用/万元	年份	费用/万元
1	332.2	6	118.4	11	435.9
2	1 021.1	7	1 044.2	12	623.2
3	2 407.5	8	2 067.2	13	915.0
4	1 782.2	9	2 561.2	14	1 058.1
5	173.6	10	2 177.4	15	203.8

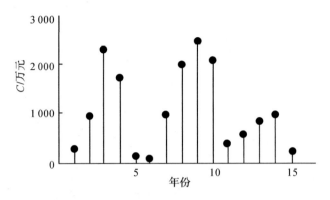

图 4-9 某型防空反导武器系统研制费用分布

由图 4-9 可知,某型防空反导武器系统的研制费用数据有 3 个明显的峰值,相互间可明显分段,适合用分段建模法来建立模型。将某型防空反导武器系统的研制进度分成 0~6 年、5~12 年、9~15 年 3 段,在各时间段用线性回归法进行单峰值韦布尔分布的参数估计,计算结果为

$$m_1 = 3.135, a_1 = 0.025\,52, r_1 = 0, K_1 = 5\,835$$
$$m_2 = 2.603, a_2 = 0.006\,41, r_2 = 5, K_2 = 7\,850$$
$$m_3 = 3.712, a_3 = 0.003\,17, r_3 = 9, K_3 = 3\,236$$

理论曲线与实际数据拟合曲线的比较如图 4-10 所示,两者有一定的平均相对误差。考虑到实际工程的费用分布是一个拥有大量不确定性因素的复杂问题,这样的误差是可以接受的。

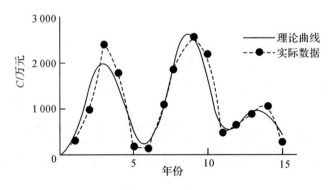

图 4-10 理论曲线与实际数据拟合曲线的比较

2. 基于生命周期曲线时间-费用模型的反舰导弹的研制费用估算

假设收集到的某型反舰导弹的研制费用数据如表 4-16 所示。

表 4-16 某型反舰导弹的研制费用数据   单位:万元

序号	年份	费用	序号	年份	费用
1	2006	526	8	2013	1 700
2	2007	479	9	2014	2 278
3	2008	987	10	2015	889
4	2009	1 925	11	2016	515
5	2010	1 888	12	2017	266
6	2011	1 865	13	2018	12
7	2012	1 463		合计	5 568

对于该型反舰导弹的研制费用,专家估计值为 $K=16\,000$ 万元, $t_{m1}=4$ 年, $s_{m1}=1\,900$ 万元, $t_{m2}=9$ 年, $s_{m2}=2\,300$ 万元,时间因子取 $N=1.88$。

为了能更好地说明生命周期曲线模型,只对 2007~2016 年 10 年间的研制费用进行计算,因此, $t_{m1}=3$ 年、 $t_{m2}=8$ 年,其余参数值不变。

由于有两个峰值,所以有两条生命周期曲线 s_1、s_2,分别为

$$s_1 = 31\,894.167 \times 0.002\,080^{0.724\,11.88t} \times 0.724\,1^{1.88t}$$

$$s_2 = 1\,092\,380.309 \times (2.566\,5 \times 10^{-85})^{0.704\,31.88t} \times 0.704\,3^{1.88t}$$

由 $s=s_1+s_2$,可计算得到该型反舰导弹各年的研制费用,该型反舰导弹各年研制费用的计算值与实际值如表 4-17 所示。

表 4-17 某型反舰导弹各年研制费用的计算值与实际值   单位:万元

序号	年份	s_1	s_2	s(计)	s(实)	误差/(%)	拟合度
1	2007	600	0	600	479	25.26	
2	2008	1 512	0	1 512	987	53.19	
3	2009	1 900	0	1 900	1 925	1.30	
4	2010	1 632	0.07	1 632	1 888	13.56	
5	2011	1 140	29	1 169	1 865	37.32	$\Delta = \dfrac{\|s(\text{实})-s(\text{计})\|}{s(\text{实})} = \dfrac{1\,398}{13\,989} \times 100\% = 9.99\%$,拟合度 $=1-\Delta=90.01\%$
6	2012	711	499	1 210	1 463	17.29	
7	2013	417	1 568	1 985	1 700	16.76	
8	2014	236	2 063	2 299	2 278	0.92	
9	2015	131	1 729	1 860	889	109.22	
10	2016	72	1 148	1 220	515	136.89	
	合计			15 387	13 989		

从上述计算可知,采用生命周期曲线对该型反舰导弹的研制费用进行拟合,揭示了研制费用与时间的变化规律,且具有较高的拟合度,其结果对科学制订类似装备研制费用计划起到了支持作用。

第5章 装备寿命周期费用预测模型

装备寿命周期费用预测是指从装备系统的特征参数和费用影响因素出发,利用现代优化理论和回归分析方法,通过构建费用预测模型进行装备寿命周期费用预测。本章重点讨论基于BP神经网络、支持向量机(SVM)、偏最小二乘回归(PLSR)、Gram-Schmidt回归、GA-BP融合算法等费用预测模型的基本原理、模型算法和方法步骤,并通过实例进行模型应用分析。

5.1 基于BP神经网络的费用预测模型

5.1.1 BP神经网络及算法

1. BP神经网络的结构

人工神经网络,也简称为神经网络,是模拟生物神经网络进行信息处理的一种数学模型。它以对大脑的生理研究成果为基础,目的在于模拟大脑的某些机理与机制,实现一些特定的功能。目前,神经网络按网络结构和学习算法分为很多种,其中BP神经网络是目前运用最为广泛的神经网络模型之一。

BP神经网络是误差反向传播网络的简称,它是1986年由Rumelhart和McCelland提出的一种能向着满足给定的输入输出关系方向进行自组织的多层前馈神经网络。BP神经网络一般由输入层、隐含层和输出层组成,各层间实行全连接,当输出层上的实际输出与给定的输出不一致时,修正各层间的结合强度(权值),直到最终满足给定的输入输出关系为止。BP神经网络的结构如图5-1所示,$\boldsymbol{X}=(x_1,x_2,\cdots,x_n)$为输入层输入信号向量、$\boldsymbol{Y}=(y_1,y_2,\cdots,y_m)$为隐含层输出信号向量、$\boldsymbol{O}=(o_1,o_2,\cdots,o_h)$为输出层输出信号向量、$\boldsymbol{V}=(V_1,V_2,\cdots,V_m)$为输入层到隐含层的权重矩阵、$\boldsymbol{W}=(W_1,W_2,\cdots,W_h)$为隐含层到输出层的权重矩阵。

BP神经网络具有以下特征:

(1)非线性映射能力。神经网络能以任意精度逼近任何非线性连续函数,而在建模过程中的许多问题正是具有高度的非线性。

(2)并行分布处理方式。在神经网络中,信息是分布储存和并行处理的,这使其具有很强的容错性和很快的处理速度。

(3)自学习和自适应能力。神经网络在训练时,能从输入、输出的数据中提取出规律性的知识记忆于网络的权值中,并具有泛化能力。

(4)数据融合能力。神经网络可以同时处理定量信息和定性信息,它可以利用传统的工程技术(数值运算)和人工智能技术(符号处理)。

(5)多变量系统。神经网络的输入和输出变量的数量是任意的,给单变量系统与多变量系统提供了一种通用的描述方式,不必考虑各子系统间的解耦问题。

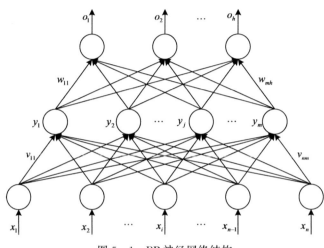

图 5-1 BP 神经网络结构

2.BP 神经网络的学习算法

BP 神经网络的学习过程是由正向传播和反向传播两个过程组成的,在正向传播过程中,输入信息从输入层经隐含层逐层处理,并传向输出层,每一层神经元的状态只影响下一层神经元的状态。若在输出层不能得到期望输出,则转入反向传播,将误差信号沿原来的连接通路返回,把网络学习时输出层出现的与"事实"不符的误差,归结为连接层中各节点间连接权及阈值(有时将阈值作为特殊的连接权并入连接权)的"过错",通过把输出层节点的误差逐层向输入层逆向传播以分摊给各连接节点,从而可算出各连接节点的参考误差,并可据此对各连接权进行相应的调整,使网络适应要求的映射。BP 神经网络的学习过程如图5-2所示,可归纳为"模式顺传播→误差逆传播→记忆训练→学习收敛"4 个过程。

(1)正向传播阶段。

1)输入层节点的输入:x_i;

2)隐含层节点的输出:$y_j = f(\sum_{i=1}^{n} v_{ij} x_i - \theta_j)$,其中 v_{ij} 为连接权重,θ_j 为隐含层节点阈值。

3)输出层节点的输出：$o_k = f(\sum_{j=1}^{m} w_{jk} y_j - \theta_k)$，其中 w_{jk} 为连接权重，θ_k 为输出层节点阈值。

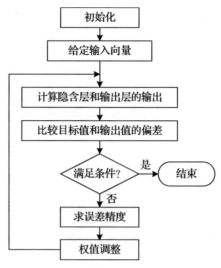

图 5-2 BP 神经网络的学习过程

(2)反向传播阶段。在反向传播阶段，误差信号由输出层通过隐含层向输入层传播，将误差沿函数负梯度方向对各层的权值进行修正。设 Δw_{jk}、Δv_{ij} 分别为输出层及隐含层的权值修正量，则有

$$\left. \begin{aligned} \Delta w_{jk} &= -\frac{\partial E}{\partial w_{jk}} = (d_k - o_k) o_k (1 - o_k) y_j \\ \Delta v_{ij} &= -\frac{\partial E}{\partial v_{ij}} = \Big[\sum_{k=1}^{h} (d_k - o_k) o_k (1 - o_k) w_{jk} \Big] y_j (1 - y_j) x_i \end{aligned} \right\} \quad (5-1)$$

式中：d_k 为输出层节点的期望输出；$E = \frac{1}{2} \sum_{k=1}^{h} (d_k - o_k)^2$ 为误差函数。

于是，得到修正后的输出层及隐含层的权值为

$$\left. \begin{aligned} w_{jk}(t+1) &= w_{jk}(t) + \eta \Delta w_{jk}(t) \\ v_{ij}(t+1) &= v_{ij}(t) + \eta \Delta v_{ij}(t) \end{aligned} \right\} \quad (5-2)$$

式中：η 为步长或学习修正率。

5.1.2 BP 神经网络模型设计

1.费用影响参数选择

为了进行费用预测，首先要寻找影响费用的各个因素。一般来讲，影响费用的因素很多，可以是资源量(如人员、设备、材料等)、产品量(如产品数)或劳动量(如工时周期)等。但是在进行装备费用预测时，通常选取装备系统的技术性能参数，且只选取表征重要技术性能参数的说明性变量。可作为说明性变量的技术性能参数通常要符合下列条件：

(1)装备系统设计和研制初期易于确定的参数;

(2)参数合乎逻辑地与所预测的费用项目相联系;

(3)参数和费用之间具有较大相关性,而参数之间的相关性较小;

(4)说明性变量要按样本容量选取,不宜过多。

例如,战斗机的主要性能参数有机体质量 W、最大平飞速度 $v_{\max}$、最大爬升率 $v_{y\max}$、最大航程 L、作战半径 R、起飞滑跑距离 L_{TQ}、着陆距离 L_L、最大方向使用过载 N_Y、实用升限 H、发动机最大推力 $T_{\max}$ 等。

2.指标参数数据处理

BP 神经网络的作用函数要求输入范围是[0,1]的实数,但影响费用的主要因素的参数值大都超出此范围,因此需要对参数进行标准化处理。

设 $x_{k\min}$、$x_{k\max}$ 分别为所有训练样本第 k 个性能指标参数的最小值和最大值。若性能指标值越大费用越高,则取

$$x_k' = \frac{x_k - x_{k\min}}{x_{k\max} - x_{k\min}} \qquad (5-3)$$

若性能指标值越小费用越高,则取

$$x_k' = \frac{x_{k\max} - x_k}{x_{k\max} - x_{k\min}} \qquad (5-4)$$

在 BP 神经网络中,各层间的传递函数大多为 S 型函数,函数输入参数的取值应尽量避免出现 0 和 1。因此,为增强神经网络仿真的通用性,各性能指标参数的最大值和最小值可分别取在装备基本原理及实际技术水平下可能出现的理想极限值。

3.费用预测网络构建

(1)BP 神经网络层数的确定。BP 神经网络是通过输入层到输出层的计算来完成的,多于一层的隐含层虽然能在速度上加快网络的训练,但是在实际应用中需要较多的训练时间,而训练速度可以用增加隐含层节点个数的方式来实现,因此在应用神经网络进行预测时,选择只有一个隐含层的三层 BP 神经网络就足够了。

(2)各层神经元数量的确定。BP 神经网络输入层和输出层神经元(节点)数量与具体的应用密切相关。输入层的节点数量与费用影响参数的数量相同,输入节点与各个参数一一对应。输出层节点数量与预测的费用项目数相同,通常节点数量为 1。BP 神经网络隐含层的节点数量与问题的复杂程度有关,隐含层节点数量的选择要适中,隐含层节点数量太多,会增加网络的迭代次数,从而延长网络训练时间,同时也会降低网络的泛化能力,导致预测能力下降;隐含层节点数量太少,网络很难识别样本,可能会使网络训练失败,并且网络的容错性也会降低。在具体设计时,首先根据经验公式初步确定隐含层节点数量,然后通过对不同节点数的网络进行训练对比,最终确定隐含层的节点数量。确定隐含层节点数量的经验公式为

$$i = \sqrt{n+m} + a \qquad (5-5)$$

式中:i 为隐含层节点数;n 为输入层节点数;m 为输出层节点数;a 为常数且 $1 < a < 10$。

5.1.3 基于 BP 神经网络的战斗机采购费用预测

1. 战斗机采购费用驱动因子选择

作战飞机的采购费用主要包括生产费用、专用设施设备费用和备件费用等。其中,生产费用包括机体费用、发动机费用和航空电子设备费用等。

根据美国兰德公司飞机发展与采购费用估算模型 DAPCA Ⅳ,影响机体生产费用的因素有飞机起飞重量 W、最大飞行速度 v、产量 Q;影响发动机生产费用的因素主要有发动机最大推力 T_{max}、发动机最大马赫数 Ma_{max}、涡轮进口温度 t_a。航空电子设备费用视其先进程度占飞机出厂成本的 25%～40%。飞机专用设施设备费用、备件费用与飞机的可靠性、维修性、保障性水平有关,可选取平均故障间隔时间(MTBF)和平均修复时间(MTTR)作为影响飞机设施、备件费用的主要因素。

根据说明性变量的选取原则,参数数量不应过多,且参数间相关性应较小。在以上分析的基础上,选取飞机起飞重量 W、发动机最大推力 T_{max}、最大速度 v、产量 Q、平均故障间隔时间(MTBF)和平均修复时间(MTTR)作为影响飞机采购费用的说明性变量。表 5-1 列出了 5 种战斗机的性能指标及采购费用数据。

表 5-1 战斗机的性能指标及采购费用数据

型　号	起飞重量 kg	最大推力 kN	最大速度 (Ma)	产量 架	MTBF h	MTTR h	采购费用 万美元
F-16	8 544	13 150	2.0	4 000	5.25	2.78	2 400
SU-27	18 000	10 300	2.0	760	4.38	3.60	3 500
MIG-29	14 900	10 300	2.3	1 300	4.00	3.80	3 000
F-15	19 120	11 340	2.5	1 500	5.00	3.75	3 500
幻影 2000	10 860	9 000	2.2	600	5.50	2.82	3 000

2. 战斗机性能参数及费用数据处理

战斗机起飞重量的最大值、最小值分别取 20 000 kg、8 000 kg,最大推力的最大值、最小值分别取 16 000 kN、8 000 kN,最大速度(Ma)的最大值、最小值分别取 2.8、1.8,产量的最大值、最小值分别取 5 000 架、500 架,MTBF 的最大值、最小值分别取 6 h、3 h,MTTR 的最大值、最小值分别取 4 h、1 h。输出向量即采购费用除以 10 000 以得到范围是 [0,1] 的实数。标准化后的战斗机性能指标及采购费用数据见表 5-2。

表 5-2 标准化后的战斗机性能指标及采购费用数据

型　号	起飞重量	最大推力	最大速度	产量	MTBF	MTTR	采购费用
F-16	0.045 3	0.643 8	0.200 0	0.222 2	0.250 0	0.593 3	0.240 0
SU-27	0.833 3	0.287 5	0.200 0	0.942 2	0.206 7	0.866 7	0.350 0
MIG-29	0.575 0	0.287 5	0.500 0	0.822 2	0.666 7	0.933 3	0.300 0
F-15	0.926 7	0.417 5	0.700 0	0.777 8	0.333 3	0.916 7	0.350 0
幻影 2000	0.238 3	0.125 0	0.400 0	0.755 6	0.166 7	0.606 7	0.300 0

3. 构造战斗机采购费用预测神经网络

根据前面的分析,可构造一个三层 BP 神经网络进行战斗机采购费用预测,输入层有 6 个节点,分别对应于 6 个对采购费用影响明显的性能参数;输出层有 1 个节点,对应于战斗机的采购费用;根据经验公式,隐含层选取 5 个节点。所建立的战斗机采购费用预测神经网络模型如图 5-3 所示。

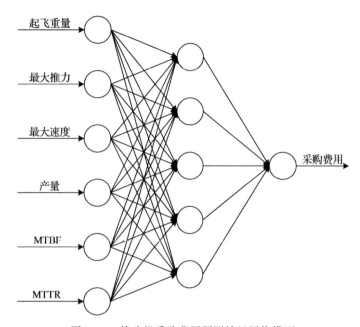

图 5-3 战斗机采购费用预测神经网络模型

4. 神经网络训练与仿真计算

由于神经网络的训练需要大量的学习样本数据,而战斗机的服役周期很长,现有机型数量还不能完全满足要求,因此,可将上述数据的每一机型作为费用预测机型,而相应其他 4 个机型数据作为样本数据进行网络训练学习,一共进行 5 次训练与仿真。采用 MATLAB 对所建立的 BP 神经网络进行训练,要求训练精度为 0.000 01,最大迭代次数为 300,训练步长为 0.000 5,通过 MATLAB 中 sim 函数对神经网络输出结果进行仿真,估算战斗机的采购费用。战斗机采购费用的仿真计算结果如表 5-3 所示。

表 5-3 战斗机采购费用仿真计算结果

型 号	实际值/万美元	计算值/万美元	误差/(%)
F-16	2 400	2 126	11.4
SU-27	3 500	3 711	6.0
MIG-29	3 000	2 992	0.3
F-15	3 500	3 259	6.9
幻影 2000	3 000	3 021	0.7

5.2 基于SVM的费用预测模型

5.2.1 SVM的基本原理

1. SVM基本思想

支持向量机(SVM)的理论基础是统计学习理论(Statistical Learning Theory,SLT),SLT的研究始于20世纪60年代末,它是在研究小样本估计和预测的过程中发展起来的一种新兴理论。20世纪90年代,万普尼克(Vapnik)等人基于SLT提出了一种借助于最优化方法解决机器学习问题的新工具,即SVM。它根据有限的样本信息,采用结构风险最小化原理,对独立的测试样本能够得到较小的误差。根据SVM用途的不同可将SVM分为两类:支持向量分类机(Support Vector Classification,SVC)和支持向量回归机(Support Vector Regression,SVR)。

标准的SVR算法分为线性和非线性两种,其基本思想是:通过非线性变换将输入空间向量映射到高维特征空间,运用结构风险最小化原则在高维特征空间构造回归估计函数,而非线性变换是通过定义适当的核函数来实现的。

2. SVM回归算法

支持向量回归是以训练样本集为数据对象,通过分析输入变量和数值型输出变量之间的数量关系,并用回归方程精确刻画这种数量关系,从而对来自训练样本集同分布的新样本的输出变量值进行预测。设训练样本集 $D=\{(x_i,y_i) \mid i=1,2,\cdots,l\}, x_i \in E$ (E是欧氏空间), $y_i \in \mathbf{R}$ ($\mathbf{R}$是实数集)。首先将输入向量映射到m维特征空间,然后在特征空间中构造优化超平面

$$f(x) = \mathbf{w}^\mathrm{T} g(x) + b \tag{5-6}$$

式中:$f(x)$为特征空间中的一个线性函数;$\mathbf{w}$为m维权重向量;$g(x)$为由输入空间到特征空间的非线性映射;b为偏置项。

为了增强回归的鲁棒性和产生较少的支持向量数,万普尼克提出了ε-不敏感损失函数,即

$$L(y, f(x,w)) = L(\mid y - f(x,w) \mid_\varepsilon) \tag{5-7}$$

其中

$$\mid y - f(x,w) \mid_\varepsilon = \begin{cases} 0, & \mid y - f(x,w) \mid \leqslant \varepsilon \\ \mid y - f(x,w) \mid - \varepsilon, & \mid y - f(x,w) \mid > \varepsilon \end{cases} \tag{5-8}$$

式中:ε是一个预先给定的正数。ε-不敏感损失函数的含义是:当x点的观察值y与预测值$f(x,w)$之差不超过事先给定的ε时,认为在x点的预测值$f(x,w)$是无损的,尽管预测值$f(x,w)$和观察值y可能并不完全相等。

综合考虑拟合误差和函数复杂度,支持向量回归机可表示为以下的约束优化问题:

$$\min Q(w,\xi_i,\xi_i^*) = \frac{1}{2}\|w\|^2 + C\sum_{i=1}^{l}(\xi_i+\xi_i^*)$$

满足 $\begin{cases} y_i - \mathbf{w}^T g(x_i) - b \leqslant \varepsilon + \xi_i \\ \mathbf{w}^T g(x_i) + b - y_i \leqslant \varepsilon + \xi_i^* \\ \xi_i \geqslant 0, \xi_i^* \geqslant 0, i=1,2,\cdots,l \end{cases}$ (5-9)

式中：$C>0$ 是函数复杂度和损失误差的一个平衡因子，控制对超出误差的样本的惩罚程度；ξ_i 和 ξ_i^* 分别是超平面位于第 i 个样本点上方和下方的松弛变量值。

利用二次规划技术求解此优化问题，引入非负拉格朗日乘子 α_i、α_i^*、η_i、η_i^*，原来的约束优化问题可以转化为以下的无约束优化问题：

$$\begin{aligned} Q(w,b,\xi_i,\xi_i^*,\alpha_i,\alpha_i^*,\eta_i,\eta_i^*) = & \frac{1}{2}\|w\|^2 + C\sum_{i=1}^{l}(\xi_i+\xi_i^*) - \\ & \sum_{i=1}^{l}\alpha_i[\xi_i+\varepsilon-y_i+f(x_i)] - \\ & \sum_{i=1}^{l}\alpha_i^*[\xi_i^*+\varepsilon+y_i-f(x_i)] - \\ & \sum_{i=1}^{l}(\eta_i\xi_i+\eta_i^*\xi_i^*) \end{aligned}$$ (5-10)

根据 KKT(Karush-Kuhn-Tucker)优化条件，对应于原问题的优化解，式(5-10)具有鞍点，即相对于变量 w、b、ξ_i、ξ_i^* 的偏导数为 0，最后可将原问题转化为以下的对偶优化问题：

$$\begin{aligned} \max Q(\alpha_i,\alpha_i^*) = & -\frac{1}{2}\sum_{i,j=1}^{l}(\alpha_i-\alpha_i^*)(\alpha_j-\alpha_j^*)g(x_i)g(x_j) - \\ & \varepsilon\sum_{i=1}^{l}(\alpha_i+\alpha_i^*) + \sum_{i=1}^{l}y_i(\alpha_i-\alpha_i^*) \end{aligned}$$ (5-11)

满足 $\begin{cases} \sum_{i=1}^{l}(\alpha_i-\alpha_i^*) = 0 \\ 0 \leqslant \alpha_i \leqslant C, 0 \leqslant \alpha_i^* \leqslant C, i=1,2,\cdots,l \end{cases}$

求解优化问题后，回归估计函数为

$$f(x) = \sum_{i=1}^{l}(\alpha_i-\alpha_i^*)\mathbf{g}^T(x_i)g(x) + b$$ (5-12)

支持向量机理论只考虑高维特征空间的点积运算 $g(x)g(y)=K(x,y)$，而不直接使用函数 $g(\cdot)$，从而巧妙地解决了该问题，称 $K(x,y)$ 为核函数。常用的核函数有多项式核函数、径向基核函数(Radial Basis Function, RBF)、Sigmoid 核函数等。通过核函数，支持向量机回归估算函数可表示为

$$f(x) = \sum_{i=1}^{l}(\alpha_i-\alpha_i^*)K(x_i,x) + b$$ (5-13)

式中：α_i、$\alpha_i^* \geqslant 0, \alpha_i\alpha_i^* = 0$。

由此可知，求回归函数 $f(x)$ 实际上可归结为求 α_i 及 α_i^*，可通过条件极小化式(5-9)

确定 α_i 及 α_i^* 的值。

3. SVM 预测模型

基于 SVM 的预测模型如图 5-4 所示,其中,$x=(x_1,x_2,\cdots,x_N)$ 为输入向量,$K(x_i,x)$ ($i=1,2,\cdots,N$) 为核函数,即基于 $x_1,x_2,\cdots,x_N$ 的非线性变换,$(\alpha_i-\alpha_i^*)$ ($i=1,2,\cdots,N$) 为权重,$f(x)=\sum_{i=1}^{N}(\alpha_i-\alpha_i^*)K(x_i,x)+b$ 为回归函数。

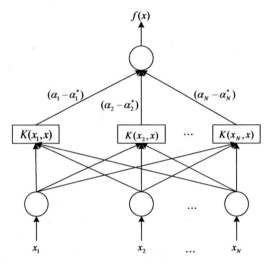

图 5-4 基于 SVM 的预测模型

SVM 模型的预测能力主要依赖于核函数参数、惩罚参数 C 及 ε-不敏感损失函数等结构参数的确定。

(1) 核函数的选择。SVM 常用的核函数有以下 4 种:

1) 线性核函数,表达式为

$$K(x,y)=xy \tag{5-14}$$

2) 多项式核函数,表达式为

$$K(x,y)=(xy+1)^d, \quad d=1,2,\cdots \tag{5-15}$$

3) 径向基核函数(RBF),表达式为

$$K(x,y)=\exp\left[-\frac{\|x-y\|^2}{2\sigma^2}\right] \tag{5-16}$$

4) Sigmoid 核函数,表达式为

$$K(x,y)=\tanh[b(xy)-c] \tag{5-17}$$

在以上 4 种核函数中,RBF 是使用最为广泛的一种,其主要原因是:第一,线性核函数可以看成是 RBF 的一种特例,RBF 与线性核函数相比,能够将因变量与自变量间的非线性关系映射到高维空间进行线性化处理,具有更好的非线性处理能力,而 Sigmoid 核函数在某些参数取值的情况下与 RBF 大致相同;第二,多项式核函数、Sigmoid 核函数的参数较多,增加了模型参数寻优工作的复杂程度;第三,RBF 的取值范围始终在 $[0,1]$ 区间内,而当多

项式核函数的 d 值较大时,它在某点的取值有可能为正无穷或者是零,此外,对于 Sigmoid 核函数,在某些参数下可能存在无法计算的情况。

(2)模型结构参数寻优。RBF 参数、惩罚参数 C 及 ε-不敏感损失函数直接影响模型的预测能力,可通过以下步骤搜索寻优到模型交叉效果最好的参数组。

1)确认参数 σ、C、ε 的取值范围。

2)构建三维网格空间 $(\sigma_i,C_j,\varepsilon_k)$,对其中任意一组参数取值,运用交叉检验方法得到该组参数对应的平均误差率。在三维空间以指数增长间隔遍历所有的参数组,并选取交叉检验平均误差率最低的参数组作为参数优化区域中心。其中,指数增长间隔的选取要保证能初步找到优化区域且节省运算时间。

3)以第 2)步选取的参数组为中心,在邻近区域以较小的指数增长步长进一步寻优,具体方法同第 2)步。

4)确定最优参数组后,将全部数据作为训练样本以求得具有最好泛化能力的 SVM 回归模型。

(3)模型检验方法。良好的泛化能力是检验 SVM 回归估算模型成功与否的关键,一般采用 V 层交叉检验方法进行验证,即事先随机留出一部分样本作为检验样本不参加训练,根据其余样本建模并对检验样本进行估算以验证模型的精度,具体步骤为:

1)将所有 n 个样本随机分成具有相同子样本个数的 v 个子集,将多出的 t 个样本($t<v$)分配于再次随机选出的 t 个子集;

2)选择其中一个子集作为检验样本,用剩下的 $v-1$ 个子集的样本训练模型并预测检验样本,求出预测误差的均方根;

3)依次选择另外的子集作为检验样本,重复第 2)步,直至 v 个子集都曾作为检验样本被预测过,然后计算所有预测结果的误差平均值。

根据 V 层交叉检验的误差平均值可以有效判断模型泛化能力是否满足要求,防止出现部分数据拟合很好,而新数据预测效果很差的过拟合现象。若交叉检验结果不理想,则需要更改模型的形式或层次等结构参数,直至结果满足要求。

(4)模型评价指标。用于评价 SVM 模型泛化能力的指标主要有以下几种:

1)平均绝对误差,表达式为

$$M_{\text{MAE}} = \frac{\sum |\hat{y}_i - y_i|}{N} \tag{5-18}$$

2)平方差,表达式为

$$M_{\text{SSE}} = \sum (\hat{y}_i - y_i)^2 \tag{5-19}$$

3)均方差,表达式为

$$M_{\text{MSE}} = \frac{\sum (\hat{y}_i - y_i)^2}{N} \tag{5-20}$$

4)平均相对误差,表达式为

$$M_{\text{MAPE}} = \frac{1}{N} \sum \left| \frac{\hat{y}_i - y_i}{y_i} \right| \tag{5-21}$$

5)标准差或根方差,表达式为

$$M_{\text{RMSE}} = \sqrt{\frac{\sum (\hat{y}_i - y_i)^2}{N}} \quad (5-22)$$

6)相对误差平方和,表达式为

$$M_{\text{ESE}} = \sum \left| \frac{\hat{y}_i - y_i}{y_i} \right|^2 \quad (5-23)$$

式中:N 为样本数量;$\hat{y}_i$ 为预测值;y_i 为实际值。

4. SMO 算法流程

采用 SVM 模型求解回归估计问题,本质上是一个二次规划问题,可采用求解二次规划问题最常用的方法即序贯最小优化(Sequential Minimal Optimization,SMO)算法进行求解。令 $\lambda_i = \alpha_i - \alpha_i^*$,$|\lambda_i| = \alpha_i + \alpha_i^*$,则前述的对偶优化问题可表示为

$$\max Q(\alpha, \alpha^*) = -\frac{1}{2} \sum_{i=1}^{l} \sum_{j=1}^{l} \lambda_i \lambda_j k_{ij} - \varepsilon \sum_{i=1}^{l} |\lambda_i| + \sum_{i=1}^{l} y_i \lambda_i$$

$$\begin{cases} \sum_{i=1}^{l} \lambda_i = 0 \\ -C \leqslant \lambda_i \leqslant C, \quad i = 1, 2, \cdots, l \end{cases} \quad (5-24)$$

式中:k_{ij} 表示核函数 $K(x_i, x_j)$。

SMO 算法是把一个大的二次规划问题分解成一系列的只有两个变量的二次规划问题。假设待求的两个优化变量为 λ_a、λ_b,将式(5-24)表示成这两个变量的函数,把其他的拉格朗日乘子看作常数,则得到

$$L(\lambda_a, \lambda_b) = \frac{1}{2}(\lambda_a^2 k_{aa} + \lambda_b^2 k_{bb}) + \lambda_a \lambda_b k_{ab} + \varepsilon(|\lambda_a| + |\lambda_b|) - \lambda_a y_a - \lambda_b y_b + \lambda_a Z_a^- + \lambda_b Z_b^- + L_C \quad (5-25)$$

其中

$$Z_i^{\text{old}} = \sum_{\substack{j=1 \\ j \neq a, b}}^{l} \lambda_j^{\text{old}} k_{ij} = f_i^{\text{old}} - \lambda_a^{\text{old}} k_{ai} - \lambda_b^{\text{old}} k_{bi} - b^{\text{old}} \quad (5-26)$$

$$f_i^{\text{old}} = f(x_i, \lambda^{\text{old}}, b) = \sum_{j=1}^{l} \lambda_j^{\text{old}} K(x_j, x_i) + b \quad (5-27)$$

式中:old 表示上一次迭代过程中计算得到的数据。

由 $\sum_{i=1}^{l} \lambda_i = 0$,可以假设 $S = \lambda_a + \lambda_b = \lambda_a^{\text{old}} + \lambda_b^{\text{old}}$。结合式(5-25)可得到只含有变量 λ_b 的公式,对其求偏微分可得到此变量的递推计算公式。

当上述二次规划问题存在最优解时,满足 KKT 最优化条件,同时,由于 λ_a、λ_b 取值范围的限制,可定义 $L = \max(S - C, -C)$、$H = \min(C, S + C)$ 来确保 λ_a、λ_b 的取值在 $[-C, C]$ 范围内。

综合以上讨论可得 SMO 算法流程如下:

(1)初始化 λ_a^{old}、λ_b^{old}。

(2)选择待优化变量 λ_a、λ_b。

(3)计算 λ_b^{new}。

(4)如果 $\lambda_b^{\text{new}} > H$,设定 $\lambda_b^{\text{new}} = H$;如果 $\lambda_b^{\text{new}} < L$,设定 $\lambda_b^{\text{new}} = L$。

(5)$\lambda_a^{\text{new}} = \lambda_a^{\text{old}} + \lambda_b^{\text{old}} - \lambda_b^{\text{new}}$。

(6)计算 b 值。

(7)如果所有的样本均满足 KKT 条件,转步骤(8),否则,转步骤(2)。

(8)保持 λ,训练过程结束。

5.2.2 基于 SVM 的费用预测流程

费用预测的实质是费用影响因素空间到费用空间的映射问题。基于 SVM 的费用预测是把影响因素作为 SVM 的输入变量,将具体的费用作为输出,利用过去的装备性能特征、费用等信息作为训练样本进行训练,从而实现映射。基于 SVM 的费用预测流程如图 5-5 所示。

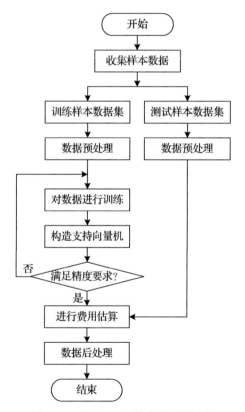

图 5-5 基于 SVM 的费用预测流程

1.收集样本数据

将样本数据分为训练样本数据集和待估算测试样本数据集,选择输入参数、输出变量,其中输入参数主要是指影响装备费用的参数,包括对时间敏感参数(如年份、月份等)和对时间不敏感参数(如质量、体积等),输出变量主要是指所关注的装备费用项目(如装备寿命周期费用或者由输入参数影响的某一费用项目等)。

2.数据预处理

考虑费用的时间价值,将训练样本数据集中随时间变化的费用参数数值,用居民消费价格指数(CPI)统一转换到基准时间段的费用数值,对统一转换后的数据进行归一化预处理,将参数数值及费用数值限制在[0,1]之间,形成归一化后的训练样本数据集。

3.对数据进行训练

选择核函数并设置训练参数,利用SVM对费用样本数据进行训练。训练过程通常采用基于凸优化的对偶理论,可得到解 α_i 及 α_i^*。

4.构造支持向量机

根据训练结果构造回归估计函数,即通过训练计算得出的 α_i 及 α_i^* 以及选择的核函数,回归估计函数 $f(x)$ 可表示为 $f(x) = \sum_{i=1}^{l}(\alpha_i - \alpha_i^*)K(x_i,x_j) + b$。

5.进行费用估算

用回归估计函数对预处理后的待估算费用样本进行估算,计算出估算费用值。

6.数据后处理

将估算出的费用值通过预处理过程的逆处理过程,得到估算费用的精确值。

5.2.3 基于SVM的导弹采购费用预测

1.收集样本数据

利用SVM进行导弹采购费用预测,首先需要收集相应的样本数据。通过文献资料检索,得到美国的导弹性能参数及采购费用数据样本如表5-4所示。

表5-4 美国的导弹性能参数及采购费用数据样本

型号	最大射程 km	最大射高 km	最大速度 (Ma)	导弹质量 kg	最大机动过载 g	弹长 m	弹径 m	翼展 m	单发杀伤概率	采购费用 万美元
Aspide	15	6	2.0	220	30	3.70	0.203	0.8	0.8	15.5 [1982]
Rapier	6	3.5	2.0	42.6	25	2.33	0.133	0.381	0.6	18.7 [1985]
RIM-7	22.2	3	2.5	228	22	3.66	0.204	1.0	0.75	19.188 [1985]
MIM-23B	40	18	2.5	624	15	5.03	0.360	1.19	0.8	27.8 [1991]
TSE5000	8.5	3	2.5	85	25	2.94	0.156	0.547	0.7	11.9 [1985]

续表

型号	最大射程 km	最大射高 km	最大速度 (Ma)	导弹质量 kg	最大机动过载 g	弹长 m	弹径 m	翼展 m	单发杀伤概率	采购费用 万美元
RIM-67B	104	24	2.2	1 380	23	8.23	0.340	1.58	0.75	56.1 [1985]
MIM-104	80	24	3.0	1 000	30	5.30	0.410	0.87	0.75	69.5 [1985]

注：[ ]中数值表示财年。

2. 数据预处理

(1) 费用数据转换。由于收集到的样本数据中采购费用数据的年份不同，因此，首先要将其转换到同一年份。根据美国劳工部的统计数据，可得到美国1982—1991年的居民消费价格指数(CPI)，如表5-5所示。将表5-4中各型导弹的采购费用转换到1985财年的经济价值如表5-6所示。

表5-5 1982—1991年美国年度CPI

年份	1982	1983	1984	1985	1986	1987	1988	1989	1990	1991
CPI	3.3	3.7	4.1	4.1	1.8	4.5	4.5	5.2	6.6	3.4

表5-6 统一转换后的导弹采购费用值(1985财年)　　　　　　　　单位：万美元

型号	Aspide	Rapier	RIM-7	MIM-23B	TSE5000	RIM-67B	MIM-104
采购费用	18.0	18.7	19.188	20.7	11.9	56.1	69.5

(2) 费用数据的归一化处理。将表5-4中各型导弹技术特征参数和表5-6中经统一转换后的采购费用数据进行归一化处理，将数据的取值转换到[0,1]范围内，处理后的导弹技术特征参数及采购费用数据如表5-7所示。

表5-7 归一化后的导弹技术特征参数及采购费用数据

型号	最大射程	最大射高	最大速度	导弹质量	最大机动过载	弹长	弹径	翼展	单发杀伤概率	采购费用
Aspide	0.091 836 7	0.142 857	0	0.132 645	1	0.232 703	0.252 708	0.349 458	1	0.105 903
Rapier	0	0.023 809 5	0	0	0.666 667	0	0	0	0	0.118 056
RIM-7	0.165 306	0	0.125	0.138 627	0.466 667	0.225 424	0.256 318	0.516 264	0.75	0.126 736
MIM-23B	0.346 939	0.714 286	0.125	0.434 724	0	0.457 627	0.819 495	0.674 729	1	0.152 778
TSE5000	0.025 510 2	0	0.05	0.031 703 3	0.666 667	0.103 39	0.083 032 5	0.138 449	0.5	0
RIM-67B	1	1	0.25	1	0.533 333	1	0.747 292	1	0.75	0.767 361
MIM-104	0.755 102	1	1	0.715 867	1	0.503 39	1	0.407 84	0.75	1

3.对数据进行训练

选取 RBF 并采用前述的 V 层交叉检验方法进行模型验证。输入表 5-7 所示的训练样本到 SVM 中进行学习,根据多次学习结果可确定 RBF 的最佳学习参数为 ε 不敏感值为 0.01、正则化参数 C 为 1 000、核函数的宽度 σ 为 0.1,从而获得导弹技术特征参数和采购费用的精确映射关系,SVM 对费用数据训练停止后,导弹实际采购费用值与 SVM 训练费用值如表 5-8 所示。

表 5-8 导弹采购费用实际值与 SVM 训练值对比表(1985 财年)　　单位:万美元

型 号	实际值	SVM 训练值	相对误差/(%)
Aspide	18.0	18.1	0.556
Rapier	18.7	18.8	0.535
RIM-7	19.188	19.3	0.584
MIM-23B	20.7	20.2	-2.415
TSE5000	11.9	12.0	0.840
RIM-67B	56.1	56.0	-0.178
MIM-104	69.5	69.4	-0.144

4.进行费用估算

输入新的导弹技术特征参数到训练好的 SVM 费用预测模型,可进行其他型号导弹的采购费用预测,导弹技术特征参数及采购费用实际值、SVM 预测值如表 5-9 所示。

表 5-9 导弹技术特征参数及采购费用实际值、SVM 预测值统计表

型 号	最大射程 km	最大射高 km	最大速度 (Ma)	导弹质量 kg	最大机动过载 g	弹长 m	弹径 m	翼展 m	单发杀伤概率	采购费用 万美元	SVM 预测值 万美元
RIM-2	16	12	2.5	1 360	15	8.23	0.406	1.25	0.70	6.2	6.3
RIM-116A	9.1	3	2.0	70.7	20	2.97	0.127	0.42	0.75	18.78	18.88
MIM-23A	25	11	2.5	586	15	5.03	0.36	1.22	0.80	14.5	14.6
RIM-8	120	27	2.5	3 541	15	10.1	0.76	2.7	0.70	38.3	38.199
RIM-66C	74	24	3.0	610	23	4.47	0.34	1.07	0.75	44.7	44.59

5.3 基于 PLSR 的费用预测模型

5.3.1 PLSR 的基本原理

偏最小二乘回归(PLSR)由 S. Wold 和 C. Albano 于 1983 年首次提出,后经诸多学者进行丰富和完善,已经成为一种具有广泛适用性的多元统计数据分析方法,其是多元线性回

归分析、主成分分析和典型相关分析等 3 种回归方法的有机结合,在处理样本容量小、自变量多、变量间存在严重多重相关性问题方面具有独特的优势。

假定有因变量 Y 和 p 个自变量 $\{x_1, x_2, \cdots, x_p\}$,在观测 n 个样本点后,构成自变量数据表 $\boldsymbol{X} = \{x_1, x_2, \cdots, x_p\}_{n \times p}$ 和因变量数据表 $\boldsymbol{Y} = \{y\}_{n \times 1}$。在 $\boldsymbol{X}$ 中提取成分 t_1,即 t_1 是 $x_1, x_2, \cdots, x_p$ 的线性组合。在提取成分 t_1 时,要求 t_1 应尽可能大地携带 $\boldsymbol{X}$ 中的变异信息,且 t_1 与 Y 的相关程度达到最大。这样,t_1 就最大可能地包含了数据表 $\boldsymbol{X}$ 中的信息,同时,自变量的成分 t_1 对 Y 具有最强的解释能力。

提取第 1 个成分 t_1 后,分别实施 Y 和 $\boldsymbol{X}$ 对 t_1 的回归,如果此时回归方程已满足预设精度,则算法停止;否则,利用 $\boldsymbol{X}$ 被 t_1 解释后的残余信息以及 Y 被 t_1 解释后的残余信息进行第二轮的成分 t_2 的提取,继续实施 Y 和 $\boldsymbol{X}$ 对 t_1、t_2 的回归。如此反复,直到精度满足要求为止。若最终对 $\boldsymbol{X}$ 提取 m 个成分 $t_1, t_2, \cdots, t_m (m \leqslant n)$,然后实施 Y 对 $t_1, t_2, \cdots, t_m$ 的回归,由于 $t_1, t_2, \cdots, t_m$ 都是 $x_1, x_2, \cdots, x_p$ 的线性组合,因此最后都可以转化为 Y 关于原变量 $x_1, x_2, \cdots, x_p$ 的回归方程,这样就完成了 PLSR 建模。

5.3.2 PLSR 的建模步骤

对于因变量 Y 和 p 个自变量 $\{x_1, x_2, \cdots, x_p\}$,观测 n 个样本点,则构成的样本数据矩阵分别为

$$\boldsymbol{Y} = [y] = \begin{bmatrix} y_1 \\ y_2 \\ \vdots \\ y_n \end{bmatrix} \tag{5-28}$$

$$\boldsymbol{X} = [x_1 \quad x_2 \quad \cdots \quad x_p] = \begin{bmatrix} x_{11} & x_{12} & \cdots & x_{1p} \\ x_{21} & x_{22} & \cdots & x_{2p} \\ \vdots & \vdots & & \vdots \\ x_{n1} & x_{n2} & \cdots & x_{np} \end{bmatrix} \tag{5-29}$$

1. 样本数据标准化

为方便公式表达和减少运算误差,对样本数据矩阵 $\boldsymbol{X}$ 和 $\boldsymbol{Y}$ 进行标准化处理,得到标准化后的自变量矩阵 $\boldsymbol{E}_0$ 和因变量矩阵 $\boldsymbol{F}_0$ 分别为

$$\boldsymbol{E}_0 = [e_{01} \quad e_{02} \quad \cdots \quad e_{0p}] = \begin{bmatrix} x_{11}^* & x_{12}^* & \cdots & x_{1p}^* \\ x_{21}^* & x_{22}^* & \cdots & x_{2p}^* \\ \vdots & \vdots & & \vdots \\ x_{n1}^* & x_{n2}^* & \cdots & x_{np}^* \end{bmatrix} \tag{5-30}$$

$$\boldsymbol{F}_0 = [f_0] = \begin{bmatrix} y_1^* \\ y_2^* \\ \vdots \\ y_n^* \end{bmatrix} \tag{5-31}$$

其中,

$$x_{ij}^* = \frac{x_{ij} - \bar{x}_j}{s_j} \quad (i=1,2,\cdots,n; j=1,2,\cdots,p) \tag{5-32}$$

$$y_i^* = \frac{y_i - \bar{y}}{s_y} \quad (i=1,2,\cdots,n) \tag{5-33}$$

式中：$\bar{x}_j = \frac{1}{n}\sum_{i=1}^{n} x_{ij}$ 是 x_j 的均值；$s_j = \sqrt{\sum_{i=1}^{n}(x_{ij}-\bar{x}_j)^2}$ 是 x_j 的标准差；$\bar{y} = \frac{1}{n}\sum_{i=1}^{n} y_i$ 是 y 的均值；$s_y = \sqrt{\sum_{i=1}^{n}(y_i-\bar{y})^2}$ 是 y 的标准差。

2.提取主成分

从自变量矩阵 $\mathbf{E}_0$ 中提取一个成分 t_1，使 $t_1 = \mathbf{E}_0 \mathbf{w}_1$，其中 $\mathbf{w}_1$ 是矩阵 $\mathbf{E}_0^T \mathbf{F}_0 \mathbf{F}_0^T \mathbf{E}_0$ 最大特征值所对应的单位特征向量，即

$$\mathbf{w}_1 = \frac{\mathbf{E}_0^T \mathbf{F}_0}{\|\mathbf{E}_0^T \mathbf{F}_0\|} = \frac{1}{\sqrt{\sum_{i=1}^{p} r^2(x_i, y)}} \begin{bmatrix} r(x_1,y) \\ r(x_2,y) \\ \vdots \\ r(x_p,y) \end{bmatrix} \tag{5-34}$$

$$t_1 = \mathbf{E}_0 \mathbf{w}_1 = \frac{1}{\sqrt{\sum_{i=1}^{p} r^2(x_i,y)}} [r(x_1,y)e_{01} + r(x_2,y)e_{02} + \cdots + r(x_p y)e_{0p}] \tag{5-35}$$

实施 $\mathbf{E}_0$ 和 $\mathbf{F}_0$ 在 t_1 上的回归，即

$$\left.\begin{array}{l} \mathbf{E}_0 = t_1 \mathbf{p}_1^T + \mathbf{E}_1 \\ \mathbf{F}_0 = t_1 r_1 + \mathbf{F}_1 \end{array}\right\} \tag{5-36}$$

式中：$\mathbf{p}_1$、r_1 是回归系数（r_1 是标量），分别为

$$\mathbf{p}_1 = \frac{\mathbf{E}_0^T t_1}{\|t_1\|^2}$$
$$r_1 = \frac{\mathbf{F}_0^T t_1}{\|t_1\|^2} \tag{5-37}$$

记残差矩阵为

$$\left.\begin{array}{l} \mathbf{E}_1 = \mathbf{E}_0 - t_1 \mathbf{p}_1^T \\ \mathbf{F}_1 = \mathbf{F}_0 - t_1 r_1 \end{array}\right\} \tag{5-38}$$

检查模型拟合度，若 $\mathbf{Y}$ 对 t_1 的回归方程已达到满意的精度，则进行下一步；否则，令 $\mathbf{E}_0 = \mathbf{E}_1$、$\mathbf{F}_0 = \mathbf{F}_1$，重复步骤2，对残差矩阵进行新一轮的成分提取和回归分析。

3.建立回归方程

假设在第 h 步（$h=2,3,\cdots,m$），方程满足精度要求（可用交叉有效性确定），此时得到 m 个成分 $t_1, t_2, \cdots, t_m$，实施 $\mathbf{F}_0$ 在 $t_1, t_2, \cdots, t_m$ 上的回归，得

$$\hat{\mathbf{F}}_0 = r_1 t_1 + r_2 t_2 + \cdots + r_m t_m \tag{5-39}$$

由于 $t_1, t_2, \cdots, t_m$ 均是 $\boldsymbol{E}_0$ 的线性组合,因此,$\hat{\boldsymbol{F}}_0$ 可以写成 $\boldsymbol{E}_0$ 的线性组合形式,即

$$\hat{\boldsymbol{F}}_0 = r_1 \boldsymbol{E}_0 w_1^* + r_2 \boldsymbol{E}_0 w_2^* + \cdots + r_m \boldsymbol{E}_0 w_m^* \tag{5-40}$$

式中:$w_h^* = \prod_{j=1}^{h-1} (\boldsymbol{I} - w_j \boldsymbol{p}_j^{\mathrm{T}}) w_h$,$\boldsymbol{I}$ 为单位矩阵。

于是有

$$\hat{y}^* = \alpha_1 x_1^* + \alpha_2 x_2^* + \cdots + \alpha_p x_p^* \tag{5-41}$$

其中,x_j^* 的回归系数为

$$\alpha_j = \sum_{h=1}^m r_h w_{hj}^* \tag{5-42}$$

式中:w_{hj}^* 为 w_h^* 的第 j 个分量。

4. 还原回归方程

按照标准化的逆过程,将 $\hat{\boldsymbol{F}}_0 = (\hat{y}^*)$ 的回归方程还原为 $\boldsymbol{Y}$ 对 $\{x_1, x_2, \cdots, x_p\}$ 的回归方程,即可变换为

$$\hat{y} = a_0 + a_1 x_1 + a_2 x_2 + \cdots + a_p x_p \tag{5-43}$$

5. 检验交叉有效性

通过检验交叉有效性,可以确定应提取的成分个数。记 y_i 为第 i 个样本点的原始数据;$t_1, t_2, \cdots, t_m$ 是在偏最小二乘回归过程中提取的成分;$\hat{y}_{hi}$ 是使用全部样本点并取 $t_1, t_2, \cdots, t_h$ 个成分回归建模后,计算得到的第 i 个样本点的拟合值;$\hat{y}_{h(-i)}$ 是在建模时删去样本点 i 后,取 $t_1, t_2, \cdots, t_h$ 个成分回归建模后,计算得到的第 i 个样本点的拟合值。记

$$SS_h = \sum_{i=1}^n (y_i - \hat{y}_{hi})^2 \tag{5-44}$$

$$PRESS_h = \sum_{i=1}^n (y_i - \hat{y}_{h(-i)})^2 \tag{5-45}$$

$$Q_h^2 = 1 - \frac{PRESS_h}{SS_h} \tag{5-46}$$

若第 h 个成分的交叉有效性 $Q_h^2 \geqslant (1 - 0.95^2) = 0.0975$,认为 t_h 成分的边际贡献是显著的,引进新的主成分 t_h 会对模型的预测能力有明显的改善作用。

5.3.3 PLSR 的精度分析方法

1. 主成分的解释能力

令 $r(x_i, t_h)$ 表示自变量 x_i 与主成分 t_h 的相关系数,$r(y, t_h)$ 为因变量 y 与主成分 t_h 的相关系数,则定义主成分 t_h 的各种解释能力如下:

(1) t_h 对自变量 x_i 的解释能力为

$$Rd(x_i; t_h) = r^2(x_i, t_h) \tag{5-47}$$

(2) $t_1, t_2, \cdots, t_h$ 对自变量 x_i 的累计解释能力为

$$\mathrm{Rd}(x_i;t_1,t_2,\cdots,t_h) = \sum_{k=1}^{h} r^2(x_i,t_k) \qquad (5-48)$$

(3) t_h 对自变量 **X** 的解释能力为

$$\mathrm{Rd}(x_1,x_2,\cdots,x_p;t_h) = \frac{1}{p}\sum_{i=1}^{p} r^2(x_i,t_h) \qquad (5-49)$$

(4) $t_1,t_2,\cdots,t_h$ 对自变量 **X** 的累计解释能力为

$$\mathrm{Rd}(\boldsymbol{X};t_1,t_2,\cdots,t_h) = \sum_{k=1}^{h}\mathrm{Rd}(x_i;t_1,t_2,\cdots,t_h) = \sum_{i=1}^{p}\sum_{k=1}^{h} r^2(x_i,t_k) \qquad (5-50)$$

(5) t_h 对因变量 y 的解释能力为

$$\mathrm{Rd}(y;t_h) = r^2(y,t_h) \qquad (5-51)$$

(6) $t_1,t_2,\cdots,t_h$ 对因变量 y 的累计解释能力为

$$\mathrm{Rd}(y;t_1,t_2,\cdots,t_h) = \sum_{k=1}^{h} r^2(y,t_k) \qquad (5-52)$$

2. 变量投影重要性指标

变量投影重要性指标 VIP_i 用来描述自变量 x_i 对因变量 y 的解释能力的大小,其目的是以量化的方式说明各因素对因变量影响的大小。假设在偏最小二乘回归分析中,共提取了 m 个成分,则定义自变量 x_i 的变量投影重要性指标为

$$\mathrm{VIP}_i = \sqrt{\frac{p\sum_{h=1}^{m}\mathrm{Rd}(y;t_h)w_{hi}^2}{\mathrm{Rd}(y;t_1,t_2,\cdots,t_m)}} \qquad (5-53)$$

式中:w_{hi} 是 w_h 的第 i 个分量,用于衡量自变量 x_i 对构造 t_h 成分的边际贡献;p 为自变量个数。一般来讲,若某个自变量的 VIP 值大于 1,则说明该变量是显著因素,且值越大说明解释变量的重要程度越大;若 VIP 值在 0.5~1 之间,则说明该变量的作用不明显;若 VIP 值小于 0.5,则说明该变量基本没有意义。

3. 复判定系数

对于线性回归模型来说,总偏差平方和等于回归偏差平方和与剩余偏差平方和之和,即

$$\sum_{i=1}^{n}(y_i-\bar{y})^2 = \sum_{i=1}^{n}(\hat{y}_i-\bar{y})^2 + \sum_{i=1}^{n}(y_i-\hat{y}_i)^2 \qquad (5-54)$$

通常用回归偏差平方和占总偏差平方和的比例来定义复判定系数 R^2,即

$$R^2 = \frac{\sum_{i=1}^{n}(\hat{y}_i-\bar{y})^2}{\sum_{i=1}^{n}(y_i-\bar{y})^2} = 1 - \frac{\sum_{i=1}^{n}(y_i-\hat{y}_i)^2}{\sum_{i=1}^{n}(y_i-\bar{y})^2} \qquad (5-55)$$

式中:n 为样本数;$\bar{y}$ 为原始数据的平均值;$\hat{y}$ 为回归模型的预测数据。

在偏最小二乘回归分析过程中,复判定系数 R^2 反映了回归方程对原始数据的拟合程度,是测定线性回归模型拟合优度的一个重要指标。当特征参数与回归估算目标之间的线性依存关系很强时,剩余偏差很小,直至偏差为零,$R^2=1$;当线性依存关系不是很密切甚至不相关时,回归偏差趋向 $R^2=0$。因此,一般情况下 $R^2 \in (0,1)$,并且复判定系数 R^2 越大

越好。

4. 特异点的剔除

一般来讲,不希望存在一个对主成分有过大贡献率的样本点,因为其会对回归模型产生明显的拉动作用,使回归模型明显偏离原统计规律,这样的样本点称为特异点,在回归中应予以剔除。PLSR可以利用自变量中提取的主成分在二维平面图上对样本点分布结构做直观观察,并判别样本特异点。

定义第 i 个样本点对第 h 个成分 t_h 的贡献率为

$$T_{hi}^2 = \frac{t_{hi}^2}{(n-1)s_h^2} \tag{5-56}$$

式中:s_h^2 为主成分 t_h 的方差;t_{hi} 为主成分 t_h 的第 i 个分量。

第 i 个样本点对 $t_1, t_2, \cdots, t_m$ 的累计贡献率为

$$T_i^2 = \frac{1}{(n-1)} \sum_{h=1}^{m} \frac{t_{hi}^2}{s_h^2} \tag{5-57}$$

可以利用 T_i^2 来发现样本点集合中的特异点。若某一样本点的 T_i^2 值过大,则说明这一样本对主成分构成的贡献过大,成为一个特异点。Tracy等人给出了一个统计量用以检验,即

$$\frac{n^2(n-m)}{m(n^2-1)} T_i^2 \sim F(m, n-m) \tag{5-58}$$

当

$$T_i^2 \geqslant \frac{m(n^2-1)}{n^2(n-m)} F_\alpha(m, n-m) \tag{5-59}$$

时,可以认为在 $1-\alpha$ 的检验水平上,样本点 i 为特异点。

当 $m=2$ 时,这个判别条件为

$$\left(\frac{t_{1i}^2}{s_1^2} + \frac{t_{2i}^2}{s_2^2} \right) \geqslant \frac{2(n-1)(n^2-1)}{n^2(n-2)} F_\alpha(2, n-2) \tag{5-60}$$

这是一个椭圆。一般而言,提取2个主成分即可包含变量系统中绝大部分变异信息,所以在 t_1/t_2 平面上作出这个椭圆图,若所有的样本点都落在椭圆内,则认为没有特异点,反之,落在椭圆外的点就认为是特异点。

5.3.4 基于PLSR的费用预测实例分析

1. 军用无人机研制费用预测

(1)基于PLSR的费用预测步骤。基于PLSR进行军用无人机研制费用预测的基本步骤如下:

1)收集某型军用无人机研制费用的样本数据,包括该型军用无人机的研制费用数据和特征参数值;

2)对研制费用变量及其特征参数值进行相关性分析,以此来确定是否需要剔除异常的样本点;

3)对通过检查的样本数据进行主成分提取,并进行交叉有效性检验,然后计算各个自变

量的变量投影重要性指标,最后决定主成分提取是否满足要求;

4)建立因变量矩阵和主成分之间的回归方程,然后将其还原为军用无人机研制费用和特征变量之间的回归方程;

5)利用还原后的回归方程进行军用无人机研制费用预测和灵敏度分析。

(2)军用无人机研制费用样本数据。一般来讲,表征军用无人机性能的特征参数很多,其中大多与研制费用有不同程度的联系,参考相关文献资料,这里选取关联程度比较大的6个特征参数,分别是机长 $L(m)$、最大起飞重量 $W(kg)$、巡航速度 $V(km/h)$、飞行高度 $H(km)$、续航时间 $T(h)$、载荷 $N(kg)$,研制费用用 C 表示,单位为百万美元。

现收集到全球鹰 RQ-4A、CAMARAD、德国"泰帆"、AQM-37C、蒂尔Ⅱ、蒂尔Ⅲ、捕食者 RQ-1 等 7 款军用无人机的特征参数及其研制费用数据(见表 5-10),其中研制费用 C(百万美元)已折算到同一基准年。选取表 5-10 中的前 6 款军用无人机作为训练样本,捕食者 RQ-1 作为检验样本。

表 5-10 军用无人机研制费用及其特征参数

机型	参数						
	L/m	W/kg	$V/(km \cdot h^{-1})$	H/km	T/h	N/kg	$C/$百万美元
全球鹰 RQ-4A	13.5	11 622	557	19.8	42	900	3.71
CAMARAD	5.25	480	306	4	7	130	1.33
德国"泰帆"	2.08	160	218	4	4	165	0.95
AQM-37C	4.27	400	30	2	5	145	1.02
蒂尔Ⅱ	13.5	10 395	648	20.4	46	905	4.19
蒂尔Ⅲ	4.6	3 900	555	15.2	12	450	2.65
捕食者 RQ-1	8.22	1 020	139	7.3	40	204	2.07

(3)建立样本数据矩阵 X 和 Y。依据表 5-10 中的数据,可得自变量矩阵 X 和因变量矩阵 Y 分别为

$$X = \begin{bmatrix} x_1 & x_2 & \cdots & x_6 \end{bmatrix} = \begin{bmatrix} x_{11} & x_{12} & \cdots & x_{16} \\ x_{21} & x_{22} & \cdots & x_{26} \\ \vdots & \vdots & & \vdots \\ x_{61} & x_{62} & \cdots & x_{66} \end{bmatrix} = \begin{bmatrix} 13.5 & 11\ 622 & 557 & 19.8 & 42 & 900 \\ 5.25 & 480 & 306 & 4 & 7 & 130 \\ 2.08 & 160 & 218 & 4 & 4 & 165 \\ 4.27 & 400 & 30 & 2 & 5 & 145 \\ 13.5 & 10\ 395 & 648 & 20.4 & 46 & 905 \\ 4.6 & 3\ 900 & 555 & 15.2 & 12 & 450 \end{bmatrix}$$

$$Y = [y] = \begin{bmatrix} y_1 \\ y_2 \\ y_3 \\ \vdots \\ y_6 \end{bmatrix} = \begin{bmatrix} 3.71 \\ 1.33 \\ 0.95 \\ 1.02 \\ 4.19 \\ 2.65 \end{bmatrix}$$

(4)剔除特异样本点。以 $x_1, x_2, \cdots, x_6$ 为自变量,y 为因变量,提取的两个成分为 t_1、

t_2，计算 t_1 和 t_2 的方差，取置信度为 95%，在平面内作出椭圆图，如图 5-6 所示，显然，所有的样本点均在椭圆内，故无须剔除。

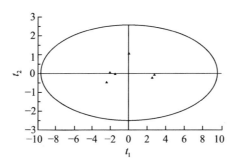

图 5-6 样本椭圆图

(5) 自变量在解释因变量时的作用。提取第 1 个主成分 t_1，主成分 t_1 对自变量 $\boldsymbol{X}$ 和因变量 $\boldsymbol{Y}$ 的解释能力分别为

$$\mathrm{Rd}(\boldsymbol{X};t_1) = \frac{1}{6}\sum_{i=1}^{6}\mathrm{Rd}(x_i;t_1) = \frac{1}{6}\sum_{i=1}^{6}r^2(x_i;t_1) = 92.49\%$$

$$\mathrm{Rd}(\boldsymbol{Y};t_1) = r^2(y;t_1) = 97.97\%$$

表明提取的主成分 t_1 包含自变量中 92.49% 的变异信息和反映因变量 97.97% 的变异信息。根据交叉有效性检验，$Q_1^2 > 0.0975$，不必再次提取主成分。计算得到各个自变量的变量投影重要性指标分别为 1.0325、1.0297、1.0147、1.0004、0.9608、0.9593，可以看出，所有的指标均在 0.8 以上，说明自变量在解释因变量时的作用是很重大的，即费用与每一特征参数都是密切关联的。最后，得到拟合的回归方程为

$$y = 0.5463 + 4.6900 \times 10^{-2}x_1 + 4.7119 \times 10^{-5}x_2 + 9.7348 \times 10^{-4}x_3 +$$
$$2.9600 \times 10^{-2}x_4 + 1.2600 \times 10^{-2}x_5 + 6.3528 \times 10^{-4}x_6$$

将检验样本捕食者 RQ-1 无人机的特征参数值代入，得到捕食者 RQ-1 无人机的研制费用预测值为 $y = 1.9616$，预测误差仅为 5.24%。

(6) 预测精度比较分析。将由 PLSR 模型得到的预测结果与郭风等人（参考文献[111]）采用 BP、RBF 神经网络拟合的结果进行比较，预测结果和误差如表 5-11 所示。

表 5-11 预测结果和误差分析

预测方法	实际费用/百万美元	预测费用/百万美元	预测误差/(%)
PLSR	2.07	1.9616	5.24
BP	2.07	1.8900	8.70
RBF	2.07	1.9600	5.30

由表 5-11 可以看出，PLSR 拟合的结果比 BP 和 RBF 神经网络拟合的精度要高，可见 PLSR 方法对于小样本数据预测具有良好的性能。

2. 军用飞机采购费用预测

军用飞机采购费用一般与其性能参数成对数线性关系，而 PLSR 只能得到线性回归模

型,因此,在进行军用飞机采购费用预测时,首先要对获得的样本数据进行对数化,然后对对数化的数据进行线性回归处理,再对得到的线性回归方程反对数化,这样便可以得到采购费用与性能参数的对数线性关系式。

(1)军用飞机采购费用预测的步骤。

1)样本数据对数化。对获得的样本数据进行对数化,其目的是将对数线性关系的数据转化为线性关系的数据。

2)剔除特异样本点。对对数化的数据进行标准化处理,并提取第1、2主成分t_1、t_2,在t_1/t_2平面上作出判断椭圆图,根据样本数据的分布情况,剔除特异样本点。

3)选择费用驱动因子。对自变量进行变量投影重要度分析,根据变量投影重要性指标的大小,提取费用驱动因子。

4)费用驱动因子主成分提取。对费用驱动因子进行主成分提取,在一定精度控制下进行回归处理,并得到回归方程。

5)确定采购费用预测模型。对回归方程进行反对数化,得到采购费用与费用驱动因子之间的对数线性关系式,即采购费用预测模型。

(2)军用飞机采购费用样本数据。现以军用涡扇运输机为对象进行分析,通常表征涡扇运输机性能的特征参数很多,这里选取与涡扇运输机采购费用关系紧密的8个典型特征参数,分别为最大起飞重量x_1(kg)、机长x_2(m)、机高x_3(m)、起飞距离x_4(m)、满油航程x_5(km)、最佳高度的最大平飞速度x_6(m/s)、飞机空重x_7(kg)、最大载油量x_8(kg),飞机的采购费用为y,单位为万元。假设得到9种型号涡扇运输机的性能参数与采购费用(见表5-12),其中采购费用已转换到同一基准年。现选取表5-12中的前8个机型作为训练样本,最后1个机型作为检验样本。

表5-12 涡扇运输机的性能参数与采购费用

机 型	x_1/kg	x_2/m	x_3/m	x_4/m	x_5/km	x_6/(m·s^{-1})	x_7/kg	x_8/kg	y/万元
A	13 494	23.500	8.43	867	4 262	425.0	6 597	5 683	6 666.70
B	6 849	14.390	4.57	987	3 701	746.0	3 655	2 640	3 624.30
C	9 979	16.900	5.12	1 581	4 679	874.0	5 357	3 350	6 569.90
D	5 670	13.340	4.57	536	3 641	536.0	3 656	1 653	5 586.23
E	63 503	39.750	9.30	1 859	6 764	925.0	33 183	21 273	27 768.80
F	22 000	29.870	6.75	1 200	2 870	907.0	34 360	5 500	17 575.20
G	21 500	27.170	7.65	1 050	2 000	580.0	12 200	5 000	18 137.60
H	70 310	29.790	11.66	1 091	7 876	602.0	36 300	36 300	50 476.00
I	21 000	24.615	7.30	1 300	3 100	819.2	11 700	6 000	14 250.00

(3)剔除特异样本点。以$x_1,x_2,\cdots,x_8$为自变量,y为因变量,提取两个主成分t_1、t_2,计算t_1和t_2的方差,取置信度为95%,根据判别条件,在t_1/t_2平面上作出椭圆,如图5-7所示。由于所有样本均在椭圆内,故不存在特异样本点。

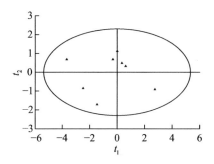

图 5-7 样本筛选椭圆图

(4) 预测模型的建立。在交叉有效性分析的控制下,PLSR 提取所有自变量中主成分 t_1 进行回归,得到 y 与 $x_1,x_2,\cdots,x_8$ 的回归方程,计算得到每一个自变量的变量投影重要性指标 VIP_j 为 1.21、1.12、1.10、0.79、0.68、0.54、1.21、1.12,主成分对自变量 X 和因变量 Y 的解释能力分别为 $Rd(X;t_1)=86.5\%$、$Rd(Y;t_1)=64.8\%$,表明提取的主成分 t_1 仅包含自变量 86.5% 的变异信息和反映因变量中 64.8% 的变异信息。从各个自变量的变量投影重要性指标 VIP_j 来看,x_4、x_5、x_6 的变量投影重要性指标小于 0.8,说明其对因变量 y 的解释能力较小,在回归分析中可以将其去除。

采用 PLSR 对 x_1、x_2、x_3、x_7、x_8 与 y 进行回归,得到回归方程为 $y=2.20x_1x_2^{-1.94}x_3^{1.69}x_7^{0.79}x_8^{-0.66}$,自变量 x_1、x_2、x_3、x_7、x_8 的变量投影重要性指标 VIP_j 分别为 1.02、0.95、0.94、1.04、1.01,主成分 t_2 对自变量 X 和因变量 Y 的解释能力分别为 $Rd(X;t_2)=99.6\%$、$Rd(Y;t_2)=97.1\%$,表明提取的主成分 t_2 包含了自变量中 99.6% 的变异信息和反映了因变量中 97.1% 的变异信息,并且各个自变量的变量投影重要性指标值相对平均,因此,得到的回归方程式是令人满意的。

(5) 预测精度分析。将样本点数据中机型 I 的特征参数代入回归方程,可得机型 I 的采购费用预测值为 13 760 万元,预测误差为 3.44%,表明运用 PLSR 进行军用飞机采购费用预测具有良好的性能。

5.4 基于 Gram-Schmidt 回归的费用预测模型

5.4.1 Gram-Schmidt 回归的基本原理

Gram-Schmidt 回归是一种新的多元线性回归模型,其利用 Gram-Schmidt 正交变换提取对因变量有最佳解释能力的自变量,并将这些自变量变换成正交变量。Gram-Schmidt 正交变换能够克服自变量集合多重共线性对回归建模的不良影响,同时可以进行信息筛选,有效选取对因变量有显著解释作用的自变量。

1. Gram-Schmidt 正交变换

定理 1 任意一组线性无关的变量 $x_1,x_2,\cdots,x_s$,总可以经过 Gram-Schmidt 正交变

换使它们成为正交变量集合。Gram‑Schmidt 正交变换公式为

$$\left.\begin{array}{l} z_1 = x_1 \\ z_2 = x_2 - \dfrac{x_2^T z_1}{z_1^T z_1} z_1 \\ z_3 = x_3 - \dfrac{x_3^T z_1}{z_1^T z_1} z_1 - \dfrac{x_3^T z_2}{z_2^T z_2} z_2 \\ \cdots\cdots \\ z_s = x_s - \sum\limits_{k=1}^{s-1} \dfrac{x_s^T z_k}{z_k^T z_k} z_k \end{array}\right\} \quad (5-61)$$

式中:z_j($j=1,2,\cdots,s$)称为 Gram‑Schmidt 变量,z_j 所对应的原变量 x_j 称为 z_j 的关联变量。

推论 1 对于任意一组秩为 s($s<p$)的变量集合 $x_1,x_2,\cdots,x_p$,对它们做 Gram‑Schmidt 正交变换后,得到 $z_1,z_2,\cdots,z_p$,其中必有 $z_1,z_2,\cdots,z_s$ 是相互正交的,而 $z_{s+1}=\cdots=z_p=0$。

从推论 1 可以看出,Gram‑Schmidt 正交变换具有两个基本功能:①将变量集合中的信息进行正交分解;②排除 $x_1,x_2,\cdots,x_p$ 中的冗余信息(即被变换成 0 的那些变量)。

2. Gram‑Schmidt 正交变换的反变换

定理 2 对于任意一组秩为 s 的变量集合 $x_1,x_2,\cdots,x_s$,经过 Gram‑Schmidt 正交变换处理后,得到 s 个非 0 的相互正交的向量 z_1、z_2、$\cdots$、z_s,记 $Z=(z_1,z_2,\cdots,z_s)$。不失一般性,假设与 z_1、z_2、$\cdots$、z_s 关联的变量分别为 x_1、x_2、$\cdots$、x_s,记 $X=(x_1,x_2,\cdots,x_s)$。同时,记

$$r_{jk} = \frac{x_j^T z_k}{z_k^T z_k} \quad (j=2,3,\cdots,s;k=1,2,\cdots,s-1) \quad (5-62)$$

$$R = \begin{bmatrix} 1 & r_{21} & r_{31} & \cdots & r_{s1} \\ 0 & 1 & r_{32} & \cdots & r_{s2} \\ 0 & 0 & 1 & \cdots & r_{s3} \\ \vdots & \vdots & \vdots & & \vdots \\ 0 & 0 & 0 & 0 & 1 \end{bmatrix}_{s\times s} \quad (5-63)$$

则 Gram‑Schmidt 正交变换的反变换为

$$Z = XR^{-1} \quad (5-64)$$

根据定理 2,如果因变量 Y 对 Gram‑Schmidt 变量 $Z=(z_1,z_2,\cdots,z_s)$ 的回归方程为

$$\hat{Y} = Z\hat{\beta} \quad (5-65)$$

其中,$\hat{\beta}$ 为回归系数,则还原成 Y 对 $X=(x_1,x_2,\cdots,x_s)$ 的回归方程,得到

$$\hat{Y} = XR^{-1}\hat{\beta} \quad (5-66)$$

5.4.2 Gram‑Schmidt 回归建模的步骤

在 Gram‑Schmidt 正交化的过程中,自变量的筛选应根据解释信息与因变量之间的相

关关系,以尽可能少的自变量来实现对因变量的解释与建模。Gram-Schmidt 回归建模的步骤如下:

(1)对变量集合 $x_1, x_2, \cdots, x_p$ 做中心化处理,使每一个变量的均值为 0、方差为 1。

(2)令 $z_j^1 = x_j (j=1,2,\cdots,p)$,分别建立 Y 关于 $z_j^1 (j=1,2,\cdots,p)$ 的一元线性回归模型。在通过 t 检验的自变量中,选取 t 检验值的绝对值最大的 Gram-Schmidt 变量进入模型,设第 1 个被选中的关联变量为 x_1,即 $z_1 = x_1$。

(3)令 $z_j^2 = x_j - \dfrac{x_j^T z_1}{z_1^T z_1} z_1 (j=2,3,\cdots,p)$,分别求 Y 关于 z_1 和 $z_j^2 (j=2,3,\cdots,p)$ 的二元线性回归。在通过 t 检验的自变量中,选取 t 检验值的绝对值最大的 Gram-Schmidt 变量进入模型,设第 2 个被选中的关联变量为 x_2,即 $z_2 = x_2 - r_{21} z_1$。

(4)令 $z_j^3 = x_j - \dfrac{x_j^T z_1}{z_1^T z_1} z_1 - \dfrac{x_j^T z_2}{z_2^T z_2} z_2 (j=3,4,\cdots,p)$,分别求 Y 关于 z_1, z_2 和 $z_j^3 (j=3,4,\cdots,p)$ 的三元线性回归。在通过 t 检验的自变量中,选取 t 检验值的绝对值最大的 Gram-Schmidt 变量进入模型,设第 3 个被选中的关联变量为 x_3,即 $z_3 = x_3 - r_{31} z_1 - r_{32} z_2$。考虑到在数值计算中,Gram-Schmidt 变换方法是数值不稳定的,当变量多重相关性特别严重时,计算中累积的舍入误差会使最终结果的正交性变得很差,可采用修正 Gram-Schmidt 变换计算 z_j^3,即

$$z_j^3 = x_j - \frac{x_j^T z_1}{z_1^T z_1} z_1 - \frac{(z_j^2)^T z_2}{z_2^T z_2} z_2, \quad j=3,4,\cdots,p \tag{5-67}$$

(5)重复上述步骤,直到模型外边的所有变量经 Gram-Schmidt 处理后都不能通过 t 检验为止,最终可以得到回归模型如下:

$$y = \beta_0 + \beta_1 z_1 + \cdots + \beta_m z_m \tag{5-68}$$

利用 Gram-Schmidt 正交变换反变换公式,可将其转换成关于 $x_1, x_2, \cdots, x_m$ 的回归模型:

$$y = \alpha_0 + \alpha_1 x_1 + \cdots + \alpha_m x_m \tag{5-69}$$

5.4.3 基于 Gram-Schmidt 回归的军用无人机研制费用预测

1. 获取军用无人机研制费用样本数据

一般来讲,表征军用无人机性能的特征参数很多,诸如机长、最大起飞重量、起飞距离、最大平飞速度、飞行高度、续航时间、载荷、活动半径、使用材料、可重复使用次数、电子对抗能力等,它们对无人机的研制费用均有较强的解释说明能力。参考参考文献[111],选取解释能力比较强的 6 个特征参数,分别是机长 x_1(m)、最大起飞重量 x_2(kg)、巡航速度 x_3(km/h)、飞行高度 x_4(km)、续航时间 x_5(h)、载荷 x_6(kg),研制费用用 y 表示,单位为百万美元。

现收集到全球鹰 RQ-4A、CAMARAD、德国"泰帆"、AQM-37C、蒂尔Ⅱ、蒂尔Ⅲ、捕食者 RQ-1 等 7 款军用无人机的特征参数及其研制费用数据(见表 5-13),其中研制费用 y(百万美元)已折算到同一基准年。选取表 5-13 中的前 6 款军用无人机作为训练样本,分别用字母 A~F 表示,捕食者 RQ-1 作为检验样本,用字母 K 表示。

表 5-13 军用无人机研制费用及其特征参数中心化结果

机型	参数						
	x_1/m	x_2/kg	x_3/(km·h^{-1})	x_4/km	x_5/h	x_6/kg	y/百万美元
A	13.5	11 622	557	19.8	42	900	3.71
B	5.25	480	306	4	7	130	1.33
C	2.08	160	218	4	4	165	0.95
D	4.27	400	30	2	5	145	1.02
E	13.5	10 395	648	20.4	46	905	4.19
F	4.6	3 900	555	15.2	12	450	2.65
K	8.22	1 020	139	7.3	40	204	2.07

2.进行 Gram-Schmidt 回归建模

(1) 对样本数据进行中心化处理,处理后的变量记为 $z_j^1(j=1,2,\cdots,6)$,见表 5-14。

表 5-14 军用无人机研制费用及其特征参数

机型	参数						
	z_1^1	z_2^1	z_3^1	z_4^1	z_5^1	z_6^1	y
A	6.157	7 625	206.6	9.414	19.71	504.5	1.436
B	−2.096	−3 517	−44.43	−6.386	−15.29	−265.5	−0.944
C	−5.267	−3 837	−132.4	−6.386	−18.39	−230.5	−1.324
D	−3.070	−3 597	−320.4	−8.386	−17.29	−381.0	−1.254
E	6.154	6 398	297.6	10.01	23.71	509.5	1.916
F	−2.746	−96.7	204.6	4.814	−10.29	54.50	0.376
K	0.874	−2 977	−211.4	−3.086	17.71	−191.5	−0.204

(2) 建立 $z_j^1(j=1,2,\cdots,6)$ 关于 y 的一元线性回归模型,得到相应的 t 检验值,见表 5-15。

表 5-15 一元线性回归模型中自变量 z_j^1 的 t 检验值

自变量	z_1^1	z_2^1	z_3^1	z_4^1	z_5^1	z_6^1
t 检验值	4.520 115	7.446 568	4.478 527	10.634 18	6.233 734	9.861 663

由于自变量 z_4^1 的 t 检验值的绝对值最大,且其值大于 t 检验阈值 $t_{0.025}(10-1-1)=2.306$,因此选择 z_4^1 为 z_1,即 $z_1=z_4^1$。

(3) 将 z_1^1、z_2^1、z_3^1、z_5^1、z_6^1 分别与 z_1 做 Gram-Schmidt 正交变换,生成 $z_j^2(j=1,2,3,5,6)$,即

$$z_j^2 = z_j^1 - \frac{(z_j^1)^T z_1}{z_1^T z_1} z_1, \quad j=1,2,3,5,6$$

通过 Gram-Schmidt 正交变换得到的变量为 z_1^2、z_2^2、z_3^2、z_5^2、z_6^2,将它们与 z_4^1 一起做关

于 y 的二元线性回归,得到 z_1^2、z_2^2、z_3^2、z_5^2、z_6^2 相应的 t 检验值,见表 5-16。

表 5-16 二元线性回归模型中自变量 z_j^2 的 t 检验值

自变量	z_1^2	z_2^2	z_3^2	z_5^2	z_6^2
t 检验值	2.821 773	1.355 313	-0.352 36	2.594 386	1.114 356

由于自变量 z_1^2 的 t 检验值的绝对值最大,且其值大于 t 检验阈值 $t_{0.025}(10-2-1)=2.365$,因此选择 z_1^2 为 z_2,即 $z_2=z_1^2$。

(4)将 z_2^2、z_3^2、z_5^2、z_6^2 分别与 z_1、z_2 做 Gram-Schmidt 正交变换,生成 $z_j^3(j=2,3,5,6)$,即

$$z_j^3 = z_j^1 - \frac{(z_j^1)^T z_1}{z_1^T z_1} z_1 - \frac{(z_j^2)^T z_2}{z_2^T z_2} z_2, \quad j=2,3,5,6$$

通过 Gram-Schmidt 正交变换新得到的变量为 z_2^3、z_3^3、z_5^3、z_6^3,将它们与 z_4^1 和 z_1^2 一起做关于 y 的三元线性回归,得到 z_2^3、z_3^3、z_5^3、z_6^3 相应的 t 检验值,见表 5-17。

表 5-17 三元线性回归模型中自变量 z_j^3 的 t 检验值

自变量	z_2^3	z_3^3	z_5^3	z_6^3
t 检验值	-1.801 01	0.400 532	0.185 926	-0.665 94

由于自变量 z_2^3 的 t 检验值的绝对值最大,但其值小于 t 检验阈值 $t_{0.025}(10-3-1)=2.447$,因此选择的 z_j^3 没有通过 t 检验,即其不能对因变量 y 提供显著的解释信息。

(5)最终得到的研制费用 y 关于 Gram-Schmidt 变量的回归模型为

$$y = 0.163\ 941 z_1 + 0.083\ 685 z_2$$

利用 Gram-Schmidt 正交变换的反变换,将其转换为

$$y = 0.370\ 923 + 0.083\ 685 x_1 + 0.122\ 466 x_4$$

3.研制费用预测结果分析

利用 Gram-Schmidt 回归模型对 6 个训练样本进行研究费用预测,得到的模型预测结果与实际研制费用的对比情况如表 5-18 所示。可以看出,预测的最大误差为 8.9%,最小误差为 1.2%,表明 Gram-Schmidt 回归模型具有令人满意的预测精度。

表 5-18 Gram-Schmidt 回归模型预测结果与误差

样 本	研制费用实际值 / 百万美元	研制费用预测值 / 百万美元	误差/(%)
A	3.71	3.925 496	5.8
B	1.33	1.300 134	2.2
C	0.95	1.034 851	8.9
D	1.02	0.973 191	4.6
E	4.19	3.998 975	4.6
F	2.65	2.617 353	1.2

将测试样本 K 的特征参数代入 Gram‑Schmidt 回归模型,计算得到捕食者 RQ‑1 的研制费用预测值为 1.952 8 百万美元,与相应文献中采用 PLSR(参考文献[109])、BP 和 RBF(参考文献[111])预测的结果对比如表 5‑19 所示。

表 5‑19 不同方法预测结果与误差分析

预测方法	研制费用实际值 百万美元	研制费用预测值 百万美元	误差/(%)
PLSR	2.07	1.961 6	5.24
BP	2.07	1.89	8.70
RBF	2.07	1.96	5.30
Gram‑Schmidt	2.07	1.952 8	5.57

PLSR 和 RBF 方法选择了机长 x_1(m)、最大起飞重量 x_2(kg)、巡航速度 x_3(km/h)、飞行高度 x_4(km)、续航时间 x_5(h)、载荷 x_6(kg)等 6 个参数,而 Gram‑Schmidt 回归方法从中筛选了机长 x_1(m)和飞行高度 x_4(km)两个参数,Gram‑Schmidt 回归的预测精度与 PLSR 和 RBF 方法相同,且优于 BP 人工神经网络。由于 Gram‑Schmidt 回归只选择了两个参数,因此,Gram‑Schmidt 回归相比于 PLSR 和 RBF 在研制费用预测方面更具实用性。

5.5 基于 GA‑BP 融合算法的费用预测模型

5.5.1 GA‑BP 融合算法的基本原理

1.遗传算法的基本原理

(1)遗传算法(Genetic Algorithm,GA)的工作过程。遗传算法是一类借鉴生物界自然选择和自然遗传机制的随机化搜索算法,是模拟达尔文的遗传选择和自然淘汰的生物进化过程的计算模型。GA 最初由美国密歇根大学的 J. Holland 教授于 1975 年提出,适用于处理传统搜索方法难以解决的复杂的非线性问题,具有突出的全局搜索能力、鲁棒性和并行处理能力,在许多领域得到了广泛的应用。

GA 的核心内容主要由 5 个要素构成:
1)参数的编码方式。参数的编码方式主要有实数编码方式和二进制编码方式等。
2)初始种群的设定。初始种群的规模一般为 2~100 之间的任意整数。
3)适应度函数设定。适应度函数一般由实现的任务来确定。
4)遗传操作的设计。遗传操作主要由选择(Selection)算子、交叉(Crossover)算子、变异(Mutation)算子等构成。
5)控制参数的设定。控制参数主要是指交叉概率 P_c 和变异概率 P_m。

GA的工作机理:首先对种群进行初始化,随机地对种群中染色体进行基因编码,然后进行选择、交叉、变异等遗传操作产生子代,并利用适应度函数来检验子代个体的优劣,淘汰适应小的个体,把适应度大的个体直接传给下一代重新进行遗传繁殖,直至产生满意的个体为止,其工作流程如图5-8所示。

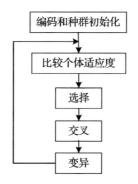

图5-8 GA的工程流程

(2)GA的搜索能力。GA的搜索能力主要体现在以下3个方面:

1)GA采用概率的变迁规则来引导它的搜索方向,并使用适应度函数来评估个体,虽然个体向最优解迁移规则是随机的,但其搜索过程是有方向性的,它适用于任何大规模、高度非线性的不连续多峰函数的优化及无解析表达式的目标函数的优化。

2)GA通过维持群体内个体的多样性,同时又处理群体中的多个个体,在搜索空间中对多个解进行评估,具有多条搜索轨道,因而具有自适应性能力、并行处理能力和全局搜索能力。

3)GA通过交叉和变异两种相互配合又相互竞争的操作,使其兼有全局和局部的均衡搜索能力。交叉和变异相互配合是指当群体在进化过程中限于搜索空间的某个超平面,而仅仅依靠交叉操作无法摆脱时,通过变异操作可有助于这种摆脱;交叉和变异相互竞争是指当通过交叉操作已经形成所期望的"积木块"时,变异操作有可能破坏这些"积木块"。遗传操作的这一机制使得GA具有很强的鲁棒性和全局优化能力。

GA的搜索过程示意图如图5-9所示。

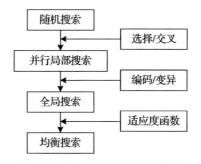

图5-9 GA的搜索过程示意图

2.BP算法的基本原理

(1)BP神经网络模型。BP神经网络模型是人工神经网络模型中使用最广泛的一类,通常由输入层、隐含层和输出层构成,各层之间通过连接权进行连接,连接权起着特征信息传递的作用。根据柯尔莫哥洛夫定理,在合理的结构和恰当的权重条件下,三层BP神经网络可以逼近任意的连续函数,所以三层BP神经网络是应用最为广泛的BP神经网络模型,其典型结构如图5-1所示,其原理见5.1.1节。

(2)BP算法的特点。BP算法具有以下特点:

1) BP神经网络是一类典型的前馈网络,具有非常强的输入-输出映射能力,即其通过简单非线性单元的复合映射而获得较强的非线性处理能力,实现静态非线性关系映射,使其具有广泛的应用领域。

2) BP算法具有非常强的局部搜索能力,但学习算法的收敛速度比较慢。

3) BP算法是一个非线性优化过程,在优化过程中容易陷入局部极小点。

4) BP算法具有非线性映射能力,但并非一个非线性动力学系统,功能上有其局限性。

3.GA与BP算法融合的思路

BP神经网络模型属于单点搜索方法,它通过一些变动规则,在搜索空间中把当前解转到下一解来对比寻优。当搜索空间是多峰分布时,BP算法常常会陷入局部最优解而无法转至全局最优解,因此,在实际应用中往往需要与其他算法结合使用。

GA具有全局搜索和局部搜索能力,但其局部搜索能力是靠变异操作来完成的,对于变异概率 P_m 剖面比较平坦的种群个体而言,搜索可能陷入迟钝状态,这就需要结合局部搜索能力比较强的算法来提高其局部搜索能力,以促进全局搜索速度。

GA和BP算法的融合,就是借助GA来解决BP算法易于陷入局部最优问题,并利用BP算法来提升GA的局部搜索能力,从而有效发挥GA和BP算法的综合优势,提升算法的局部搜索能力和全局搜索速度。

5.5.2　GA-BP融合算法的费用预测流程

应用GA-BP融合算法进行装备费用预测时,首先通过对装备系统的分析,确定对装备系统费用有重要影响的费用因素,以这些费用因素作为输入,以期望费用作为输出,来构造BP神经网络,然后以费用误差函数的倒数作为GA的适应度函数,对BP神经网络的初始权值分布进行优化,确定出优化的权值分布空间,最后由BP算法在给定的空间内对神经网络作进一步优化,得到期望的费用输出结果。

运用GA-BP融合算法进行装备费用预测的流程如图5-10所示。

(1)对装备系统进行分析,选取影响装备系统费用的关键因素指标;

(2)构建费用预测的BP神经网络模型,并对费用数据样本进行标准化处理;

(3)计算BP神经网络的费用预测误差,并确定GA的适应度函数;

(4)用 GA 对神经网络的权值分布进行优化;

(5)用 BP 算法对神经网络进行学习训练,直到满足条件为止。

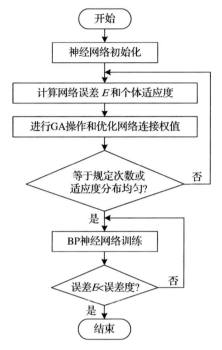

图 5-10　GA-BP 融合算法的费用预测流程

5.5.3　基于 GA-BP 融合算法的防空反导装备研制费用预测

1.确定影响研制费用的性能指标

首先,通过对防空反导装备的分析,确定了对其研制费用有重要影响的指标参数,然后采取主成分逐步回归分析并采用多重共线性诊断,选择了 9 个性能指标:目标容量 n、最大射程 d、最大射高 h、最大机动过载 g、弹长 l、弹径 r、翼展 f、单发杀伤概率 P、最大速度 v。

2.构造 BP 神经网络结构模型

采用三层 BP 神经网络模型,输入层有 9 个节点,分别对应于防空反导装备的 9 个性能指标;输出层有 1 个节点,即防空反导装备的研制费用;利用经验公式选取隐含层的节点数为 6 个。

3.样本数据的标准化处理

假设收集得到 PAC-1、霍克改、小懈树改、响尾蛇、阿斯派德、标准Ⅰ等 6 种型号防空反导装备的性能指标及研制费用数据如表 5-20 所示。

表 5-20 防空反导装备的性能指标及研制费用数据

性能指标	PAC-1	霍克改	小檞树改	响尾蛇	阿斯派德	标准I
目标容量/个	8	2	1	3	3	1
最大射程/km	100	40	5	8.5	15	46
最大射高/km	24	11	2.5	3.0	6.0	15
最大机动过载/G	30	15	15	25	30	23
弹长/m	5.3	5.08	2.9	2.94	3.7	4.47
弹径/mm	410	360	120	156	203	340
翼展/mm	870	1 200	640	547	800	1 070
单发杀伤概率	0.8	0.8	0.5	0.7	0.8	0.75
最大速度(Ma)	6.0	2.5	2.5	2.2	2.0	2.5
研制费用/亿美元	3.015	1.532	0.918 7	0.954 9	0.938 6	2.635 7

对收集到的样本数据进行标准化处理,标准化处理公式如下:

(1)对于越大越好型参数,即效益型指标的计算公式为

$$x' = \frac{x - x_{\min}}{x_{\max} - x_{\min}} \tag{5-70}$$

(2)对于越小越好型参数,即成本型指标的计算公式为

$$x' = \frac{x_{\max} - x}{x_{\max} - x_{\min}} \tag{5-71}$$

式中:x' 为标准化值;$x_{\max}$ 为性能指标的最大值;$x_{\min}$ 为性能指标的最小值。

按照上面的公式对样本数据进行标准化处理,处理后的结果如表 5-21 所示。

表 5-21 标准化后的防空反导装备性能指标及研制费用数据

性能指标	PAC-1	霍克改	小檞树改	响尾蛇	阿斯派德	标准I
目标容量	1	0.142 9	0	0.285 7	0.285 7	0
最大射程	1	0.368 4	0	0.036 8	0.105 3	0.431 6
最大射高	1	0.395 3	0	0.023 3	0.162 8	0.581 4
最大机动过载	1	0	0	0.666 7	1	0.533 3
弹长	1	0.908 3	0	0.016 7	0.333 3	0.654 2
弹径	1	0.827 6	0	0.124 1	0.286 2	0.785 6
翼展	0.494 6	1	0.142 4	0	0.387 4	0.800 9
单发杀伤概率	1	1	0	0.666 7	1	0.833 3
最大速度	1	0.125 0	0.125 0	0.050	0	0.125 0
研制费用	3.015	1.532	0.918 7	0.954 9	0.938 6	2.635 7

4. GA 的参数设置

选取种群的规模为 80,染色体采取 8 位二进制编码,在构建权值码链时,保证与同一隐含节点相连的所有权值排列在一起。遗传操作采用比例选择、多点交叉、逆转变异方法,交叉概率 $P_c=0.56$、变异概率 $P_m=0.1$。适应度函数采用神经网络的能量函数的倒数,即

$$f(x)=\frac{1}{\sum_{k=1}^{h}(E_k-O_k)^2} \quad (5-72)$$

式中:E_k 为期望输出值;O_k 为实际输出值。

5. BP 神经网络权值的调整

为使 BP 算法学习因子足够大,同时避免在学习过程中产生振动,在权值修正模型中引入态势因子 α,则权值修正的计算公式为

$$w_{ji}(t+1)=w_{ji}(t)+\eta\Delta w_{jt}(t)+\alpha[w_{ji}(t)+w_{ji}(t-1)] \quad (5-73)$$

式中:η 为学习修正率,取 $\eta=0.45$;α 为态势因子,取 $\alpha=0.1$。

6. 进行装备研制费用预测

应用训练好的 BP 神经网络模型,对 6 种型号防空反导装备的研制费用进行预测,得到的预测结果如表 5-22 所示。

表 5-22 防空反导装备的性能指标及研制费用预测结果

性能指标	PAC-1	霍克改	小懈树改	响尾蛇	阿斯派德	标准 I
目标容量/个	8	2	1	3	3	1
最大射程/km	100	40	5	8.5	15	46
最大射高/km	24	11	2.5	3.0	6.0	15
最大机动过载/G	30	15	15	25	30	23
弹长/m	5.3	5.08	2.9	2.94	3.7	4.47
弹径/mm	410	360	120	156	203	340
翼展/mm	870	1 200	640	547	800	1 070
单发杀伤概率	0.8	0.8	0.5	0.7	0.8	0.75
最大速度(Ma)	6.0	2.5	2.5	2.2	2.0	2.5
实际研制费用/亿美元	3.015	1.532	0.918 7	0.954 9	0.938 6	2.635 7
预测研制费用/亿美元	3.213 2	1.419	0.935 2	1.019 2	0.882 4	2.790 8
相对误差/(%)	6.57	-7.38	1.80	6.73	-5.99	5.88

从表 5-22 中可以看出,典型防空反导装备研制费用的预测结果与原始数据非常接近,说明基于 GA-BP 融合算法进行费用预测是可行且有效的。

第 6 章　装备可靠性费用分析

装备可靠性作为装备系统效能的重要组成部分,不仅影响装备系统的使用寿命,而且能够有效降低装备使用保障费用。要获取和提高装备的可靠性,必然要在装备设计、生产、管理等环节投入相应的人力、物力和财力,因此,需要进行装备系统可靠性与寿命周期费用的权衡分析,即装备可靠性费用分析。本章首先介绍装备可靠性费用的基本概念、主要类型和分解结构,然后分析装备系统可靠性与寿命周期费用之间的关系,最后重点讨论装备可靠性费用估算方法、装备可靠性费用优化方法和装备可靠性工作费用估算方法,并通过实例进行方法应用分析。

6.1　装备可靠性费用的概念与构成

6.1.1　装备可靠性费用的概念

1.可靠性费用概念的提出

可靠性作为装备系统效能的重要组成部分,已经越来越多地引起人们的重视。大量的理论分析和实践经验均表明,提高装备的可靠性,不仅能够有效提高装备系统效能和使用寿命,而且能有效降低装备的使用保障费用。然而,为获取、提高装备的可靠性,必然要在装备设计、生产、管理等环节投入相应的人力、物力和财力,于是人们提出了装备可靠性费用的概念。

2.装备可靠性费用的定义

装备可靠性费用是指在装备全寿命周期内用于获取、提高装备可靠性而开展的一切技术和管理工作所消耗的费用之和,但需要强调的是:

(1)可靠性投入的大小可以用费用来衡量,但问题的实质不是钱,而是代表工作量的大小和投入的方式;

(2)单纯投入费用是无法获得效益的,必须要对可靠性要求和所需可靠性费用进行权衡,以确定投入可靠性费用的最佳方式和途径;

(3)投入的资源被直接或间接地用于获取、提高装备可靠性,且这种投入是贯穿于装备整个寿命周期的。

3.装备可靠性费用项目

由装备可靠性费用的定义可知,装备可靠性费用主要由可靠性管理、设计、试验等工作所需的费用组成,通常包含以下费用项目:

(1)可靠性管理组织的活动费用;

(2)可靠性计划制订费用;

(3)可靠性教育培训费用;

(4)对承制方、转承制方、供应方监督与控制的费用;

(5)故障分析与纠正措施费用;

(6)可靠性设计费用;

(7)可靠性试验费用;

(8)可靠性设计评审费用;

(9)采用高可靠性元器件、零部件费用;

(10)增加元器件、零部件筛选的试验费用;

(11)可靠性增长费用;

(12)可靠性鉴定费用。

6.1.2 装备可靠性费用的分类

装备可靠性费用根据其来源和作用的不同,可分为两类:可靠性工作费用和可靠性冗余费用。

1.可靠性工作费用

可靠性工作费用是指在装备寿命周期内围绕可靠性所开展的各种可靠性工作所需的费用,主要包括可靠性设计费用、可靠性试验费用、可靠性管理费用等。

(1)可靠性工作项目。装备可靠性工作贯穿于装备的全寿命周期阶段。《装备可靠性工作通用要求》(GJB 450A—2004)从装备论证、研制、生产和使用4个阶段,共列出了五大类32个可靠性工作项目。

1)可靠性论证类,包括确定可靠性要求,确定可靠性工作项目要求。

2)可靠性管理类,包括制订可靠性计划,制订可靠性工作计划,对承制方、转承制方和供应方的监督和控制,可靠性评审,建立故障报告、分析及纠正措施系统,建立故障审查组织,可靠性增长管理。

3)可靠性设计类,包括建立可靠性模型,可靠性分配,可靠性预计,故障模式、影响及危害性分析,故障树分析(FTA),潜在通路分析,电路容差分析,制定可靠性设计准则,元器件、零部件和原材料选择与控制,确定可靠性关键产品,确定功能测试、包装、储存、装卸、运输和维修对产品可靠性的影响,有限元分析,耐久性分析。

4)可靠性试验类,包括环境应力筛选,可靠性研制试验,可靠性增长试验,可靠性鉴定试验,可靠性验收试验,可靠性分析评价,寿命试验。

5)可靠性评估类,包括使用可靠性信息收集,使用可靠性评估,使用可靠性改进。

(2)可靠性工作分类。装备可靠性工作可分为两类:可靠性技术工作和可靠性管理工作。

1)可靠性技术工作。可靠性技术工作是指为保证装备具有用户所需要的、已在合同中规定的可靠性要求而开展的一系列防止、控制和检验可靠性缺陷产生的技术活动。例如建立可靠性模型、可靠性分配、可靠性预计、故障模式影响与危害分析(FMECA)(或 FTA)、容差分析、可靠性增长试验、潜在分析等。可靠性技术工作又可分为可靠性设计和可靠性试验等工作。

2) 可靠性管理工作。可靠性管理工作是指为保证装备可靠性技术工作实现预期目的而制订计划和开展监督、控制等管理活动。

2.可靠性冗余费用

可靠性冗余费用是指为提高装备可靠性而采取冗余设计,因冗余系统的引入而引起的附加费用,主要包括附加的制造成本费、使用维修费等。

实践表明,在系统可靠性的薄弱环节采用冗余设计,是提高任务可靠性的有效手段。对于硬件系统,常用的冗余方式有并联、$k/n(G)$、贮备等;对于软件系统,容错方式有恢复块、N 版本编程及一致性恢复块等。

冗余系统是靠增加冗余单元来提高任务可靠性的,但冗余单元的引入将不可避免地引起附加费用,也就是说,任务可靠性的提高是以增加制造成本及使用、维修费用为代价换取的。

6.1.3 装备可靠性费用分解结构

建立全面、准确的装备可靠性费用分解结构是进行可靠性费用分析的基础,对于明确可靠性费用内涵、费用数据收集、费用模型建立等工作都具有重要参考作用。依据装备可靠性工作内容和可靠性费用的分类,可建立装备可靠性费用分解结构如图 6-1 所示。

1.可靠性论证费

可靠性论证费是指在武器装备型号论证阶段用于开展可靠性要求论证工作的费用,主要包括可靠性先期论证费、可靠性论证研究费、可靠性报告撰写费等。

《武器装备论证通用要求 第 9 部分:可靠性》(GJB 8892.9—2017)给出了装备可靠性论证的任务和主要内容。

(1)装备可靠性论证的任务。

1)完成武器装备可靠性需求分析;

2)确定武器装备可靠性要求;

3)提出可靠性试验与评价要求;

4)撰写相关论证文件。

(2)装备可靠性论证的内容。

1)需求分析;

2)现状与发展趋势分析;

3)可靠性要求;

4)关键技术与可行性分析;

5)试验与评价要求。

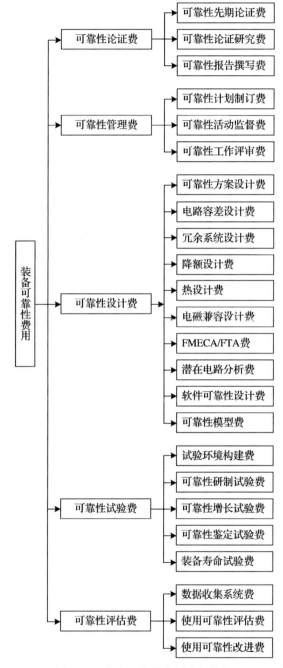

图 6-1 装备可靠性费用分解结构

2.可靠性管理费

可靠性管理费是指在武器装备的全寿命周期中用于开展可靠性计划制订以及可靠性活

动监督、控制、评审等工作的费用,主要包括可靠性计划制订费、可靠性活动监督费、可靠性工作评审费等。

3.可靠性设计费

可靠性设计费是指在武器装备设计研制生产阶段用于开展可靠性设计与分析工作的费用,主要包括可靠性方案设计费、电路容差设计费、冗余系统设计费、降额设计费、热设计费、电磁兼容设计费、FMECA/FTA费、潜在电路分析费、软件可靠性设计费、可靠性模型费等。

4.可靠性试验费

可靠性试验费是指在武器装备验证定型阶段用于开展可靠性试验与评价工作的费用,主要包括试验环境构建费、可靠性研制试验费、可靠性增长试验费、可靠性鉴定试验费、装备寿命试验费等。

5.可靠性评估费

可靠性评估费是指在武器装备使用保障阶段用于开展使用可靠性信息收集、评估与改进等工作的费用,主要包括数据收集系统费、使用可靠性评估费、使用可靠性改进费等。

6.2 装备可靠性与 LCC 的关系分析

6.2.1 装备可靠性对 LCC 影响的分析

可靠性作为武器装备最重要的性能指标之一,不仅直接影响装备固有能力的发挥,也决定武器装备的寿命周期费用(LCC)。

1.可靠性费用与 LCC 的关系

一般来讲,武器装备的可靠性与可靠性投入成正比,可靠性投入将通过装备可靠性来影响装备 LCC。相关统计分析表明:装备可靠性投入与 LCC 之间呈现二次抛物线特征,如图 6-2 所示。

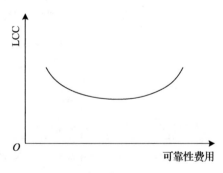

图 6-2 可靠性费用与 LCC 的关系

由图 6-2 可知:适当的增加可靠性费用投入,能够明显提高装备可靠性水平,并有效降低装备的 LCC;当可靠性投入达到一定程度后,再增加可靠性方面的投入,所带来的效益是非常低的,甚至会增加装备的 LCC,在经济上有可能是得不偿失的。

装备可靠性费用投入往往贯穿于装备的全寿命周期,但可靠性费用投入的多少和早晚,对 LCC 所产生的影响是不同的。相关研究表明:若期望在装备使用维修阶段节省一定的费用,则在早期投入的可靠性费用将比后期投入的可靠性费用要少得多,即使考虑了资金的时间价值,前期投入所需的费用也远少于后期投入所需的费用;反之,若可靠性投入的资金相同,则前期投资将比后期投资能节省的使用维修费用要多得多,也就是说,在相同的投资力度下,早期费用投入将比晚期费用投入产生更大的经济效益。

2. 装备可靠性与 LCC 的关系

可靠性是指产品在规定条件下和规定时间内完成规定功能的能力。寿命周期费用(LCC)是指在装备寿命周期内为装备的论证、研制、生产、使用与保障、退役处置所支付的所有费用之和。其中:论证费、研制费、生产费为一次性投资费用,可合称为获取费用;退役处置费一般所占的比例较小,可以将其忽略。一般来讲,随着装备可靠性的提高,装备获取费用(AC)增加,而使用与保障费用(UC)降低,装备可靠性与费用的关系如图 6-3 所示。

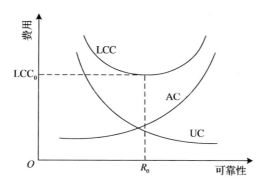

图 6-3 装备可靠性与费用的关系

由图 6-3 可以看出,可靠性是通过对获取费用、使用与保障费用等费用分项的影响来决定整个 LCC 曲线的位置和变化趋势的,且存在一个使得 LCC 最小的最佳可靠性 R_0。因此,在武器装备的论证阶段,在满足任务要求的前提下,应从降低 LCC 的角度尽可能追求最佳可靠性,以提高武器装备的效费比。

3. 费用分项比例变化对 LCC 的影响

假设费用分项比例变化时费用曲线形状不变,即费用与可靠性之间的解析关系不变,可以近似看作是同一型武器装备的 LCC 曲线对可靠性的变动情况。费用分项比例即图中费用曲线的位置,费用分项比例变化在图中表现为费用分项曲线的上下、左右平移及两种情况的叠加。

现以获取费用(AC)比例增加为例进行分析。如图 6-4 所示,若获取费用(AC)曲线向左平移,则最佳可靠性减小,最小 LCC 增大,LCC 对可靠性变化更加敏感,此时获取同样的可靠性指标需要更多的经费投入。造成这一变化的原因是与可靠性有关的因素发生了变化,如由于物价上涨或资源短缺的原因,使得与可靠性有关的元器件价格上涨、可靠性论证过程中人工费提高等。如图 6-5 所示,若获取费用(AC)曲线向上平移,则最佳可靠性不变,最小 LCC 增大,LCC 曲线对可靠性的敏感度不变。造成这一变化的原因是在原来获取费用(AC)的基础上增加了一笔常量费用,这个常量费用与可靠性无关,如除可靠性以外的其他性能指标、使用功能和系统复杂度的提高等。

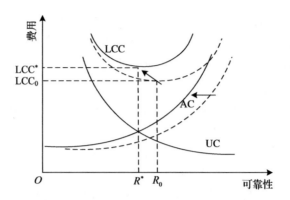

图 6-4 获取费用(AC)曲线左移情况

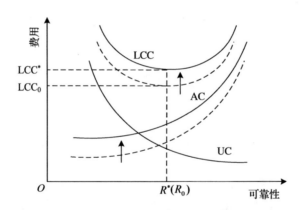

图 6-5 获取费用(AC)曲线上移情况

对于获取费用(AC)曲线向左上方平移,可以看成是上述两种情况的综合。同理,可以分析获取费用(AC)比例减小和使用与保障费用(UC)的比例变化情况。可以看出,当费用分项比值发生变化时,其原因可能与可靠性有关,也可能与可靠性无关,但始终存在使得LCC最小的最佳可靠性。

4. 费用分项变动趋势对LCC的影响

费用分项随可靠性的变动趋势不同,意味着可靠性对费用分项的影响机理、影响程度不同,可以近似看作是不同类型装备的LCC随可靠性的变化情况。为便于对比分析,首先给定一组基准线(见图6-6),并近似认为获取费用(AC)曲线与使用与保障费用(UC)曲线大致对称,且其交点对应的可靠性指标值与最佳可靠性指标重合。

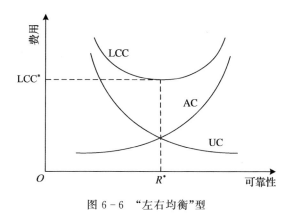

图 6-6 "左右均衡"型

根据获取费用（AC）曲线和使用与保障费用（UC）曲线对可靠性的敏感程度不同，可将武器装备的 LCC 曲线分为以下 4 种类型：

(1)"左右均衡"型。"左右均衡"型 LCC 曲线的变化趋势与图 6-6 类似，即装备的获取费用（AC）和使用与保障费用（UC）对可靠性的敏感程度相当，在最佳可靠性指标值附近，获取费用（AC）和使用与保障费用（UC）占整个 LCC 的比例相当。例如，导弹等弹药类武器，其使用与保障费用和获取费用大约各占 50%。

(2)"左缓右急"型。"左缓右急"型 LCC 曲线的变化趋势如图 6-7 所示，装备的获取费用（AC）对可靠性的敏感程度高于使用与保障费用（UC），在装备本身的可靠性水平较高的情况下，研制生产阶段需要投入大量的经费才能使可靠性有明显提高。例如，为确保装备高概率完成特定的使命任务，要求其具有较高的任务可靠性，此时费用不再是装备研发的决定性因素，从而不过分追求最佳可靠性。

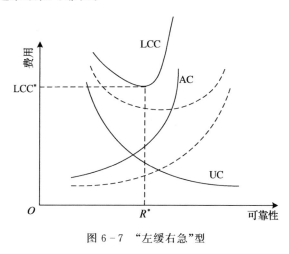

图 6-7 "左缓右急"型

(3)"左急右缓"型。"左急右缓"型 LCC 曲线的变化趋势如图 6-8 所示，装备的获取费用（AC）对可靠性的敏感程度低于使用与保障费用（UC），此时提高装备可靠性，特别是在最初可靠性指标较低的情况下，能明显降低装备的使用与保障费用（UC）。例如，某型舰船、飞机、导弹等,其使用与保障费用(UC)占 LCC 的比例约为 70%,在满足作战要求的前提下,费用是重点关注的对象,因此,需要追求最佳的可靠性以尽可能降低 LCC。

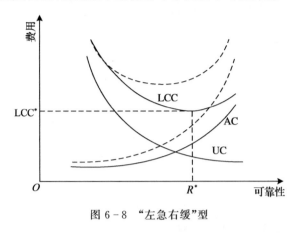

图 6-8 "左急右缓"型

(4)"递增"型。"递增"型 LCC 曲线的变化趋势如图 6-9 所示,装备的获取费用(AC)对可靠性的变化比较敏感,且占 LCC 的绝大部分。符合此类曲线的装备,一般是由于外部环境或使命任务的特殊,使得武器装备的使用时间较短,导致武器装备的使用与保障费用(UC)只占 LCC 很小的一部分。例如,我国成功发射的"神舟"系列飞船以及战时生产使用的导弹、鱼雷等,此时可靠性指标的确定取决于武器装备担负的具体使命任务和应当具备的特殊功能。

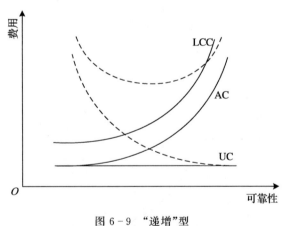

图 6-9 "递增"型

通过前面的分析可知,对于绝大多数的武器装备,理论上存在使得 LCC 最小的最佳可靠性指标,因此,在装备论证阶段可通过改善可靠性指标来降低 LCC。

6.2.2 装备可靠性与 LCC 相关关系

1.寿命周期各阶段费用约束关系

根据装备寿命周期费用的定义,可将装备寿命周期费用表示为

$$LCC = C_A + C_D + C_P + C_U + C_R \qquad (6-1)$$

式中:LCC 为全寿命周期费用;C_A 为装备论证费用;C_D 为装备研制费用;C_P 为装备购置费用;C_U 为装备使用与保障费用;C_R 为装备退役处置费用。

由于装备采用高可靠的元器件、模块结构、标准零件等来提高可靠性,使得装备的研制费用增加,从而使得装备购置费用增加,而由于装备的故障率降低,使得装备的使用与保障费用减少,因此,装备寿命周期各阶段费用之间存在如图 6-10 所示的约束关系,其中,$C_{ADP}=C_A+C_D+C_P$ 是随可靠性正增长函数关系,C_U 是随可靠性负增长函数关系,装备退役处置费用 C_R 通常可认为是一个常数,因此,确定与可靠性相关的 LCC 模型的关键在于处理 C_{ADP} 与 C_U 以及装备可靠性的权衡关系。

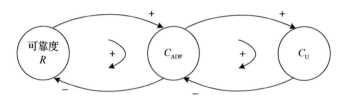

图 6-10 装备寿命周期各阶段费用之间的约束关系

2. 装备可靠性与 LCC 关系模型

装备可靠性通常用可靠度 R 表示,则可靠性与 LCC 相关关系模型的一般形式可表示为

$$C(R) = f(R) = a[\varphi(R)]^b + c \qquad (6-2)$$

式中: $C(R)$ 为与可靠性相关的寿命周期费用;$\varphi(R)$ 是可靠度 R 的函数;a、b、c 为常数,需结合具体问题来确定。

(1) 费用 C_{ADP} 与可靠度 R 的关系模型。根据装备寿命周期各阶段费用的定义及其与可靠性关系的分析,可以确定费用 C_{ADP} 与可靠度 R 呈正函数关系。如果要求装备具有非常高的可靠度 R,那么装备的 C_{ADP} 费用就会很高,当要求的可靠度指标远远超出目前甚至未来一段时间内的工业技术水平时,即使投入再多的资金也不能达到所要求的可靠性指标。因此,可认为武器装备设计存在一个可靠度上限,记为 R_U,满足 $\lim\limits_{R \to R_U} f(R) = +\infty$。通常,可靠性方面的投入主要用于装备可靠性试验与冗余设计,而对于完成功能设计和制造的武器装备,其可靠性水平是确定的,由于没有执行任何可靠性计划,可认为其可靠性费用是 0,此时装备的可靠性水平可认为是装备可靠性的下限,记为 R_L,并满足 $\lim\limits_{R \to R_L} f(R) = 0$。

由此可知,装备的费用 C_{ADP} 与可靠度 R 应满足以下条件:

$$\left. \begin{array}{l} \lim\limits_{R \to R_U} f(R) = +\infty \\ \lim\limits_{R \to R_L} f(R) = 0 \end{array} \right\} \quad (0 < R_L < R_U < 1) \qquad (6-3)$$

满足条件 1 最简单的可靠度函数为

$$\varphi(R) = \frac{1}{R_U - R} \qquad (6-4)$$

令 $R = R_L$，并取 $C(R) = 0$，则待定常数 c 可表示为

$$c = -a\left(\frac{1}{R_U - R_L}\right)^b \tag{6-5}$$

于是，可以得到费用 C_{ADP} 与可靠度 R 的关系模型为

$$C_{ADP} = f(R) = a[\varphi(R)]^b + c = a\left(\frac{1}{R_U - R}\right)^b - a\left(\frac{1}{R_U - R_L}\right)^b \tag{6-6}$$

可以证明，随着装备可靠性的增加，费用 C_{ADP} 也将增大，且随着可靠性的不断增加，费用 C_{ADP} 增长的幅度在逐渐减小。

(2) 费用 C_U 与可靠度 R 的关系模型。由前面的分析可知，费用 C_U 与装备的可靠度 R 呈负函数关系，即随着装备可靠度 R 的增大，装备的故障率降低，由此产生的费用 C_U 也降低，而为维持装备正常运转所发生的费用与可靠度的关系不大，在这里可暂不考虑。

由此可知，装备的费用 C_U 与可靠度 R 的关系模型应满足以下条件：

$$\left.\begin{array}{l}\lim_{R \to R_U} f(R) = 0 \\ \lim_{R \to R_L} f(R) = +\infty\end{array}\right\} (0 < R_L < R_U < 1) \tag{6-7}$$

与费用 C_{ADP} 不同的是，费用 C_U 需要考虑装备的服役年限，即时间因素。因此，费用 C_U 与可靠度 R 的关系模型可表示为

$$C_U = f(R) = a[\varphi(R)]^b + c = \left[a\left(\frac{1}{R - R_L}\right)^b - a\left(\frac{1}{R_U - R_L}\right)^b\right]t \tag{6-8}$$

式中：t 为武器装备的寿命。

综合费用 C_{ADP} 与 C_U，可得 LCC 与装备可靠性的关系模型为

$$C(R) = C_{ADP} + C_U + C_R = \left[a_1\left(\frac{1}{R_U - R}\right)^{b_1} - a_1\left(\frac{1}{R_U - R_L}\right)^{b_1}\right] + \\ \left\{\left[a_2\left(\frac{1}{R - R_L}\right)^{b_2} - a\left(\frac{1}{R_U - R_L}\right)^{b_2}\right]t\right\} + C_R \tag{6-9}$$

式中：C_R 一般取常量；参数 a_1、a_2、b_1、b_2 为常数，需针对特定问题结合相关专业知识和工程实践进行确定。

3. 装备 MTBF 与 LCC 权衡模型

由 LCC 与装备可靠性的关系模型可以看出，$C(R)$ 不仅与装备的可靠度 R 相关，而且也受装备服役年限的影响。一般来讲，装备的服役年限接近其寿命值，因此，在模型使用过程中，t 可取常数。

令 $\dfrac{dC(R)}{dR} = 0$，可以得到，当装备可靠度 $R = \dfrac{R_U - WR_L}{1 - W}$ 时，装备的 LCC 取极小值。其中，$W = \dfrac{a_1 b_1}{a_2 b_2 t} e^{\frac{1}{b_2 - b_1}}$。在武器装备可靠性论证工作中，通常用 MTBF 表征装备的可靠性水平。例如，电子产品的可靠性寿命服从指数分布，则可将可靠性指标转化为

$$\text{MTBF} = t\left|\ln\frac{1 - W}{R_U - WR_L}\right| \tag{6-10}$$

6.2.3 可靠性指标对 LCC 的贡献率

装备可靠性水平是使用与保障费用(UC)的决定性因素,而可靠性指标的规划、设计与实现又必须要以论证、研制、生产费的投入为基础,因此,需要对可靠性与 LCC 进行综合权衡。通过前面的分析可知,对于绝大多数武器装备来讲,理论上总存在一个最佳的可靠性指标值,能够使得装备 LCC 达到最低。假设将论证研制阶段通过对初期制定的可靠性指标进行调整并最终实现,相应增加或减少的获取费用(AC)称为可靠性指标调整费用。

1.可靠性指标对 LCC 贡献率的定义

可靠性指标对 LCC 的贡献率是指以论证研制阶段满足装备系统效能要求为前提,以可靠性指标重新调整设计为路径,以降低装备 LCC 为目的,对单位可靠性指标调整费用的投入效用或对装备 LCC 的相对节约程度的度量,其反映了调整可靠性指标对降低装备 LCC 的贡献程度。因此,可以从两个角度来定义可靠性指标对 LCC 的贡献率。

定义 1 基于追求单位可靠性指标调整费用的效用最大化,此时可靠性指标对 LCC 的贡献率可表示为

$$CR = \frac{\Delta LCC}{\Delta AC} = \frac{LCC_0 - LCC'}{|AC_0 - AC'|} \qquad (6-11)$$

式中:CR 为可靠性指标对 LCC 的贡献率;LCC_0 为可靠性指标调整前的装备寿命周期费用;LCC' 为可靠性指标调整后的装备寿命周期费用;AC_0 为可靠性指标调整前的装备获取费用;AC' 为可靠性指标调整后的装备获取费用。

定义 2 基于追求装备 LCC 最小化,此时可靠性指标对 LCC 的贡献率可表示为

$$CR = \frac{\Delta LCC}{LCC_0} = \frac{LCC_0 - LCC'}{LCC_0} \qquad (6-12)$$

式中:CR 为可靠性指标对 LCC 的贡献率;LCC_0 为可靠性指标调整前的装备寿命周期费用;LCC' 为可靠性指标调整后的装备寿命周期费用。

定义 1 通常适用于已经具备较高可靠性水平的武器装备,由于经费有限且在前期需要大量投入才能使可靠性水平明显提高,因此,应追求单位可靠性指标投入效用的最大化。定义 2 通常适用于可靠性水平较低且需要批量生产的武器装备,此时费用是使用方重点关注的因素,因此,需要将装备 LCC 降至最低或接近最低。

2.基于可靠度的 LCC 估算方法

从可靠性指标对 LCC 贡献率的定义可知,要计算可靠性指标对 LCC 的贡献率,需要对装备的 LCC 和获取费用(AC)进行估算,参数估算法是费用估算最常用的一种方法,其能够综合考虑装备 LCC 的各种影响因素,且能真实反映费用的变化情况,但其对历史数据和特征参数的选取要求较高。因此,在实际的装备研制生产过程中,为便于进行可靠性指标的决策分析,通常采用面向可靠性这一单独特性参数的估算模型。

(1)质量成本模型。

1) 模型Ⅰ。美国著名质量管理专家朱兰(Juran)博士在其《质量管理手册》中提出了以下的质量成本模型:

$$C_Q = \sum_{k=1}^{n} C_b(k) \left\{ \omega_1 \left[\tan\left(\frac{\pi}{2} R(k)\right) \right]^{K_1} + \omega_2 \left[\cot\left(\frac{\pi}{2} R(k)\right) \right]^{K_2} \right\} \quad (6-13)$$

式中：C_Q 为质量总成本；$C_b(k)$ 为第 k 个子系统的费用基本值；$R(k)$ 为第 k 个子系统的可靠度；K_1、K_2 为成本增长指数；n 为相互独立的子系统的数量；ω_1、ω_2 为模型常数。

2）模型 Ⅱ。在实际的装备研制过程中，装备可靠性往往存在一个上限 R_U，而且不同装备所包含子系统的数量也不相同，因此，为使模型更具一般性，可将其改进为以下形式：

$$LCC = C(K_1) \left[\tan\left(\frac{\pi}{2} \times \frac{R}{R_U}\right) \right]^{K_1} + C(K_2) \left[\cot\left(\frac{\pi}{2} \times \frac{R}{R_U}\right) \right]^{K_2} \quad (6-14)$$

式中：LCC 为装备寿命周期费用；$C(K_1)$、$C(K_2)$ 为基本费用值；R 为装备可靠度；K_1、K_2 为增长指数。等式右边的第 1 项为装备的获取费用（AC），第 2 项为装备的使用与保障费用（UC）。

3）模型 Ⅲ。在实际当中，装备可靠度随可靠性增长时间的增加，会引起装备 LCC 随时间变化，且要考虑资金的时间价值等。假设装备的寿命服从韦布尔分布，可靠性增长的总时间为 T_0，则式（6-14）可改进为以下形式：

$$LCC(T_0, x) = C(K_1) \left\{ \tan\left[\frac{\pi}{2} \times \frac{\exp\left(-\frac{x^{m(T_0)}}{t_0(T_0)}\right)}{R_U}\right] \right\}^{K_1} +$$

$$C(K_2) \left\{ \cot\left[\frac{\pi}{2} \times \frac{\exp\left(-\frac{x^{m(T_0)}}{t_0(T_0)}\right)}{R_U}\right] \right\}^{K_2} \quad (6-15)$$

式中：$\exp\left(-\frac{x^{m(T_0)}}{t_0(T_0)}\right)$ 为在可靠性增长试验时间为 T_0 的前提下，装备在给定工作时间 x 内的可靠度；$m(T_0)$、$t_0(T_0)$ 分别为随可靠性增长时间变化的韦布尔形状参数和尺度参数，可通过可靠性寿命试验统计分析得到。

4）模型 Ⅳ。当考虑资金的时间价值时，假设折现率为 i，则式（6-15）可改进为以下形式：

$$PLCC(t) = \int_0^T \frac{LCC(t)}{(1+i)^t} dt \quad (6-16)$$

$$LCC(t) = LCC(T_0, x) \left\{ 1 - \exp\left[-(0.01 + 8 \times \frac{t}{T_0})\right] \right\} \quad (6-17)$$

式中：$PLCC(t)$ 为折现后的装备寿命周期费用；$LCC(t)$ 为寿命周期内各时间点的费用值；T_0 为可靠性增长时间，可预先给定或参考相似装备给出；t 为装备的寿命时间。

(2) LCC‑R 关系模型。

1）LCC‑R 静态关系模型。由前面的分析可知，装备寿命周期费用（LCC）可以近似地分为获取费用（AC）和使用与保障费用（UC）两部分，即 LCC＝AC＋UC。

关于获取费用（AC）与可靠度 R 的关系，K. K. Aggarwal 和 J. S. Gupla 提出了 4 个基本要求：

A. 低可靠度的 AC 很低；

B. 高可靠度的 AC 很高；

C.AC 是可靠度的单调递增函数；

D.AC 关于可靠度 R 的导数是可靠度的单调递增函数。

关于使用与保障费用(UC)与可靠度 R 的关系，K. K. Govil 提出了 4 个基本要求：

A.低可靠度的 UC 很高；

B.高可靠度的 UC 很低；

C.UC 是可靠度的单调递减函数；

D.UC 关于可靠度 R 的导数是可靠度的单调递减函数。

对于装备寿命周期费用(LCC)与可靠度 R 的关系，K. K. Govil 提出应有以下 4 个特征：

A.AC 是可靠度的一个单调递增函数；

B.UC 是可靠度的一个单调递减函数；

C.寿命周期费用在某一可靠度处存在一个最小值，即 $R=R_m$ 时，$LCC=LCC_{min}$；

D.当可靠度 $R>R_m$ 时，AC 占支配地位，当可靠度 $R<R_m$ 时，UC 占支配地位。

K. K. Govil 基于以上的假设和前提条件，建立了 LCC‐R 静态关系模型，其表达式为

$$LCC = AC + UC = K\left(\frac{R}{1-R}\right)^r + F\left(\frac{1-R}{R}\right)^g \tag{6-18}$$

式中：K、r、F、g 为大于 0 的常数。

2)LCC‐R 动态关系模型。由于 K. K. Govil 的 LCC‐R 静态关系模型不考虑时间因素和折现问题，用其对 LCC 较高的大型装备系统进行分析时会产生较大误差，因此，需要从动态角度对装备 LCC 进行估算和 LCC 与 R 权衡研究。建立动态的寿命周期费用模型，涉及可靠性增长模式和预期使用期内装备失效分布等问题。

问题 1：可靠性增长模式。

描述可靠性增长的模型主要有两类：点过程模型和差分方程模型。其中，使用最为广泛的是杜安(Duane)幂指数式点过程模型。

问题 2：装备在使用期内的失效分布。

可靠性工程的大量实践表明，许多产品的失效率曲线是"浴盆"曲线，如图 6‐11 所示。图 6‐11 中每一个阶段都对应于不同失效分布，通过改变韦布尔分布的参数就可描述此失效特征。因此，在构建动态 LCC‐R 模型时，假设装备使用期失效分布为韦布尔分布，则具有很好的适用性。

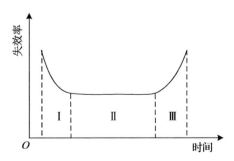

图 6‐11 产品失效率的"浴盆"曲线

问题3:模型的假设条件。

A.在装备的设计研制、试验论证、改进生产等阶段均存在可靠性增长现象,也就是说,装备在上述3个阶段所经历的时间等于使可靠性不断增长所需时间。

B.装备的可靠性定义为装备在规定条件下,预期使用期内完成规定功能的概率。

C.可靠性增长服从杜安模型,瞬时失效率 $\lambda(t)$ 与试验时间的关系为

$$\lambda(t) = \alpha(1-\beta)t^{\beta} \tag{6-19}$$

式中:α 为要确定的模型参数;β 为可靠性增长率;t 为累积试验时间。

D.装备使用期内失效密度函数服从韦布尔分布,即

$$f(t) = \frac{mt^{m-1}}{\eta^m} \exp\left(-\frac{1}{\eta^m}\right) \tag{6-20}$$

式中:$m>0$ 为形状参数;$\eta>0$ 为尺度参数;t 为装备的使用期。

根据假设,装备的失效分布为韦布尔分布,则可靠性增长时间为 t 条件下装备工作时间为 x 时的可靠度为

$$R(x,t) = \int_x^\infty f[s,m(t),t_0(t)]ds = \exp[-x^{m(t)}/t_0(t)] \tag{6-21}$$

式中:t 为可靠性增长时间;x 为装备某一运行时刻;$m(t)$ 为随时间变化的韦布尔形状参数;$t_0(t)$ 为随时间变化的韦布尔尺度参数。

将式(6-21)代入前面的 LCC-R 静态关系模型,可得 LCC-R 动态关系模型为

$$\mathrm{LCC}(t) = \begin{cases} K\left\{\dfrac{\exp[-T_0^{m(t)}/t_0(t)]}{1-\exp[-T_0^{m(t)}/t_0(t)]}\right\}^r, & 0 \leqslant t \leqslant T_1 \\ K\left\{\dfrac{\exp[-T_0^{m(T_1)}/t_0(T_1)]}{1-\exp[-T_0^{m(T_1)}/t_0(T_1)]}\right\}^r + F\left\{\dfrac{1-\exp[-t^{m(T_1)}/t_0(T_1)]}{\exp[-t^{m(T_1)}/t_0(T_1)]}\right\}^g, & T_1 < t \leqslant T_0 + T_1 \end{cases}$$

$$(6-22)$$

式中:t 为装备某一运行时刻;T_1 为可靠性增长总时间;T_0 为装备预期运行期;K、r、F、g 为大于0的常数。

3) LCC-R 动态折现模型。通常,装备从研制、生产到使用需要经历较长的时间,因此,对不同时刻点发生的费用必须要考虑资金的时间价值。假设折现率为 i,依据 LCC-R 动态模型,可得 LCC-R 动态折现模型为

$$\mathrm{PLCC}(t) = \begin{cases} \int_0^T \mathrm{dPAC}(t), & 0 \leqslant t < T_1 \\ \int_0^T \mathrm{dPAC}(t) + \mathrm{e}^{-iT_1}\int_{T_1}^{T_1+t} \mathrm{dPUC}(t), & T_1 \leqslant t \leqslant T_0 + T_1 \end{cases} \tag{6-23}$$

式中:$\mathrm{PAC}(t)$ 和 $\mathrm{PUC}(t)$ 分别为获取费用(AC)和使用与保障费用(UC)在 t 时刻的折现值,计算公式分别为

$$\mathrm{PAC}(t) = K\left[\frac{R(t)}{1-R(t)}\right]^r \mathrm{e}^{-it} \tag{6-24}$$

$$\mathrm{PUC}(t) = F\left[\frac{1-R(t)}{R(t)}\right]^g \mathrm{e}^{-it} \tag{6-25}$$

(3)冗余设计技术模型。在装备研制过程中,提高可靠性的途径主要有:①提高装备系

统中各子系统的可靠性;②采用冗余设计技术;③采取以上两种方法的组合。当采用冗余设计技术来提高装备的可靠性时,理论上装备的可靠性可以无限地接近于1,但由于受到空间大小和资金多少等的限制,装备系统同样存在一个可靠度界限值R_T,此外,在装备的子系统数量一定的情况下,装备的可靠性取决于子系统之间的组合方式。因此,装备的获取费用(AC)主要与子系统的数量有关,几乎呈线性关系;使用与保障费用(UC)主要与可靠性有关。于是,装备的寿命周期费用可表示为

$$\mathrm{LCC}(R) = \sum_{i=1}^{n} C_i N_i + F(R(r,n)), \quad 0 < R \leqslant R_T \quad (6-26)$$

式中:C_i 为第 i 个子系统的单元费用;N_i 为第 i 个子系统的总数量;$F(R(r,n))$ 是可靠度相关的函数;$R(r,n)$ 为可靠度函数,取决于冗余度、组合方式和维修方式等;r 为冗余度;n 为子系统的数量。

3.可靠性指标对 LCC 贡献率的估算过程

现以提高装备的可靠性指标为例,用图示法来说明可靠性指标调整费用以及对 LCC 的贡献率的估算过程,如图 6-12 所示。

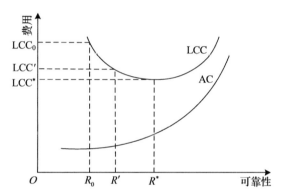

图 6-12 可靠性指标对 LCC 贡献率的估算过程

(1)基于追求单位可靠性指标调整费用的效用最大化。

1)利用图解法求出使 LCC 最小的最佳可靠度 R^*。

2)将区间 (R_0, R^*) 分为若干个长度相等且尽量小的子区间。假设子区间的个数为 n,则每个子区间的长度为 $\dfrac{R^* - R_0}{n}$,各子区间可表示为

$$(R_0, R_0 + \frac{R^* - R_0}{n}), (R_0 + \frac{R^* - R_0}{n}, R_0 + 2 \times \frac{R^* - R_0}{n}), \cdots, (R^* - \frac{R^* - R_0}{n}, R^*)$$

3)在每个子区间内分别取值 R'_i,根据 LCC-R 曲线和 AC-R 曲线求出每个可靠性指标对应的 AC'_i 和 LCC'_i,同时求出现有条件下装备的获取费用 AC_0。

4)根据定义1,求出各个可靠性指标 R'_i 对应的可靠性指标对 LCC 的贡献率,通过比较选取其中的最大值即可。此时,可进一步求得该最大值对应的可靠性指标和相关的费用。

(2)基于追求装备 LCC 最小化。假设在现有研制和生产水平下,完全有可能且有必要追求最佳或近似最佳可靠性,从而使得 LCC 降至最低或接近最低。

1)确定获取费用 AC 和寿命周期费用 LCC 估算模型,将装备除可靠性之外的参数固定,得到 AC-R 曲线和 LCC-R 曲线。

2)根据目前的研制与生产水平,确定在目前不采取可靠性增长措施时所能达到的可靠性水平 R_0。

3)计算现有条件下装备的获取费用 AC 和寿命周期费用 LCC。沿 R_0 向上画线,与 AC-R 曲线交点的纵坐标即为现有条件下的获取费用 AC_0,与 LCC-R 曲线交点的纵坐标即为现有条件下的寿命周期费用 LCC_0。

4)求最佳或近似最佳可靠性 R^*。利用图解法,找出 LCC-R 曲线上的最低点,该点的横坐标即为最佳可靠性 R^*。如果寿命周期费用 LCC 的目标值已事先确定,那么过该点作垂线,其与 LCC-R 曲线交点的横坐标即为近似最佳可靠性。

5)求可靠性指标调整费用。求过 R^* 的垂线与 AC-R 曲线交点的纵坐标 AC^*,然后减去现有条件下的获取费用 AC_0,差值即为可靠性指标调整费用。

6)求可靠性指标对 LCC 的贡献率。由于可以追求最小寿命周期费用,所以可根据定义 2 来求可靠性指标对 LCC 的贡献率。

6.3 装备可靠性费用估算与优化方法

6.3.1 装备可靠性费用估算方法

1.装备可靠性费用估算方法分类

装备可靠性费用估算属于单项费用估算,可以从不同角度对可靠性费用估算方法进行分类。

(1)根据估算对象技术形态的不同,可分为新研装备可靠性费用估算和现役装备可靠性改进费用估算。

(2)根据估算的可靠性费用单元的不同,可分为可靠性论证费用估算、可靠性设计费用估算、可靠性评审费用估算、可靠性试验费用估算、可靠性增长费用估算、可靠性管理费用估算等。

(3)根据估算是否考虑具体的可靠性工作,可分为微观方法和宏观方法。

(4)根据费用估算的原理和目的,可分为工程估算法、参数估算法、类比估算法等。

2.新研装备可靠性费用估算方法

(1)工程估算法。运用工程估算法进行可靠性费用估算时,首先要建立合理的可靠性费用分解结构,尤其是相应的费用单元要系统全面;其次要把有关可靠性费用从总费用中合理地分离出来,避免产生与其他项目重复计算的费用。工程估算法的基本思想和计算模型参见 3.3 节,但需要注意以下几点:

1)可靠性论证费用在装备总论证费用中所占的比例与对装备可靠性的要求有关,若是高可靠性装备,则可靠性论证费用所占比例较大,反之,所占比例较小,一般为 5%~15% 之间。

第6章 装备可靠性费用分析

2)可靠性设计费用在装备总设计费用中所占的比例与采用的可靠性技术有关,若采用一般成熟的可靠性设计技术,则所占比例较小;若采用新的可靠性设计技术,则所占比例较大。

3)可靠性评审费用的估算与评审次数和组织方式有关,对于一些大型的高可靠性的装备,往往要对可靠性进行多次专门的评审,所需费用应按照实际需要进行计算;对于一般要求的武器装备,可靠性评审通常和装备综合评审结合进行,此时占用费用往往是很少的,一般可不专门列项计算。

4)可靠性试验包括装备整机试验、设计样机试验、装备试用试验、装备鉴定试验等,若是专门进行的可靠性试验,应按照实际需要进行估算,若是与整机例行试验结合进行,只需计算其中与可靠性相关的试验费用。

5)在武器装备研制过程中,为了实现可靠性增长,达到预期的可靠性指标,需要进行一些设计改进和相关试验,其所需费用应全部计入可靠性费用。

6)可靠性管理费用主要包括可靠性数据收集系统费用、专门从事可靠性管理人员费用、可靠性评估和改进措施费用等。

(2)参数估算法。运用参数估算法进行可靠性费用估算时,关键在于建立费用估算关系式,即装备可靠性指标与可靠性费用之间的关系式。通常根据已知同类装备的可靠性费用数据,采用回归分析方法来建立可靠性费用估算关系式。例如,表6-1为5种同类型装备的可靠性费用数据,是某类电子装备处于可靠性发展初期的样本,其中的可靠性指标MTBF是以A型装备为基准,其他型号装备与A型装备比较而得到的。表6-1中的可靠性费用是通过多位专家用工程法估算出来的,并以A型装备为基准进行贴现后的结果。

表6-1 同类型装备的可靠性费用数据

序 号	装备型号	可靠性指标	可靠性费用/万元
1	A型	1.0	30
2	B型	1.5	35
3	C型	2.0	46
4	D型	3.2	62
5	E型	4.5	95

根据实践经验,当装备的可靠性处于发展阶段时,可靠性指标与可靠性费用基本是线性增长关系;当装备的可靠性处于成熟阶段或高可靠性要求时,可靠性指标与可靠性费用呈指数关系。根据表6-1可作出可靠性费用散点图,如图6-13所示,既可用线性回归表示也可用非线性回归表示,其显著性水平在5%左右。

当采用线性回归时,经过计算得到的回归方程为

$$y_c = a + bx = 8.77 + 18.37x \tag{6-27}$$

当采用指数回归时,经过计算得到的回归方程为

$$y_c = a e^{bx} = 22.26 e^{0.32x} \tag{6-28}$$

式中:y_c 为可靠性费用;x 为可靠性指标。

(3)类比估算法。运用类比估算法进行装备可靠性费用估算时,关键在于建立类比估算

表,合理确定类比项目。根据可靠性及其费用的特点,新研装备和基准比较系统进行比较时,一般应考虑以下的类比项目:

1)基本结构量;
2)可靠性设计;
3)可靠性评审;
4)工艺可靠性;
5)可靠性试验;
6)可靠性增长。

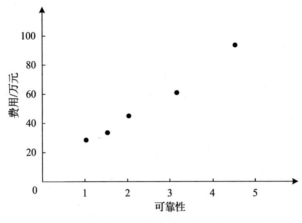

图 6-13　可靠性费用散点图

根据估算装备的特点和基准装备费用资料,可对以上项目进行适当裁剪。可靠性费用类比估算的基本思路是:以基准系统为 1,先计算出新研装备的差异系数,然后用差异系数乘以基准系统的可靠性费用,就可以得到新研装备的可靠性费用。

3.装备可靠性改进费用估算方法

装备可靠性改进费用与进行改进的具体内容和改进时机密切相关,需要分清是在研装备还是现有装备的可靠性改进,是全面改进还是单项改进。在进行装备可靠性改进费用估算时需要考虑以下因素:

(1)改进后的装备可靠性指标提高的幅度。一般来讲,可靠性指标提高的幅度越大则可靠性改进费用越高。

(2)被改进装备的可靠性成熟程度。如果装备的可靠性比较低,那么少量的费用投入可以获得可靠性大幅度的提高;若装备的可靠性已经很高,则需要大量的费用投入才能使装备可靠性得到提高。

(3)改进时可采用的技术和工艺水平。若采用成熟的技术和先进的工艺,则适当的费用投入就可获得较高的可靠性。

(4)对改进项的故障模式和失效机理的了解程度。若已经知道被改进项的故障模式和失效机理,则适当的费用投入就可获得较高的可靠性。

(5)进行可靠性改进的时机。一般来讲,早期改进如设计研制阶段,所需投入的费用较少;后期改进如装备使用阶段,需要投入的费用较多。

现以装备研制阶段的可靠性改进为例,由于改进可靠性的设计而使得装备研制费用单调增加,则可靠性改进后的装备研制费用可以用下式计算:

$$C_D = C_1 + C_2 \left(\frac{\ln R_1}{\ln R_2}\right)^\beta \quad (6-29)$$

式中:C_1 为基本固定费用,即装备的基本研制费;C_2 为可变费用,即制造或改进成高可靠性装备需要增加的工程设计费、样机制造费和试验验证费等;R_1 为原有装备的可靠度;R_2 为改进设计后装备的可靠度;β 为大于 0 的常数,与可靠性成熟度有关,当原设计可靠性已经很高时取 $\beta > 1$,当原设计可靠性不高时取 $\beta < 1$。

当装备的可靠度为负指数分布时,式(6-29)可以转化为以下计算式:

$$C_D = C_1 + C_2 \left(\frac{\theta_2}{\theta_1}\right)^\beta \quad (6-30)$$

式中:θ_1 为原有装备的平均故障间隔时间(MTBF_1);θ_2 为改进设计后装备的平均故障间隔时间(MTBF_2)。

4.可靠性费用估算的宏观方法

在装备研制生产过程中有关可靠性工作的信息比较明确,或者是与可靠性相关的历史数据收集比较充分,且可对相关参数进行较准确的预测时,可采取工程估算法、参数估算法和类比估算法等微观方法,对装备可靠性费用进行估算和优化。但是,实际工作中,可靠性工作项目的确定又依据工作项目的费用、效益和进度,因此,在可靠性费用估算不便采用微观方法时,可采用宏观方法。

(1)可靠性费用估算宏观方法的基本思路。可靠性费用估算宏观方法是将装备的获取费用分为受可靠性影响和不受可靠性影响两部分,通过寿命周期费用模型、获取费用模型分别进行寿命周期费用和获取费用估算,用寿命周期费用减去不受可靠性影响的获取费用,从而得到受可靠性影响的获取费用,即可靠性费用。假设不受可靠性影响的获取费用用 AC_G 表示,可靠性费用 AC_R 表示,则可靠性费用估算宏观方法的原理如图 6-14 所示。

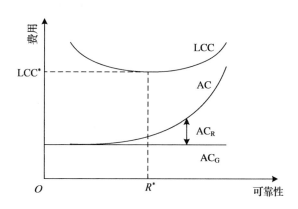

图 6-14 可靠性费用估算宏观方法原理图

(2)可靠性费用估算宏观方法的一般步骤。

1)确定寿命周期费用模型或寿命周期费用单元估算关系,用于寿命周期费用估算;

2)确定获取费用模型或获取费用单元估算关系,用于装备获取费用估算;

3)确定不进行可靠性增长时所能达到的可靠性水平R',用于确定不采取可靠性措施时所需的寿命周期费用和获取费用;

4)确定装备除可靠性外的其他特征参数的均值,用于确定不受可靠性影响的装备获取费用;

5)将不进行可靠性增长所能达到的可靠性水平R'及其他特征参数均值代入获取费用模型或获取费用单元估算关系,计算得到的费用值可认为是不随可靠性变化的获取费用值AC_G。

6)将除可靠性外的其他特征参数值固定,利用优化技术求出寿命周期费用最小时的最佳可靠性值R^*。

7)将最佳可靠性值R^*代入获取费用模型或获取费用单元估算关系,可得到可靠性值为R^*时的获取费用,用该获取费用值减去AC_G即为装备的可靠性费用值。

(3)可靠性费用估算宏观方法的一般过程。图示法进行可靠性费用宏观估算的一般过程如图6-15所示。

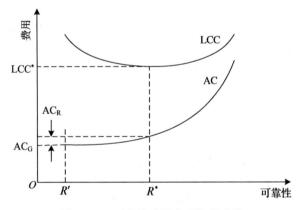

图6-15 可靠性费用宏观估算过程

1)确定装备寿命周期费用模型,并将装备除可靠性以外的特征参数固定后,可得到图6-15中所示的LCC-R曲线。

2)确定装备获取费用模型,并将装备除可靠性以外的特征参数固定后,可得到图6-15中所示的AC-R曲线。

3)根据当前的研制与生产水平,确定不采取可靠性增长措施时所能达到的可靠性水平R'。

4)计算不受可靠性影响的获取费用AC_G。沿可靠性水平R'向上画线,与AC-R曲线交点的纵坐标即为不受可靠性影响的获取费用AC_G。

5)利用图解法找出LCC-R曲线上的最低点,该点的横坐标即为最佳可靠性值R^*。

6)作过最佳可靠性值R^*的垂线,与AC-R曲线交点的纵坐标与AC_G之差,即为可靠性费用AC_R。

5.可靠性费用估算的综合方法

(1)可靠性费用估算综合方法的基本思路。可靠性费用估算微观方法是从可靠性工作项目入手,宏观方法是利用装备寿命周期费用分析的结果,它们是从不同的角度展开的,若将这两种方法结合起来,既研究微观又考虑宏观,由此得到的可靠性费用将是更为合适的。可靠性费用估算综合方法的基本思路:首先从宏观的角度结合寿命周期费用分析来预算可靠性费用,并由此确定所能选择的可靠性工作项目;然后利用可靠性工作费用模型对所选择的可靠性工作项目进行费用估算;最后根据宏观方法的计算结果修正费用模型,直至相适应为止。

(2)可靠性费用估算综合方法的一般步骤。可靠性费用估算是一个逐步分析确定的过程,尤其对于复杂的武器装备更是如此,其一般步骤如图 6-16 所示。

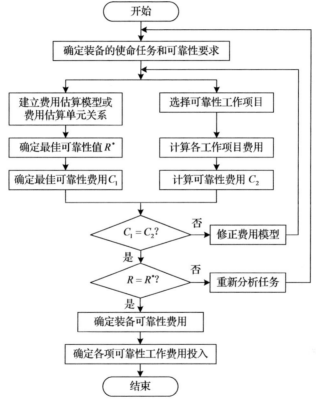

图 6-16 可靠性费用估算综合方法的一般步骤

1)用宏观方法即寿命周期费用分析法来确定装备的可靠性费用值,以及最佳可靠性值 R^* 和最佳可靠性费用 C_1。

2)对各个可靠性工作项目用微观方法即工作项目费用分析法进行可靠性工作项目费用及效益分析。

3)根据可靠性定量要求及工作项目的费用及效益分析结果,选择使装备可靠性达到定量要求的效费比大的几个可靠性工作项目。

4)计算选定的可靠性工作项目费用之和,该结果就是由可靠性定量要求所确定的装备可靠性费用 C_2。

5)比较 C_1 和 C_2 两个可靠性费用值,假如两个可靠性费用值相同,则转入下一步;否则,分析并纠正寿命周期费用模型和工作项目费用模型,再重复上述步骤。

6)比较两个可靠性值,若最佳的可靠性值 R^* 与定量要求的可靠性值相同,则转入下一步;否则,重新考虑装备的使命要求并重复上述步骤。

7)按照可靠性费用的估算值确定装备的可靠性费用值。

8)确定各项可靠性工作费用的投入。

6.3.2 装备可靠性费用优化方法

1.基于动态规划的装备可靠性费用优化

可靠性的高低已经成为武器装备最重要的一项指标,在装备论证与研制过程中,常常要把装备的可靠性与费用联系起来考虑,即如何确定可靠性指标,既要保证装备满足作战使用要求,又要使得装备寿命周期费用最佳,这就是装备寿命周期费用与可靠性优化问题,或称可靠性费用优化问题。

(1)动态规划的基本原理。动态规划是解决多阶段决策问题的运筹学方法。某些问题的决策过程可以划分为几个相互联系的阶段,每个阶段都有若干种可供选择的方案,而决策的任务就是在每个阶段选择一个适当的方案,从而使得整个过程取得最优效果。

1)动态规划的基本思想。

A.动态规划方法的关键是正确建立基本的逆(正)推关系式和恰当的边界条件(基本方程)。通常做法是:首先将问题的决策过程分成几个相互联系的阶段,描述状态变量及定义最优指标函数,从而把一个大的问题转化成一组同类型的子问题,然后逐个求解,即从边界条件开始逆(正)推寻优,在每一个子问题的求解中,均利用前面的子问题最优化结果,依次进行,最后一个子问题所得到的最优解就是整个问题的最优解。

B.在多阶段决策过程中,动态规划方法是既把当前阶段和未来阶段分开,又把当前效益和未来效益结合考虑的一种最优化方法。因此,每一阶段决策的选取都是从全局来考虑的,但不一定是该阶段的最优决策。

C.在求解整个问题的最优策略时,若初始状态是已知的,每一阶段的决策都是该阶段状态的函数,则最优策略所经过的各阶段状态的决策便可逐次变换得到,从而确定最优路线。

2)动态规划问题的求解方法。动态规划问题的求解方法可分为两种:逆序解法和顺序解法。

A.逆序解法:若规定从初始状态 A 到最终状态 G 为顺行方向,A 为始端,G 为终端,则从 G 到 A 的解法为逆序解法。此时,状态转移方程和基本方程分别为

$$s_{k+1}=T_k(s_k,x_k), \quad k=n,n-1,\cdots,1 \tag{6-31}$$

$$\left.\begin{array}{l} f_k(s_k)=\underset{x_k\in D_k(s_k)}{\mathrm{opt}}[r_k(s_k,x_k)+f_{k+1}(s_{k+1})], \quad k=n,n-1,\cdots,1 \\ f_{n+1}(s_{n+1})=1 \end{array}\right\} \tag{6-32}$$

式中:s_k 为第 k 阶段的状态;x_k 为决策者在第 k 阶段所做的决策;$T_k(\cdot)$ 表示第 k 阶段到

第 $k+1$ 阶段的状态转移规律；$f_k(s_k)$ 为从第 k 阶段状态 s_k 开始到终止状态的最优函数值；opt 为 Optimization 的词头，表示取最优化；D_k 为第 k 阶段状态 s_k 的容许决策集合；$r_k(s_k, x_k)$ 为第 k 阶段的目标函数。其求解过程是：根据边界条件 $f_{n+1}(s_{n+1})=1$，从 $k=n$ 开始，由后向前逆推，从而逐步求得最优决策和相应的最优值，最后求出 $f_1(s_1)$ 时，就得到了整个问题的最优解。

B. 顺序解法：若规定从初始状态 A 到最终状态 G 为顺行方向，A 为始端，G 为终端，则从 A 到 G 的解法为顺序解法，此时，状态转移方程和基本方程分别为

$$s_{k-1}=T_k(s_k, x_k), \quad k=1,2,\cdots,n \tag{6-33}$$

$$\left.\begin{array}{l} f_k(s_k)=\underset{x_k \in D_k(s_k)}{\text{opt}}[r_k(s_k, x_k)+f_{k-1}(s_{k-1})], \quad k=1,2,\cdots,n \\ f_0(s_0)=0 \end{array}\right\} \tag{6-34}$$

式中：s_k 为第 k 阶段的状态；x_k 为决策者在第 k 阶段所做的决策；$T_k(\cdot)$ 表示第 k 阶段到第 $k-1$ 阶段的状态转移规律；$f_k(s_k)$ 为从第 k 阶段状态 s_k 开始到终止状态的最优函数值；opt 为 Optimization 的词头，表示取最优化；D_k 为第 k 阶段状态 s_k 的容许决策集合；$r_k(s_k, x_k)$ 为第 k 阶段的目标函数。其求解过程是：根据边界条件 $f_0(s_0)=0$，从 $k=1$ 开始，由前向后顺推，从而逐步求得最优决策和相应的最优值，最后求出 $f_n(s_n)$ 时，就得到了整个问题的最优解。

(2) 可靠性费用优化模型建立。假设某装备系统由 n 个子系统构成，且这 n 个子系统之间是一种串联关系，各子系统原有可靠度为 $R_i(i=1,2,\cdots,n)$，那么装备系统的原有可靠度为

$$R_s = R_1 \times R_2 \times \cdots \times R_n = \prod_{i=1}^{n} R_i \tag{6-35}$$

因为 $0 \leqslant R_i \leqslant 1$，所以 $0 \leqslant R_s \leqslant 1$。

要提高整个装备系统的可靠性，就需要提高各个子系统的可靠性。假设将第 i 个子系统的可靠度由 R_i 提高到 R_i^* 时所需的费用为 $C_i(R_i, R_i^*)$，那么函数 $C_i(x, y)$ 应满足下列条件：

1) $C_i(x, y) \geqslant 0$，即所需费用为非负量；
2) $C_i(x, y) \leqslant C_i(x, y+\Delta y)(\Delta y>0)$，即可靠度提高的幅度越大，所需的费用也就越高；
3) $C_i(x, y) \geqslant C_i(x+\Delta x, y)(\Delta x>0)$，即装备系统的可靠度越高，所需的费用也就越高。

于是，可靠性优化问题就变为

$$\left.\begin{array}{l} \min \sum_{i=1}^{n} C_i(R_i, R_i^*) \\ \prod_{i=1}^{n} R_i^* \geqslant R^* \end{array}\right\} \tag{6-36}$$

当用动态规划方法进行求解时，要将此问题分为 n 个阶段。选取状态变量 s_k 为第 k 个

子系统到第 n 个子系统可靠度的乘积,即 $s_k = \prod_{i=k}^{n} R_i^* (R_s^* \leqslant s_k \leqslant 1)$;决策变量 x_k 为第 k 个子系统可靠性增长后的可靠度。显然 $\max\{s_k, R_k\} \leqslant x_k \leqslant 1$,于是可得状态转移方程为

$$s_{k+1} = \frac{s_k}{x_k} \tag{6-37}$$

设 $f_k(s_k)$ 表示在保证第 k 个子系统到第 n 个子系统可靠度乘积为 s_k 的前提下所花费的最小费用,则上述最优化问题的动态规划模型为

$$\left.\begin{array}{l} f_k(s_k) = \min\left[C_k(R_k, x_k) + f_{k+1}\left(\dfrac{s_k}{x_k}\right)\right], \quad k = 1, 2, \cdots, n \\ \max\{s_k, R_k\} \leqslant x_k \leqslant 1 \\ f_{n+1}(s_{n+1}) = 0 \end{array}\right\} \tag{6-38}$$

(3)计算实例分析。假设某装备系统由 4 个子系统串联而成,各子系统的原有可靠度如表 6-2 所示,装备部门的要求是:装备系统可靠度不低于 0.90,装备研制费用最低。承制单位为了满足装备部门要求,进行了可靠性改进设计来提高装备系统的可靠性,对每个子系统制定了两套设计方案,其可靠度 R_i^* 与费用的关系如表 6-3 所示。于是,问题就变为:要使装备系统的可靠度 $R_s^* \geqslant 0.90$,如何确定各子系统应采取的方案,才能使所花的费用最小。

表 6-2 某装备系统各子系统的原有可靠度

子系统序号	子系统可靠度 R_i
1	0.95
2	0.80
3	0.92
4	0.85

表 6-3 某装备系统各子系统的可靠度与费用的关系

子系统序号	子系统设计方案	子系统可靠度 R_i	费用/万元
1	A	0.98	10
	B	0.99	15
2	A	0.95	25
	B	0.98	45
3	A	0.97	12
	B	0.99	25
4	A	0.96	15
	B	0.99	30

此问题可分为 4 个阶段,每个阶段都要确定在可靠性要求一定的情况下费用最小的方案。由边界条件 $f_5(s_5) = 0$ 开始,根据式(6-38)的动态规划模型,有

$$\begin{cases} f_4(s_4) = \min_{R_s^* \leqslant x_4 \leqslant 1}\left[C_4(R_4, x_4) + f_5\left(\dfrac{s_4}{x_4}\right)\right] \\ s_4 \geqslant R_s^* \end{cases}$$

则有 $s_4 \geqslant R_s^*$ 的最小费用方案,如表 6-4 所示。

表 6-4　$s_4 \geqslant R_s^*$ 的最小费用方案

s_4	x_4^*	$f_4(s_4)$
0.85	0.85	0
0.96	0.96	15
0.99	0.99	30

根据式(6-38)的动态规划模型,由 $f_4(s_4)$ 进一步递推,有

$$\begin{cases} f_3(s_3) = \min_{R_s^* \leqslant x_3 \leqslant 1} \left[C_3(R_3, x_3) + f_4\left(\frac{s_3}{x_3}\right) \right] \\ s_3 \geqslant R_s^* \end{cases}$$

则有 $s_3 \geqslant R_s^*$ 的最小费用方案,如表 6-5 所示。

表 6-5　$s_3 \geqslant R_s^*$ 的最小费用方案

s_3	x_3						$f_3(s_3)$	x_3^*
	0.92		0.97		0.99			
	C_3	f_4	C_3	f_4	C_3	f_4		
0.910 8	0	30					30	0.92
0.931 2			12	15			27	0.97
0.950 4					25	15	40	0.99
0.960 3			12	30			42	0.97
0.980 1					25	30	55	0.99

根据式(6-38)的动态规划模型,由 $f_3(s_3)$ 进一步递推,有

$$\begin{cases} f_2(s_2) = \min_{R_s^* \leqslant x_2 \leqslant 1} \left[C_2(R_2, x_2) + f_3\left(\frac{s_2}{x_2}\right) \right] \\ s_2 \geqslant R_s^* \end{cases}$$

则有 $s_2 \geqslant R_s^*$ 的最小费用方案,如表 6-6 所示。

表 6-6　$s_2 \geqslant R_s^*$ 的最小费用方案

s_2	x_2						$f_2(s_2)$	x_2^*
	0.80		0.95		0.98			
	C_2	f_3	C_2	f_3	C_2	f_3		
0.902 8			25	40			65	0.95
0.912 3			25	42			67	0.95
0.912 6					45	27	72	0.98
0.931 1			25	55			80	0.95
0.931 4					45	40	85	0.98
0.941 1					45	42	87	0.98
0.960 5					45	55	100	0.98

根据式(6-38)的动态规划模型,由 $f_2(s_2)$ 进一步递推,有

$$\begin{cases} f_1(s_1) = \min_{R_s^* \leqslant x_1 \leqslant 1} \left[C_1(R_1, x_1) + f_2\left(\frac{s_1}{x_1}\right) \right] \\ s_1 \geqslant R_s^* \end{cases}$$

则有 $s_1 \geqslant R_s^*$ 的最小费用方案,如表 6-7 所示。

表 6-7 $s_1 \geqslant R_s^*$ 的最小费用方案

s_1	x_1						$f_1(s_1)$	x_1^*
	0.80		0.95		0.98			
	C_1	f_2	C_1	f_2	C_1	f_2		
0.903 2					15	67	82	0.99
0.912 5			10	80			90	0.98
0.921 8					15	80	95	0.99
0.922 1					15	85	100	0.99
0.922 3			10	87			97	0.98
0.931 7					15	87	102	0.99
0.941 3			10	100			110	0.98
0.950 9					15	100	115	0.99

从表 6-7 可以看出,能够满足可靠度 $R_s^* \geqslant 0.90$ 的装备系统设计方案共有 8 个,其中方案 1 的可靠性费用最低,由此可以确定各子系统的设计方案,如表 6-8 所示。

表 6-8 某装备系统可靠性设计最优方案

子系统序号	子系统方案	子系统可靠度 R_i	子系统费用/万元
1	B	0.99	15
2	A	0.95	25
3	A	0.97	12
4	B	0.99	30

此时,装备系统达到的可靠度为 $R_s^* = \prod_{i=1}^{4} R_i^* = 0.903\,2$,所需的可靠性费用为 $C(R_s^*) = \sum_{i=1}^{4} C_i(R_i^*) = 82 (万元)$。

2.定可靠性费用的装备可靠性优化

现要发展一种新的装备系统,所能承受的可靠性费用的最高限额为 C_0,要求承制单位选择最佳的可靠性设计方案,使得该装备系统的可靠性尽可能地高。

(1)可靠性优化问题描述。假设该装备系统由 n 个子系统构成,且这 n 个子系统之间是一种串联关系,各子系统原有可靠度为 $R_i(i=1,2,\cdots,n)$。同时,每个子系统又由不多于

m 个部件并联而成,即允许存在冗余设计,各个部件的可靠度为 $R_{ij}(i=1,2,\cdots,n;j=1,2,\cdots,m)$,相应所需要的费用为 $C_i(R_{ij})$,那么该装备系统的可靠度为

$$R_s = R_1 R_2 \cdots R_i \cdots R_n = \prod_{i=1}^{n} R_i \qquad (6-39)$$

由于各子系统是由不多于 m 个部件并联而成的,所以有

$$R_i = 1 - \prod_{j=1}^{m}(1-R_{ij}) \qquad (6-40)$$

于是,可得装备系统的可靠度为

$$R_i = \prod_{i=1}^{n}\left[1 - \prod_{j=1}^{m}(1-R_{ij})\right] \qquad (6-41)$$

要提高装备系统的可靠性,就要提高各子系统的可靠性,而要提高各子系统的可靠性,就要提高各部件的可靠性或增加部件的个数,即采取更多的冗余设计方案,这显然需要增加相应的费用。在总的可靠性费用不超过 C_0 的前提下,假设将第 i 个子系统的可靠度 R_i 提高时所需的费用为 $C_i(R_{ij})$,则定费用的可靠性优化问题可表示为

$$\left.\begin{array}{l} \max \prod_{i=1}^{n}\left[1 - \prod_{j=1}^{m}(1-R_{ij})\right] \\ \sum_{i=1}^{n}\sum_{j=1}^{m}C_i(R_{ij}) \leqslant C_0 \end{array}\right\} \qquad (6-42)$$

(2)可靠性优化的动态规划模型。采用动态规划方法求解时,首先将该优化问题分为 n 个阶段,阶段变量 $k=1,2,\cdots,n$ 表示子系统的数量,选择状态变量 s_k 为研制第 k 个子系统时所需的费用,决策变量 x_k 为第 k 个子系统的并联部件数量,此时第 k 个子系统因可靠性的改善需增加的费用为 $C_k(x_k)$,则状态转移方程为

$$s_k = s_{k+1} + C_k(x_k) \qquad (6-43)$$

设 $f_k(s_k)$ 表示在研制第 k 个子系统所需费用为 s_k 时所获得的最大可靠度,则可得可靠性优化问题的动态规划模型为

$$\left.\begin{array}{l} f_k(s_k) = \max\left[R_k(x_k)f_{k+1}(s_{k+1})\right] \\ R_k(x_k) = \prod_{i=k}^{n}\left[1 - \prod_{j=1}^{m}(1-R_{ij})\right] \\ C_k(x_k) \leqslant s_k \\ f_{n+1}(s_{n+1}) = 1 \end{array}\right\} \qquad (6-44)$$

(3)计算实例分析。某装备系统由 4 个子系统串联而成,考虑到装备的空间、体积、现状和质量等方面的限制,要求每个子系统的冗余设计数不超过 3 个,即并联的部件数量 $m \leqslant 3$,且各部件的可靠度和费用均相等,如表 6-9 所示。要求在总的可靠性费用 $C_0 \leqslant 100$ 万元的前提下,确保装备的可靠度最优且 $R_s^* \geqslant 0.78$。

表 6-9 部件的可靠度和费用数据

j	$i=1$		$i=2$		$i=3$		$i=4$	
	R_{1j}	C_1/万元	R_{2j}	C_2/万元	R_{3j}	C_3/万元	R_{4j}	C_4/万元
1	0.750 0	9	0.800 0	8	0.700 0	15	0.900 0	13
2	0.937 5	18	0.960 0	16	0.910 0	30	0.990 0	26
3	0.984 4	27	0.992 0	24	0.973 0	45	0.999 0	39

若不考虑总的可靠性费用的限制，该装备系统的最大可靠度为

$$R_s = 0.984\ 4 \times 0.992\ 0 \times 0.973\ 0 \times 0.999\ 0 = 0.949\ 2$$

而此时总的可靠性费用为

$$C = 27 + 24 + 45 + 39 = 135（万元）$$

由于 $C > C_0$，显然不能满足装备研制的总体要求。为了使总的可靠性费用 $C_0 \leqslant 100$ 万元，如何确定各子系统应采用的方案才能使得装备系统的可靠度达到最大，此问题可分为 4 个阶段，每个阶段通过递推方程计算确定满足约束条件的一组方案，并最终选出最佳方案。

根据式(6-44)的动态规划模型，当 $k=5$ 时

$$\begin{cases} f_5(s_5) = 1 \\ s_5 = 0 \end{cases}$$

当 $k=4$ 时

$$\begin{cases} f_4(s_4) = \max [R_4(x_4) f_5(s_5)] \\ C_4(x_4) \leqslant s_4 \end{cases}$$

此时，研制工作处于第 4 个子系统阶段，可靠性费用与对应的可靠度如表 6-10 所示。

表 6-10 第 4 个子系统的可靠性费用与可靠度

C_4/万元	R_4	$f_4(s_4)$
13	0.900 0	0.900 0
26	0.990 0	0.990 0
39	0.999 0	0.999 0

当 $k=3$ 时

$$\begin{cases} f_3(s_3) = \max [R_3(x_3) f_4(s_4)] \\ C_3(x_3) \leqslant s_3 \leqslant s_1 - C_1(1) - C_2(1) = 83 \end{cases}$$

此处限制条件 $s_3 \leqslant 83$ 万元，说明还未递推到的子系统 1 和子系统 2，即使都只采用 1 个部件即 $m=1$，装备的总可靠性费用也不会超标。同时，要求 $f_k(s_k) \geqslant 0.78$，所以 $x_3 = 2, 3$。递推计算得到第 3 个子系统的可靠性费用与对应的可靠度如表 6-11 所示。

表 6-11　第 3 个子系统的可靠性费用与可靠度

s_3/万元	x_3	$R_3(x_3)$	$f_4(s_4)$	$R_3(x_3)f_4(s_4)$	$f_3(s_3)$	x_3^*
43	2	0.910 0	0.900 0	0.819 0	0.819 0	2
56	2	0.910 0	0.990 0	0.900 9	0.900 9	2
69	2	0.910 0	0.999 0	0.909 1	0.909 1	2
58	3	0.973 0	0.900 0	0.875 7	0.875 7	3
71	3	0.973 0	0.990 0	0.963 3	0.963 3	3

当 $k=2$ 时

$$\begin{cases} f_2(s_2) = \max [R_2(x_2)f_3(s_3)] \\ C_2(x_2) \leqslant s_2 \leqslant s_1 - C_1(1) = 91 \end{cases}$$

此处限制条件 $s_2 \leqslant 91$ 万元,说明还未递推到的子系统 1,即使只采用 1 个部件即 $m=1$,装备的总可靠性费用也不会超标。同时,要求 $f_k(s_k) \geqslant 0.78$,所以 $x_2 = 2,3$。递推计算得到第 2 个子系统的可靠性费用与对应的可靠度如表 6-12 所示。

表 6-12　第 2 个子系统的可靠性费用与可靠度

s_2/万元	x_2	$R_2(x_2)$	$f_3(s_3)$	$R_2(x_2)f_3(s_3)$	$f_2(s_2)$	x_2^*
59	2	0.960 0	0.819 0	0.786 2	0.786 2	2
72	2	0.960 0	0.900 9	0.864 9	0.864 9	2
85	2	0.960 0	0.909 1	0.872 7	0.872 7	2
74	2	0.960 0	0.875 7	0.840 7	0.840 7	2
87	2	0.960 0	0.963 3	0.924 8	0.924 8	2
67	3	0.992 0	0.819 0	0.812 4	0.812 4	3
80	3	0.992 0	0.900 9	0.893 7	0.893 7	3
82	3	0.992 0	0.875 7	0.868 7	0.868 7	3

当 $k=1$ 时

$$\begin{cases} f_1(s_1) = \max [R_1(x_1)f_2(s_2)] \\ C_1(x_1) \leqslant s_1 \leqslant C_0 = 100 \end{cases}$$

此处限制条件 $s_1 \leqslant 100$ 万元,说明装备系统总的可靠性费用不能超过 100 万元。同时,要求 $f_k(s_k) \geqslant 0.78$,所以 $x_1 = 2,3$。递推计算得到第 1 个子系统的可靠性费用与对应的可靠度如表 6-13 所示。

表 6-13　第 1 个子系统的可靠性费用与可靠度

s_1/万元	x_1	$R_1(x_1)$	$f_2(s_2)$	$R_1(x_1)f_2(s_2)$	$f_1(s_1)$	x_1^*
90	2	0.937 5	0.864 8	0.810 8	0.810 8	2
98	2	0.937 5	0.893 7	0.837 8	0.837 8	2
100	2	0.937 5	0.868 7	0.814 4	0.814 4	2
99	3	0.984 4	0.864 8	0.851 3	0.851 3	3
94	3	0.984 4	0.812 4	0.799 7	0.799 7	3

从表 6-13 可以看出，能够满足可靠性费用 $C_0 \leqslant 100$ 万元且 $R_s^* \geqslant 0.78$ 的设计方案有 5 套，但同时可靠度达到最优的方案是第 4 套。通过反向追踪可以得到：$C_1=27$ 万元，$x_1=3$；$C_2=16$ 万元，$x_2=2$；$C_3=30$ 万元，$x_3=2$；$C_4=26$ 万元，$x_4=2$。由此确定的各子系统的设计方案如表 6-14 所示。

表 6-14 装备系统及各子系统的最佳设计方案

子系统序号	子系统并联数（m）	子系统可靠度（R_i）	子系统费用（C_i）/万元
1	3	0.984 4	27
2	2	0.960 0	16
3	2	0.910 0	30
4	2	0.990 0	26

此时，装备系统达到的最大可靠度为

$$R_s = 0.984\,4 \times 0.960\,0 \times 0.910\,0 \times 0.990\,0 = 0.851\,4$$

总的可靠性费用为

$$C = 27 + 16 + 30 + 26 = 99 \text{（万元）}$$

3. 基于可靠性-成本函数的装备可靠性费用优化

(1) 常用的可靠性-成本函数模型。可靠性-成本函数模型表示了可靠性与成本之间的关系，是提高单元可靠性所花费的各种人力、物力、财力等的综合，最初也称为努力函数（Effort Function）。由于很难获得各单元费用与可靠性之间的统计数据，无法建立经验关系式，为了克服这一问题，Dale 和 Winterbottom 于 1986 年提出了成本函数必须满足的一些性质。

若 $0 \leqslant R_i^{(1)} \leqslant R_i^{(2)} \leqslant 1$，记 $c(R_i^{(1)}, R_i^{(2)})$ 表示将 R_i 从 $R_i^{(1)}$ 提高到 $R_i^{(2)}$ 所花费的努力，则

A. $c(R_i^{(1)}, R_i^{(2)}) \geqslant 0, 0 \leqslant R_i^{(1)} \leqslant R_i^{(2)} \leqslant 1$。

B. $c(R_i^{(1)}, R_i^{(3)}) = c(R_i^{(1)}, R_i^{(2)}) + c(R_i^{(2)}, R_i^{(3)}) \geqslant 0, 0 \leqslant R_i^{(1)} \leqslant R_i^{(2)} \leqslant R_i^{(3)} \leqslant 1$。

C. $c(R_i)$ 可微。

D. $c(R_i)$ 是凸函数。

E. 对于任意固定的 $R_i^{(1)}, 0 \leqslant R_i^{(1)} \leqslant 1$，若 $R_i^{(2)} \to 1$，则 $c(R_i^{(1)}, R_i^{(2)}) \to \infty$。

F. $c(R_i)$ 是单调增函数。

从这些性质出发，可以构造不同的可靠性-成本函数，常用的有拉格朗日模型、幂数模型、三参数模型等。

1) 拉格朗日模型。拉格朗日模型是一个比较成熟的模型，其前提条件是假定部件 i 不可靠度 F_i 的对数与其成本 c_i 成某一固定比例，通过推导得到公式：

$$k_i = \frac{c}{\ln F_i} \Big/ \sum_{i=1}^{n} \frac{c_i}{\ln F_i} \tag{6-45}$$

式中：F_i 为部件 i 的不可靠度；c_i 为部件 i 的成本；k_i 为部件 i 的冗余度；c 为总的可靠性费用。该模型是以部件不可靠度的对数与其成本成某一固定比例的前提条件下得出的，如果没有过去相似部件的经验或数据，这种假设不一定成立，因此，该模型在实际工程应用上存

在一定的局限性。

2)幂数模型。幂数模型的数学表达式为

$$c_i = p_i R_i^{q_i} \quad (6-46)$$

式中:c_i 为部件 i 的成本;R_i 为部件 i 的可靠度;p_i、q_i 为与部件 i 有关的常数,且 $q_i \leqslant 1$。该模型中的两个常数需要确定,且它们通常与可靠性没有密切的联系,若要求出这两个常数,往往需要相当多的数据资料,而在实际的工程应用中,可供参考的数据比较少,获取这些数据也不是一件容易的事,从而限制了该模型的使用。

3)三参数模型。通用的三参数成本函数模型为

$$c_i(R_i; f_i, R_{i\min}, R_{i\max}) = (1 - f_i) \exp\left[\frac{R_i - R_{i\min}}{R_{i\max} - R_i}\right] \quad (6-47)$$

式中:c_i 为部件 i 的成本;f_i 为提高部件 i 可靠度的可行度,$0 \leqslant f_i \leqslant 1$;$R_{i\min}$ 为部件 i 工作一段时间后根据其失效分布获得的当前可靠度;$R_{i\max}$ 为现有技术条件下部件 i 可以达到的最大可靠度;R_i 为部件 i 的可靠度,$R_{i\min} \leqslant R_i \leqslant R_{i\max}$。由于部件的失效概率分布一般是已知的,可以求出部件工作一段时间后的最初可靠度,且仅需要输入可行度 f_i 和最大可靠度 $R_{i\max}$ 两个值,因此,该模型在工程实际中是容易建立的。

(2)粒子群优化算法及其参数选取。

1)粒子群优化(Particle Swarm Optimization,PSO)算法的基本原理。粒子群优化算法是由 Eberhart 与 Kennedy 提出的一种全局优化算法,其最大特点就是搜索速度快。PSO 算法的基本思想源于对鸟群觅食过程中的迁徙和群居的模拟研究。在 PSO 算法中,每个优化问题的可行解是搜索空间中的一个粒子。假设在 n 维搜索空间中,由 m 个粒子组成一个粒子群 $\boldsymbol{X} = [\boldsymbol{x}_1 \quad \boldsymbol{x}_2 \quad \cdots \quad \boldsymbol{x}_m]$,其中 $\boldsymbol{x}_i (i=1,2,\cdots,m)$ 为第 i 个粒子的位置向量,$\boldsymbol{x}_i = [x_{i1} \quad x_{i2} \quad \cdots \quad x_{in}]$ 代表优化问题的一个可行解;每个粒子都有一个速度,第 i 个粒子的速度向量可表示为 $\boldsymbol{v}_i = [v_{i1} \quad v_{i2} \quad \cdots \quad v_{in}]$,它决定了粒子运动的方向和距离。所有粒子都追随着当前的个体最优粒子、全局最优粒子进行搜索,以寻求最优解。

在 n 维搜索空间中,每个粒子通过迭代更新自身的位置和速度来寻找最优解,粒子位置和速度的更新公式为

$$\left.\begin{array}{l} v_{id}^{k+1} = v_{id}^k + c_1 \mathrm{rand}_1 (p_{id}^k - x_{id}^k) + c_2 \mathrm{rand}_2 (p_{gd}^k - x_{gd}^k) \\ x_{id}^{k+1} = x_{id}^k + v_{id}^{k+1} \end{array}\right\} \quad (6-48)$$

式中:v_{id}^{k+1} 和 v_{id}^k 分别为第 $k+1$ 代和第 k 代粒子 i 第 d 维的速度;x_{id}^{k+1} 和 x_{id}^k 分别为第 $k+1$ 代和第 k 代粒子 i 第 d 维的位置;c_1 和 c_2 为加速系数或学习因子;rand_1 和 rand_2 为[0,1]区间内两个相互独立的随机数,表示每个粒子飞向个体最优粒子和全局最优粒子的随机加速度的权值;p_{id}^k 和 p_{gd}^k 分别为第 k 代个体最优粒子和全局最优粒子的第 d 维位置。

2)粒子群优化算法参数的选取。

A.最大迭代速度与迭代权重的选取。每个粒子在每一维空间中的速度与它的最大速度 $v_{\max}$ 密切相关,最大速度 $v_{\max}$ 作为 PSO 算法的一个约束来控制一个粒子群的全局搜索能力。如果过度加速导致在某一维空间中的速度超过了 $v_{\max}$,那么使用者需要用一个特殊的参数来将速度限制在 $v_{\max}$ 以内。此外,$v_{\max}$ 还决定了在当前位置和目标位置间搜索区域的敏感性,如果 $v_{\max}$ 的值太大,粒子也许会越过最佳的值;相反,如果 $v_{\max}$ 的值太小,粒子将可

能无法越过局部值较好的区域,也就是陷入局部最优,不能达到问题空间中最好的位置。为了更好地控制粒子的搜索,将粒子位置和速度的更新公式修正为

$$\left.\begin{array}{l} v_{id}^{k+1} = wv_{id}^k + c_1 \mathrm{rand}_1(p_{id}^k - x_{id}^k) + c_2 \mathrm{rand}_2(p_{gd}^k - x_{gd}^k) \\ x_{id}^{k+1} = x_{id}^k + v_{id}^{k+1} \end{array}\right\} \qquad (6-49)$$

式中:w 为惯性权重,w 较大时具有较强的全局搜索能力,w 较小时具有较强的局部搜索能力,提高了算法的运算效率。

相关学者在分析最大速度 $v_{\max}$ 和惯性权重 w 对 PSO 算法性能影响的基础上,给出了 $v_{\max}$ 和 w 这两个参数的选择方法:当 $v_{\max} \leqslant 2$ 时,取 $w=1$ 较好;当 $v_{\max} \geqslant 3$ 时,取 $w=0.8$ 较好。此外,有的学者还提出了变权思想,即

$$w = w_{\max} - \frac{w_{\max} - w_{\min}}{k_{\max}} k \qquad (6-50)$$

式中:$w_{\max}$、$w_{\min}$ 分别为权重的最大值和最小值;$k_{\max}$ 为最大迭代次数;k 为当前迭代次数。

B.加速系数的选取。加速系数 c_1 和 c_2 主要用于调节每个粒子向个体最优粒子和全局最优粒子方向飞行的最大步长,c_1 和 c_2 取值较小会使粒子在目标区域外徘徊,c_1 和 c_2 取值较大会使粒子突然地向目标区域运动或者超过目标区域。有关 PSO 算法的试验表明,加速系数 c_1 和 c_2 设为 2 可以得到较好的算法性能。此外,有的学者还提出了变加速系数的思想,即

$$\left.\begin{array}{l} c_1 = c_{1f} + (c_{10} - c_{1f}) \dfrac{k_{\max} - k}{k_{\max}} \\ c_2 = c_{20} + (c_{2f} - c_{20}) \dfrac{k}{k_{\max}} \end{array}\right\} \qquad (6-51)$$

式中:c_{10} 和 c_{20} 分别为 c_1 和 c_2 的初始值;c_{1f} 和 c_{2f} 分别为 c_1 和 c_2 的最终值;$k_{\max}$ 为最大迭代次数;k 为当前迭代次数。并且 $c_{10} \geqslant c_{1f}$、$c_{20} \geqslant c_{2f}$,表示开始时粒子以较大的加速度向个体最优方向搜索,以增大全局最优搜索能力,防止过早陷入局部最优;当达到一定的搜索次数后,粒子以较大的加速度向全局最优方向搜索,以提高算法最优解的精度。

(3)可靠性费用优化实例分析。某装备系统由 4 个部件组合而成,各部件之间相互独立,部件的成本为 c_i($i=1,2,3,4$)、最初的可靠为 R_i($i=1,2,3,4$),装备系统和部件均仅有失效和正常两种状态,装备系统的总成本 c 为单个部件的成本之和。

情况 1:装备系统是由 4 个部件构成的串联系统,部件的最初可靠度为 $R_i=0.8$($i=1$, $2,3,4$),则 $R_s=R_1R_2R_3R_4$,要求装备系统的可靠度 $R_s \geqslant 0.90$。

1)若部件的最大可靠度为 $R_{i\max}=0.99$($i=1,2,3,4$),部件的可行度为 $f_i=0.2$($i=1$, $2,3,4$),求此时的部件可靠度分配值。

2)若部件的最大可靠度为 $R_{i\max}=0.99$($i=1,2,3,4$),部件的可行度分别为 $f_1=0.1$、$f_2=0.4$、$f_3=0.6$、$f_4=0.9$,求此时的部件可靠度分配值。

3)若部件的可行度为 $f_i=0.5$($i=1,2,3,4$),部件的最大可靠度分别为 $R_{1\max}=0.999$、$R_{2\max}=0.995$、$R_{3\max}=0.990$、$R_{4\max}=0.985$,求此时的部件可靠度分配值。

情况 2:假设装备系统的组成结构如图 6-17 所示,则装备系统的可靠度为

$$R_s = 1 - \{[(1-R_1)(1-R_4)]^2 R_3 + [1-R_2+R_2(1-R_1)(1-R_4)]^2(1-R_3)\}$$

第6章 装备可靠性费用分析

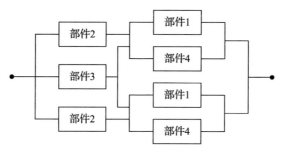

图 6-17 装备系统的组成结构

装备系统的总成本为

$$c = 2c_1 + 2c_2 + c_3 + 2c_4$$

要求装备系统的可靠度 $R_s \geqslant 0.90$。

4)若部件的最初可靠度为 $R_i = 0.50 (i=1,2,3,4)$,最大可靠度为 $R_{i\max} = 0.90 (i=1,2,3,4)$,部件的可行度分别为 $f_1 = 0.1$、$f_2 = 0.4$、$f_3 = 0.6$、$f_4 = 0.9$,求此时的部件可靠度分配值。

5)若部件的最初可靠度为 $R_i = 0.50 (i=1,2,3,4)$,可行度为 $f_i = 0.5 (i=1,2,3,4)$,部件的最大可靠度分别为 $R_{1\max} = 0.99$、$R_{2\max} = 0.95$、$R_{3\max} = 0.90$、$R_{4\max} = 0.85$,求此时的部件可靠度分配值。

设初始种群为40个粒子,粒子的最大速度 $v_{\max} = 1$,迭代权重 $w = 1$,采用可变加速度系数,取 $c_{10} = 2$、$c_{20} = 2$、$c_{1f} = 0.5$ 和 $c_{2f} = 0.5$,最大迭代次数 $k_{\max} = 100$。采用PSO算法进行迭代计算,得到上述5种条件下的装备可靠性费用及部件可靠度分配结果,如表6-15所示。鹿祥宾等人(参考文献[132])在相同条件下采用改进型遗传算法得到的计算结果如表6-16所示。

表 6-15 不同条件下PSO算法计算的可靠性费用及部件可靠度

优化的部件可靠度(R_i^*)	条件1)	条件2)	条件3)	条件4)	条件5)
部件1可靠度(R_1^*)	0.973 88	0.963 94	0.978 39	0.502 60	0.644 60
部件2可靠度(R_2^*)	0.973 58	0.970 67	0.977 08	0.565 45	0.621 21
部件3可靠度(R_3^*)	0.974 04	0.976 41	0.972 47	0.668 95	0.669 88
部件4可靠度(R_4^*)	0.974 52	0.985 21	0.967 84	0.730 53	0.511 12
装备系统可靠性费用(c)/元	24 194	713.17	483.98	7.871 9	8.322 3

表 6-16 不同条件下改进型遗传算法计算的可靠性费用及部件可靠度

优化的部件可靠度(R_i^*)	条件1)	条件2)	条件3)	条件4)	条件5)
部件1可靠度(R_1^*)	0.974 41	0.965 71	0.979 4	0.500 67	0.613 93
部件2可靠度(R_2^*)	0.973 68	0.970 97	0.976 6	0.560 60	0.656 34
部件3可靠度(R_3^*)	0.974 01	0.974 99	0.973 5	0.692 35	0.688 37
部件4可靠度(R_4^*)	0.973 91	0.984 84	0.966 7	0.701 75	0.505 58
装备系统可靠性费用(c)/元	24 244	814.60	505.64	7.882 6	8.353 4

可以看出,在各种条件相同的情况下,PSO算法的优化分配结果明显优于遗传算法所得的优化分配结果,是一种可用于对复杂系统进行可靠性费用优化的方法。

6.3.3 基于LCC的可靠性、维修性优化方法

1. 装备LCC与可靠性、维修性关系模型

提高装备的可靠性和维修性,能够延长装备的平均故障间隔时间(MTBF),缩短装备的平均修复时间(MTTR),减少装备的故障数量和维修时间,从而大幅地降低装备使用保障费用。但是,同时也对制造工艺、材料选择、工程设计、装配精度等提出了更高的要求,会造成装备的研制生产费用大幅增加。因此,为了降低装备的寿命周期费用(LCC),需要对装备的可靠性和维修性进行权衡,以较小的研制生产费用的增幅来获得较大的使用保障费用的降幅,从而使得装备寿命周期费用显著减少。

(1)装备获取费与可靠性、维修性的关系。可靠性是表征装备质量的重要参数,为了达到较高的可靠性水平,在装备的研制设计阶段就需要开展可靠性增长设计、进行可靠性试验、采用冗余设计,并在生产制造阶段采用更好的材料、更先进的工艺,因此需要投入更多的经费。一般来讲,在装备的可靠性水平较低时,投入较少经费即可获得较多的可靠性提升;在装备的可靠性水平较高时,投入大量经费也只能获得较少的可靠性提升。若以MTBF为可靠性指标,则装备获取费随着MTBF的增大,先缓慢增加,随后加速增长。

维修性也是表征装备质量的重要参数,主要取决于装备的研制设计和生产制造,关键在于装备的研制设计。装备研制阶段的维修性工作主要有维修性建模、维修性分配、维修性预计和维修性分析等。在装备的维修性较低时,投入较少的经费就可以获得较多的维修性提高;在装备的维修性较高时,投入大量的经费也只能获得较少的维修性提高。若以MTTR为维修性指标,则装备获取费随着MTTR的减小,先缓慢增加,随后加速增长。

假设可靠性与维修性的相关工作是单独开展的,可以得到装备获取费用(C_{AC})与可靠性、维修性的关系模型为

$$C_{AC} = K_1 \left[\tan\left(\frac{\pi}{2} \times \frac{R}{R_U}\right) \right]^{K_2} + K_3 \left(\frac{1}{\lambda} \times \frac{1}{MTTR}\right)^{K_4} \quad (6-52)$$

式中:R为装备系统的可靠度;R_U为现有技术水平和条件下能够达到的可靠性上限;λ为装备的故障率;MTTR为装备平均修复时间;K_j($j=1,2,3,4$)为待定系数,可利用最小二乘法结合统计数据确定。

(2)装备维修费与可靠性、维修性的关系。装备维修费是指装备使用期间为维修装备花费的所有费用的总和,包括维修设备费、维修设施费、维修器材费、维修人员费和其他维修费。根据各项费用对寿命周期费用(LCC)的影响形式的不同,可将维修费分为三类:前期投入型费用、随时间增长型费用、故障引入型费用。前期投入型费用是根据装备保障性要求,在装备服役之初建立维修保障系统所产生的费用,属于一次性投入费用,主要包括维修设施费、维修设备费以及维修人员培训费等。随时间增长型费用是指随着装备维修时间的增长逐渐提高的费用,这部分费用与维修时间成正比,主要包括维修人员工资费等。故障引入型费用是指每次用于维修故障部件投入的维修器材费用等。

假设把装备构成部件的寿命周期T分解为m个长度为Δt的微单元,则该部件在第i

个微单元的维修费可表示为

$$C_{Mi} = C_{\beta i} + C_{\gamma i} \tag{6-53}$$

式中：C_{Mi} 为部件在第 i 个微单元内的维修费；$C_{\beta i}$ 为部件在第 i 个微单元内的维修人员工资费；$C_{\gamma i}$ 为部件在第 i 个微单元内每次故障引入的维修器材费。

设前期投入型的维修费为 C_a，则装备维修费可表示为

$$C_M = C_a + \sum_{i=1}^{m} C_{Mi} = C_a + \sum_{i=1}^{m}(C_{\beta i} + C_{\gamma i}) \tag{6-54}$$

设装备寿命周期 T 的第 i 个微单元的故障概率为 h_i、维修概率为 p_i，则装备维修费可进一步表示为

$$C_M = C_a + \sum_{i=1}^{m}(p_i C_{\beta i} + h_i C_{\gamma i}) = C_a + \frac{T}{m} C_\beta \sum_{i=1}^{m} p_i + C_\gamma \sum_{i=1}^{m} h_i \tag{6-55}$$

式中：$C_\gamma = C_{\gamma i}$ 为每次维修器材费（假设每次维修的维修器材费相同）；C_β 为单位时间维修工资费。

该模型使用时要满足以下假设：
1) 装备系统由多个部件组成，部件故障后维修，能够恢复完好。
2) 忽略装备保障延误时间对维修时间的影响。
3) 忽略时间因素对维修费的影响。
4) 忽略预防性维修对维修费的影响。

装备构成部件的故障间隔时间是与部件寿命分布函数密切相关的随机变量，其均值为 MTBF。假设一次试验中部件在第 i 个微单元发生故障，修复后继续工作，在第 $i+n$ 个微单元再次发生故障，对其再次修复，如此往复直到其寿命 T 截止。若把有故障发生的微单元记为"1"，其他微单元记为"0"，则可以得到一次试验的装备故障状态行矩阵 $\boldsymbol{\alpha}_{1 \times m}$。

装备构成部件的维修时间是与部件维修时间分布函数密切相关的随机变量，其均值为 MTTR。假设一次试验中部件在第 i 个微单元发生故障，对其进行维修，修复后继续工作，在此微单元后有若干个维修微单元，具体维修微单元的数量由部件的维修时间决定。若把发生维修的微单元记为"1"，其他微单元记为"0"，则可以得到一次试验的装备维修状态行矩阵 $\boldsymbol{\beta}_{1 \times m}$。

若对装备构成部件重复进行了 N 次试验，可得到部件的故障状态矩阵 $\boldsymbol{A}_{N \times m}$ 和维修状态矩阵 $\boldsymbol{B}_{N \times m}$ 为

$$\boldsymbol{A}_{N \times m} = \begin{bmatrix} \boldsymbol{\alpha}_{1 \times m} \\ \boldsymbol{\alpha}_{2 \times m} \\ \vdots \\ \boldsymbol{\alpha}_{N \times m} \end{bmatrix}, \quad \boldsymbol{B}_{N \times m} = \begin{bmatrix} \boldsymbol{\beta}_{1 \times m} \\ \boldsymbol{\beta}_{2 \times m} \\ \vdots \\ \boldsymbol{\beta}_{N \times m} \end{bmatrix}$$

在部件的故障状态矩阵 $\boldsymbol{A}_{N \times m}$ 中，统计落在第 i 列的故障次数，用其除以 N 得到部件在第 i 个微单元的故障概率 h_i。在部件的维修状态矩阵 $\boldsymbol{B}_{N \times m}$ 中，统计落在第 i 列的维修次数，用其除以 N 得到部件在第 i 个微单元的维修概率 p_i。于是，可得到装备维修费与 MTBF 和 MTTR 的关系为

$$C_M = C_a + \frac{T C_\beta \text{MTTR}}{\text{MTBF} + \text{MTTR}} + \frac{T C_\gamma}{\text{MTBF} + \text{MTTR}} \tag{6-56}$$

(3) 寿命周期费用与可靠性、维修性的关系。由于装备使用保障费中除装备维修费外，其他的费用项目与可靠性、维修性没有显著的关系，可假定其为定值费用，用 C_I 表示；此外，装备退役处置费在寿命周期费用中所占比例较小，且与可靠性、维修性没有显著关系，可将其忽略。于是，可以得到装备寿命周期费用 C_T 与可靠性、维修性的关系模型为

$$C_T = C_{AC} + C_M + C_I \qquad (6-57)$$

(4) 计算实例分析。

1) 装备获取费与 MTBF 和 MTTR 的关系。查阅技术资料得知，某装备寿命服从指数分布，故障率为 $\lambda = 0.0018$，使用可用度和战备完好率要求 MTBF>500 h，MTTR<50 h，当前技术水平下 $MTBF_U = 890$ h，工作 100 h 的可靠度上限 $R_U = 0.8937$。于是，装备获取费与 MTBF 和 MTTR 的关系可以表示为

$$C_{AC} = K_1 \left\{ \tan\left[\frac{\pi}{2} \times \frac{\exp\left(-\frac{100}{MTBF}\right)}{0.8937} \right] \right\}^{K_2} + K_3 \left(\frac{1}{0.0018} \times \frac{1}{MTTR} \right)^{K_4}$$

参考相关资料，某装备获取费与 MTBF 和 MTTR 的经验数据如表 6-17 所示。

表 6-17 装备获取费与 MTBF 和 MTTR 的经验数据

序 号	MTBF/h	MTTR/h	获取费/元
1	579	42.3	21.1212
2	597	41.1	21.8307
3	621	37.6	23.3495
4	643	37.3	27.2016
5	661	35.0	26.7813
6	689	34.2	31.0403
7	711	32.9	34.0814
8	746	28.2	42.6120
9	759	27.7	43.1365
10	776	23.1	51.0766
11	789	20.8	54.3022
12	8.1	18.6	58.9801
13	812	15.9	65.6669
14	823	11.8	81.3381
15	834	9.50	101.4651
16	846	7.10	144.1799
17	861	5.20	205.8445
18	879	3.40	512.1362

通过回归分析，可得到装备获取费与 MTBF 和 MTTR 的关系为

$$C_{\text{AC}} = 0.137\,7 \left\{ \tan\left[\frac{\pi}{2} \times \frac{\exp\left(-\dfrac{100}{\text{MTBF}}\right)}{0.893\,7} \right] \right\}^{1.295\,4} + 2.668\,6 \left(\frac{1}{0.001\,8} \times \frac{1}{\text{MTTR}} \right)^{0.776\,1}$$

假设装备的故障率 λ 为变量,由于 $\lambda = \dfrac{1}{\text{MTBF}}$,则上式可变为

$$C_{\text{AC}} = 0.137\,7 \left\{ \tan\left[1.757\,6 \exp\left(-\frac{100}{\text{MTBF}}\right) \right] \right\}^{1.295\,4} + 2.668\,6 \left(\frac{\text{MTBF}}{\text{MTTR}} \right)^{0.776\,1}$$

2)装备维修费与 MTBF 和 MTTR 的关系。已知装备的寿命周期为 10 年,即 87 600 h,维修前期投入费用 $C_a = 5$ 万元,每次故障引入维修器材费 $C_\gamma = 0.3$ 万元,维修工资费为 100 元/h。该装备的寿命服从指数分布,故障率为常数,则装备维修费与 MTBF 和 MTTR 的关系为

$$C_{\text{M}} = 5 + \frac{87\,600 \times 0.3}{\text{MTBF} + \text{MTTR}} + \frac{87\,600 \times 0.01 \times \text{MTTR}}{\text{MTBF} + \text{MTTR}}$$

3)装备寿命周期费用与 MTBF 和 MTTR 的关系。设装备使用保障费中与可靠性、维修性无关的费用 $C_1 = 10$ 万元,则装备寿命周期费用与 MTBF 和 MTTR 的关系为

$$C_{\text{T}} = 0.137\,7 \left\{ \tan\left[1.757\,6 \exp\left(-\frac{100}{\text{MTBF}}\right) \right] \right\}^{1.295\,4} + 2.668\,6 \left(\frac{\text{MTBF}}{\text{MTTR}} \right)^{0.776\,1} +$$

$$5 + \frac{87\,600 \times 0.3}{\text{MTBF} + \text{MTTR}} + \frac{87\,600 \times 0.01 \times \text{MTTR}}{\text{MTBF} + \text{MTTR}} + 10$$

通过计算可以得到,当 MTBF = 689 h、MTTR = 24 h 时,装备的寿命周期费用最少,$C_{\text{T}}^* = 124.026\,0$ 万元,此时的装备获取费 $C_{\text{AC}}^* = 42.680\,9$ 万元、使用保障费 $C_{\text{UC}}^* = 81.345\,0$ 万元,使用保障费占寿命周期费的比例为 65.59%。

2.基于 LCC 的可靠性与维修性关系模型

(1)装备可靠性与维修性之间的关系。装备可靠性和维修性直接影响装备的可用性和寿命周期费用,研究可靠性和维修性之间的关系,就是在满足装备可用性的前提下,使装备寿命周期费用最低。假设装备系统在 $t = 0$ 时以可使用状态开始工作,工作到 t 时刻仍处于可使用状态的有效度 $A(t)$ 为

$$A(t) = R(t) + \int_0^t R(t-x)n(x)\text{d}x \tag{6-58}$$

式中:$R(t)$ 为装备的可靠度,表示到 t 时刻装备无故障的概率;$n(t)$ 为装备的更新率,表示当装备进行一系列"运转—故障—修理—再运转"循环时 t 时刻进入"运转"状态的比率;$\int_0^t R(t-x)n(x)\text{d}x$ 为装备在 t 时刻正常工作的概率,表示在 t 时刻之前装备出现 1 次或多次故障,但在 $x\,(x < t)$ 时装备恢复正常且在其后的 $(t-x)$ 期间保持良好状态。

于是,装备的更新率 $n(t)$ 的计算式可表示为

$$n(t) = h(t) + \int_0^t h(t-x)n(x)\text{d}x \tag{6-59}$$

式中:$h(t)$ 为装备失效前时间与修复时间之和的联合概率密度函数。

若用 $g(t)$ 表示装备失效前时间即"工作"时间的概率密度函数,用 $f(t)$ 表示装备修复时间即"停机"时间的概率密度函数,则 $h(t)$ 为 $g(t)$ 和 $f(t)$ 的卷积,即

$$h(t) = g(t) * f(t) = \int_0^t g(t-x)f(x)\mathrm{d}x \qquad (6-60)$$

假设装备系统的故障密度函数和维修密度函数为

$$\left.\begin{aligned} g(t) &= \lambda\exp(-\lambda t) \\ f(t) &= \mu\exp(-\mu t) \end{aligned}\right\} \qquad (6-61)$$

式中：λ 为装备的故障率；μ 为装备的修复率。

对式(6-58)~式(6-60)进行拉普拉斯变换，可得

$$A(s) = R(s) + R(s)n(s) \qquad (6-62)$$

$$n(s) = h(s) + h(s)n(s) \qquad (6-63)$$

$$h(s) = g(s)f(s) \qquad (6-64)$$

将式(6-64)代入式(6-63)得

$$n(s) = \frac{g(s)f(s)}{1 - g(s)f(s)} \qquad (6-65)$$

将式(6-65)代入式(6-62)，并用概率密度函数 $g(s)$ 来表达 $R(s)$，则有

$$R(s) = \frac{1 - g(s)}{s} \qquad (6-66)$$

$$A(s) = \frac{1 - g(s)}{s[1 - g(s)f(s)]} \qquad (6-67)$$

装备故障密度函数 $g(t)$ 和维修密度函数 $f(t)$ 的拉普拉斯变换为

$$\left.\begin{aligned} g(s) &= \frac{\lambda}{\lambda + s} \\ f(s) &= \frac{\mu}{\mu + s} \end{aligned}\right\} \qquad (6-68)$$

将式(6-68)代入式(6-67)，并进行拉普拉斯反变换，得

$$A(t) = \frac{\mu}{\lambda + \mu} + \frac{\lambda}{\lambda + \mu}\exp[-(\lambda + \mu)t] \qquad (6-69)$$

用平均故障间隔时间(MTBF)和平均维修时间(MTTR)表示时，有

$$A(t) = \frac{\mathrm{MTBF}}{\mathrm{MTBF} + \mathrm{MTTR}} + \frac{\mathrm{MTTR}}{\mathrm{MTBF} + \mathrm{MTTR}}\exp\left[-\left(\frac{1}{\mathrm{MTBF}} + \frac{1}{\mathrm{MTTR}}\right)t\right]$$
$$(6-70)$$

由式(6-70)可以看出，当时间 t 增加时，式中右边第 2 项逐渐减小，装备的有效度趋近其极限，成为常数，即

$$\lim_{t \to \infty} A(t) = A = \frac{\mathrm{MTBF}}{\mathrm{MTBF} + \mathrm{MTTR}} \qquad (6-71)$$

假设根据装备的实际使用条件，要求装备的 MTBF≥400 h、MTTR≤6 h。装备可用度 A 依次取 0.970、0.980、0.990、0.995、0.999，计算 MTBF 和 MTTR 的关系，可得到符合要求的 MTBF 和 MTTR 的取值范围如图 6-18 所示。

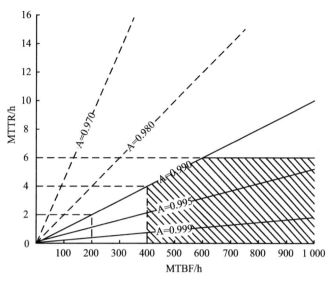

图 6-18　可用度约束下的 MTBF 和 MTTR 关系图

(2)装备 LCC 与可靠性和维修性的关系。装备系统都以实现一定的功能为目的,影响装备系统功能的各种因素就是影响 LCC 的因素,而装备系统的功能是由其技术性能和可用性决定的,因此,影响装备系统技术性能和可用性的因素就是影响 LCC 的因素。装备寿命周期费用的影响因素如图 6-19 所示。

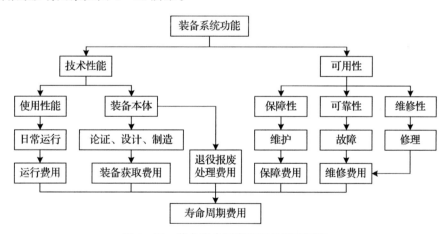

图 6-19　装备寿命周期费用的影响因素

从 LCC 的影响因素及与可靠性和维修性的关系出发,可将装备寿命周期费用表示为

$$C_T = C_{AC} + C_{MS} + C_{DR} + C_{RU} \tag{6-72}$$

式中:C_T 为装备寿命周期费用;C_{AC} 为装备获取费用,包括论证、研制、生产等费用;C_{MS} 为维修保障费用;C_{DR} 为退役报废处理费用;C_{RU} 为运行费用,包括能耗费、人工费等。其中,C_{RU} 和 C_{DR} 一般为常数,C_{AC} 和 C_{MS} 由可靠性和维修性决定。

1) 装备获取费用 C_{AC}。装备获取费用 C_{AC} 与可靠性 R 的关系,可归结为装备中各部件的造价与可靠性之间的函数关系,一般很难建立部件 i 的造价 C_i 与可靠性 R_i 之间的函数关系,通常定义 C_i 与 R_i 的关系为 R_i 达到某一值所需的最小造价,或在 C_i 一定时所达到的最大 R_i。而且,C_i 与 R_i 具有这样的特性:低可靠性的部件造价较低,高可靠性的部件造价较高,C_i 对 R_i 的导数是一个单调递增函数。根据相关经验,有

$$C_{AC} = \sum C_i R_i = \sum \left[a_i \ln \left(\frac{1}{1-R_i} \right) + b_i \right] \quad (6-73)$$

式中:C_i 为部件 i 的造价;R_i 为部件 i 的可靠性;a_i 为待定常数,其决定曲线的趋势,a_i 的值越小,曲线前段的坡度越平,而后段越陡;b_i 为部件 i 的可靠性 R_i 趋于 0 时的造价。

2) 维修保障费用 C_{MS}。维修保障费用 C_{MS} 一般占装备寿命周期费用 C_T 的 60% 以上,根据相关文献资料,有

$$C_{MS} = C_A L_T / \mathrm{MTBF} \quad (6-74)$$

式中:L_T 为装备的寿命周期;C_A 为每次故障的平均费用;MTBF 为装备平均故障间隔时间。其中,C_A 可进一步表示为

$$C_A = C_S(\mathrm{MTTR} + T_R) + C_R \times \mathrm{MTTR} + C_P \quad (6-75)$$

式中:C_S 为单位时间停机损失;MTTR 为装备平均维修时间;T_R 为维修等待时间;C_R 为单位时间维修费用;C_P 为维修零部件费用。

于是有

$$C_{MS} = \frac{L_T}{\mathrm{MTBF}} \left[(C_S + C_R) \mathrm{MTTR} + (C_S T_R + C_P) \right] \quad (6-76)$$

3) 寿命周期费用 C_T。综合装备获取费用 C_{AC} 和维修保障费用 C_{MS},可得寿命周期费用 C_T 的表达式为

$$C_T = \sum \left[a_i \ln \left(\frac{1}{1-R_i} \right) + b_i \right] + \frac{L_T}{\mathrm{MTBF}} \left[(C_S + C_R) \mathrm{MTTR} + (C_S T_R + C_P) \right] + C_{DR} + C_{RU} \quad (6-77)$$

由于装备运行费用 C_{RU}、退役报废处理费用 C_{DR} 和 b_i 为常数,所以在研究寿命周期费用 C_T 与 MTBF 和 MTTR 的关系时,只需考虑装备获取费用 C_{AC} 和维修保障费用 C_{MS},当 $C_{AC} + C_{MS}$ 取最小值时,可得最小 C_T。

(3) 计算实例分析。假设收集得到 3 组某类型装备的相关数据如表 6-18 所示,要求装备的可用度 $A = 0.999$、MTBF $\geqslant 400$ h、MTTR $\leqslant 6$ h。

表 6-18 某类型装备的相关数据

序号	a	C_S/万元	C_R/万元	T_R/h	C_P/万元	L_T/h
1	24	1.0	2.0	1.0	1.5	30 000
2	40	2.0	3.0	2.0	2.0	35 000
3	72	3.0	3.0	2.5	3.0	40 000

根据条件可知,问题的约束条件是

$$\begin{cases} \dfrac{\text{MTBF}}{\text{MTBF}+\text{MTTR}} = 0.999 \\ \text{MTBF} \geqslant 400 \\ \text{MTTR} \leqslant 6 \end{cases}$$

先通过可用度对 MTBF 和 MTTR 进行综合权衡,然后对寿命周期费用模型取最小值,可计算得到 3 组数据下的装备 $C_{T\min}$ 及相应的 MTBF 和 MTTR 值如下:

第 1 组:当 MTBF=3 125 h、MTTR=3.13 h 时,$C_{T\min}$=352.13 万元。

第 2 组:当 MTBF=5 250 h、MTTR=5.26 h 时,$C_{T\min}$=594.64 万元。

第 3 组:当 MTBF=5 833 h、MTTR=5.84 h 时,$C_{T\min}$=871.33 万元。

3.基于可用度的可靠性和维修性关系模型

(1)装备系统的可用度。复杂武器装备系统一般具有多层结构,假设用系统、分系统、部件来描述,很显然,部件的可靠性和维修性水平对装备系统的可用度具有决定性影响,要求装备系统达到一定的可用度指标要求,对部件的可靠性和维修性指标又有所要求和产生约束。装备系统可用度 A 是通过可靠性指标 MTBF 和维修性指标 MTTR 计算得到的,无论是装备系统、分系统还是部件,其可用度的计算公式均可表示为

$$A = \frac{\text{MTBF}}{\text{MTBF}+\text{MTTR}} \tag{6-78}$$

由装备系统的层次结构关系可知,装备系统的可用度是分系统可用度的综合,分系统可用度是相应部件可用度的综合。用 A 表示装备系统的可用度、$A_i(i=1,2,\cdots,n)$ 为分系统 i 的可用度,则有

$$A = A_1 A_2 \cdots A_n = \prod_{i=1}^{n} A_i \tag{6-79}$$

式中:A 为装备系统的可用度;A_i 为分系统 i 的可用度;n 为分系统的数量。

(2)分系统可用度的协调和优化。分系统可用度的协调和优化,就是以尽可能低的代价改进"不协调"分系统的可用度,从而提高装备系统的可用度,并满足规定的可用度指标要求。不妨设 $A_1 < A_2 < \cdots < A_n$,若分别令 $A_1 \to A_1 + \delta a, A_2 \to A_2 + \delta a, \cdots, A_n \to A_n + \delta a$,则有

$$\left.\begin{aligned}
A_1 &\to A_1+\delta a, A+\delta A = (A_1+\delta a)A_2\cdots A_n = A_1 A_2 \cdots A_n + \delta a A_2 A_3 \cdots A_n \\
A_2 &\to A_2+\delta a, A+\delta A = A_1(A_2+\delta a)\cdots A_n = A_1 A_2 \cdots A_n + \delta a A_1 A_3 \cdots A_n \\
&\cdots\cdots \\
A_n &\to A_n+\delta a, A+\delta A = A_1 A_2 \cdots (A_n+\delta a) = A_1 A_2 \cdots A_n + \delta a A_1 A_2 \cdots A_{n-1}
\end{aligned}\right\} \tag{6-80}$$

由于 $\delta a A_2 A_3 \cdots A_n > \delta a A_1 A_3 \cdots A_n > \cdots > \delta a A_1 A_2 \cdots A_{n-1}$,则分系统可用度改进的优先顺序是 $A_1, A_2, \cdots, A_n$,将以最小的费用使得装备系统可用度 A 得到最快的改进。设第 i 个分系统的可靠性和维修性指标分别为 MTBF_i 和 MTTR_i,则有

$$A = \frac{\text{MTBF}_1}{\text{MTBF}_1+\text{MTTR}_1} \times \frac{\text{MTBF}_2}{\text{MTBF}_2+\text{MTTR}_2} \times \cdots \times \frac{\text{MTBF}_n}{\text{MTBF}_n+\text{MTTR}_n} = \prod_{i=1}^{n} \frac{\text{MTBF}_i}{\text{MTBF}_i+\text{MTTR}_i} \tag{6-81}$$

由于有 $A_1 < A_2 < \cdots < A_n$，一般都有 $\text{MTTR}_i \ll \text{MTBF}_i (i=1,2,\cdots,n)$，而且同一装备系统的各个分系统的 MTTR_i 大小相近，所以有 $\text{MTBF}_1 < \text{MTBF}_2 < \cdots < \text{MTBF}_n$。

分别计算 $\dfrac{\partial A}{\partial \text{MTBF}_i}$、$\dfrac{\partial A}{\partial \text{MTTR}_i}(i=1,2,\cdots,n)$，得

$$\left.\begin{aligned}\frac{\partial A}{\partial \text{MTBF}_1} &= \frac{\text{MTTR}_1}{(\text{MTBF}_1 + \text{MTTR}_1)^2} \times A_2 \times A_3 \times \cdots \times A_n \\ \frac{\partial A}{\partial \text{MTBF}_2} &= \frac{\text{MTTR}_2}{(\text{MTBF}_2 + \text{MTTR}_2)^2} \times A_1 \times A_3 \times \cdots \times A_n \\ &\cdots\cdots \\ \frac{\partial A}{\partial \text{MTBF}_n} &= \frac{\text{MTTR}_n}{(\text{MTBF}_n + \text{MTTR}_n)^2} \times A_1 \times A_2 \times \cdots \times A_{n-1} \end{aligned}\right\} \quad (6-82)$$

$$\left.\begin{aligned}\frac{\partial A}{\partial \text{MTTR}_1} &= \frac{\text{MTBF}_1}{(\text{MTBF}_1 + \text{MTTR}_1)^2} \times A_2 \times A_3 \times \cdots \times A_n \\ \frac{\partial A}{\partial \text{MTTR}_2} &= \frac{\text{MTBF}_2}{(\text{MTBF}_2 + \text{MTTR}_2)^2} \times A_1 \times A_3 \times \cdots \times A_n \\ &\cdots\cdots \\ \frac{\partial A}{\partial \text{MTTR}_n} &= \frac{\text{MTBF}_n}{(\text{MTBF}_n + \text{MTTR}_n)^2} \times A_1 \times A_2 \times \cdots \times A_{n-1} \end{aligned}\right\} \quad (6-83)$$

于是，可以得到以下结论：

结论1：优先提高可用度最低的分系统的可靠性指标MTBF，将使装备系统的可用度 A 得到最快的增长。

结论2：优先降低可用度最低的分系统的维修性指标MTTR，将使装备系统的可用度 A 得到最快的增长。

其前提条件是：该分系统的可靠性指标MTBF和维修性指标MTTR有改进的余地，即位于其上下限范围内。MTBF的下限值和MTTR的上限值，通常由相应部件的可靠性指标和维修性指标计算确定，MTBF的上限值和MTTR的下限值可由工程惯例和经验估算得到。

(3) 分系统可用度的加权处理。在实际的工程应用中，在对分系统可用度进行优化和协调时，应考虑各分系统可用度改进相同幅度的技术和经济难度的不同，对分系统的可用度进行加权处理。设分系统 i 的可用度 A_i 改进的难度系数为 α_i，由于 $A_i < 1.0$，规定 $0 < \alpha_i < 1$，且 α_i 值越小，A_i 改进的难度越大。于是得到加权后的装备系统可用度为

$$A' = A_1^{\alpha_1} A_2^{\alpha_2} \cdots A_n^{\alpha_n} \quad (6-84)$$

此时，对于装备系统可用度 A' 的影响因子为 $A_i^{\alpha_i}$，最小 $A_i^{\alpha_i}$ 所对应的分系统就是对装备系统可用度 A' 影响最大的分系统。

(4) 分系统可用度的优化算法。从实际工程应用角度可以给出分系统可用度的优化计算流程，如图6-20所示。

第6章 装备可靠性费用分析

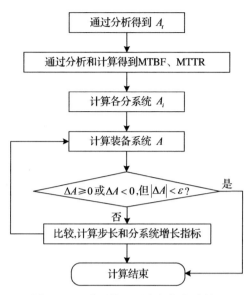

图 6-20 分系统可用度的优化计算流程

1)通过装备系统的作战使用需求分析,得到装备系统的可用度要求指标 A_t。

2)通过分析与计算得到部件和分系统的可靠性指标 MTBF 下限值、维修性指标 MTTR 上限值。

3)根据分系统的可靠性指标 MTBF 和维修性指标 MTTR,计算得到各分系统的可用度指标 A_i。

4)根据各分系统的可用度指标 A_i,计算得到装备系统的可用度指标 A。

5)计算 $\Delta A = A - A_t$,如果 $\Delta A \geqslant 0$ 或 $\Delta A < 0$ 但 $|\Delta A| < \varepsilon$,计算结束,其中 ε 为允许的最大误差,否则转入 6)。

6)对各分系统的加权可用度 $A_i^{a_i}$ 进行比较,选出可用度 $A_i^{a_i}$ 最小的分系统 k,若有多个可用度 $A_i^{a_i}$ 相同,则优先选择下标较小的分系统,令其可用度 $A_k = A_k + \delta a$,转入 4)。

该算法称为基本算法,其直接处理的是分系统可用度指标 A_i,可将其扩展为对分系统可靠性指标 $MTBF_i$ 和维修性指标 $MTTR_i$ 的处理。

扩展算法 1:优化分系统可靠性指标 $MTBF_i$。

步骤 1)~5)与基本算法基本相同,主要差别是步骤 6):对各分系统的加权可用度 $A_i^{a_i}$ 进行比较,选出可用度 $A_i^{a_i}$ 最小的分系统 k,若有多个可用度 $A_i^{a_i}$ 相同,则优先选择下标较小的分系统,考虑允许误差、$MTBF_k$ 的目前值与上限之间的差值等因素,设定 $MTBF_k$ 的增长步长为 δm,令 $MTBF_k = MTBF_k + \delta m$,转入步骤 3)。

扩展算法 2:优化分系统维修性指标 $MTTR_i$。

步骤 1)~5)与基本算法基本相同,主要差别是步骤 6):对各分系统的加权可用度 $A_i^{a_i}$ 进行比较,选出可用度 $A_i^{a_i}$ 最小的分系统 k,若有多个可用度 $A_i^{a_i}$ 相同,则优先选择下标较小的分系统,考虑允许误差、$MTTR_k$ 的目前值与下限之间的差值等因素,设定 $MTTR_k$ 的

减小步长为 δt,令 $\mathrm{MTTR}_k = \mathrm{MTTR}_k - \delta t$,转入步骤3)。

扩展算法 3:同时优化分系统可靠性指标 MTBF_i 和维修性指标 MTTR_i。

步骤 1)~5)与基本算法基本相同,主要差别是步骤 6):对各分系统的加权可用度 $A_i^{a_i}$ 进行比较,选出可用度 $A_i^{a_i}$ 最小的分系统 k,若有多个可用度 $A_i^{a_i}$ 相同,则优先选择下标较小的分系统,考虑允许误差、MTBF_k 的目前值与上限之间的差值、MTTR_k 的目前值与下限之间的差值等因素,设定 MTBF_k 的增长步长为 δm、MTTR_k 的减小步长为 δt,令 $\mathrm{MTBF}_k = \mathrm{MTBF}_k + \delta m$、$\mathrm{MTTR}_k = \mathrm{MTTR}_k - \delta t$,转入步骤3)。

在使用扩展算法 3 时,可根据不同的情况采用以下 4 种不同的策略:

扩展算法 3-1:同步协调策略。对于每一次迭代,都同时处理 MTBF_k 和 MTTR_k,即每次迭代都同时使 $\mathrm{MTBF}_k = \mathrm{MTBF}_k + \delta m$、$\mathrm{MTTR}_k = \mathrm{MTTR}_k - \delta t$。

扩展算法 3-2:灵活处理策略。对于每一次迭代,都计算和比较 $\dfrac{\partial A_k}{\partial \mathrm{MTBF}_k} \times \delta m$、$\dfrac{\partial A_k}{\partial \mathrm{MTTR}_k} \times \delta t$,选择其中大者进行改进,而对小者暂不处理,即每次迭代仅选择一个对分系统可用度 A_k 贡献最大的分量进行调整。

扩展算法 3-3:先可靠性后维修性策略。对于某次迭代中选定的部件 $j (j = 1,2,\cdots, n_k)$,n_k 为分系统 k 的部件数量,仅调整其可靠性指标 MTBF_{kj},反复迭代直至达到规定的装备系统可用度 A_t 为止;若规定的装备系统可用度 A_t 无法达到,则将调整的可靠性指标 MTBF_{kj} 换成维修性指标 MTTR_{kj},重复以上过程。

扩展算法 3-4:先维修性后可靠性策略。对于某次迭代中选定的部件 $j (j = 1,2,\cdots, n_k)$,n_k 为分系统 k 的部件数量,仅调整其维修性指标 MTTR_{kj},反复迭代直至达到规定的装备系统可用度 A_t 为止;若规定的装备系统可用度 A_t 无法达到,则将调整的维修性指标 MTTR_{kj} 换成可靠性指标 MTBF_{kj},重复以上过程。

(5)计算实例分析。某防空反导武器系统的基本组成如图 6-21 所示,主要有目标指示系统、制导雷达系统、指挥控制系统、导弹发射系统、导弹系统、作战保障系统等 6 个分系统。假设要求该装备系统的可用度 $A_t = 0.92$,允许误差 $\varepsilon = 0.00001$,且通过调研和使用分析,各分系统所属部件的可靠性指标 MTBF 和维修性指标 MTTR 的上下限均已确定。

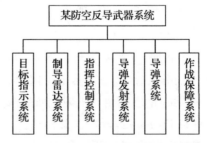

图 6-21 某防空反导武器系统的基本组成

1)由装备系统到分系统的可用度优化。根据相关数据计算得到该装备系统各个分系统的可用度初始值及装备系统的可用度如表 6-19 所示。

表 6-19 由装备系统到分系统可用度的优化计算结果

类 别	分系统序号	可用度初始值	原始排序	权 重	加权可用度	加权排序	计算结果
目标指示分系统	1	0.977 074	1	0.772 727	0.982 238	2	0.989 560
制导雷达分系统	2	0.988 142	3	0.943 182	0.988 812	3	0.991 439
指挥控制分系统	3	0.991 080	6	0.943 182	0.991 585	6	0.991 439
导弹发射分系统	4	0.988 653	4	0.943 182	0.989 294	4	0.991 439
导弹分系统	5	0.980 750	2	0.943 182	0.981 833	1	0.991 439
作战保障分系统	6	0.990 476	5	0.954 545	0.990 907	5	0.991 540
防空反导武器系统		0.872 425			0.883 189		0.900 000

由计算结果可知,当前防空反导武器系统的可用度 $A = 0.872\ 425$ 且 $\Delta A = 0.027\ 575 > \varepsilon$,没有达到可用度要求,需要进行优化计算。根据各分系统的可用度指标值,可以初步得到分系统可用度改进的顺序为目标指示分系统→导弹分系统→制导雷达分系统→导弹发射分系统→作战保障分系统→指挥控制分系统。

现通过专家调查及层次分析法等方式,可计算得到各分系统可用度改进的技术、经济难度,即各分系统可用度指标的权重系数,从而得到各分系统的加权可用度、加权后的可用度排序,于是,最终得到分系统可用度改进的顺序是导弹分系统→目标指示分系统→制导雷达分系统→导弹发射分系统→作战保障分系统→指挥控制分系统。分系统可用度优化采用前面的基本算法,取 $\delta a = \varepsilon$,通过优化计算得到各分系统的可用度值如表 6-19 所示,可以看出各分系统可用度提高幅度的顺序为目标指示分系统→导弹分系统→制导雷达分系统→导弹发射分系统→作战保障分系统→指挥控制分系统。

2)由分系统向所属部件的指标优化。为了实现分系统的可用度 A_i,需要依序对所属各部件的可用度 A_{ij} 进行改进。为了对部件的可用度 A_{ij} 进行改进,各部件的 MTBF 和 MTTR 就必须单独或同时调整。现以目标指示分系统为例,采用相关的算法和策略进行优化计算,计算结果如表 6-20 所示。

表 6-20 目标指示分系统所属部件的可靠性和维修性指标优化结果

类 别	参 数	所属部件							分系统指标
		部件 1	部件 2	部件 3	部件 4	部件 5	部件 6	部件 7	
原始数据	MTBF	500~1 500	700~2 100	2 400~7 200	2 400~7 200	2 400~7 200	1 800~5 400	1 800~5 400	
	MTTR	4~10	4~7	4~10	4~10	4~10	1~2	1~2	
扩展算法1调MTBF	MTBF	2 000	2 800	8 000	8 000	8 000	6 000	6 000	
	MTTR	10	7	10	10	10	2	2	
	可用度	0.990 1	0.995 0	0.997 5	0.997 5	0.997 5	0.999 7	0.999 7	0.977 1

续表

类别	参数	所属部件							分系统指标
		部件1	部件2	部件3	部件4	部件5	部件6	部件7	
扩展算法2 调MTTR	MTBF	500	700	2 400	2 400	2 400	1 800	1 800	
	MTTR	4	4	4	4	4	1	0.5	
	可用度	0.984 2	0.988 7	0.996 7	0.996 7	0.996 7	0.999 4	0.999 7	0.962 6
扩展算法3-2 灵活处理	MTBF	2 000	2 800	8 000	8 000	8 000	3 135	1 800	
	MTTR	4	4	4	4	4	1	0.57	
	可用度	0.996 0	0.997 1	0.999 0	0.999 0	0.999 0	0.999 7	0.999 7	0.989 6
扩展算法3-3 先MTBF 后MTTR	MTBF	2 000	2 800	8 000	8 000	8 000	6 000	6 000	
	MTTR	4	4	4	4	4	1.92	1.92	
	可用度	0.996 0	0.997 1	0.999 0	0.999 0	0.999 0	0.999 7	0.999 7	0.989 6

从表6-20中可以看出，采用原始数据进行计算，无论采取哪种算法，该分系统都无法达到要求的可用度指标，说明目标指示分系统所属部件的可靠性和维修性指标过低，各指标取其上限都无法满足要求，需要对该分系统所属部件的可靠性和维修性指标进行改进。单独采用扩展算法1和扩展算法2分别对可靠性和维修性指标进行改进，依然无法使该分系统的可用度达到要求，说明单独实施可靠性或维修性改进工程，效果仍然不理想。当采用扩展算法3-2和扩展算法3-3对可靠性和维修性指标同时进行改进时，该分系统的可用度能够达到要求，说明必须要实现可靠性和维修性综合改进工程，才能达到预期效果，其中可靠性指标改进的重点是部件1～部件5，维修性指标改进的重点是部件1～部件6。

6.4 装备可靠性工作费用估算方法

6.4.1 可靠性增长设计费用估算

装备可靠性设计不仅会影响装备的研制费用，还会影响装备的试验与保障费用，在设计阶段就应该重视装备的寿命周期费用，更应该重视可靠性设计，并综合协调装备的可靠性、维修性和保障性。装备的固有可靠性是由设计确定并通过制造实现的，但由于设计方面的缺陷、元器件的隐患和制造工艺技术等因素的影响，研制初期的装备可靠性往往达不到所要求的指标，因此，需要在装备研制过程中进行可靠性增长设计，以消除装备缺陷，提高其可靠性。

1.装备可靠性增长过程及方法

(1)装备可靠性增长的过程。可靠性增长是指在装备研制与生产阶段采取各种措施系统地、永久地消除故障机理，使装备达到预期可靠性的过程。可靠性增长是按照"试验—分析—改进"的程序反复迭代的过程，是逐步改正装备设计和制造中的缺陷的过程。可靠性增长过程如图6-22所示。

第6章 装备可靠性费用分析

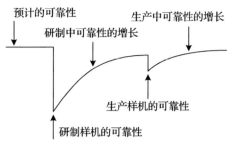

图6-22 装备可靠性增长过程

阶段1：装备研制过程中的可靠性增长。此阶段主要是通过改进设计来消除可靠性的薄弱环节，从而实现装备可靠性的增长。可靠性的薄弱环节主要有两种：①系统性薄弱环节，主要是由于设计、工艺、管理以及批次性的元器件材料缺陷造成的，只有通过改进措施才能排除或减少故障出现的概率。例如：设计时没有很好地进行电磁兼容设计，装备的抗干扰能力差，只有通过修改设计才能加以纠正；采用了使用寿命太短的元器件，大大增加了装备维修的工作量，此时需要另外选取其他品种规格的元器件等。②残余性薄弱环节，如受条件限制，使用了失效率不够高的某种元器件。尽管这种元器件的失效率不够理想，但暂时已经不能改进，在总体设计过程中，对其采取相应措施后仍可满足装备的总故障率要求。在试验及实践中出现这种薄弱环节的故障时，只需对该元器件进行修理或更换。由于这种故障处于受控状态，所以不需要采取改进措施。

阶段2：装备生产过程中的可靠性增长。此阶段主要是通过对产品的筛选或老练来排除其中的不良元器件、部件和工艺缺陷，从而实现装备可靠性的增长。

(2) 装备可靠性增长的方法。从理论上讲，只要对装备的缺陷、故障采取有效的设计、工艺、制造改进措施，都可使装备可靠性得到增长。常用的可靠性增长方法有：

1) 通过分析与设计实施可靠性增长。在装备的设计阶段，通过对装备的工作情况、所处环境、使用条件等的分析，利用已有的或专门的可靠性设计分析技术和良好的信息库支持，可以有效发现装备设计中的隐患或薄弱环节，并针对性地进行改进设计，可有效提高装备的可靠性。这是一种花费最少、收效最大的方法。

2) 通过试验数据分析实施可靠性增长。通过装备试验可以暴露和发现装备的缺陷和故障，并采取相应的措施来防止故障再现，以达到可靠性增长的目的。常用的装备试验类型有：

A. 可靠性增长试验。针对装备的可靠性问题，在实验室专门为可靠性而设置的试验，能够发现装备存在的缺陷和薄弱环节，但其费用相对较高。

B. 综合性装备试验。利用装备的性能试验、功能试验、环境试验、应力试验等，可以发现装备的可靠性问题，但由于这些试验不是专门为可靠性设置的，往往会忽略一些暴露出来的问题，因此，需要实施有效的故障信息收集、反馈和监控。

C. 内外场结合试验。内场试验与外场使用相结合，特别适用于"在研"和"在役"装备的可靠性增长，对使用安全性和任务成功性影响较大的装备，可在实验室进行可靠性增长试验，其他装备可通过外场使用来使可靠性增长。

3)基于装备生产经验实施可靠性增长。生产过程和质量控制是影响装备可靠性的主要因素。一般情况下,装备从研制阶段过渡到生产阶段,其可靠性都会下降。因此,需要运用工艺技术研究、最坏情况分析、可生产性技术等,对装备的生产过程进行不断的改进,并加强装备生产过程中的质量控制,从而实现装备的可靠性增长。

4)依赖装备使用经验实施可靠性增长。通过装备在外场的实际使用来发现问题,并进行改进来提高装备的可靠性,这种做法往往需要花费巨额的费用,才能实现装备的可靠性增长。在装备的试生产和试用阶段,利用"使用经验"实施可靠性增长也是非常有必要的。

2.装备可靠性增长设计方案

(1)更换高品质部件。提高装备可靠性最直接的方式就是用高品质部件代替低品质部件,但更换高品质部件在提高可靠性的同时,也带来部件价格的增加,从而引起可靠性费用的上升,因此就存在一个权衡选择部件品质的问题。

1)高品质部件筛选方法。高品质部件筛选的方法是对所有原部件施加一定的环境应力,从而发现和剔除不合格的部件,剩下的即为满足要求的高品质部件。无论是直接购买高品质部件,还是筛选高品质部件,都会有大量不满足要求的部件被淘汰。工程上讲的不满足使用要求的部件称为"废品","废品"的成本会转嫁给满足使用要求的高品质部件,从而导致高品质部件的单价大幅上涨。相关资料表明:某型集成电路选用时,为了降低失效率,往往需要淘汰90%的组件,导致高品质集成电路的成本上涨9倍。

2)高品质部件价格估算。高品质部件需要采用更好品质的原材料、聘用更高水平的技术员、构建更优质量的生产线,必然会带来高品质部件成本的上涨。高品质部件价格的估算方法主要有以下两种:

A.成本费估算法。成本费估算法就是将高品质部件的成本分解为材料费、人员费、场地费、水电费、生产线损耗费等,在综合考虑物价上涨指数、人员费用变化率、固定资产折旧率等因素的基础上,通过综合各项成本费来得到高品质部件的价格。

B.废品率估算法。废品率估算法就是根据部件筛选过程中出现的废品率来估算高品质部件价格。高品质部件价格的计算公式为

$$p_g = \frac{1}{u} p_0 \tag{6-85}$$

式中:p_g 为高品质部件价格;u 为优选率;p_0 为普通部件的价格。若某部件的寿命服从故障率为 λ 的指数分布,则其寿命分布函数为

$$F(t) = 1 - e^{-\lambda t} \tag{6-86}$$

平均故障间隔时间(MTBF)与故障率 λ 之间的关系为

$$\lambda = \frac{1}{\text{MTBF}} \tag{6-87}$$

将 MTBF=3 000 h,要求正常工作时间 $t=6\,000$ h 代入,可得 $F(6\,000)=86.47\%$,则优选率为 $u=1-F(6\,000)=13.53\%$。根据优选率和普通部件的价格就可求得高品质部件的价格。

(2)增加冗余设计。冗余设计是用不少于两种途径来完成规定功能的设计思路,是一种重要的"容错"途径,能够确保部分单元出现故障时系统仍可以完成任务。

1)冗余设计分类。冗余设计按冗余部件是否接入系统分为工作冗余和非工作冗余。常见的工作冗余方式有并联冗余、表决冗余、混合冗余。并联冗余只要有一个单元正常,系统便认为没有失效;表决冗余要求有数个单元正常工作,当要求单元数为1时等效为并联冗余。非工作冗余按照冗余单元是否接入载荷可分为热贮备、冷贮备和温贮备。热贮备系统寿命分布与并联系统相似,冷贮备是冗余单元在贮备期间不接入载荷或载荷很小,可近似认为冗余单元的寿命无损失。

2)并联冗余设计。为保障并联单元载荷的均衡性和维修保障的通用性,并联冗余设计通常选择相同性能的部件进行并联。现假定并联部件的寿命服从相同指数分布,且不考虑并联单元之间因分担载荷的变化对部件寿命的影响,则并联系统的平均故障间隔时间为

$$\text{MTBF} = \frac{1}{\lambda_0} \sum_{i=1}^{n} \frac{1}{i} \tag{6-88}$$

式中:λ_0 为并联单元的故障率;n 为并联单元的数量。并联系统的可靠度 $R_n(t)$ 为

$$R_n(t) = 1 - [1 - e^{-\lambda_0 t}]^n \tag{6-89}$$

可以看出,并联系统的寿命分布不再服从指数分布。由于增加了并联单元,并联系统需要重新进行设计,带来的相关费用为 p_y,则并联系统的可靠性费用 p_n 为

$$p_n = p_y + n p_0 \tag{6-90}$$

式中:p_y 为重新设计的费用;n 为并联单元的数量;p_0 为部件的单价。

3)冷贮备冗余设计。假定冷贮备系统的各部件寿命均服从相同指数分布,当检测装置检测到工作单元失效时,冷贮备单元通过转换装置转为工作状态,冷贮备单元未转入工作状态时,可认为其近似零载荷,寿命也是无损的,则冷贮备系统的平均故障间隔时间为

$$\text{MTBF} = \frac{n_0 + 1}{\lambda_0} \tag{6-91}$$

式中:λ_0 为贮备单元的故障率;n_0 为冷贮备单元的数量。冷贮备系统的可靠度 $R_s(t)$ 为

$$R_s(t) = \sum_{i=0}^{n_0} \frac{(\lambda_0 t)^i}{i!} e^{-\lambda_0 t} \tag{6-92}$$

由于冷贮备系统增加了贮备单元,因此也需要重新进行设计,带来的相关费用为 p_y。此外,冷贮备系统只有当检测装置发现工作单元失效时,转换装置才会将贮备单元转为工作状态,需要增加检测装置和转换装置的设计制造费 p_z。冷贮备系统的可靠性费用 p_s 为

$$p_s = p_y + p_z + n_0 p_0 \tag{6-93}$$

式中:p_y 为重新设计的费用;p_z 为检测装置和转换装置的设计制造费;n_0 为冷贮备单元的数量;p_0 为部件的单价。

3.装备可靠性费用估算实例分析

某装备的可靠性薄弱环节已经确定,现已知该部件的寿命服从指数分布,部件的单价为 $p_0=5$ 万元,平均故障间隔时间 MTBF=3 000 h,针对此可靠性薄弱环节在不同可靠性要求下进行可靠性增长设计,要求估算不同设计方案的可靠性费用。

(1)要求 MTBF≥3 500 h 时的可靠性费用。

1)采用更换高品质部件设计。根据式(6-86),将 $t=3\ 500$ h 代入,得到 MTBF=3 000 h 的部件中有 68.9% 的部件的 MTBF<3 500 h,于是得优选率 $u=31.1\%$,代入式(6-85)可

得满足 MTBF≥3 500 h 的高品质部件价格 $p_g = 16.1$ 万元。

2)采用并联冗余设计。根据式(6-88),当采用两个 MTBF=3 000 h 的部件并联冗余时,并联系统的 MTBF=4 500 h,两部件并联即满足使用要求。假设一个并联单元安装结构的设计制造费用 $p_y = 2$ 万元,则可得两部件并联的冗余设计方案的可靠性费用 $p_n = 12$ 万元。

3)采用冷贮备冗余设计。根据式(6-91),采用单部件冷贮备即 $n_0 = 1$ 时,冷贮备系统的 MTBF=6 000 h,即采用单部件冷贮备可满足使用要求。假设一个冗余单元的安装结构设计制造费 $p_y = 2$ 万元,检测装置和转换装置的设计制造费 $p_z = 4$ 万元,于是可以得到单部件冷贮备方案的可靠性费用 $p_s = 16$ 万元。

通过对 3 种设计方案的分析可知,应优先选择费用最低的两部件并联方案,在可靠性费用相近的情况下,更换高品质部件方案优于单部件冷贮备方案。

(2)要求 MTBF≥4 000 h 时的可靠性费用。采用更换高品质部件设计方案,将 $t = 4 000$ h 代入式(6-86),得到 MTBF=3 000 h 的部件中有 73.6% 的部件 MTBF<4 000 h,于是得优选率 $u = 26.4\%$,代入式(6-85)可得满足 MTBF≥4 000 h 的高品质部件价格 $p_g = 18.9$ 万元。两部件并联的冗余设计方案的可靠性费用 $p_n = 12$ 万元,单部件冷贮备方案的可靠性费用 $p_s = 16$ 万元。因此,应优先选择可靠性费用最低的两部件并联冗余设计方案,另外,更换高品质部件方案费用高于单部件冷贮备方案,需要综合权衡比较。

(3)要求 MTBF≥4 500 h 时的可靠性费用。采用更换高品质部件设计方案,将 $t = 4 500$ h 代入式(6-86),得到 MTBF=3 000 h 的部件中有 77.7% 的部件的 MTBF<4 500 h,于是得优选率 $u = 22.3\%$,代入式(6-85)可得满足 MTBF≥4 500 h 的高品质部件价格 $p_g = 22.4$ 万元。两部件并联的冗余设计方案的可靠性费用 $p_n = 12$ 万元,单部件冷贮备方案的可靠性费用 $p_s = 16$ 万元。因此,应优先选择可靠性费用最低的两部件并联冗余设计方案,另外,更换高品质部件方案费用远高于两部件并联冗余方案,效费比最低。

当采用三部件并联冗余设计即 $n = 3$ 时,并联系统的 MTBF=5 500 h,并联系统的可靠度 $R_3(t) = 1 - [1 - e^{-\frac{t}{3 000}}]^3$。假设两个并联单元安装结构的设计制造费 $p_y = 4$ 万元,则可得三部件并联冗余设计方案的可靠性费用 $p_n = 19$ 万元。

(4)要求 MTBF≥5 000 h 时的可靠性费用。采用更换高品质部件设计方案,将 $t = 5 000$ h 代入式(6-86),得到 MTBF=3 000 h 的部件中有 81.1% 的部件的 MTBF<5 000 h,于是得优选率 $u = 18.9\%$,代入式(6-85)可得满足 MTBF≥5 000 h 的高品质部件价格 $p_g = 26.9$ 万元。三部件并联冗余设计方案的可靠性费用 $p_n = 19$ 万元,单部件冷贮备方案的可靠性费用 $p_s = 16$ 万元。由此可知,单部件冷贮备方案的可靠性费用最低,更换高品质部件设计方案的可靠性费用最高,在进行可靠性设计方案选择时需要综合考虑质量、能耗等物理量的约束因素。

6.4.2 可靠性增长试验费用估算

可靠性增长试验是指为暴露产品的薄弱环节,有计划、有目标地对产品施加模拟实际环境的综合环境应力及工作应力,以激发故障、分析故障和改进设计与工艺,并验证改进措施有效性而进行的试验。工程实践表明,装备研制阶段的可靠性增长试验,发现问题和改进设计、工艺是提高装备可靠性的一项重要且基本的措施,它明显地降低了装备故障率,提高了装备固有可靠性和使用可靠性。虽然需要一定的经费投入,但其收效甚大,有较高的效费比。

1.可靠性增长试验与其他可靠性试验的关系

(1)可靠性增长试验与可靠性增长。可靠性增长是通过反复改进设计和系统地永久性地消除故障原因,使装备系统在整个寿命周期中的可靠性得到提高。可靠性增长试验是使装备系统实现可靠性增长的一种有效手段,是装备系统可靠性增长过程的关键环节。可靠性增长贯穿于装备寿命周期的各个阶段,可以通过FMECA、性能试验、环境试验、鉴定试验、可靠性增长试验、使用试验以及外场使用等途径发现故障,采取纠正措施来实现可靠性增长,使装备系统达到最终的可靠性目标值。可靠性增长试验是在装备系统研制阶段的后期进行的,它通过专门的试验、分析和改进来实现可靠性增长,使装备系统达到研制阶段规定的可靠性门限值,保证顺利通过可靠性鉴定试验。两者之间的主要区别如表6-21所示。

表6-21 可靠性增长试验与可靠性增长

比较项目	可靠性增长试验	可靠性增长
应用目的	有效地实现研制阶段的可靠性增长,达到武器系统或设备研制阶段的可靠性门限值	以最佳效费比实现武器系统或设备可靠性增长,达到所要求的可靠性目标值
适用时机	研制阶段后期	寿命周期各个阶段
适用方法	专门的可靠性增长试验	分析、试验、外场使用
环境条件	实际或模拟的使用环境	随方法而异

(2)可靠性增长试验与可靠性研制试验。可靠性增长试验与可靠性研制试验的主要目的是在装备系统的工程研制阶段中,尽快解决大多数的可靠性问题,并采取有效的纠正措施,实现工程研制阶段的可靠性增长。

可靠性研制试验是在可靠性增长试验之前进行的,其主要目的是暴露缺陷、采取纠正措施;而可靠性增长试验除了暴露缺陷、采取纠正措施目的之外,还要达到研制阶段规定的可靠性门限值。可靠性增长试验要求在实际或模拟的使用环境条件下进行,而可靠性研制试验可以在一般室内的、实际的或加速的环境条件下进行。两者之间的主要区别如表6-22所示。

表6-22 可靠性增长试验与可靠性研制试验

比较项目	可靠性增长试验	可靠性研制试验
应用目的	暴露缺陷,采取纠正措施,达到研制阶段规定的可靠性门限值	暴露缺陷,采取纠正措施,实现可靠性增长
适用时机	环境鉴定试验之后,可靠性鉴定试验之前	研制样机造出之后,研制阶段结束之前
适用方法	专门的可靠性增长试验	专门试验,或与性能试验、环境试验相结合
环境条件	实际或模拟的使用环境	室内环境、实际使用环境、加速应力环境

(3) 可靠性增长试验与环境应力筛选。可靠性增长试验与环境应力筛选同属于可靠性工程试验范畴，两者的主要差别在于前者提高了所有同类产品的固有可靠性，而后者仅提高了受试产品的使用可靠性。环境应力筛选是利用环境应力激励的方法，使在外场使用中将发生的由于元器件、工艺及设计缺陷造成的故障，在研制或生产过程中就暴露出来的一种有效手段，其主要目的是剔除早期故障，消除潜在缺陷引起的故障，以改善受试产品（包括元器件、部件、组件和设备）的外场使用可靠性。两者之间的主要区别如表6-23所示。

表6-23 可靠性增长试验与环境应力筛选

比较项目	可靠性增长试验	环境应力筛选
应用目的	消除设计薄弱环节，提高所有同类产品的可靠性	剔除早期故障，提高受试产品的可靠性
适用时机	工程研制阶段	批生产或工作研制阶段
试验样件	试验样件	批生产件
样本数量	多于1个产品	全部产品
试验持续时间	5～25MTBF	随所加应力等级而定
环境条件	实际或模拟的使用环境，一般采用综合应力，包括温度循环、振动、冲击、高温或压力、热炼	一般为加速应力环境，采用组合应力，主要包括温度环境、随机或正弦振动

(4) 可靠性增长试验与可靠性鉴定试验。可靠性鉴定试验属于可靠性统计试验范畴，主要用于度量产品的可靠性水平，验证产品的可靠性是否达到合同规定的要求。通常按照规定的试验方案进行试验，试验时间越长，置信度越高。在试验中只对发现的故障进行记录和做必要的修理，一般不要求采取纠正措施。可靠性增长试验主要用于暴露产品的薄弱环节，提高产品的可靠性，保证产品顺利通过可靠性鉴定试验，要求对在试验中发现的故障进行分析，采取纠正措施，永久性地消除故障，因此，试验时间越长，发现的故障越多，设计更改越多，可靠性提高越大。两者之间的主要区别如表6-24所示。

表6-24 可靠性增长试验与可靠性鉴定试验

比较项目	可靠性增长试验	可靠性鉴定试验
应用目的	提高产品的可靠性	验证产品的可靠性是否满足合同要求
适用时机	可靠性鉴定试验之前	设计定型试验时
试验持续时间	5～25MTBF	按试验方案确定
环境条件	实际或模拟的使用环境	实际或模拟的使用环境
时间限制	无	受限制
费用	更改容易，费用低	需改型，费用高
风险	低风险	中等风险

2.可靠性增长试验的方法和过程

(1)可靠性增长试验的方法。可靠性增长试验的目的就是要在产品生产定型(主要是设计定型)之前,尽早地采取纠正措施,消除系统的薄弱环节,以提高产品的可靠性,实现可靠性增长。可靠性增长试验的基本方法是:将产品置于一定的环境(可以是真实环境、模拟环境或加速变化的环境)之中进行试验,以暴露其设计或制造原因造成的薄弱环节,并通过对试验的分析提出改进产品可靠性的有效措施,尽可能地排除上述原因造成的薄弱环节。

(2)可靠性增长试验的过程。可靠性增长试验是反复进行"试验、分析、改进、再试验"的过程(简称为 TAAT 过程),其具体步骤如下:

1)可靠性增长试验实施前,应先选择可靠性增长模型,并依据可靠性增长模型绘制曲线。

2)设计可靠性增长试验剖面图,选取试验应力类型、量级、试验时间,通过环境模拟试验或加速试验激发产品故障,引发产品潜在的薄弱问题。

3)产品故障得到激发后,对故障进行定位分析,获取故障机理,根据故障分析结果,对产品存在的设计缺陷进行设计改进,对生产缺陷进行故障纠正。

4)新产品生产后,根据以上步骤重新进行试验、分析和故障纠正,直到产品达到预期的可靠性增长指标。

3.典型的可靠性增长模型

可靠性增长模型是用于描述可靠性增长规律的数学模型,是用以往各阶段的试验数据来估计产品当前的可靠性,以及预测将来可达到的可靠性水平。可靠性增长模型可用于指导以下两方面的工作:一是用于可靠性增长试验的监测,主要是将可靠性增长的曲线与实际曲线进行比较,以分析可靠性增长的发展趋势;二是用于安排可靠性增长试验方案,预测达到可靠性目标需要花费的时间,由试验时间和设置的可靠性增长率来估计试验中需要付出的人力和物力。目前,可靠性增长试验中被广泛应用的可靠性增长模型是 AMSAA 模型和杜安模型。

(1)AMSAA 模型。假设产品在开发期 $(0,t]$ 内失效次数 $N(t)$ 是具有均值函数 $EN(t)=at^b$ 及瞬时强度 $\lambda(t)=abt^{b-1}$ 的非齐次泊松(Poisson)过程,参数 $a>0$、$b>0$,a 和 b 分别称为尺度参数和形状参数。当 $b=1$、$\lambda(t)=a$ 时,非齐次泊松过程退化为泊松过程,失效时间间隔服从指数分布,产品的可靠性没有趋势,既不增长也不下降;当 $b<1$、$\lambda(t)$ 递减时,表示产品可靠性增长;当 $b>1$、$\lambda(t)$ 递增时,表示产品可靠性下降。

对于时间截尾,给定时间 T,在 $(0,T]$ 内发生 $n>1$ 次失效,失效时间为 $0<t_1<t_2<\cdots<t_n<T$。此时,观测的似然函数为

$$L(t_1,t_2,\cdots,t_n)=\prod_{j=1}^{n}abt_j^{b-1}\mathrm{e}^{-aT^b}=a^n b^n \mathrm{e}^{-aT^b}\prod_{j=1}^{n}t_j^{b-1} \qquad (6-94)$$

对其两边取对数得

$$\ln L(t_1,t_2,\cdots,t_n)=n\ln a+n\ln b-aT^b+(b-1)\sum_{j=1}^{n}\ln t_j \qquad (6-95)$$

求解以下方程组:

$$\left.\begin{array}{l}\dfrac{\partial \ln L(t_1,t_2,\cdots,t_n)}{\partial a}=0\\ \dfrac{\partial \ln L(t_1,t_2,\cdots,t_n)}{\partial b}=0\end{array}\right\} \quad (6-96)$$

得到

$$\left.\begin{array}{l}\dfrac{n}{a}-T^b=0\\ \dfrac{n}{b}-aT^b\ln T+\sum_{j=1}^{n}\ln t_j=0\end{array}\right\} \quad (6-97)$$

因此,可得 b 和 a 的极大似然估计为

$$\left.\begin{array}{l}\hat{b}=\dfrac{n}{\sum_{j=1}^{n}\ln \dfrac{T}{t_j}}\\ \hat{a}=\dfrac{n}{T^{\hat{b}}}\end{array}\right\} \quad (6-98)$$

在时刻 T,产品 MTBF 的极大似然估计为

$$\hat{M}(T)=\dfrac{T}{n\hat{b}}=\dfrac{T}{n^2}\sum_{j=1}^{n}\ln \dfrac{T}{t_j} \quad (6-99)$$

b 和 a 的无偏估计值为

$$\left.\begin{array}{l}\bar{b}=\dfrac{n-1}{\sum_{j=1}^{n}\ln \dfrac{T}{t_j}}\\ \bar{a}=\dfrac{n}{T^{\bar{b}}}\end{array}\right\} \quad (6-100)$$

则在时刻 T,产品 MTBF 的无偏估计为

$$\bar{M}(T)=\dfrac{T}{n\bar{b}}=\dfrac{T}{n(n-1)}\sum_{j=1}^{n}\ln \dfrac{T}{t_j} \quad (6-101)$$

在保持试验条件和改进强度不变的条件下,在未来某一时刻 T^*,产品 MTBF 的外推值为

$$M(T^*)=\dfrac{T^{*(1-\bar{b})}}{\bar{a}\bar{b}} \quad (6-102)$$

(2)杜安模型。杜安模型是 1964 年由美国工程师 J. T. Duane 提出的一种经验确定模型。他在近 600 万套试验数据的分析中发现,在产品的不断改进过程中,累积故障率与累积故障时间在双对数坐标纸上近似呈线性函数关系。

1)以累积失效率 $C(t)$ 表示的杜安模型。若产品的累积工作时间为 t,在 $(0,t)$ 的时间内,出现 N 个失效,记为 $N(t)$,在每次失效后,对失效进行分析和改进,然后进行试验,这样在 $(0,t)$ 时间内,其失效率 $\lambda(t)$ 是随时间变化的,在此时间内的累积失效率为

$$C(t)=N(t)/t \quad (6-103)$$

杜安模型认为,由于不断改进,提高了产品的可靠性,所以累积失效率 $C(t)$ 与累积试

验时间 t 的关系为

$$C(t) = N(t)/t = Kt^{-m} \quad (6-104)$$

式中：K 为试验的环境系数，$K>0$；m 为增长率，$0<m<1$；t 为累积试验时间。对其两边取对数得

$$\ln C(t) = \ln K - m \ln t \quad (6-105)$$

式中：$\ln K$ 为直线在纵轴上的截距；m 为直线的斜率，反映了可靠性增长的速率。

由式(6-104)可得

$$N(t) = Kt^{1-m} \quad (6-106)$$

当 $\Delta t \to 0$ 时，可得 t 时刻的瞬时故障率 $\lambda(t)$ 为

$$\lambda(t) = \frac{\mathrm{d}N(t)}{\mathrm{d}t} = K(1-m)t^{-m} \quad (6-107)$$

2）以可靠性指标 MTBF 表示的杜安模型。产品的可靠性特征量一般以平均故障间隔时间 MTBF 来表示，此时杜安模型为

$$\mathrm{MTBF}_R = \mathrm{MTBF}_I \left(\frac{t_1}{T_1}\right)^m \quad (6-108)$$

式中：MTBF_R 为产品所要求的 MTBF；MTBF_I 为产品试制后初步具有的 MTBF；T_1 为增长试验前的预先处理时间；t_1 为产品由 MTBF_I 增长至 MTBF_R 所需的时间。对其两边取对数得

$$\ln \mathrm{MTBF}_R = \ln \mathrm{MTBF}_I + m(\ln t_1 - \ln T_1) \quad (6-109)$$

可见，在双对数坐标纸中，若以 MTBF 为纵坐标，以累积试验时间为横坐标，则可靠性增长呈现为一条直线，直线的斜率就是增长率 m，如图 6-23 所示。

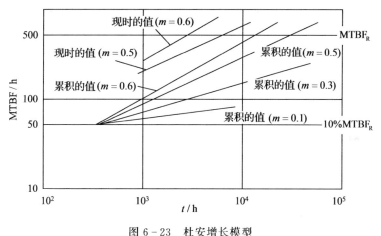

图 6-23 杜安增长模型

4. 可靠性增长试验费用模型

从可靠性增长活动的内容出发，并结合相关文献资料可知，可靠性增长试验费用通常包括试验设计费用、试验样机成本、设计修改费用和试验时间相关费用等。因此，可将可靠性增长试验费用表示为

$$C_R = C_D + NC_P + C_T T + C_V PF \qquad (6-110)$$

式中：C_R 为可靠性增长试验费用；C_D 为试验设计费用；C_P 为试验样机单价；C_T 为平均每小时试验费用；C_V 为平均每次修改费用；N 为试验样机数量；T 为总试验时间；P 为进行修改的故障占总故障数的比例；F 为试验阶段的故障总数。

由前可知，可靠性增长试验结束时所达到的可靠性指标 MTBF 为

$$\mathrm{MTBF} = \frac{T^m}{(1-m)K} \qquad (6-111)$$

式中：T 为总试验时间；K 为试验的环境系数；m 为增长率。于是有

$$T = [\mathrm{MTBF}(1-m)K]^{1/m} \qquad (6-112)$$

则可靠性增长试验 T 时间内的累积故障数为

$$N(T) = \frac{TK(1-m)}{(1-m)T^m} = \frac{T}{(1-m)\mathrm{MTBF}} \qquad (6-113)$$

最后得到可靠性增长试验费用为

$$C_R = C_D + NC_P + \left[C_T + \frac{C_V P}{(1-m)\mathrm{MTBF}} \right][\mathrm{MTBF}(1-m)K]^{1/m} \qquad (6-114)$$

利用该模型在对相关参数做出合理估计后，可对以 MTBF 为参数的装备可靠性增长试验费用做出估计和预测。

6.4.3 可靠性验证试验费用估算

1. 可靠性验证试验的内容和作用

(1) 可靠性验证试验的内容。可靠性验证试验是为对产品的设计和生产结果进行检验而进行的试验，包括可靠性鉴定试验和可靠性验收试验两种。

可靠性鉴定试验是指为验证产品设计是否达到规定的可靠性要求，由订购方认可的单位按选定的抽样方案，抽取有代表性的产品在规定的条件下所进行的试验。其工作要点是：

1) 有可靠性指标要求的产品，特别是任务关键的或新技术含量较高的产品应进行可靠性鉴定试验。可靠性鉴定试验一般应由第三方实施。

2) 可靠性鉴定试验应尽可能在较高层次的产品上进行，以充分考核接口的情况，提高试验的真实性。可靠性鉴定试验可结合产品的定型试验或寿命试验进行。

3) 可靠性鉴定试验的受试产品应代表定型产品的技术状态，并经订购方认定。

4) 应按有关标准规定的要求和方法进行可靠性鉴定试验，且可靠性鉴定试验方案需通过评审并经订购方认可。

5) 可靠性鉴定试验应在环境鉴定试验和环境应力筛选完成后进行。

6) 可靠性鉴定试验前和试验后必须进行评审。

可靠性验收试验是指为验证批生产产品是否达到规定的可靠性要求，在规定条件下所进行的试验。其工作要点是：

1) 可靠性验收试验的受试产品应从批生产产品中随机抽取，受试产品及数量由订购方确定。

2) 应按有关标准规定的要求和方法进行可靠性验收试验。

3)产品可靠性验收试验方案需经订购方认可。
4)可靠性验收试验应在环境应力筛选完成后进行。
5)可靠性验收试验前和试验后必须进行评审。

(2)可靠性验证试验的作用。无论是可靠性鉴定试验还是可靠性验收试验,均属于工作量大、投资多的可靠性工作项目,其目的在于收集可靠性信息,从而做出接受或拒收的决策。两者在试验方法上具有共性,但在试验目的和时机上有差别。可靠性鉴定试验主要是用于检验产品设计和试生产的可靠性指标是否满足可靠性定量要求,而可靠性验收试验则是在生产阶段检验产品的可靠性指标是否仍然满足可靠性定量要求。

一般来讲,为了判断待鉴定产品的可靠性是否满足订购方的定量要求,只能随机选择部分产品(称为样本)进行可靠性验证试验。由于样本选择具有随机性,样本所代表的可靠性虽然能反映产品真实可靠性的信息,但却不能恰好等于产品的真实可靠性。因此,根据样本的结果来做出产品可靠性满足订购方要求(称为接受),或不满足订购方要求(称为拒收)的判断,就存在判断错误的可能性。这种判断错误的可能性就是决策风险,它可以分为两类:第一类是拒收满足可靠性要求的产品,称为第一类判断错误的风险,这是承制方(或生产方)关心的;第二类是接受不满足可靠性要求的产品,称为第二类判断错误的风险,这是订购方(或使用方)关心的。

由此可知,虽然可靠性验证试验的难度大、投资高,但它能够获得重要的可靠性信息,是产品设计和生产阶段重要的可靠性管理手段。

2.可靠性验证试验的方法

可靠性验证试验方法也称可靠性验证试验方案。《可靠性鉴定和验收试验》(GJB 899A—2009)基于产品故障前工作时间符合指数分布(即故障率为常数)的假设,给出了3种类型的统计方案:

(1)序贯试验统计方案。序贯试验统计方案分为标准型统计方案和短时高风险统计方案。当希望采用正常的生产方风险和使用方风险(10%~20%)时,应采用标准型统计方案。若采用短时高风险统计方案,则试验时间可以缩短,但生产方和使用方都要承担较高的决策风险。在使用方风险、生产方风险和鉴别比相同的情况下,与定时试验统计方案相比,序贯试验统计方案通常能较快地对MTBF接近MTBF检验上限θ_0或MTBF检验下限θ_1的产品做出接收或拒收判决。

对于具有未知的MTBF值θ的指数型产品,在累计工作时间t内发生r次故障的概率为

$$P_r(r) = (\frac{t}{\theta})^r (\frac{e^{-t/\theta}}{r!}) \tag{6-115}$$

序贯试验必须证明θ至少不小于MTBF检验下限θ_1,若实际MTBF确实等于MTBF检验下限θ_1,则在工作时间t内发生r次故障的概率为

$$P_1(r) = (\frac{t}{\theta_1})^r (\frac{e^{-t/\theta_1}}{r!}) \tag{6-116}$$

为了构造出序贯试验,需选择MTBF检验上限θ_0,若产品的MTBF等于MTBF检验上限θ_0,则在工作时间t内发生r次故障的概率为

$$P_0(r) = \left(\frac{t}{\theta_0}\right)^r \left(\frac{e^{-t/\theta_0}}{r!}\right) \tag{6-117}$$

于是可得概率比的计算公式为

$$P(r) = \frac{P_1(r)}{P_0(r)} = \left(\frac{\theta_0}{\theta_1}\right)^r e^{-[(1/\theta_1)-(1/\theta_0)]t} \tag{6-118}$$

在试验期间持续计算该比例并与预先规定的两个常数 A 和 B 进行比较,并使用下面的决策准则:

1)如果 $P(r) \leqslant B$,接收并停止试验;
2)如果 $P(r) \geqslant A$,拒收并停止试验;
3)如果 $B < P(r) < A$,继续试验。

其中,常数 A 和 B 的计算公式为

$$\left.\begin{array}{l} A = \dfrac{(1-\beta)(d+1)}{2\alpha d} \\ B = \dfrac{\beta}{1-\alpha} \end{array}\right\} \tag{6-119}$$

式中:α 为生产方风险;β 为使用方风险;d 为鉴别比,$d = \theta_0/\theta_1$。

(2)定时试验统计方案。定时试验统计方案分为标准型统计方案和短时高风险统计方案。标准型统计方案采用正常的生产方风险和使用方风险为 10%～20%。短时高风险统计方案所采用的生产方风险和使用方风险为 30%。如果同时考虑生产方风险和使用方风险,那么选用标准型统计方案和短时高风险统计方案;如果只关注使用方风险,那么选用补充统计方案。

当总试验时间 T 达到选定统计方案所对应的试验时间时,若试验中出现的自然故障数大于等于拒收故障数,则做出拒收判决;若试验中出现的自然故障数小于等于接受故障数,则做出接受判决。设选定统计方案中 MTBF 的真值为 θ,其与接受概率 $P(\theta)$ 的关系可用泊松公式表示,即

$$P(\theta) = \sum_{k=0}^{a} \frac{(T/\theta)^k}{k!} \exp(-T/\theta) \tag{6-120}$$

式中:T 为总试验时间;θ 为 MTBF 的真值;a 为可接受故障数。

显然有

$$\left.\begin{array}{l} P(\theta_0) = 1-\alpha \\ P(\theta_1) = \beta \end{array}\right\} \tag{6-121}$$

由于制定统计方案时 a 只能取整数,因此 $P(\theta_0)$ 和 $P(\theta_1)$ 只能分别尽量接近 $1-\alpha$ 和 β。一般来讲,确定定时试验是预先知道试验持续时间,使得试验规划人员可以在试验持续时间、使用方风险 α 和生产方风险 β、MTBF 检验上限 θ_0 和 MTBF 检验下限 θ_1 之间进行权衡,即对于给定的 α、β、θ_0 和 θ_1,计算试验持续时间 T 和接受故障数 a。

根据试验是按时间截尾还是按故障截尾、试验中故障件是否有替代等,必须考虑4种不同类型的定时试验。对于按时间截尾、故障件有替换的定时试验,试验截尾时间 T 和接受故障数 a 可通过下式进行求解:

$$\left.\begin{aligned}1-\beta &= \sum_{k=a+1}^{\infty} \frac{(T/\theta_1)}{k!}\exp(-T/\theta_1)\\ 1-\alpha &= \sum_{k=0}^{a} \frac{(T/\theta_0)}{k!}\exp(-T/\theta_0)\end{aligned}\right\} \quad (6-122)$$

为了描述问题方便,引入参数 r ,用 r 表示拒收故障数。接受故障数 a 与拒收故障数 r 的关系为 $a=r-1$,则方程式(6-122)可以写为

$$\left.\begin{aligned}\beta &= \sum_{k=0}^{a} \frac{(T/\theta_1)}{k!}\exp(-T/\theta_1)\\ 1-\alpha &= \sum_{k=0}^{r-1} \frac{(T/\theta_0)}{k!}\exp(-T/\theta_0)\end{aligned}\right\} \quad (6-123)$$

计算步骤如下:

1)初始值 $a=0$、$r=1$。

2)把 a 和规定的 β、θ_1 代入式(6-123)的第一个方程,得到可能的最小试验时间 T。

3)把 T 和 θ_0、r 代入式(6-123)的第二个方程,计算 α 值。

4)如果 α 值大于规定值,让 a 的值加1,r 等于 a 值加1,转步骤2);如果 α 值不大于规定值,转步骤5)。

5)停止迭代,输出 T、a 和 r,获得期望的统计方案决策规则。

(3)全数试验统计方案。若订购方要求对批产品的(或试生产的)每一台产品都进行可靠性验收试验,则应采用全数试验统计方案。当采用全数试验统计方案进行试验时,应按批准的试验大纲所规定的综合环境条件对所有生产的全批产品进行试验,并应记录累积的试验台时数。

当每台受试产品按规定的时间进行试验后,若性能正常或绘制在判决图上的阶梯状曲线没有超出拒收线,则对该批产品应做出接受判决。若试验中按累积试验时间与累积故障数绘制在判决图上的阶梯状曲线达到或超过拒收线,则对该批产品应做出拒收判决,试验停止后承制方应采取纠正措施。拒收线和接受线可根据序贯试验方案的生产方风险 α 和使用方风险 β 及鉴别比 d ,按瓦尔德序贯试验的拒收线和接受线的近似公式略加调整后计算得到。

3.可靠性验证试验费用估算模型

从可靠性验证试验的内容和过程出发,可将可靠性验证试验费用表示为

$$C_v = C_t t_w + C_N N + C_f \quad (6-124)$$

式中: C_v 为可靠性验证试验费用; C_t 为单位时间试验费用; C_N 为试验品费用系数; C_f 为试验固定费; t_w 为做出判断前的等待时间; N 为试验品的数量。

对于序贯试验方案, t_w 为随机变量,故有

$$EC_v = C_t Et_w + C_N N + C_f \quad (6-125)$$

当故障件有替换时, Et_w 的具体形式为

$$Et_w = (\theta/N) Er \quad (6-126)$$

其中, Er 为在试验中发生故障数的期望值,可表示为

$$\left.\begin{aligned}Er &= \frac{P(A)\ln B + [1-P(A)]\ln A}{\ln k - d(k-1)}, & \theta \neq s \\ Er &= -\frac{\ln A \ln B}{(\ln k)^2}, & \theta = s\end{aligned}\right\} \quad (6-127)$$

式中：$k=\dfrac{\theta_0}{\theta_1}$；$d=\dfrac{\theta}{\theta_1}$；$P(A)=\dfrac{A^h-1}{A^h-B^h}$，$h$ 为方程 $\theta=\dfrac{k^h-1}{h(1/\theta_1-1/\theta_0)}$ 的非零根。于是，可靠性验证试验费用期望值可进一步表示为

$$EC_v = C_t(\theta/N)Er + C_N N + C_f \quad (6-128)$$

在确定了参数 α、β、θ_0 和 θ_1 后，可靠性验证试验费用 C_v 即为试验品数量 N 的一元函数。令 $\dfrac{\mathrm{d}EC_v}{\mathrm{d}N}=0$，得

$$N_0 = \sqrt{\frac{\theta C_t}{C_N}r} \quad (6-129)$$

由于 N_0 不一定为整数，因此需要比较 N_0 两端的整数，以确定最优的试验品数量 N^*，使得可靠性验证试验费用 C_v 最小。

为求最优的试验品数量 N^*，必须要对试验品的平均寿命 θ 进行估计，通常 θ 可通过加速寿命测试数据进行推算，模型参数 C_t、C_N、C_f 可利用历史数据通过最小二乘法拟合。由于直接由方程求解参数 h 较为复杂，所以一般运用数值方法来求 h 的数值解。为使以上优化模型更为实用，选取了多组 k、d 值计算了对应的 h 值（见表 6-25），以方便计算中查阅。

表 6-25　$k=1.5\sim2.3$、$d=0.25\sim10.00$ 时的 h 取值表

d	k								
	1.5	1.6	1.7	1.8	1.9	2.0	2.1	2.2	2.3
0.25	−11.90	−10.59	−9.656	−8.953	−8.406	−7.968	−7.609	−7.310	−7.057
0.50	−5.301	−4.766	−4.382	−4.094	−3.870	−3.690	−3.543	−3.419	−3.315
0.75	−2.614	−2.410	−2.264	−2.154	−2.069	−2.000	−1.944	−1.896	−1.856
1.00	−1.000	−1.000	−1.000	−1.000	−1.000	−1.000	−1.000	−1.000	−1.000
1.25	0.134	−0.011	−0.115	−0.194	−0.255	−0.304	−0.344	−0.378	−0.407
1.50	1.000	0.743	0.559	0.420	0.312	0.225	0.153	0.093	0.043
1.75	1.697	1.349	1.100	0.912	0.766	0.678	0.551	0.470	0.402
2.00	2.279	1.855	1.551	1.322	1.144	1.000	0.882	0.783	0.700
2.25	2.776	2.287	1.936	1.672	1.466	1.300	1.164	1.050	0.953
2.50	3.210	2.664	2.272	1.977	1.747	1.562	1.410	1.282	1.174
2.75	3.594	2.997	2.569	2.247	1.995	1.793	1.627	1.488	1.369
3.00	3.939	3.297	2.836	2.489	2.218	2.000	1.821	1.671	1.544
3.25	4.251	3.567	3.077	2.708	2.419	2.167	1.997	1.837	1.702
3.50	4.536	3.815	3.297	2.907	2.603	2.358	2.157	1.988	1.845

续表

d	k								
	1.5	1.6	1.7	1.8	1.9	2.0	2.1	2.2	2.3
3.75	4.799	4.402	3.499	3.091	2.771	2.515	2.304	2.127	1.977
4.00	5.041	4.252	3.686	3.260	2.927	2.660	2.440	2.256	2.099
4.25	5.267	4.448	3.860	3.418	3.072	2.795	2.566	2.375	2.213
4.50	5.478	4.630	4.023	3.565	3.208	2.921	2.684	2.487	2.318
4.75	5.675	4.802	4.175	3.703	3.335	3.039	2.795	2.591	2.418
5.00	5.867	4.963	4.319	3.833	3.454	3.150	2.899	2.689	2.511
5.25	6.038	5.116	4.454	3.956	3.567	3.254	2.997	2.782	2.599
5.50	6.204	5.260	4.583	4.073	3.674	3.354	3.090	2.870	2.682
5.75	6.363	5.397	4.703	4.183	3.776	3.448	3.179	2.953	2.761
6.00	6.531	5.528	4.821	4.288	3.872	3.538	3.263	3.033	2.837
6.25	6.657	5.652	4.931	4.388	3.964	3.623	3.343	3.108	2.909
6.50	6.795	5.771	5.037	4.484	4.052	3.705	3.420	3.180	2.977
6.75	6.927	5.885	5.139	4.576	4.137	3.783	3.493	3.250	3.043
7.00	7.053	5.995	5.236	4.664	4.217	3.858	3.563	3.316	3.106
7.25	7.174	6.100	5.329	4.749	4.295	3.931	3.631	3.380	3.166
7.50	7.291	6.201	5.419	4.830	4.370	4.000	3.696	3.441	3.225
7.75	7.404	6.299	5.506	4.909	4.442	4.067	3.758	3.500	3.281
8.00	7.513	6.393	5.589	4.984	4.511	4.131	3.819	3.557	3.335
8.25	7.618	6.484	5.670	5.057	4.579	4.194	3.877	3.612	3.387
8.50	7.719	6.571	5.748	5.128	4.643	4.254	3.934	3.665	3.437
8.75	7.818	6.657	5.824	5.196	4.706	4.312	3.988	3.717	3.486
9.00	7.913	6.739	5.897	5.263	4.767	4.369	4.041	3.767	3.534
9.25	8.005	6.819	5.968	5.327	4.826	4.423	4.092	3.815	3.579
9.50	8.095	6.896	6.037	5.389	4.883	4.477	4.142	3.862	3.662
9.75	8.182	6.972	6.104	5.450	4.939	4.528	4.191	3.908	3.667
10.00	8.267	7.045	6.169	5.509	4.993	4.578	4.238	3.952	3.709

4. 计算实例分析

选取模型参数为 $\theta_1=300$ h、$\theta_0=450$ h、$\alpha=\beta=0.1$、$C_t=50$ 元/h、$C_N=800$ 元、$C_f=500$ 元,通过加速寿命试验估算出 $\theta \approx 370$ h,则 $k=\dfrac{\theta_0}{\theta_1}=1.5$,$d=\dfrac{\theta}{\theta_1}=1.23$,查表得 $h=0.134$。代入模型计算得 $Er=13.27$、$N_0=17.64$,比较 N_0 两端的整数,最终确定 $N^*=18$ 台,此时的可靠性验证试验费用取得最小值 $EC_v=2.87$ 万元。

第7章 装备软件费用分析

由于装备系统的信息化和智能化水平的提升,装备软件已经成为装备系统的重要组成部分,不仅影响装备系统的功能和结构,而且影响装备寿命周期费用的构成。本章首先介绍装备软件的基本概念、生命周期和开发模型,然后讨论装备软件寿命周期费用构成、费用项目和分解结构,并分析装备软件费用的影响因素、估算方法和估算难点,重点讨论基于FPA、CBR 和可维护性的软件费用估算的基本原理、模型算法、方法步骤和应用实例,最后探讨装备软件可靠性影响因素、软件可靠性费用模型和软件可靠性费用优化模型。

7.1 装备软件生命周期模型

7.1.1 装备软件的概念、特点和作用

1.装备软件的概念

关于装备软件的定义,目前还没有统一的标准,人们通常将装备软件等同于军用软件。通俗地讲,装备软件就是应用于装备系统的计算机程序和相应的数据文档。常用的一个装备软件的定义是:装备软件是指为装备专门设计,单独使用或嵌入、集成于装备硬件中,与装备硬件一起形成装备战斗力的各种计算机程序、数据及相应文档的总称。其具体内容有软件自身、程序设计说明书、流程图、用户手册和软件维护手册等。

按照装备软件属性与功能的不同,可将装备软件分为嵌入式装备软件和军用综合信息系统软件。嵌入式装备软件又可分为装备系统嵌入式软件和武器平台嵌入式软件,军用综合信息系统软件包括信息获取软件、指挥控制软件、通信导航软件、综合保障软件等。

2.装备软件的特点

装备软件除具有一般软件所具有的抽象性、实用性、灵活性和复杂性等特点外,还具有其自身的特殊性,主要体现在以下 6 个方面:

(1)装备软件具有高安全性。发展高精尖的武器装备是巩固国防、赢得战争胜利的前提。装备系统中软件的应用能有效提升装备效能和质量,促进装备战术技术性能的提高,确保战争中装备能最大限度地发挥作用,从而为战争胜利提供保障。

(2)装备软件具有高可靠性。一般软件在日常工作生活中的应用环境较简单,但装备软件面对的是未来信息化、智能化战场,战场环境复杂多变,应用环境具有高度不确定性。同

时,装备对战术技术性能及作战使命任务的高要求,使得装备软件必须具有较高的可靠性,以减少装备系统的故障率。

(3)装备软件具有高实时性。未来作战的高时效性,对装备软件的信息传输速度,对外部事件的快速响应,都提出了更高的要求,这就要求装备软件具有很高的实时性。

(4)装备软件具有强垄断性。装备系统的特殊性要求装备软件必须以服务装备系统为前提,因此要求装备软件的开发人员对装备系统及作战指挥等专业领域有深入的了解。由于目前既懂装备工程技术和作战指挥又懂软件工程的复合型人才很少,因此造成了装备软件的强垄断性,极大地制约了装备软件的发展。同时,由于军方对装备软件的安全性要求较高,以及需要严格的资质审查,使软件承制商进入和退出装备市场受到了很多限制,从而造成装备软件承制单位在软件研制过程中处于垄断地位。

(5)装备软件管理的难度大。装备软件往往规模较大且结构复杂,运行状态多,这就给装备软件的开发和管理带来了困难。同时,装备软件大多是嵌入式的,受到严格的硬件和软件条件的约束,被硬件及软件体系结构、操作系统特性、应用需求和编程语言变化所制约,这也加大了装备软件的管理难度。

(6)装备软件需求的多样性。科学技术的发展及作战对象装备性能的提升,不断推动装备软件的升级换代,为适应部队编制体制调整改革,军方对装备软件的需求也在不断变化,这就要求装备软件能依据武器装备发展和部队作战需求而不断更新。同时,为了应对恶劣的军事环境,针对作战对象的动态随时改变作战计划,全面考虑作战方案,也造成军方对装备软件的具体需求变化较多。

3.装备软件的作用

随着装备数字化、信息化、智能化进程的加快,软件在装备系统中的比例与作用越来越大,软件的核心与控制作用使软件不再只是硬件的简单附属,装备软件正逐步被列为型号产品进行研制和管理,直接关系到整个装备系统的工程、质量、管理和维护,直接影响到整个装备系统作战效能的发挥。

(1)装备软件是构筑装备体系的关键。信息化、智能化装备体系已成为现代战争克敌制胜的重要物质基础,构筑信息化、智能化的装备体系,不是各种装备硬件的简单堆砌和叠加,也不是各种装备系统简单的物理联通,而是通过软件的控制和管理作用,使各种数据和信息能够按照作战需求和指挥员的意图高效、有序地流动和共享,以满足装备体系内各部分之间的互联、互通、互操作要求,实现不同装备系统的功能互补和协同行动。例如,美空军通过软件手段将情报收集和数据处理有机地整合起来,使 U-2 侦察机、E-8 预警机、E-3 预警机的信息能够近实时地传递给 F-15E、F-16 和 EA-6B 等作战飞机,有效实现信息系统与装备系统的交联。美军的"网络中心站""空海一体战""马赛克战"等,也是想借助网络和软件技术,实现传感器网、信息网、火力网的有机集成,实现陆、海、空、天、电各军兵种的联合作战。

(2)装备软件是现代武器装备的灵魂。随着信息技术和人工智能技术的迅猛发展,各种电子信息部件大量嵌入装备系统,其信息化、智能化程度不断提高。据相关资料统计,美军舰艇的电子信息含量达 50%,飞机的电子信息含量达 70%,卫星的电子信息含量更是高达 80% 以上。美军认为,为了保证装备系统上嵌入的众多的电子信息设备、部件能够充分发挥作用,不仅需要嵌入各种计算机硬件,还需要以多种灵活的方式嵌入计算机软件,以便实现整个装备系统各部分的正常运行以及各部分之间的协调一致。此外,还可以借助软件的力量与作用,改善人机关系,提高人机友好性,使以往许多需要手工操作甚至无法实现的功能,可以通过自动化、软件化、智能化的方式予以高效、快速、准确地实现,从而大大提高作战人员对装备系统乃至整个装备体系的操控效果,提高装备系统的作战效能。以美军的作战飞机为例,其软件所支持的功能比例逐年增高,1960 年的 F-4 仅为 8%,1970 年的 F-111 增至 20%,1982 年的 F-16 增至 45%,1990 年的 B-2 增至 65%,2000 年的 F-22 则已高达 80%。因此说,没有嵌入计算机的装备系统是"无脑的躯体",而没有软件的计算机是"没有灵魂的大脑",装备软件已成为信息化、智能化装备的灵魂和核心。

(3)装备软件是装备升级改造的重点。在现有装备上加装电子信息部件进行信息化改造,已成为当前提高装备作战效能的一个重要途径,嵌入装备的软件已成为装备信息化改造的重要内容。例如,美军采用软硬件同时升级的办法对"哈姆"(HARM)反辐射导弹进行改造,使其反辐射引导、侦察定位和摧毁防空系统的能力大大增强。美军计划将 B-52 战略轰炸机的服役寿命再延长 20~30 年,一方面是靠硬件设备的更新与改造,另一方面很大程度上则是依靠软件系统的升级与改造,利用软件技术和手段增加功能、提高性能。此外,随着计算机、信息化和智能化技术的发展,装备系统的升级换代将进一步脱离硬件变更的模式,转而主要依靠软件改进与升级,其不仅能大大提高装备系统的作战能力,而且还具有代价小、速度快、收效好等特点。例如,美军在伊拉克战争前夕,对 F-14 战斗机进行了软件升级,使其具备了投放精确制导武器的能力,改造周期也从以往的几个月甚至几年,缩短为 3 周,当然,这也需要先进的软件平台与工具的支持。

(4)装备软件是提高研发水平的手段。现代武器装备的研究、论证、设计、定型、试验、验证与评估等各个环节,均离不开计算机辅助设计、计算机辅助制造、数控机床、建模与仿真等系统,而这些系统都需要软件的支持和支撑。因此,软件的发展直接影响装备的研发水平。据统计,美军在 B-2 隐形战略轰炸机的设计、研制、定型与生产过程中,有 90% 以上的工作是由计算机直接或辅助完成的,在 C-130 运输机的工程研制阶段中,美国国防部利用仿真软件完成了 60 000 多小时的模拟飞行试验与测试,是飞机 60 年实际使用寿命的 2 倍,从而大大降低了研制成本,加快了研制进度。

7.1.2 装备软件的生命周期

1.装备软件生命周期的概念

软件生命周期(Software Life Cycle,SLC),也称软件生存周期,是指从提出软件产品开始,直到该软件产品被淘汰的全过程。《系统与软件工程 软件生存周期过程》(GB/T 8566—2022)把软件生存周期中可以执行的活动分成以下 4 个过程组。

(1)协定过程组。协定过程组规定了与组织外部和内部的组织实体建立协定的要求,主要包括获取过程和供应过程。

(2)组织的项目使能过程组。组织的项目使能过程组提供了支持项目所需的资源和基础设施,并有助于确保组织的目标和建立的协定得到满足,主要包括生存周期模型管理过程、基础设施管理过程、特定项目包管理过程、人力资源管理过程、质量管理过程和知识管理过程。

(3)技术管理过程组。技术管理过程组用于建立和逐步发展计划、执行计划,根据计划评估实际成果和进展,并控制执行直至目标实现,主要包括项目规划过程、项目评估与控制过程、决策管理过程、风险管理过程、配置管理过程、信息管理过程、测量过程和质量保证过程。

(4)技术过程组。技术过程组用于定义软件系统需求,将需求转换为有效产品,必要时可保证产品再生产的一致性,使用产品来提供所需服务,保证提供服务的持续性,当产品从服务中退役时进行处置,主要包括业务或使命分析过程、利益相关方需要和需求定义过程、系统/软件需求定义过程、架构定义过程、设计定义过程、系统分析过程、实现过程、集成过程、验证过程、移交过程、确认过程、运行过程、维护过程和处置过程。

2.装备软件生命周期的阶段

《军用软件开发规范》(GJB 437—1988)中明确软件生命周期包括系统分析与软件定义、软件需求分析、软件设计、软件实现、软件测试、软件维护等工作。从技术角度可将装备软件生命周期划分为软件需求、软件设计、软件实现、软件测试、运行与维护等5个阶段,如图7-1所示。

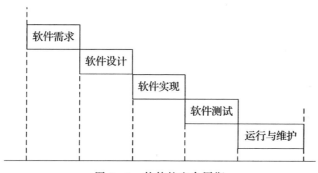

图7-1 软件的生命周期

(1)软件需求阶段。软件需求阶段的主要任务是将软件研制任务书、合同或者软件研制要求进行分析,形成清晰明了、完整的软件需求项,并完成软件研制计划、软件需求规格说明和软件确认测试计划等文件,以作为承制单位在软件产品验收确认时最直接有效的依据。

(2)软件设计阶段。软件设计阶段一般包括概要设计阶段和详细设计阶段。概要设计阶段的主要任务是根据软件需求规格说明,建立软件的总体结构和功能模块间的关系,定义各功能模块的接口、控制接口,设计全局数据库/数据结构,规定设计限制;详细设计阶段的主要任务是对概要设计阶段中所确定的软件功能模块进行详细设计,把各个功能模块详细划分为含有软件单元的较低的层次,并对所有的软件单元进行详细的过程描述设计,设计其包括算法和内部数据结构在内的内部细节,为编写源程序提供必要的说明。

(3)软件实现阶段。软件实现阶段的主要任务是依据详细设计说明,按规定的编程格式要求进行编码、调试,依据单元测试计划进行全面测试、验证软件单元与详细设计说明的一致性。

(4)软件测试阶段。软件测试阶段一般可分类为单元测试阶段、组装测试阶段、确认测试阶段和系统联试阶段,其中单元测试工作可以在软件实现阶段中与软件编写工作同步执行。每一测试阶段都要确定好测试计划和测试用例,要严格按照测试计划进行测试并做好测试记录,要对测试结果进行评审,以确定软件设计是否满足软件的各种需求。

(5)运行与维护阶段。软件产品在交付后,就进入了运行与维护阶段。软件维护一般可分为完善性维护、适应性维护、改正性维护和预防性维护。软件维护过程中应认真、详细地填写软件问题报告单、软件修改申请单和软件修改单,其余对应的文档修改也要用相应表格认真填写记录,经相应评审通过后应纳入配置管理受控。

7.1.3 装备软件的开发模型

软件开发模型是在软件生命周期基础上构造出的软件开发全部过程、活动和任务的结构框架。软件开发模型又称软件生命周期模型,利用软件开发模型能够清晰、直观地描述软件开发全过程,明确规定软件开发过程中所必须要完成的主要活动和任务。

1.瀑布模型

瀑布模型也被称为V模型,是一种线型顺序模型,如图7-2所示。瀑布模型是所有软件生命周期模型的基础,它提供了一种自上而下、结构化的软件开发方法,每个阶段的主要工作成果必须经过严格的评审或测试,以判定是否可以开始下一阶段工作,且各阶段相互独立、不重叠。

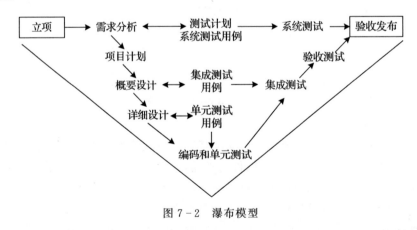

图7-2 瀑布模型

2.增量模型

增量模型也称为渐增模型,如图7-3所示。使用增量模型开发软件时把软件作为一系列的增量部件来设计、实现、集成和测试,每次提交一个满足用户需求子集的增量构件,直到最后一次得到满足用户全部需求的完整产品为止。增量模型强调每一个增量均发布一个可操作产品,用户对每一个增量的使用和评估都作为下一个增量发表的新特征和功能,这个过程在每一个增量发布后不断重复,直到产生最终的完善产品。

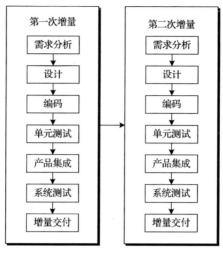

图 7-3 增量模型

3. 迭代模型

瀑布模型和增量模型都需要事先获得项目的全部需求,这在实际的软件开发过程中往往难以实现,因此,出现了迭代模型,如图 7-4 所示。迭代模型中的迭代是指实现产品发布的全部开发活动的迭代,也就是说,每次迭代都是一次完整的开发过程,都至少包括需求开发、分析设计以及产品封装和测试等工作流程。

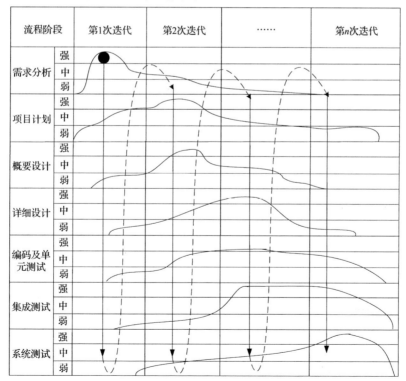

图 7-4 迭代模型

4. 改进迭代模型

如果用户需求不明确或需求变化频率高,那么可以选择改进迭代模型。此类模型适合随需求变更进行的若干次迭代开发的软件。改进迭代模型如图 7-5 所示,其中 CSCI (Computer Software Configuration Item) 指计算机软件配置项。

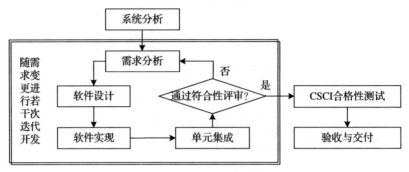

图 7-5　改进迭代模型

5. 模块架构模型

若软件产品需求较清晰明确,则可选择模块架构模型,如图 7-6 所示。模块架构模型采用以架构为核心的开发方法,在详细设计阶段,系统被分为若干的相关子系统或模块,各子系统或模块采用并行的开发方法,每个子系统或模块可单独进行详细设计、软件实现。

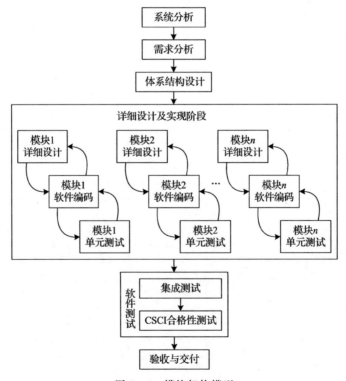

图 7-6　模块架构模型

6.产品升级模型

若需研制的软件具有较为成型的产品基础,整个研制过程主要是对该成型产品进行适应性修改,则可采用产品升级模型,如图7-7所示。此模型主要针对变更部分(含新增功能)进行设计。

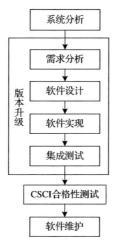

图7-7 产品升级模型

7.初样正样模型

若软件研制周期较长,系统较庞大,需求较明确,分为方案、初样、正样及定型等大的阶段,则可采用初样正样模型,如图7-8所示。

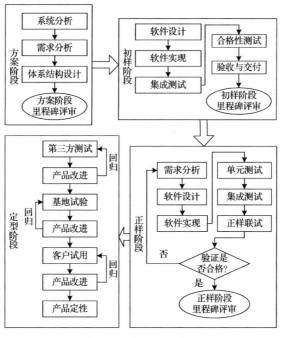

图7-8 初样正样模型

7.2 装备软件寿命周期费用

7.2.1 装备软件寿命周期费用的构成与特点

1. 装备软件寿命周期费用的构成

装备软件寿命周期费用是指在装备软件的寿命周期内,为装备软件的论证、设计、研制、生产、使用、维护直至退役所付出的一切费用的总和。

按照《军用软件开发规范》(GJB 437—1988)的规定,对于嵌入、集成于装备硬件中的软件,从装备系统寿命周期角度分析,装备软件的寿命周期阶段和费用可划分为2个过程、6个阶段和5种费用,如图7-9所示。

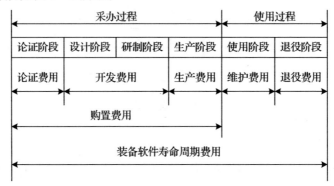

图 7-9 装备软件寿命周期阶段和费用划分

(1)2个过程:装备软件的采办过程和使用过程。

(2)6个阶段:装备软件的论证阶段、设计阶段、研制阶段、生产阶段、使用阶段和退役阶段。

(3)5种费用:装备软件的论证费用、开发费用、生产费用、维护费用和退役费用。

由于装备软件的生产费用和退役费用在寿命周期费用中所占的比例非常小,所以一般可以忽略不计。

2. 装备软件寿命周期费用的特点

(1)装备软件费用首重设计。由于装备软件直接或间接应用于作战,所以装备软件的经济性并不是第一位的,软件的功能才是要考虑的首要问题,其次要考虑的是装备软件的可靠性和维修性。可靠性是指装备软件运行的稳定性、兼容性和安全性等,维修性是指装备软件易于维护和增强升级等。从装备软件的研发、使用、维护的过程可以看出,装备软件的开发费用是装备软件全寿命费用管理的核心,也是延长装备软件使用寿命、有效降低维护费用的关键。由此可见,装备软件的设计、研发工作是基础,如果基础工作没有做好,装备软件交付后会带来维护难度大、维护费用高等问题。

(2)装备软件人工费用高昂。由于装备软件研发是一项知识密集型工作,对研发人员的知识能力水平依赖性大,因此,在装备软件寿命周期费用中,不管是开发费用还是维护费用,软件开发人员的工时费都占有很大比例。越是高端应用的装备软件,越是如此;越是聘用知识能力水平高的研发人员,越是如此;越是软件寿命周期长,越是如此。对于大型的装备软件,程序代码达到上万行甚至上百万行,如果不是开发人员自己维护,而是其他人进行维护,仅仅把软件看懂、吃透,就不是一件简单的事情。

(3)装备软件费用占比不同。装备软件的寿命周期费用与传统的装备寿命周期费用相比,既有相同之处,也有不同之处:在费用构成上大体相近,但在费用比例上则不同于传统的"冰山"结构,适当增加装备软件在论证、研发上的费用,能够有效降低装备软件在使用阶段的维护费用。

3.装备软件费用对装备LCC的影响

(1)促使装备LCC的"冰山"上浮。由于装备软件费用在装备LCC中所占比例日益增大,而装备软件的主要费用发生在研发阶段,因此在装备LCC中,装备采办过程中的费用比例增大,装备使用阶段的费用比例减小,使得装备LCC的"冰山"上浮,"冰山"上浮的多少,主要由装备软件费用在装备LCC中的比例决定。由于装备系统类型不同,装备信息化程度不同,装备软件功能也各不相同,因此,需要针对具体的装备系统来分析装备软件费用对装备LCC的影响。

(2)改变装备寿命周期费用的结构。装备软件作为信息化、智能化装备的重要组成部分,它的加入改变了装备LCC的结构,其不仅改变了装备采办过程和使用过程的费用比例,还影响装备使用过程的费用结构。对于装备硬件平台部分,主要是维修保障费用,对于装备软件部分,则包括以下几种情况:①装备软件的正常维护;②装备软件的更新升级;③软硬件同时更新升级。很显然,无论是哪一种情况,都给装备LCC的结构带来了影响。

(3)影响装备寿命周期费用的评价。由于装备软件自身的特殊性,装备软件寿命周期费用评价也有其独有的特点:

1)评价的模糊性。装备软件研发不是严谨的精确科学,研发过程中常常存在不确定的需求,如软件性能的优劣、品质是否可靠、结构是否复杂、软件规模大小等,这些描述都存在含义不明确、界限不清晰的问题,从而导致了评价的模糊性。

2)评价的主观性。装备软件寿命周期费用涉及不同阶段和不同对象,存在着未知因素和不确定因素,应用传统的类比、专家、模型等方法对装备软件费用进行估算,必然会包含相当的主观性。

3)评价的风险性。装备软件是关系到装备性能的关键要素,是装备系统中研制成本最高、风险最大、研发周期最长的部分,其研发风险也会对装备寿命周期费用产生关键性的影响。

由于装备软件寿命周期费用评价的特点,以及模糊性、主观性和风险性等各种影响因素的存在,也使得装备寿命周期费用的评价产生了不确定性。

7.2.2 装备软件费用的费用项目

1.装备软件开发涉及的成本范围

从装备软件的生命周期可以看出,装备软件开发过程一般分为8个阶段:软件需求分析阶段、软件概要设计阶段、软件详细设计阶段、编码和软件单元测试阶段、软件部件集成和测试阶段、软件配置项集成和测试阶段、软件集成和测试阶段、软件维护阶段。进行装备软件寿命周期费用分析时,必须要从装备软件生命周期各阶段所包含的成本出发。

(1)软件需求分析阶段的成本。软件需求分析就是根据产品提出的软件配置项的技术要求,在对用户进行调查研究的基础上,进一步明确和细化软件的功能要求和接口要求,确定软件的适应性、容量、时间、安全、保密、质量、人员因素等要求以及设计约束等。涉及的成本主要包括软件开发人员(主要是分析人员)的工时费和差旅费,简单系统原型构造的开发费(包括必要的硬件设备),用于软件需求分析的软件工具及软件技术资料费,文档编制费,外协及外聘专家的工时费,消耗品费,管理费,等。

(2)软件概要设计阶段的成本。软件概要设计就是根据软件需求规格、接口需求规格和数据库规格,从实现的角度把软件的总功能分为若干软部件,确定软件结构;为每个软部件制定设计要求,指明其用途和相互间的接口关系等。涉及的成本主要包括软件开发人员(主要是软件设计人员)的工时费,设计用的软件工具与技术资料费,文档编制费,外协及外聘专家的工时费,消耗品费,开发管理费,等。

(3)软件详细设计阶段的成本。软件详细设计就是根据软件概要设计和初步接口设计说明,把每个软部件分解为若干软件单元,确定每个软部件与外部连接的接口和处理过程,为每个软件单元规定设计要求,指明各软件单元之间的接口关系,制定每个单元的测试要求等。涉及的成本主要包括软件开发人员(主要是软件设计人员)的工时费,设计用的软件工具与技术资料费,文档编制费,消耗品费,开发管理费,等。

(4)编码和软件单元测试阶段的成本。编码和软件单元测试就是根据软件设计文档和接口设计文档,用指定的程序设计语言把软件单元转化为程序代码;编写软件单元测试说明、设计单元测试用例,在程序单元调试好的基础上进行软件单元测试等。涉及的成本主要包括软件开发人员的工时费,编码用的软件工具与技术资料费,测试环境、工具、用例生成费,文档编制费,消耗品费,开发管理费,等。

(5)软件部件集成和测试阶段的成本。软件部件集成和测试就是将各自开发的软件单元有步骤地集成为软件部件,通过对该部件的测试形成可进行软件配置项集成的软部件。涉及的成本主要包括软件开发人员的工时费,集成工具费,测试用例生成费,文档编制费,消耗品费,开发管理费,等。

(6)软件配置项集成和测试阶段的成本。软件配置项集成和测试就是将经过合格性测试的软部件集成,再通过配置项测试,形成提交系统集成的软件配置项,继续完成一系列软件文档的编制和修改。涉及的成本主要包括软件开发人员的工时费,测试用例生成费,文档编制费,消耗品费,开发管理费,等。

(7)软件集成和测试阶段的成本。软件集成和测试就是在目标系统的环境下,集成各个经过合格性测试的软件配置项,再进行系统的集成测试,通过测试对有关的软件文档和源程序及目标程序进行修改。涉及的成本主要包括软件开发人员的工时费,系统测试环境的专用设备费和专用测试软件开发费(包括测试用例生成费),文档编制费,消耗品费,开发管理费,等。

(8)软件维护阶段的成本。软件维护就是在软件交付用户使用后,通过真实环境的使用,对发现的软件错误进行改正、完善,并对相应的软件文档进行修改等。涉及的成本主要包括软件维护人员的工时费、差旅费、补助费,维护过程中所消耗的消耗品费,文档修改费,支付给协作单位的有关费用,等。

2.装备软件费用包含的费用项目

装备软件要求按照软件生命周期过程进行开发,根据装备软件开发涉及的成本范围,装备软件寿命周期费用应包括设计费、材料费、专用费、测试费、维护费和人员费等6个费用项目。

(1)设计费。设计费是指装备软件开发过程中所发生的论证费、调研费、计算费、技术资料费、考察费、授课费、咨询费、设计用品费、设计评审费及对用户的培训费等。

1)论证费是指装备软件开发过程中,对装备软件工程的技术指标和开发方案的可行性、先进性、经济性、可操作性等进行论证,以及进行必要的仿真试验所发生的费用。

2)调研费是指装备软件开发过程中,根据需要对总体、系统、设备等相互间软件技术的协调、专用软件购置、外协单位的选择及测试地点、保障条件等的调研所发生的费用。

3)计算费是指装备软件开发过程中,因论证和设计的需要,且受本单位条件限制,必须到外单位进行开发所发生的计算费用。

4)技术资料费是指根据需要所购置、翻译、破译、复制专用技术资料、专用软件、引进软件等所发生的费用。

5)设计用品费是指在装备软件开发过程中,购买或制作用于开发而不构成固定资产的低值易耗品等所发生的费用,包括常规设计用品、计算机及外围设备的耗材等。

6)设计评审费是指装备软件按开发程序和有关标准、文件的要求,必须进行的软件设计评审活动所发生的费用。

(2)材料费。材料费是指装备软件开发过程中耗用的各种原材料及辅助材料费、燃料动力费和外协费等。

1)原材料及辅助材料费是指装备软件开发过程中必须耗用的各种材料,包括光盘、色带、磁鼓、打印/复印纸等所发生的费用。

2)燃料动力费是指装备软件开发过程中直接消耗的水、电、气等动力燃料的费用。

3)外协费是指由于自身的技术、设计及专业化程度等条件的限制,或使用方指定,必须由外单位协作开发装备软件所发生的费用。

(3)专用费。专用费是指装备软件开发过程中(包括设计论证必要的仿真试验)必须发生的专用于某个开发阶段的一些特殊费用,包括装备软件开发支持环境费、零星技术措施费和技术基础费等。

1)软件开发支持环境费是指装备软件开发各阶段需购买或自制的开发工具,包括图形工具、程序设计工具、调试/测试工具及文档工具等所发生的费用,主要包括购买费用、包装运输费、安装调试费及自制设备的材料、工时费等。

2)零星技术措施费是指为完成装备软件开发任务而必须对现有设施条件进行的单项价值在一定范围的技术改造和土建工程费,包括设计、施工、材料消耗、器件购置等费用。

3)技术基础费是指为配合装备软件开发需要直接开发的标准、计量、情报资料等费用。

(4)测试费。测试费是指装备软件产品依据《研制总要求》《技术规格书》及有关标准、技术文件的规定,需要到外单位或使用方指定的单位进行的各种测试所发生的费用,包括测试过程中所消耗的动力燃料费、消耗品费用,研制单位的外场测试技术保障费、参试人员差旅费、现场有关补助费，支付给协作单位的测试费用。

(5) 维护费。维护费是指装备软件产品交付使用方使用后对装备软件进行维护所发生的费用，包括软件维护过程中所消耗的消耗品费用，软件维护人员的差旅费、补助费，支付给协作单位的有关费用。

(6) 人员费。人员费是指装备软件开发过程中软件需求分析人员、设计人员、编程人员、调试人员、测试人员、软件资料保管人员、质量管理人员及配置管理人员的工资、奖金、津贴、补贴、福利费及管理费等。人员费一般可按软件开发工作量(人·月)×人月费用率×(1+T)进行计算。其中，软件开发工作量通常采用软件开发工作量估算模型进行估算；T 是调节系数，可根据软件产品特点及国家关于信息产品的有关政策确定。

7.2.3　装备软件寿命周期费用的分解结构

装备软件寿命周期费用(LCC)的分解结构是指按照装备软件寿命周期各个阶段的工作项目，将装备软件 LCC 逐级分解，直至分解到基本费用单元为止，所构成的按序分类排列的费用单元体系。这个费用单元体系也可以理解为将装备软件 LCC 按树形结构排列构成的费用单元的集合，其表示了装备软件 LCC 估算的"记账模型"，其中的基本费用单元是明确定义费用的最低层次，一个费用单元应能用有关的变量、比值或常数从数学上加以表述，以便估算出费用金额。基于装备软件 LCC 构成和费用项目，可以得到装备软件 LCC 分解结构，如图 7-10 所示。

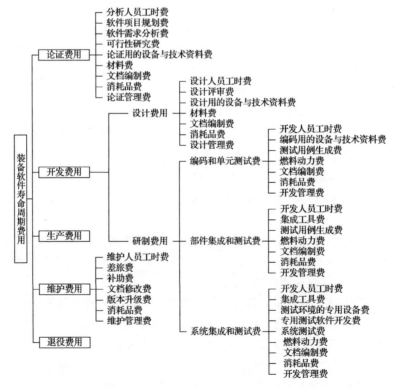

图 7-10　装备软件 LCC 分解结构

7.3 装备软件费用估算方法

7.3.1 装备软件费用的影响因素

装备软件费用的影响因素,又称为装备软件成本估算因子,其涉及软件本身、技术、人员、项目、经验、资源等多个方面,且在不同的装备软件中呈现出不同的重要性。

1. 普通软件的成本估算因子

勃姆(Boehm)在《软件成本估算 COCOMO Ⅱ 模型方法》一书中,将软件成本估算因子分为产品、平台、人员和项目 4 个方面共 17 个估算因子,如表 7-1 所示。

表 7-1 COCOMO Ⅱ 模型软件成本估算因子

序 号	估算因子类型	估算因子名称	估算因子代码
1	产品因子	要求的软件可靠性	RELY
2		数据规模	DATA
3		产品复杂性	CPLX
4		要求的文档重复使用	RUSE
5		文档编制	DOCU
6	平台因子	执行时间约束	TIME
7		主存储约束	STOR
8		平台易变性	PVOL
9	人员因子	分析人员能力	ACAP
10		程序人员能力	PCAP
11		人员连续性	PCON
12		应用经验	AEXP
13		平台经验	PEXP
14		语言和工具经验	LTEX
15	项目因子	软件工具使用	TOOL
16		多点开发	SITE
17		开发进度要求	SCED

2. 装备软件的成本估算因子

通过前面的分析可知,装备软件与普通软件既有区别又有联系,从装备软件的高可靠性、高保密性和高安全性等特性出发,根据装备软件数据的可获取性和可计量性的实际,可将装备软件的成本估算因子分为软件自身、项目过程、平台资源和人员条件 4 个方面共 17

个因子,如表7-2所示。

表7-2 装备软件成本估算因子

序 号	估算因子类型	估算因子名称
1	软件自身因子	装备软件规模
2		装备软件可靠性
3		装备软件复杂性
4		装备软件安全性
5		数据库规模
6	项目过程因子	装备软件保密性
7		开发进度要求
8		质量要求
9		多点开发
10		开发工具使用
11	平台资源因子	主存储约束
12		平台易变性
13		执行时间约束
14	人员条件因子	分析人员能力
15		开发人员能力
16		团队协作经验
17		人员稳定性

(1)软件自身因子。软件自身因子主要包括装备软件规模、装备软件可靠性、装备软件复杂性、装备软件安全性、数据库规模等。

1)装备软件规模。装备软件规模是衡量软件大小最直接的指标,直接体现了装备软件开发的工作量,直接影响着装备软件的总成本。装备软件规模越大,则技术和信息越复杂,所需付出的人力和物力也就越大。软件规模的度量方法主要有代码行(Lines Of Code,LOC)、功能点(Function Point,FP)、对象点、用例点等。

2)装备软件可靠性。装备软件可靠性是指装备软件在一定时间内,按照预定条件正常实现其功能的运行过程中不引起系统失效的概率。一般来讲,装备软件可靠性越高,所需付出的人力和物力也就越大。

3)装备软件复杂性。装备软件复杂性是指理解和处理装备软件的复杂程度和难易程度,包括程序复杂性和文档复杂性。对于规模相同的装备软件,若复杂性存在差异,其研发周期和研发成本也会产生较大的差异。

4)装备软件安全性。装备软件安全性是指装备软件在正常实现其功能的过程中,不发生系统故障导致人员伤亡或财产损失的能力。

5)数据库规模。装备软件数据库规模是指可以存储数据文件的规模大小,它是衡量大量数据需求对装备软件研发影响的指标。对数据库规模要求越高,装备软件成本也就越高。

(2)项目过程因子。项目过程因子主要包括装备软件保密性、开发进度要求、质量要求、多点开发、开发工具使用等。

1)装备软件保密性。装备软件保密性要求军方及相关承制方对于装备软件的相关信息必须保持绝对机密,杜绝任何数据泄露或被窃取。因此,装备软件研制过程中需要引入大量的保密技术,如保密实验室、防窃听技术、加密计算机等。装备软件保密性要求越高,其成本也就越高。

2)开发进度要求。装备软件开发进度要求是指施加在开发项目上的时间要求,以确保装备软件开发在规定的时间内完成。不同的开发进度要求,对装备软件成本将产生不同的影响。

3)质量要求。装备软件质量要求是指装备软件在使用过程中能满足作战硬件以及用户需求的程度。这种满足程度要求越高,装备软件成本也就越高。

4)多点开发。多点开发是指装备软件的研发过程发生在不同的地点,由于信息共享、沟通交流和错误解决等存在着空间位置的阻隔,会存在交流不畅带来的风险,影响装备软件的研发进度。此外,多点开发也意味着装备软件项目基础性专用费的增加,则装备软件的成本也会随之增加。

5)开发工具使用。装备软件开发工具使用是指为支持软件开发和管理而研制的程序系统。使用不同的装备软件开发工具,对装备软件的开发效率和开发成本会产生不同的影响。

(3)平台资源因子。平台资源因子主要包括主存储约束、平台易变性、执行时间约束等。

1)主存储约束。装备软件主存储约束是指装备软件系统及其子系统对主存储的要求程度。不同程度的主存储约束要求,会带来不同的开发工作量,从而影响装备软件的总成本。

2)平台易变性。平台是指装备软件的开发平台,包括软件平台和硬件平台,装备软件使用它们完成相关产品服务。平台变化的周期长短将直接影响装备软件的成本。

3)执行时间约束。执行时间约束是指装备软件系统完成某一功能的时间限制,不同功能的执行时间不同。一般来讲,对装备软件执行时间要求越短,装备软件的成本就会越高。

(4)人员条件因子。人员条件因子主要包括分析人员能力、开发人员能力、团队协作经验、人员稳定性等。

1)分析人员能力。装备软件分析人员主要承担装备软件开发过程中的软件需求分析、设计等工作。分析人员能力主要是指其分析和设计能力、工作效率、沟通能力和协调能力等。分析人员能力越强则装备软件项目设计和规划越合理、软件变更频率越低,因此装备软件的成本也会随之降低。

2)开发人员能力。装备软件开发人员主要承担装备软件开发过程中的程序编码、调试、单元测试和集成测试以及维护等工作。开发人员能力指其完成各项工作的时间和质量,主要以实现装备软件功能点数来衡量。开发人员能力越强,实现装备软件功能点的时间越短、正确率越高,就会大大减少后续的维护费、人员费和测试费,从而降低装备软件的成本。

3)团队协作经验。团队协作经验主要指的是装备软件项目开发团队先前类似项目协作经验程度,主要包括平台经验、程序语言经验和开发工具经验等。团队协作经验越充足,团队人员之间的沟通就越顺畅,可以有效减少由于沟通不畅引起的失误导致的损失。

4）人员稳定性。人员稳定性是指装备软件项目工作人员变更的频率。项目人员的稳定性越高则表示该团队的凝聚性越强、团队经验积累越充分，越可以有效降低团队变更所带来的协调、沟通等成本的增加。

7.3.2 装备软件费用的估算方法

装备软件费用估算，又称装备软件成本估算，是指运用一定的科学方法，对装备系统中软件部分的成本水平、成本构成要素及其变化趋势进行分析、预测和计算，科学确定接近实际水平的成本数据的工作过程。常用的装备软件费用估算方法有参数模型法、功能点分析法、任务分解法、专家判定法、类比分析法、德尔菲法等。

1. 参数模型法

参数模型法是指把影响装备软件费用的特定属性作为参数，并建立特定参数与软件费用之间的关系式，通过特定参数的输入来估算装备软件的费用。常用的参数费用模型主要有 COCOMO 模型、SLIM 模型等。

(1) COCOMO 模型。COCOMO 模型即构造性成本模型（Constructive Cost Model），是由著名软件工程专家、经济学家勃姆在其著作《软件工程经济学》中提出的，目前已成为软件界最通用的估算模型。其基本原理是：将软件开发所需的工作量表示成软件规模和一系列成本因子的函数。COCOMO 模型的基本计算公式为

$$\mathrm{PM} = AS^E \prod_{i=1}^{n} f_i \qquad (7-1)$$

式中：PM 为以人·月为单位的软件开发工作量；A 为模型的调节系数；S 为软件规模；E 为软件规模对软件的指数级影响程度；f_i 为软件规模呈乘数影响的驱动因子；n 为描述软件项目特征的成本驱动因子的个数。

(2) SLIM 模型。SLIM 模型最初是用于估算美国陆军大型项目的总工程量和交付时间的，其适用于代码行数超过 7 万行的项目。SLIM 模型的基本计算公式为

$$S = CK^{1/3} t_d^{4/3} \qquad (7-2)$$

式中：S 为软件规模；C 为项目的技术因子；K 为按人·年计算的总工作量；t_d 为以年为计算单位的交付前剩余时间。

参数模型法的主要特点是：模型运用方便快捷，估算的效率高，受主观因素影响小；但模型估算所用的经验数据需要不断的校准和验证，而校准和验证往往是一个繁杂的过程。

2. 功能点分析法

功能点分析法是一种使用功能点为单位测量软件功能规模的度量方法。功能点分析法基于软件文档（需求规格说明书、设计文档等）的功能性需求进行度量，其结果是以功能点数的形式表征软件的功能规模。功能点分析法的分析流程主要包括两个步骤：识别和映射。识别就是把软件文档描述的功能性需求分析处理为对象的边界、过程、存储数据和用于交互的基本功能性组件（Base Functional Component，BFC）；映射就是将基本功能性组件涉及的数据元素以连续或非连续方式映射为功能点数。

功能点分析法的主要特点是：方便与客户的交流，能够在项目早期进行规模度量，比其

他度量方法更为客观。

3. 任务分解法

任务分解法按照分解的先后时序不同，可分为"自下而上"和"自上而下"两种策略。"自下而上"策略是把整个软件系统分成许多基本的模块和相应的任务，分别估算其费用，然后累计得到整个软件系统的费用。"自上而下"策略是在软件系统开发的初期，通过初步的调研和用户需求分析，大致确定软件系统的结构，给出软件系统的规模、边界和基本的功能要求，再利用经验和类似软件系统的情况，得出待开发软件系统总费用的估计值，然后将此总费用在各子系统或模块中进行分配。

"自下而上"策略的主要特点是：估算误差比较小，往往在10%以内，但估算工作的成本较高，对于系统联调、项目管理等的成本往往容易忽略或不易准确估算。

4. 专家判定法

专家判定法是依靠领域专家的经验、直觉以及对所估算的装备软件项目的理解给出费用的估计值。采用专家判定法进行装备软件费用估算的一般过程如图 7-11 所示。

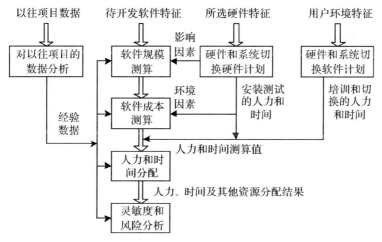

图 7-11　软件费用专家判定法估算的一般过程

专家判定法的主要特点是：装备软件费用估算速度快，但缺乏详细的费用估算数据，只适用于软件开发早期或作为其他估算方法的决策参考。

5. 类比分析法

类比分析法是依据以前一个或多个类似装备软件项目与待估算装备软件项目进行比较，给出待估算装备软件费用的估计值。费用估算结果的准确性主要依赖于能否找到用于比较的装备软件项目，以及对两者之间差异的精确分析。具体的估算步骤如下：

(1) 对待估算装备软件项目进行评估，确定被用作基值的类似的装备软件项目；

(2) 获取被选作类比装备软件项目的信息，包括实际的工作量、进展程度、项目规模等；

(3) 选取类比装备软件项目工作量的平均值作为待估算装备软件项目的工作量；

(4) 根据可能影响到待估算装备软件项目工作量的成本因子来调整初始的装备软件费

用估算值。

类比分析法的主要特点是:充分利用了以往的经验,费用估算快速且廉价;费用估算误差较大,得出的结论较难使人信服,通常认为它只能为其他估算方法提供初步的近似值。

6.德尔菲法

德尔菲法也被称为专家法,主要依赖领域专家的经验和知识进行装备软件费用的估算。具体实施步骤如下:

(1)选择1名协调人,协调人负责计划和协调装备软件费用估计活动。协调人在担任此角色时必须做到不偏不倚,不能因为自己的认识或者偏见而对装备软件费用估计的结果进行歪曲,一般可由装备软件项目负责人担任。

(2)选择3~7名对装备软件比较熟悉的领域专家或者装备软件项目组成员,由协调人和专家组构成装备软件费用估计小组。

(3)由协调人或者装备软件项目负责人(若协调人由非软件项目负责人担任时)将装备软件的每个模块的具体需求、假设和限制条件等,仔细地向各位专家进行介绍,使各位专家对估计内容达成一致,并确认装备软件项目的各种假设和限制条件,以及偏差阈值(如20%)。

(4)各位专家根据协调人的介绍,独立地对每个软件模块进行估计(彼此之间不能商讨或者参考其他人的估计数据),并将费用估计值填入相应的数据采集表中。

(5)所有专家估计完成后,协调人对各位专家填写的数据采集表进行统计,计算每个模块的估计费用的最大值和最小值。若最大值和最小值的偏差大于20%,则该模型的费用估计不合格。

(6)协调人将该模块估计费用的最大值和最小值反馈给各位专家,并将该模块的需求、假设和限制条件更深入地进行介绍,重新进行第二轮估计,如此类推,最多进行三轮。当到第三轮时,会有以下两种情况:①最大值和最小值偏差小于20%,这个时候可以结束估算;②最大值和最小值偏差仍大于20%,这时候为了节约估算成本,也停止估算。

(7)最后的装备软件费用估计结果可以直接取所有估算数据的算术平均值,也可以去掉最大值和最小值后再进行算术平均。

德尔菲法的主要特点是:能够充分利用专家的经验,并能处理一些特定的环境影响;对专家可能具有的偏见无法处理,同时该方法非常费时。

7.3.3 装备软件费用的估算难点

装备软件费用估算是一个涉及技术和非技术因素、开发部门与用户的配合情况、估算人员素质等多个因素的一项十分复杂的工作。尤其随着新的软件开发技术的大量涌现,装备软件费用因素不宜定量化及管理问题等大量的不确定性,对装备软件费用估算理论和方法提出了新的挑战。

1.装备软件费用因素难以定量化

装备软件除具有一般软件的实用性、抽象性、灵活性、复杂性等特点外,还具有高安全性、高可靠性和强适应性等特点,要求装备软件能够防止病毒的入侵,能够防止对数据库数据的窃取、非法修改和删除,能在较短的时间内修改、扩充乃至做到增加新功能软件的"即插即用"等。对于这些大量难以度量的费用驱动因素,通常只能进行定性分析,这必然会降低装备软件费用估算的准确性。

2.装备软件费用估算的不确定性

军事信息的随机性和模糊性,以及可能存在的信息欺骗和干扰等,必然会增加信息获取、处理和软件设计的难度。此外,现代作战的高时效性要求在进行装备软件设计时,需要仔细分析各个功能模块的时间要求,这些都会增加装备软件费用估算的不确定性。

3.装备软件项目定价方式的特殊性

由于装备软件项目具有很强的专业性、技术性和保密性,因而具有很强的垄断性,此外,装备软件采取成本加成的定价方式,使得获取装备软件真实的成本数据非常困难,这些都会给装备软件费用估算带来极大的影响。

7.4 装备软件费用估算模型

7.4.1 基于 FPA 的装备软件费用估算模型

1.FPA 方法的基本原理

(1)常用的功能点分析(FPA)方法。功能点分析法是根据用户所要求的功能来估算软件规模的一种方法。功能点分析法已于 2007 年被纳入 ISO 14143 标准系统,目前符合 ISO 标准的功能点分析方法主要有 5 种,如表 7-3 所示。

表 7-3 符合 ISO 标准的功能点分析方法

标准名称	提出组织	提出时间	适用范围	综合评价
IFPUG	美国 IFPUG 组织	1984 年	管理信息系统	★★★★
NESMA	荷兰软件度量协会	1990 年	管理信息系统、商务应用软件	★★★★★
COSMIC	加拿大非盈利组织 COSMIC	1997 年	管理信息系统、实时系统、商务应用软件	★★★
FiSMA	芬兰软件度量协会	1997 年	管理信息系统、实时系统	★★★
MarkⅡ	英国标准学会	1988 年	管理信息系统、实时系统	★★

根据软件行业的实践,上述 5 种功能点分析方法均是基于业务视角,即从用户角度出发对软件功能点进行估算,具有操作简单、实施容易的特点。其中,NESMA 功能点分析方法不但易学、易用、快速、经济,而且容易开发,便于用户建立自己的估算规模。

(2)软件功能的类型。FPA 方法将软件功能分为以下 5 种类型:

1)内部逻辑文件(Internal Logical File,ILF)。内部逻辑文件是指在应用程序边界内维护的,用户可识别的逻辑相关数据组或控制信息。其主要目的是保存由被计数的应用程序的一个或多个基本处理所维护的数据。

2)外部接口文件(External Interface File,EIF)。外部接口文件是指被一个应用程序引用但在另一个应用程序边界内被维护的,用户可识别的逻辑相关数据组或控制信息。其主要目的是保存由被计数的应用程序边界内的一个或多个基本处理所引用的数据。

3)外部查询(External Query,EQ)。外部查询是指发送数据或控制信息到应用程序边界外的一个基本处理。其主要目的是通过检索来自内部逻辑文件或外部接口文件的数据或控制信息,向用户提供信息。其处理逻辑既不包含数学公式或计算,也不创建新的数据,处理期间不维护内部逻辑文件,也不改变系统行为。

4)外部输入(External Input,EI)。外部输入是指数据或控制信息由外向内穿越应用程序边界的一个基本处理过程。其主要目的是维护一个或多个内部逻辑文件和/或改变系统行为。

5)外部输出(External Output,EO)。外部输出是指发送数据或控制信息到应用程序边界外的一个基本处理过程。其主要目的是通过检索数据或控制信息,此外还通过处理逻辑来向用户提供信息,其处理逻辑必须包含至少一个数学公式或计算,或创建派生的数据。一个外部输出可以维护一个或多个内部逻辑文件,和/或改变系统行为。

(3)功能点计数方法。根据使用阶段和收集到的文档清晰度的不同,FPA方法提供了3种类型的功能点计数方法,即指示功能点计数、估算功能点计数、详细功能点计数。3种类型功能点计数方法的比较如表7-4所示。

表7-4 3种类型功能点计数方法比较

计数方法	计数考虑的元素	对需求的要求	精确度	估算效率
指示功能点计数	逻辑文件	低	低(50%)	高
估算功能点计数	逻辑文件及其操作	中	中(15%)	中
详细功能点计数	逻辑文件、操作及复杂度	高	高(5%)	低

2.FPA方法的一般步骤

FPA方法的一般步骤如图7-12所示,包括:确定软件项目类型;识别软件项目范围和边界;根据事务类型功能点以及数据类型功能点估算法进行未调整功能点分析,即确定加权因子并计算未调整功能点数;确定功能点调整因子;计算调整后的功能点数量(软件调整规模)。

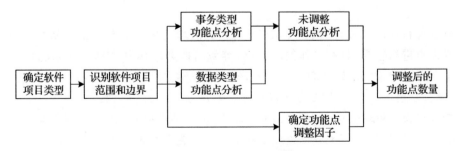

图7-12 FPA方法的一般步骤

(1)确定软件项目类型。软件项目估算人员根据用户需求,依据拟签订的合同、技术协议或开发人员形成的软件设计开发文档,确定软件项目类型,并将软件需求分解为两类功能性需求,一类是事务功能需求,另一类是数据功能需求。

(2)识别软件项目范围和边界。软件项目的范围和边界按照表 7-5 的功能单元类型(数据功能类型和事务功能类型)进行识别,分解到可被估算的最小功能单元,根据数据功能类型及事务功能类型的定义及特征,逐一识别每个估算对象包含的功能单元类型并分类。

表 7-5 功能单元类型表

数据功能	事务功能
(1)内部逻辑文件(ILF) (2)外部接口文件(EIF)	(1)外部输入(EI) (2)外部输出(EO) (3)外部查询(EQ)

(3)确定加权因子。根据功能单元的功能复杂程度确定其功能复杂度,将功能复杂度按照高(H)、平均(A)、低(L)进行划分,其由某一功能单元涉及的数据元素类型数(DETs)、记录元素类型数(RETs)、引用文件类型数(FTRs)共同决定。通过计算各功能单元涉及的各元素类型个数后,将数值与复杂度矩阵对照,从而确定该功能单元的功能复杂度所属类型,即高(H)、平均(A)、低(L),然后按照表 7-6 确定各功能单元的加权因子。

表 7-6 加权因子对应表

功能单元类型	功能复杂度		
	低(L)	平均(A)	高(H)
内部逻辑文件(ILF)	7	10	15
外部接口文件(EIF)	5	7	10
外部输入(EI)	3	4	6
外部输出(EO)	4	5	7
外部查询(EQ)	3	4	6

(4)未调整功能点分析。进行未调整功能点分析计算,需要统计所包含功能单元类型的个数,并对应分析各功能单元类型对应的加权因子。在计算分析过程中,需将内部逻辑文件(ILF)、外部接口文件(EIF)、外部输入(EI)、外部输出(EO)及外部查询(EQ)5 个功能单元类型的统计值和与之对应的加权因子相乘并求和,其结果即为未调整功能点数,计算公式为

$$UFP = N_{EI}\theta_{EI} + N_{EO}\theta_{EO} + N_{EQ}\theta_{EQ} + N_{ILF}\theta_{ILF} + N_{EIF}\theta_{EIF} \tag{7-3}$$

式中:UFP 为未调整功能点数;N_{EI}、N_{EO}、N_{EQ}、N_{ILF}、N_{EIF} 分别为功能单元 EI、EO、EQ、ILF、EIF 的个数;θ_{EI}、θ_{EO}、θ_{EQ}、θ_{ILF}、θ_{EIF} 分别为功能单元 EI、EO、EQ、ILF、EIF 的加权因子。

(5)确定功能点调整因子。按照软件的通用系统特征及系统特征的影响度,逐一计算每个估算对象的规模调整因子,并将所有系统特征相加,获得总影响度。调整因子的计算公

式为

$$VAF = 0.65 + \sum_{i=1}^{n} N_i / 100 \qquad (7-4)$$

式中：VAF 为调整因子；n 为根据实际情况确定的软件系统性能特征个数；N_i 为第 i 个影响因素的影响程度。

(6) 计算调整后的功能点数量。将未调整功能点数和调整因子相乘，得到调整后的功能点数，即

$$FP = UFP \times VAF \qquad (7-5)$$

式中：FP 为调整后的功能点数；UFP 为未调整功能点数；VAF 为调整因子。

3. 计算实例分析

某装备业务时间同步处理的钟差解算子系统软件，软件规模估算对象为4个功能模块：A 星地双向时间同步处理，B 站间时间同步处理，C 星间时间同步处理，D 星站时间同步处理。要求用功能点估算方法进行软件规模估算。

(1) 建立功能需求分解表。针对不同的软件模块功能，对各类文件进行分解，得到的功能需求分解表如表 7-7 所示。

表 7-7 功能需求分解表

功能单元类型	功能说明
内部逻辑文件（ILF）	A 星地双向时间同步处理 B 站间时间同步处理 C 星间时间同步处理 D 星站时间同步处理
外部接口文件（EIF）	A 在线变化量使用配置参数，A 钟差监视信息 B 在线变化量使用配置参数，B 钟差监视信息 C 钟差监视信息 D 钟差监视信息
外部输入（EI）	A 上行数据，A 下行数据 B 互发数据 C 预处理后数据 D 预处理后数据
外部输出（EO）	A 数据配对，A 误差计算 B 数据配对，B 误差计算 C 数据时标归算，C 数据配对，C 误差计算 D 数据配对，D 误差计算
外部查询（EQ）	A 钟差数据文件 B 钟差数据文件 C 钟差数据文件 D 钟差数据文件

(2)估算未调整的功能点数。以外部输入(EI)为调整功能点的计算为例,根据功能单元涉及的数据元素类型数(DETs)和引用文件类型数(FTRs)确定外部输入(EI)的复杂度,利用未调整功能点数的计算公式,计算得到外部输入(EI)的未调整功能点数,如表 7-8 所示。

表 7-8 外部输入(EI)的未调整功能点数

EI 名称	FTRs	DETs	复杂度	UFP
A 上行数据	3	5	平均	4
A 下行数据	2	5	低	3
B 互发数据	3	5	高	5
C 预处理后数据	2	5	平均	4
D 预处理后数据	2	5	平均	4
EI 的功能点数量				5
EI 的 UFP 总计				20

按照同样的方法,计算内部逻辑文件(ILF)、外部接口文件(EIF)、外部输出(EO)、外部查询(EQ)的未调整功能点数,最后得到的未调整功能点数的汇总如表 7-9 所示。

表 7-9 未调整功能点数汇总

功能单元类型	功能数量	UFP
内部逻辑文件(ILF)	4	60
外部接口文件(EIF)	6	42
外部输入(EI)	5	20
外部输出(EO)	9	63
外部查询(EQ)	4	16
总计	28	201

(3)确定规模调整因子。根据该装备软件系统的具体特点,选择了该软件系统的 15 个特征,如表 7-10 所示,其中特征 1"关键性"是根据本装备软件系统的特殊性增加的调整因子,特征 2~15 是通用软件系统特征。软件系统每个特征的影响度为 0~5,0 为未出现或无影响,1 为偶发影响,2 为轻度影响,3 为一般影响,4 为重大影响,5 为强影响。

表 7-10 规模调整因子的确定

序号	名称	影响度	备注
1	关键性	4	软件失效造成的影响度
2	数据通信	3	无特殊说明
3	分布式数据处理	0	系统未明示
4	性能	4	响应度
5	计算机资源约束	2	资源有限占用
6	事务率	0	系统未明示
7	在线更新	3	无特殊说明
8	在线数据输入	1	无特殊说明
9	最终用户效率	1	无特殊说明
10	可重用性	1	无特殊说明
11	复杂处理	3	含有较多复杂处理逻辑
12	易安装性	0	无影响
13	易变更性	0	无影响
14	易操作性	2	无特殊说明
15	多工作场所	0	无影响
合计		24	—
$VAF = 0.65 + \sum_{i=1}^{15} N_i/100$		0.89	—

(4) 计算调整后的功能点数。将未调整功能点数和调整因子相乘,可计算得到调整后的功能点数 FP,即软件系统的功能规模,如表 7-11 所示。

表 7-11 调整后的功能点数

功能单元类型	功能数量	UFP	FP
内部逻辑文件(ILF)	4	60	54
外部接口文件(EIF)	6	42	38
外部输入(EI)	5	20	18
外部输出(EO)	9	63	56
外部查询(EQ)	4	16	14
软件系统合计	28	201	180

(5)估算装备软件系统费用。假设该装备软件系统功能点的消耗率 PDR 为每功能点 7.2人·时,则可得该装备软件系统的总工作量为 AE＝FP×PDR＝180×7.2＝1 296 人·时。根据中国电子技术标准化研究院等 3 家单位联合发布的 2019 年中国软件行业基准数据,上海软件开发人月费率为 2.85 万元。按照 176 人·时等于 1 人·月计算,可计算得到该装备软件系统的费用为 20.986 万元。已知该装备软件系统的实际开发费用为 20.0 万元,则采用功能点分析法的估算误差为 4.93%,这表明该方法具有较好的适用性。

7.4.2 基于 CBR 的装备软件费用估算模型

1.基于 CBR 的基本原理

基于案例推理(CBR)是一种问题解决方法和学习方法,其基本原理是:以事例为基础进行推理,把人们以往的经验存成一个个的事例,当面临新的问题时,就可以对事例库进行搜索,找到合适的事例作为参考,这其实是实现经验的重用;如果对找到的事例有不满之处,就可以进行改写以适应当前情况,改写后的事例将被再次存入事例库,以便下次使用时作为参考,这其实是实现经验的自学习。

从本质上来讲,CBR 是一种类比的思想,即遇到新问题时,根据新问题的属性,检索案例库中已有的相似历史案例,结合所要解决的新问题和相似历史案例的情况,得到新问题的解决方法,详细流程可用"4R"表示。

(1)案例检索(Retrieve)。相似案例的检索是整个 CBR 过程中最重要的步骤,即根据问题的特征属性,对案例库中已有历史案例进行相似度检索,从而得到与新问题相似度最高的历史案例。衡量相似度的方法很多,包括知识引导、最近相邻等。

(2)案例重用(Reuse)。案例重用的思路在于,在检索到相似度较高的历史案例后,根据历史案例解决问题的思路和方法来解决新问题。

(3)案例修改(Revise)。案例修改指分析新问题与所检索到的相似度较高的历史案例的差异,以历史案例为参照,对历史案例的解决方法和经验进行修改,然后用于解决新问题。

(4)案例保存(Retain)。案例保存指对于修改以后的案例,如果能够经过验证,证明其正确或可行,即可将其作为新案例储存到案例库中。

基于 CBR 的"4R"循环过程,可将 CBR 表示为

$$\left.\begin{array}{l} \text{CBR}=\{A,\text{CASE},Q\} \\ A=\{s,k\} \\ \text{CASE}=\{P,E,O,S,V\} \end{array}\right\} \quad (7-6)$$

式中:A 为需求分析专家及其知识和经验储备;Q 为项目需求,包括功能需求、非功能需求及相关领域的需求;CASE 为联系 A 和 Q 的基于案例推理的系统,由案例库、基于案例的推理活动及其对应的规则组成;s 为需求分析专家;k 为知识和经验储备;P 为待解决问题的需求描述;E 为案例的表示形式;O 为输出的问题匹配记录;S 为问题解决方案;V 为专家

评价。

2. 基于CBR的装备软件费用估算流程

CBR技术是把历史数据库中的案例项目作为待估算项目的参考,根据相似度原理,寻找最相似的项目,并根据二者间的差异对估算过程进行调整,得到目标项目的估算值。基于CBR的装备软件费用估算流程如图7-13所示。

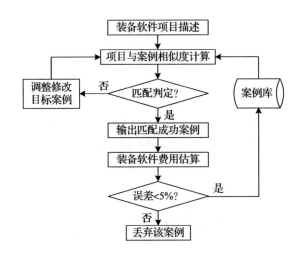

图7-13 基于CBR的装备软件费用估算流程

(1) 根据案例库属性搜集待估算的装备软件项目的相关特征数据,按照统一的模式进行预处理,得到待估算装备软件项目描述,即目标案例。

(2) 计算当前目标案例与案例库中源案例之间的相似度。

(3) 根据案例相似度进行匹配判定,若两者匹配成功,则输出相似度最大的案例,转(4);否则,对目标案例进行调整和修改,转(2)。

(4) 选取匹配成功的案例作为目标问题备用解决方案,并根据实际情况进行适当调整,然后进行装备软件费用的估算。

(5) 输出相似度最大的案例并给出目标问题的解决方案。

(6) 对目标案例进行估算误差判断,若误差小于5%,则将其作为新的案例保存到案例库,否则,丢弃该案例。

3. 基于CBR的软件费用估算模型构建

从前面的装备软件费用估算过程可以看出,其核心问题主要集中在属性选取、相似性度量、数据一致性、最相似项目数、估算结果调整等几个方面。

(1) 案例属性选取及指标权重确定方法。结合装备软件项目特点和费用估算的要求,从项目自身因素、技术因素、人员因素归纳出影响装备软件费用的9个关键属性,关键属性的主要特征如表7-12所示。

表7-12 装备软件案例关键属性主要特征

一级指标	二级指标	指标描述	计算公式及取值范围
项目自身因素	软件规模（f_1）	影响项目成本最直接的因素，常用代码行（LOC）、功能点（FP）、对象点来表达。功能点度量的优势在项目策划、需求分析等阶段，代码行更多用于设计和编码阶段。因此，这里选取功能点来度量项目规模。功能点主要从用户需求和逻辑设计来衡量项目规模，其功能技术项由外部输入（EI）、外部输出（EO）、外部接口文件（EIF）、内部逻辑文件（ILF）和外部查询（EQ）等5个功能分量组成，包括需求分析、设计、编码、测试、部署、培训等工作量	将计算未调整的功能点（UFP）数、技术复杂度因子（TCF）代入公式可得出项目功能点数
	软件可靠性（f_2）	软件项目在确定时间、环境下，正确运行的概率，包括数据采集、模型选择、模型拟合及软件可靠性评估。影响因素主要有运行环境、软件规模、软件的内部结构及可靠性设计技术。可靠性强可减少项目的变更，降低项目成本	借鉴COCOMO II模型的成本驱动因子等级，将软件可靠性级别分为很低、低、正常、高、很高，相应量化取值分别为{0.82,0.92,1.00,1.10,1.26}
	软件复杂度（f_3）	软件复杂度分为模块、类和程序三类，主要指在系统分析的基础上，基于概要设计和详细设计的结果。软件复杂度度量越准确，项目的人力分配和成本预测越合理，项目开发和测试的时间越短，项目完成率越高，成本效益越高	借鉴COCOMO II模型的成本驱动因子等级，将软件复杂度级别分为很低、低、正常、高、很高，相应量化取值分别为{1.34,1.17,1.00,0.87,0.73}
	项目工期（f_4）	项目工期即项目完成所需时间。进度压缩与成本成正比，项目成本估算同时开展工期估算与进度编制，在项目进行过程中，当工期紧急时采用高价雇用工作人员、加班和租用设备等措施，缩短工期的同时直接导致成本的增加，但计划工期过长会造成成本的浪费，因此，项目在最佳工期时的成本预算更接近实际成本	项目工期以天为单位进行计算

续表

一级指标	二级指标	指标描述	计算公式及取值范围
技术因素	硬件资源需求（f_5）	材料设备费用是项目成本的一部分，项目开发中各阶段的设备资源数量分配直接影响项目的进度及最终成本。通过降低项目消耗、尽可能避免资源闲置等，都可以有效降低项目成本	硬件资源需求通过使用资源的数量进行量化
	软件平台水平（f_6）	不同类型的软件项目在软件平台开发性、兼容性以及应用领域等要求不同，进而结合实际选择的项目开发语言不尽相同，开发语言的选取会影响项目工期与成本	借鉴COCOMO Ⅱ模型的成本驱动因子等级，将软件平台水平级别分为很低、低、正常、高、很高，相应量化取值分别为{0.78,0.90,1.00,1.09,1.17}
人员因素	系统分析能力（f_7）	系统分析能力指在软件需求阶段，项目工作人员对性能各个阶段进度、资源、成本等分析并编制计划的能力。项目成员的系统分析能力越强，对项目整体掌控越准确，进度计划编制、工期、成本预测越合理	借鉴COCOMO Ⅱ模型的成本驱动因子等级，将系统分析能力级别分为很低、低、正常、高、很高，相应量化取值分别为{0.71,0.85,1.00,1.19,1.42}
	程序开发能力（f_8）	程序开发能力可用程序员每天工作量（LOC/天）进行量化分析，项目开发人员的程序开发能力越强，任务的正确完成率越高，开发一定模块所耗费的时间越短，人力成本越低	借鉴COCOMO Ⅱ模型的成本驱动因子等级，将程序开发能力级别分为很低、低、正常、高、很高，相应量化取值分别为{0.76,0.88,1.00,1.15,1.34}
	人员变更频率（f_9）	人员工资薪酬（人力消费量乘以平均工资）是项目成本的直接反映，与项目经理任务分配、人员开发能力及工作经验密切相关。实际开发过程中人员调用、离职率等不确定性因素均会造成成本估算的变动	借鉴COCOMO Ⅱ模型的成本驱动因子等级，将人员变更频率级别分为很低、低、正常、高、很高，相应量化取值分别为{1.29,1.12,1.00,0.90,0.81}

在确定了装备软件案例特征属性后，由于案例不同特征属性对于费用的影响程度不同，

第7章 装备软件费用分析

在案例库中检索相似案例时,应考虑案例特征属性的影响权重,因此确定案例特征属性的权重非常重要。常见的指标权重确定方法包括层次分析法、德尔菲法、熵值法等。指标权重确定方法的优劣对比如表7-13所示。

表7-13 指标权重确定方法比较表

权重确定方法	基本原理	优点	缺点	适用范围
层次分析法	专家按照一定的准则,对同层指标进行两两比较,然后进行打分,构造成判断矩阵,对判断矩阵进行处理从而得到指标权值,最后进行一致性检验	实现定量与定性分析相结合,确定的指标权值经过定量检验,具有较强的严谨性	专家的打分结果受限于专家的经验和知识水平,带有一定的主观性	对于定性与定量指标均有一定的适用性,尤其适合具有明显层次结构的指标体系
德尔菲法	专家依据自身经验,对各指标的重要程度进行评判打分,然后根据打分情况进行统一评价,最终确定各指标的权值	整个过程较为简便、直观	带有较强的主观判断性,且精度较低	对于定量指标和模糊性的定量指标都具有一定的适用性
熵值法	利用指标在各事物之间的差异程度来确定各指标的权值	指标的赋值结果以信息量为基础,客观性较强	对指标分布有一定要求,稳定性不强	适用于信息量比较大、指标的离散程度比较小的情况

除常用的3种方法外,人们还从不同角度提出了不同的指标权重确定方法,如模糊层次分析法(FAHP)、遗传算法(GA)、粒子群算法(PSO)等,具体方法步骤可参考相关的文献资料。无论采取哪一种方法,最后都可得到案例特征属性 $f_j(j=1,2,\cdots,m)$ 的权值 $w_j(j=1,2,\cdots,m)$。

(2)特征属性值标准化处理。由于装备软件的案例特征属性值处于不同的量级,在进行案例检索过程中,往往会出现"大数吃小数"的情况,因此在进行相似案例检索之前,首先要对装备软件案例的特征属性值进行无量纲化处理。

1)正向指标的处理。正向指标也称效益型指标,是指向上或向前发展和增长的指标,其数值越大越好,如装备软件的软件可靠性、系统分析能力、程序开发能力、软件平台水平等。设案例库中第 i 个历史案例的第 j 个特征属性值为 f_{ij},对其无量纲化处理后的特征属性值为

$$\tilde{f}_{ij} = \frac{f_{ij} - f_{j\min}}{f_{j\max} - f_{j\min}} \tag{7-7}$$

式中: $f_{j\max}$ 为案例库中第 j 个特征属性值的最大值; $f_{j\min}$ 为案例库中第 j 个特征属性值的最小值。

2)负向指标的处理。负向指标也称成本型指标,与正向指标相反,其数值越小越好,如装备软件的软件规模、软件复杂度、人员变更频率、项目工期、硬件资源需求等。设案例库中

第 i 个历史案例的第 j 个特征属性值为 f_{ij}，对其无量纲化处理后的特征属性值为

$$\tilde{f}_{ij} = \frac{f_{j\max} - f_{ij}}{f_{j\max} - f_{j\min}} \tag{7-8}$$

式中：$f_{j\max}$ 为案例库中第 j 个特征属性值的最大值；$f_{j\min}$ 为案例库中第 j 个特征属性值的最小值。

(3) 案例相似度计算。准确度量待估算项目与案例之间的相似性是进行案例推理的基础。常用的相似性度量方法有最近邻法、归纳索引法、知识索引法、模板检测法等。一般采用最近邻法来分析项目与案例之间的相似度，它是一种基于距离的相似度度量方法，首先对特征属性的影响附加相应的权重，然后利用特征属性的加权和来评价目标项目与历史项目的相似度。该方法认为两个项目的特征集是相同的，且同一特征在不同的项目中具有相同的权重。

最近邻法是以计算案例之间的距离为基础，常用的距离度量函数有欧式距离(Euclidean Distance)、曼哈顿距离(Manhattan Distance)、闵可夫斯基距离(Minkowski Distance)、灰色关联度(Grey Relational Grade)和高斯距离(Gaussian Distance)等。设 $F_0 = \{f_{01}, f_{02}, \cdots, f_{0m}\}$ 为待估算的目标项目，$F_i = \{f_{i1}, f_{i2}, \cdots, f_{im}\}$ 为历史数据库的第 i 个软件项目，f_{0j} 和 f_{ij} 分别为项目 F_0 和案例 F_i 的第 j 个特征属性值，$j = 1, 2, \cdots, m$。

1) 欧式距离度量，公式如下：

$$\text{Dis}(F_0, F_i) = \sqrt{\sum_{j=1}^{m}(f_{0j} - f_{ij})^2} \tag{7-9}$$

$$\text{Sim}(F_0, F_i) = \frac{1}{\sqrt{\sum_{j=1}^{m}[w_j(f_{0j} - f_{ij})^2]}} \tag{7-10}$$

2) 曼哈顿距离度量，公式如下：

$$\text{Dis}(F_0, F_i) = \sum_{j=1}^{m}|f_{0j} - f_{ij}| \tag{7-11}$$

$$\text{Sim}(F_0, F_i) = \frac{1}{\sum_{j=1}^{m}[w_j|f_{0j} - f_{ij}|]} \tag{7-12}$$

3) 闵可夫斯基距离度量，公式如下：

$$\text{Dis}(F_0, F_i) = \sqrt[c]{\sum_{j=1}^{m}|f_{0j} - f_{ij}|^c} \tag{7-13}$$

$$\text{Sim}(F_0, F_i) = \frac{1}{\sqrt[c]{\sum_{j=1}^{m}[w_j|f_{0j} - f_{ij}|^c]}} \tag{7-14}$$

式中：c 为整数。

4) 灰色关联度度量，公式如下：

$$\text{Dis}(F_0, F_i) = \sum_{j=1}^{m}\frac{\Delta_{\min} + 0.5\Delta_{\max}}{\Delta_j - 0.5\Delta_{\max}} \tag{7-15}$$

$$\mathrm{Sim}(F_0, F_i) = 1 - \sum_{j=1}^{m} \left[w_j \frac{\Delta_{\min} + 0.5\Delta_{\max}}{\Delta_j - 0.5\Delta_{\max}} \right] \quad (7-16)$$

式中：$\Delta_j = |f_{0j} - f_{ij}|$；$\Delta_{\min} = \min_{\forall i} \min_{\forall j} \Delta_j$；$\Delta_{\max} = \max_{\forall i} \max_{\forall j} \Delta_j$。

5) 高斯距离度量，公式如下：

$$\mathrm{Dis}(F_0, F_i) = \sum_{j=1}^{m} \exp\left(-\frac{|f_{0j} - f_{ij}|^2}{2\sigma_s^2}\right) \quad (7-17)$$

$$\mathrm{Sim}(F_0, F_i) = \frac{1}{\sum_{j=1}^{m} \left[w_j \exp\left(-\frac{|f_{0j} - f_{ij}|^2}{2\sigma_s^2}\right) \right]} \quad (7-18)$$

式中：σ_s 为高斯距离中的调整函数。

(4) 数据一致性处理。案例推理是以历史数据为基础进行预测的，历史数据库通常包含各种类型的特征属性，可分为数值型、顺序型、间隔型（或范围型）、二值型、无序型、分类型、字符串型和集合型等。为了消除数据属性不一致造成的影响，在案例应用之前需要对其进行预处理，并根据属性的类型对相似性函数进行修正。现以欧式距离为例进行说明。

1) 数值型。如果案例特征属性 f_{0j} 和 f_{ij} 为数值型，则

$$\mathrm{Sim}(f_{0j}, f_{ij}) = (f_{0j} - f_{ij})^2 \quad (7-19)$$

2) 顺序型。如果案例特征属性 f_{0j} 和 f_{ij} 为顺序型，且 $f_{0j} = f_{ij}$，则

$$\mathrm{Sim}(f_{0j}, f_{ij}) = \begin{cases} 1, & f_{0j} = f_{ij} \\ 0, & f_{0j} \neq f_{ij} \end{cases} \quad (7-20)$$

(5) 目标案例费用估算。在计算得到项目与案例之间的相似度后，就可以根据相似度的大小进行案例选择，若能够找到满足匹配要求的案例，则可用其进行待估算项目的费用估算。若匹配不成功，则按相似度大小顺序选择多个最相似的案例，然后采用加权平均等方法进行待估算项目的费用估算。设检索得到最相似的案例项目数为 K，第 k 个案例项目的费用为 $C_k(k=1,2,\cdots,K)$，则可按以下方式得到待估算项目的费用。

1) 均值法。目标项目的费用估算值 $\hat{C}_0$ 为 K 个案例项目费用的平均值，即

$$\hat{C}_0 = \frac{1}{K} \sum_{k=1}^{K} C_k \quad (7-21)$$

2) 中位数法。目标项目的费用估算值 $\hat{C}_0$ 为 K 个案例项目费用的中间值，即

$$\hat{C}_0 = \mathrm{mid}\{C_1, C_2, \cdots, C_K\} \quad (7-22)$$

3) 加权平均法。目标项目的费用估算值 $\hat{C}_0$ 为 K 个案例项目费用的加权平均值，即

$$\hat{C}_0 = \sum_{k=1}^{K} \left[\frac{\mathrm{Sim}(F_0, F_k)}{\sum_{k=1}^{K} \mathrm{Sim}(F_0, F_k)} C_k \right] \quad (7-23)$$

4) 计划评审技术（PERT）法。目标项目的费用估算值 $\hat{C}_0$ 为最相似的 3 个案例项目费用的加权平均值，即

$$\hat{C}_0 = \frac{C_O + 4C_M + C_P}{6} \quad (7-24)$$

式中：C_M 为最可能的费用值，即相似度最大的案例项目费用值；C_O 为最乐观的费用值，即相似度次大的案例项目费用值；C_P 为最悲观的费用值，即相似度第 3 的案例项目费用值。

(6) 软件项目费用估算精度。基于案例推理方法估算软件费用的最终目标是追求最小的估算误差。通常可采用平均相对误差(Mean Magnitude of Relative Error，MMRE)、中位数相对误差(Median Magnitude of Relative Error，MdMRE)和 Pred(0.25)三个指标来衡量装备软件费用的估算性能。设 MRC_i 为数据集中第 i 个装备软件项目费用估算值与实际费用值之间的误差，即

$$MRC_i = \frac{|C_i - \hat{C}_i|}{C_i} \qquad (7-25)$$

式中：$\hat{C}_i$ 为第 i 个装备软件项目费用估算值；C_i 为第 i 个装备软件项目实际费用值。

于是有

$$\left. \begin{aligned} MMRE &= \frac{1}{n}\sum_{i=1}^{n} MRC_i \\ MdMRE &= mid\{MRC_1, MRC_2, \cdots, MRC_n\} \\ Pred(0.25) &= \frac{l}{n} \end{aligned} \right\} \qquad (7-26)$$

式中：n 为数据集中所有装备软件项目的总数；l 为数据集中平均相对误差 MRC_i 小于 0.25 的装备软件项目数。

4. 应用实例分析

某研究所为某单位开发装备管理信息系统软件，通过项目的前期调研分析，得到该项目各属性的特征值如表 7-14 所示。该研究所已经完成的 10 个软件项目的特征属性值及开发费用如表 7-15 所示。

表 7-14 目标案例的特征属性值

目标案例	f_1	f_2	f_3	f_4	f_5	f_6	f_7	f_8	f_9
F_0	310	1.00	1.20	40	15	1.10	1.00	0.86	1.11

表 7-15 历史案例的特征属性值及开发费用

历史案例	f_1	f_2	f_3	f_4	f_5	f_6	f_7	f_8	f_9	C_i/万元
F_1	233	1.26	1.00	50	10	0.92	1.00	0.76	1.00	140
F_2	100	1.00	1.00	35	5	1.10	1.00	0.88	1.00	88
F_3	322	1.00	1.00	45	15	1.00	1.00	0.86	0.88	112
F_4	180	1.15	1.33	25	12	1.00	0.89	1.00	1.00	132
F_5	50	0.90	0.82	5	10	0.78	0.80	0.80	0.80	50
F_6	400	1.00	1.20	60	15	1.10	1.00	0.86	1.11	108
F_7	450	0.85	1.00	50	12	1.10	1.00	1.00	0.90	116
F_8	100	0.85	1.00	25	5	1.10	1.00	0.88	0.88	144
F_9	70	1.30	0.73	14	12	1.00	0.89	1.00	0.80	65
F_{10}	270	1.22	1.00	40	8	1.00	1.00	1.00	1.00	120

(1) 特征属性权值的确定。采用德尔菲法，在专家对目标项目和案例项目的特征属性进行分析的基础上，应用层次分析法（AHP）可得到特征属性的权值如表 7-16 所示。

表 7-16 案例项目的特征属性的权值

f_1	f_2	f_3	f_4	f_5	f_6	f_7	f_8	f_9
0.31	0.09	0.12	0.11	0.06	0.06	0.08	0.12	0.05

(2) 特征属性值的标准化。针对案例特征属性的性质类型，采用无量纲化处理公式 (7-7) 或 (7-8)，对目标案例和历史案例的特征属性进行归一化处理，处理后的案例特征属性值如表 7-17 所示。

表 7-17 归一化处理后的案例特征属性值

项目案例	f_1	f_2	f_3	f_4	f_5	f_6	f_7	f_8	f_9
F_0	0.3500	0.3333	0.2167	0.3636	0.0000	1.0000	1.0000	0.4167	0.0000
F_1	0.4175	0.9111	0.5500	0.1818	0.5000	0.4375	1.0000	0.0000	0.3548
F_2	0.8750	0.3333	0.5500	0.4545	1.0000	1.0000	1.0000	0.5000	0.3548
F_3	0.3200	0.3333	0.5500	0.2727	0.0000	0.6875	1.0000	0.4167	0.7419
F_4	0.6750	0.6667	0.0000	0.6364	0.3000	0.6875	0.4500	1.0000	0.3548
F_5	1.0000	0.1111	0.8500	1.0000	0.5000	0.0000	0.0000	0.1667	1.0000
F_6	0.1250	0.3333	0.2167	0.0000	0.0000	1.0000	1.0000	0.4167	0.0000
F_7	0.0000	0.0000	0.5500	0.1818	0.3000	1.0000	1.0000	1.0000	0.6774
F_8	0.8750	0.0000	0.5500	0.6364	1.0000	1.0000	1.0000	0.5000	0.7419
F_9	0.9500	1.0000	1.0000	0.8364	0.3000	0.6875	0.4500	1.0000	1.0000
F_{10}	0.4500	0.8222	0.5500	0.3636	0.7000	0.6875	1.0000	1.0000	0.3548

(3) 案例相似度的计算。这里采用曼哈顿距离度量函数，计算得到目标案例与各个历史案例的相似度为

$$\text{Sim}(F_0, F_i) = [3.782, 3.328, 8.685, 2.815, 1.619, 9.112, 3.122, 2.704, 1.687, 3.795]$$

(4) 目标案例费用估算。根据目标案例和历史案例之间的相似度值，选择最相似的 3 个历史案例，分别是案例 F_3、F_6 和 F_{10}，相应的装备软件费用分别是 112 万元、108 万元和 120 万元。于是有 $C_M = 108$、$C_O = 112$、$C_P = 120$，采用 PERT 加权平均得

$$\hat{C}_0 = \frac{C_O + 4C_M + C_P}{6} = \frac{112 + 4 \times 108 + 120}{6} = 110.67 \ (\text{万元})$$

(5) 目标案例费用估算精度。该装备软件项目完成后的实际费用为 119 万元，即 $C_0 = 119$，则费用估算误差为

$$\text{MRC}_0 = \frac{|C_0 - \hat{C}_0|}{C_0} = \frac{119 - 110.67}{119} = 0.07 = 7\%$$

可以看出，采用基于案例推理的方法进行装备软件费用估算具有较高的精度，能够满足装备软件费用估算的要求。

7.4.3 基于可维护性的装备软件费用估算模型

1.装备软件费用估算的基本原理

(1)装备软件费用估算的基本思想。软件可维护性是指软件系统或部件修改错误、提高性能和属性,或适应新环境的难易程度。从装备软件的开发过程来看,软件可维护性决定着软件维护费用的多少,而装备软件维护费与装备软件费用之间又具有直接相关性。因此,可利用装备软件的可维护性与费用之间的关系,通过装备软件费用估算模型来进行费用估算。

在热力学中有一个"熵"的概念,其主要用来表示某体系的混乱程度,能够衡量微观粒子的无序程度,它是大量粒子位置和速度的分布概率函数。借用热力学中"熵"的概念,将装备软件的混乱度即软件维护升级的难度定义为"软件熵",用装备软件的可维护性作为装备软件混乱度的度量。因此,可将"软件熵"作为装备软件费用与可维护性之间的桥梁,来构建装备软件费用估算模型。

(2)装备软件费用估算的基本假设。依据热力学第二定律,封闭系统中的"熵"不会减少,只会保持不变或者增加。因此,要降低系统的"熵",必须要给系统施加外力。对于装备软件系统,可维护性是装备软件系统混乱度的度量,装备软件系统的混乱度在装备软件开发完成后就不会降低,只会保持不变或者增加,也就是说,在装备软件系统开发完成之后,其可维护性不会提升,只会保持不变或者降低。因此,装备软件费用估算基于以下两个假设。

假设1 在没有刻意降低装备软件系统混乱度的情况下,改变装备软件源代码不会降低其混乱度。也就是说,当对装备软件系统做出改变时,若不是在特意提升其可维护性的情况下,装备软件的混乱度会增加,即其可维护性将降低或至少保持不变。

假设2 装备软件系统中源代码的改变量,与投入的工作量、装备软件系统的可维护性具有一定的比例关系。若投入更多的工作量,装备软件系统中源代码将变化得更快;若投入相同的工作量,则可维护性高的装备软件系统的源代码将变化得更快。也就是说,为了改变装备软件系统的源代码,投入的工作量会随着时间与装备软件系统的可维护性成反比。

2.装备软件费用估算模型构建

(1)涉及的相关概念。

1)源代码规模 $S(t)$。源代码规模 $S(t)$ 为时间 t 时源代码的规模,一般用测量的源代码行数量来表示。

2)源代码变动率 $\lambda(t)$。源代码变动率 $\lambda(t)$ 为时间 t 时源代码的变动率,即独立地改变任意行的可能性。那么,$S(t)\lambda(t)$ 表示时间 t 时代码行改变的数量。

3)转换常数 k。转换常数 k 用于解决装备软件可维护性和装备软件费用两个不同单位的标量的测量问题。在装备软件费用估算模型建立过程中,不单独解决每个特定的计量单位,而是引入转换常数 k,并可从历史项目数据中得到估计值。

4)投入总费用 $C(t)$。投入总费用 $C(t)$ 为时间 t 时为有效更改装备软件代码所投入的总费用。$C(t)$ 从初始时间 $t=0$ 时开始测量,显然有 $C(0)=0$。

5)可维护性 $M(t)$。可维护性 $M(t)$ 为时间 t 时装备软件系统的可维护性,即装备软件系统的混乱度。

6)腐蚀因子 q。腐蚀因子 q 代表改变一行代码所导致的装备软件系统可维护性降低的程度。

(2)费用估算模型的建立。

1)两个基本假设的模型化表示。

假设 1 对装备软件系统进行维护升级等更改时,其可维护性将降低,即混乱度将增加或者至少保持不变。换句话说,这是对装备软件系统的功能升级,装备软件系统增加了新的功能。其可表示为

$$\frac{\mathrm{d}M(t)}{\mathrm{d}t} = -qS(t)\lambda(t), \quad q \geqslant 0 \tag{7-27}$$

式(7-27)表明:在时间 t 内,装备软件系统可维护性降低的速率与代码行改变的数量成正比。其中,腐蚀因子 q 受许多内部和外部因素影响,如开发人员经验、开发人员能力、开发过程成熟度、装备软件质量、软件开发环境、编程语言、使用条件等。$q \geqslant 0$ 表示可以通过增加新功能来降低可维护性,从而增加系统混乱度。

假设 2 装备软件系统的可维护性较低或混乱度较高,对其进行更改时将付出更高的成本。其可表示为

$$\frac{\mathrm{d}C(t)}{\mathrm{d}t} = k\frac{S(t)\lambda(t)}{M(t)} \tag{7-28}$$

式(7-28)表明:在时间 t 内,可维护性降低的速率与代码行改变的数量成正比。于是,可推得

$$C(t_1) - C(t_0) = \int_{t_0}^{t_1} k\frac{S(t)\lambda(t)}{M(t)}\mathrm{d}t = -\frac{k}{q}\int_{t_0}^{t_1} \frac{\dot{M}(t)}{M(t)}\mathrm{d}t = \\ -\frac{k}{q}[\ln M(t_1) - \ln M(t_0)] = -kq^{-1}\ln[M(t_1)/M(t_0)] \tag{7-29}$$

对式(7-29)进行求解,可得

$$M(t_1) = M(t_0)\mathrm{e}^{-\frac{q}{k}[C(t_1)-C(t_0)]} \tag{7-30}$$

由此可知,装备软件成本投入与可维护性之间呈指数降低的趋势,且随着腐蚀因子的增大,装备软件会加快其可维护性降低的速率。因此,对于装备软件研发人员来说,应尽可能地降低腐蚀因子,从而使在相同成本投入水平下,可维护性降低的速率更缓慢。一般可通过工程师能力培训、改进软件研发过程、利用先进的软件质量保证技术等来减小腐蚀因子。

2)可维护性函数与成本函数。根据可维护性的表达式,令 $t_0=0,M(0)=1$,可得装备软件系统可维护性函数为

$$M(t) = \exp[-qk^{-1}C(t)] \tag{7-31}$$

同时,可得成本函数为

$$C(t) = -kq^{-1}\ln M(t) \tag{7-32}$$

由此可以看出,装备软件维护升级所投入成本与可维护性之间具有指数关系,即装备软件成本会随着可维护性的降低而呈指数增长。

情况 1:假设对投入成本 $C(t)$ 恒定的装备软件系统,其成本变化随着时间推移是常数时,则源代码变动率 $\lambda(t)$ 和可维护性 $M(t)$ 的变化关系如图 7-14 所示,表明:当投入的工

作量随着时间的推移是一个恒定值,即成本不变的情况下,可维护性和源代码变动率都大幅度降低。

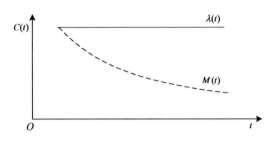

图 7-14 $C(t)$ 不变情况下 $\lambda(t)$ 和 $M(t)$ 的变化关系

情况 2:假设源代码变动率 $\lambda(t)$ 随着时间的推移保持不变,$C(t)$ 和 $M(t)$ 的变化关系如图 7-15 所示,表明:随着时间的推移,装备软件的可维护性降低至接近 0,而投入的成本则呈指数快速增加,最终达到成本投入的峰值。装备软件的可维护性降低为 0 时,意味着对软件源代码做出的任何一点小小的改动都需要极大的工作量,也就导致了投入成本的无限大。

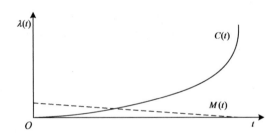

图 7-15 $\lambda(t)$ 不变情况下 $C(t)$ 和 $M(t)$ 的变化关系

3) 装备软件费用估算模型。根据装备软件可维护性、源代码变动率以及成本三者之间的关系,可利用装备软件可维护性来合理估算装备软件成本。由此可推导出装备软件成本估算模型为

$$C(t) = -\frac{k}{q}\ln\left|1 - \frac{q}{M(t)}\int_0^t S(s)\lambda(s)\mathrm{d}s\right| \tag{7-33}$$

式中:$S(s)\lambda(s)$ 为在时间 s 时代码行改变数量;k 为转换常数;$C(t)$ 为时间 t 时有效更装备软件代码所投入的总成本;$M(t)$ 为时间 t 时装备软件系统的可维护性;q 为改变一行代码所导致的可维护性降低程度。

3. 应用实例分析

以某研究所的某型号装备项目软件开发为例,利用获取的相关数据进行软件成本估算。首先根据历史数据记录获取时间 T_0 的成本 $C(T_0)$,然后计算模型中的参数 k 和 q,最后利用费用估算模型估算软件成本 $C(t)$。

(1) 查询装备软件系统的源代码修订记录。假设该装备软件系统的开发周期为 3 个月,取初始时间 $t=0$ 时刻,即首次维护时间为 2020 年 6 月 30 日,开发源代码行数量为 14 175

行,最终维护时间 T_0 为 2021 年 1 月 31 日。此时,开发源代码行数量为 24 861 行,为装备软件系统维护所投入的成本为 149 万元,维护时间共 7 个月,代码行变动量为 10 686 行。因此,可得 $T_0=210\text{ d},C(T_0)=149$ 万元,装备软件系统开发周期与维护周期的总时间为 10 个月,即 $T=300\text{ d}$。

(2)计算装备软件系统的可维护性。取 $M(0)=1$,得 $M(t)=0.838\ 620\ 885$。

(3)计算软件源代码行改变的数量。针对软件源代码修订,计算源代码行改变的数量,包括增加、删除、修改的全部源代码数量,并与装备软件系统开发的初始记录进行比较。通过这种方式获得的数值可以比较准确地近似于 $S(t)\lambda(t)$,从而就不需要准确计算 $S(t)$。由以上数据可得,$S(t)\lambda(t)=14\ 175$(行)。

(4)计算费用估算模型中的参数。时间 $T>0$ 时,模型中的参数 k 和 q 的估计方程为

$$k=C(T_0)\left[1/\int_0^{T_0}\frac{S(t)\lambda(t)}{M(t)}\mathrm{d}t\right] \quad (7-34)$$

$$q=-\frac{k}{C(T_0)}\ln\frac{M(T_0)}{M(0)} \quad (7-35)$$

于是,计算得 $k=0.001\ 670\ 47,q=-0.000\ 001\ 973,q/k=-0.001\ 181\ 105$。

(5)进行装备软件系统费用估算。利用计算得到的模型参数 k 和 q 及获得的数据,代入装备软件费用估算模型,可得装备软件费用估算值为

$$\widetilde{C}(t)=C(t)=-\frac{k}{q}\ln\left|1-\frac{q}{M(0)}\int_0^t S(s)\lambda(s)\mathrm{d}s\right|=$$

$$-\frac{0.001\ 670\ 47}{0.000\ 001\ 973}\ln\left|1-0.000\ 001\ 973\int_0^{10} 24\ 861\mathrm{d}t\right|=570.94\text{(万元)}$$

该装备软件系统的总费用为 570.94 万元,其中,开发费用为 421.94 万元,维护费用为 149.00 万元,维护费用占该装备软件系统总费用的 26.1%。

7.5 装备软件的可靠性费用

7.5.1 装备软件可靠性影响因素

1.装备软件可靠性的概念和特点

(1)装备软件可靠性的概念。装备软件可靠性是指装备软件在规定的环境条件下、规定的时间周期内执行规定功能的能力。与装备硬件可靠性有所不同,其具有特定的含义:"环境条件"是指装备软件的使用或运行环境,包括复杂的电磁环境、多变的技战术条件,还涉及装备软件运行所需要的一切支持系统和有关因素;"规定的时间"是指装备软件系统投入运行后计算机挂起(开机但空闲)和工作的累计时间;"规定功能"是指为达到武器装备功能而规定或要求嵌入其中的软件应完成的功能。

(2)装备软件故障的种类。对于装备软件的不正常或故障,通常可用以下 3 个术语来描述:

1)缺陷(Fault):装备软件的内在缺陷。

2)错误(Error):缺陷在一定环境条件下暴露,导致装备系统运行中出现可感知的不正常、不正确和不按规范执行的状态。

3)故障(Failure):由于对错误未做任何纠正而导致装备系统的输出达不到预定的要求,甚至出现装备系统中止运行或"死机"的情况。

可以看出,缺陷是一切故障的根源,缺陷可能导致错误并造成装备系统的故障。不过,发生过故障的装备软件通常仍然是可用的,只有当它频繁发生故障,或公认已经"陈旧"时才会被废弃。

(3)装备软件可靠性的特点。与装备硬件可靠性相比,装备软件可靠性具有以下特点:

1)装备软件错误的固有性。装备软件错误主要是由设计错误造成的,其错误不随使用时间的延长而增加,所以装备软件可靠性增长与其使用的时间无关。装备软件错误一旦存在,将潜伏于装备系统中,直至被发现或改正,它不像硬件故障可能会随时间推移而不断"耗损"或产生新的缺陷。因此,装备软件缺陷是无耗损地、固定地潜伏于装备系统中的。

2)装备软件错误的可维性。装备软件错误与装备硬件故障一样具有可维性,其错误经过维修后不会再存于装备系统中,且随着软件错误的不断发现和排除,残留在装备系统中的软件错误会逐渐减少,装备软件的故障率也会逐渐降低,体现出更好的可维性。

3)装备软件错误的敏感性。装备软件的运行过程是装备系统中各个部分或模块间的一个逻辑组合过程,不同的逻辑组合可得到不同的程序路径,而每一次软件运行或完成某功能都是选择了其中的一条程序路径。选择什么样的程序路径是由装备软件自身规定的输入环境决定的,对于不同的输入环境,其运行路径可能不同。由于装备软件错误是客观存在的,表现在某些程序路径上就会含有缺陷,那么在执行这些程序路径时就可能发生错误,也就是说,装备软件错误对输入环境具有敏感性。

4)装备软件错误的传染性。一般来讲,装备软件错误只要未被排除,其将始终存在于该装备软件系统中,当由于某种原因一旦触发或暴露,处理过程就将产生错误,且这种错误往往是变化的,并带有向下传递的特点。例如,由于录入的变量 M 的值不符合设计要求,当变量 M 继续参加运行时,就很可能引起处理过程中的其他错误并会不断地向下传递,即具有"传染性"。如果错误不被纠正,这种错误就可能一直存在并继续"传染",直到引起装备软件故障。

2.装备软件可靠性函数、参数和模型

(1)装备软件可靠性函数。

1)可靠度函数 $R(t)$。装备软件可靠度函数 $R(t)$ 是指装备软件系统运行到 t 时刻为止无失效的概率。其计算公式为

$$R(t) = P(T > t) \tag{7-36}$$

式中:T 为失效发生时刻的随机变量,从 0 到 T 的长度称为寿命。

2)失效分布函数 $F(t)$。装备软件失效分布函数 $F(t)$,又称不可靠度或累计失效函数,指装备软件系统运行到 t 时刻前失效的概率。其计算公式为

$$F(t) = P(T \leqslant t) \tag{7-37}$$

3)失效密度函数 $f(t)$。装备软件失效密度函数 $f(t)$ 是指装备软件系统在 t 时刻单位时间内的失效概率。其计算公式为

第7章 装备软件费用分析

$$f(t) = \frac{P(t < T \leqslant t + \Delta t)}{\Delta t} = \frac{\mathrm{d}F(t)}{\mathrm{d}t} \tag{7-38}$$

4)失效率函数 $\lambda(t)$。装备软件失效率函数 $\lambda(t)$ 是指装备软件系统在 t 时刻之前没有出现失效的情况下,在时间 $[t, t+\Delta t]$ 区间内单位时间出现失效的概率。其计算公式为

$$\lambda(t) = \frac{P(t < T \leqslant t + \Delta t \mid T > t)}{\Delta t} = \frac{f(t)}{R(t)} \tag{7-39}$$

(2)装备软件可靠性参数。

1)平均失效等待时间(Mean Time To Failure,MTTF)。装备软件平均失效等待时间(MTTF)是指装备软件在失效前正常工作的平均统计时间。其计算方法为:假设装备软件系统在规定的条件下运行 n 次,每次的技战术背景有所不同,其失效时间分别为 t_1、t_2、…、t_n,则

$$\mathrm{MTTF} = \frac{1}{n}\sum_{i=1}^{n} t_i \tag{7-40}$$

2)平均失效恢复时间(Mean Time To Repair,MTTR)。装备软件平均失效恢复时间(MTTR)是指装备软件失效后恢复正常工作所需的平均统计时间。其计算方法为:假设 n 为装备软件运行失效的次数,Δt_i 为第 i 次失效后恢复正常工作的时间,则

$$\mathrm{MTTR} = \frac{1}{n}\sum_{i=1}^{n} \Delta t_i \tag{7-41}$$

装备软件失效恢复时间为排除故障或系统重新启动所用的时间,而不是对装备软件系统进行修改的时间。

3)可用度(Availability,A)。装备软件可用度是指装备软件运行后,在任一随机时刻需要执行规定任务或完成规定功能时,装备软件处于可使用状态的概率。可用度是对装备软件可靠性的综合度量,其计算公式为

$$A = \frac{\mathrm{MTTF}}{\mathrm{MTTF} + \mathrm{MTTR}} \tag{7-42}$$

一般情况下,工业生产软件要求 $A \geqslant 99.8\%$,金融行业软件要求 $A \geqslant 99.9\%$,而武器装备软件要求 $A \geqslant 99.99\%$。

4)故障隔离率(Failure Isolation Rate,FIR)。装备软件故障隔离率(FIR)是指装备软件系统出现失效,在规定条件下,用规定方法能正确隔离到少于或等于 L 个模块的集合内的百分数,记为 γ_{FI}。其计算方法为:假设装备软件被检测出的失效数为 N_D,能正确隔离到少于或等于 L 个模块的集合内的故障数为 N_L,则

$$\gamma_{\mathrm{FI}} = \frac{N_L}{N_D} \tag{7-43}$$

5)缺陷检测率(Fault Detection Rate,FDR)。装备软件缺陷检测率(FDR)是指装备软件在规定的时间内,在规定的条件下能正确查出缺陷的失效数为 N_D,此间出现的总的失效数为 N_T,则装备软件缺陷检测率 γ_{FD} 为

$$\gamma_{\mathrm{FD}} = \frac{N_D}{N_T} \tag{7-44}$$

6)初期故障率。一般以装备软件交付使用后的前 3 个月为初期故障期。初期故障率以每 100 h 的故障数为单位,用它来评价交付使用的装备软件的质量,并预测装备软件可靠性何时基本稳定。装备软件初期故障率的大小取决于软件设计水平、检查项目数、软件规模、软件调试等因素。

7)偶然故障率。一般以装备软件交付使用后的 4 个月后为偶然故障期。偶然故障率以每 1 000 h 的故障数为单位,它反映了装备软件处于稳定状态的质量。

8)使用方误用率。使用方误用是指使用方不按照装备软件规范及说明等文件来使用而造成的错误。使用方误用率是指使用方误用次数占装备软件总使用次数的百分比。造成使用方误用的主要原因有:使用方对使用说明理解不深,使用方对装备软件的操作不熟练,软件使用说明描述不清楚引起误解,等。

9)残留缺陷数。装备软件残留缺陷数包括非文档残留缺陷数和文档残留缺陷数。非文档残留缺陷数包括程序残留缺陷数和数据残留缺陷数。装备软件残留缺陷数通常以相对值表示,即每千行代码所包含的残留缺陷个数。文档中的缺陷虽然不直接引起故障和失效,但是也直接或间接反映了程序源代码的质量。

(3)装备软件可靠性模型。

1)Jelinski-Moranda 模型(简称 JM 模型)。JM 模型由 Z. Jelinski 和 P. Moranda 于 1972 年提出,其假设为:

A.装备软件中的初始错误个数为一个未知的固定常数,用 N_0 表示;

B.在两次错误出现之间的调试时间随错误出现概率呈指数分布,而错误出现概率与剩余错误数成正比,比例常数用 φ 表示;

C.每个错误一旦被发现即立即被排除,且排错过程不引入新的错误;

D.产生错误的速率是一个常数。

设 i 为装备软件故障次数,N_0 为装备软件测试前的总错误数,φ 是比例常数,则第 $i-1$ 次故障发生并排除之后,第 i 次试验期间的失效率函数 $\lambda(t)$ 和可靠度函数 $R(t)$ 为

$$\left.\begin{aligned}\lambda(t_i) &= \varphi[N_0 - (i-1)] \\ R(t_i) &= \exp\{-\varphi[N_0 - (i-1)]t\}\end{aligned}\right\} \quad (7-45)$$

采用极大似然估计法,总错误数 N_0 和比例常数 φ 可从下式求出

$$\left.\begin{aligned}\sum_{i=1}^{n} \frac{1}{N_0 - (i-1)} &= \frac{n\sum_{i=1}^{n} t_i}{N_0 \sum_{i=1}^{n} t_i - \sum_{i=1}^{n}(i-1)t_i} \\ \varphi &= \frac{n}{N_0 \sum_{i=1}^{n} t_i - \sum_{i=1}^{n}(i-1)t_i}\end{aligned}\right\} \quad (7-46)$$

第 n 个故障出现并排除之后的 MTTF 为

$$\text{MTTF} = \frac{1}{\varphi(N-n)} \quad (7-47)$$

2)Naib - Halstead 模型。该模型是根据装备软件系统的内部特性构建的模型,其根据装备软件复杂性的度量函数,建立程序面向代码(如操作符和操作数的数目)与程序中错误的初始估计数值之间的关系,来计算存在于装备软件中错误的预期数目。奈伯(Naib)在一项利用霍尔斯特德(Halstead)方法对软件出错率估算的研究中发现,环境因素对软件出错率的影响最大,他找出了3个起决定作用的随机变量,即

A.使用过该装备软件的总用户数 X;

B.该装备软件的当前用户数 Y;

C.该装备软件当前用户中有过出错历史的用户数 Z。

设 X、Y、Z 为随机变量,则装备软件出错率 P 可表示为

$$P = \left(\frac{V}{D^2}\right)X + DY + B_3 Z \tag{7-48}$$

其中,

$$V = (\eta_1 \log_2^{\eta_1} + \eta_2 \log_2^{\eta_2}) \log_2^{(\eta_1+\eta_2)} \tag{7-49}$$

$$D = \frac{\eta_1}{2} \times \frac{N_2}{\eta_2} \tag{7-50}$$

式中:η_1 为操作符个数;η_2 为操作对象个数;N_2 为操作对象使用次数;B_3 为模块个数。

奈伯经实验发现,该模型的计算结果与实验值相关系数达 0.92 以上,是一种简单、实用的装备软件可靠性模型。

3)植入错误式模型。该模型由 D. Mills 首先提出,其主要思想是:在装备软件中"植入"已知的错误,统计并分析计算这类"植入"的错误数与装备软件实际发生的错误数之比。随机将一些已知的带标记的错误程序或软件模块植入装备软件,设装备软件中尚未发现的残留错误总数为 N,植入的错误总数为 N_t。在历经一段时间的测试之后,发现装备软件中的残留错误为 n 个,其中带标记的植入错误为 n_t 个。假定植入错误和装备软件中的残留错误都可以同等难易地被测试到,则 N 的计算公式为

$$N = \frac{n}{n_t} N_t \tag{7-51}$$

该模型的建模思路十分简单,但其依赖的测试技术比较高,诸如如何判定哪些错误是残留错误,哪些错误是植入的带标记错误等,此外,植入带标记的错误也有可能导致新的错误。

3.装备软件可靠性的影响因素

(1)影响装备软件可靠性的通用因素。

1)软件规模。装备软件规模与装备软件可靠性成反比,软件的规模越大,其可靠性越低。一般可按语句多少进行分类,小于 5 000 句的为小规模,5 000~50 000 句的为中规模,大于 50 000 句的为大规模。

2)软件复杂度。装备软件越复杂,其可靠性越低。关于软件复杂度的度量方法比较多,如 McCabe 的 $V(G)$、霍尔斯特德(Halstead)的 E 以及千行代码数 KLOC 等。

3)软件系统类型。软件系统类型反映了系统的复杂度,通常有 4 种软件系统,即操作系

统、数据库管理系统、嵌入式应用系统、应用软件系统。

4)开发工作量。深思熟虑的编码工作被认为可以有效减少软件系统的缺陷,软件开发工作量的单位为人·年。

5)编码难度。根据 Putnum 的定义,软件编码难度的计算公式为

$$\text{PDIF} = k/t^2 \quad (7-52)$$

式中:k 为编码工作量;t 为编码时间。

6)开发技术水平。软件开发技术可分为设计技术、文档技术、编码技术和存取技术四类,每一类可分为低、中、高 3 个级别,每个级别对应评分 $T=0.8,1.0,1.2$。参考勃姆的成本动因生产力范围,可确定出软件开发技术的这些分数,最终的软件开发技术水平的计算公式为

$$\text{TLVL} = \sum_{i=1}^{4} T_i \quad (7-53)$$

式中:T_i 为第 i 类技术的得分。

7)重用代码百分比。当开发新的软件产品或者对旧的软件产品进行升级时,经常会保留部分可以重用的代码模块,并加入一些新模块。计算公式为

$$\text{PROC} = S_O/(S_O + S_N) \quad (7-54)$$

式中:S_O 为已有模块的千行代码数;S_N 为新模块的千行代码数。

8)编程语言。编程语言是用来定义计算机程序的形式语言,它是一种被标准化的交流技巧,用来向计算机发出指令,让程序员能够准确地定义计算机所需要使用的数据,并精确地定义在不同情况下所应采取的行动。编程语言通常可分为机器语言、汇编语言和高级语言三大类,不同的编程语言有不同的复杂度和结构,因此不同语言引入的缺陷是不同的。

(2)软件分析与设计阶段的可靠性因素。

1)程序规格说明变更频率。在装备软件的编码阶段,通过计算变更程序设计规格说明的问题报告的页数可以计算出程序规格说明变更频率。

2)程序设计文档数量。缺乏足够内容的程序设计文档会产生缺陷,通过计算新的或修改过的程序设计文档的页数可以计算出程序设计文档数量。

3)软件设计方法。对于同一装备软件,采用不同的设计方法对最终软件产品的质量有不同的影响,通常有两类设计方法:结构化设计和功能设计。

4)软件可靠性设计方法与技术。软件可靠性设计的实质是在常规的软件设计中,应用各种必需的方法和技术,使软件设计在兼顾用户的各种需求时,全面满足软件的可靠性要求。不同的软件可靠性设计方法和技术会对软件产品的质量有不同的影响。

5)软件需求分析。装备软件需求由用户提供,根据装备软件需求,软件开发人员制作出需求规格说明书。通常,用户和开发人员通过会面来验证需求,并对问题达成一致。软件需求分析对于随后的软件设计和编码工作是必须的。

6)详细设计与需求的关系。在软件设计阶段结束的时候,将详细设计与需求进行比较,并进行审查来验证功能设计是否满足需求。可以对设计进行修改,从而消除用户和开发人

员之间的误解。

7)需求符合度。软件的功能需求、性能需求、接口需求和环境需求等各方面的符合度越高,软件可靠性越高。

8)工作标准。工作标准是软件开发团队需要遵循的规范。工作标准指出了每一阶段要输出的产品、设计文档格式、设计文档的描述级别和内容,以及验证设计文档时需要检查的项目等。

9)开发管理。开发管理包括全部的组织和决策活动,从规格说明阶段到设计、编码和测试,甚至运行阶段,开发经理安排会议时间,与全部参与者保持联系并追踪开发进度以及工作标准,给出指导和做出决策。

(3)软件编码阶段的可靠性因素。

1)程序员技能(PSKL)。程序员技能对软件产品的可靠性产生直接影响,其可定义为程序员编程经验的平均年限,即

$$\text{PSKL} = \frac{1}{n}\sum_{i=1}^{n} l_i \tag{7-55}$$

式中:l_i 为程序员 i 的编程经验年限;n 为程序员总数。

2)程序员组织(ICON)。程序员组织定义为高质量程序员的比例,其计算公式为

$$\text{ICON} = n_h/n \tag{7-56}$$

式中:n_h 为编程经验超过 6 年的程序员数量;n 为程序员总数。

3)开发团队规模。开发团队规模是指软件开发团队的总人数。

4)程序工作量。程序工作量指在软件开发过程中,以"工作内容"形式计算的压力因子,如进度压力和太多的工作量都是主要因子,包括程序员的精神压力和身体压力。

5)领域知识。领域知识是指程序员对于输入空间和输出目标的知识,不充分的知识可能导致编码和测试过程中出现问题。

6)精神压力。精神压力是指程序员避免工作错误的能力。截止日期较短或较短的开发时间带来的精神压力会导致调查、研究和文档等不完美。研究表明,对于每一类错误类型,压力因子的影响与人因错误因子的影响比例如下:研究不完美为 6∶1(压力因子占主导),文档不完美为 4∶2(压力因子相对影响较大),调查不完美为 4∶6(压力因子相对影响较小)。

(4)软件测试阶段的可靠性因素。

1)测试人员技能。测试人员的能力越强,经验越丰富,所发现的错误就会越多。其可以定义为测试人员测试经验的平均年限,即

$$\text{PSKL} = \frac{1}{n}\sum_{i=1}^{n} l_i \tag{7-57}$$

式中:l_i 为测试人员 i 的测试经验年限;n 为测试人员总数。

2)测试投入。测试投入可以定义为生成的测试用例数量、测试经费以及测试花费。

3)测试资源分配。测试资源分配是指不同的分配测试资源的方案,包括测试人员、测试设备、测试进度等。

4)测试方法。不同的测试方法对于软件产品的质量有不同的影响,好的测试方法可以测试更多的路径,且需要的时间更短。

5)测试覆盖率。测试覆盖率定义为测试用例覆盖的源代码占总体代码的百分比,计算公式为

$$\text{TCVG} = S_E/S_T \tag{7-58}$$

式中: S_E 为测试覆盖的千行代码数; S_T 为装备软件总的千行代码数。

6)测试工具。测试工具通常指测试者用于执行测试任务的软件包,不同的测试工具提供不同的质量和测试度量。

7)测试文档。测试文档指测试过程中的文档,其是很重要的软件资料。

7.5.2 装备软件可靠性费用模型

1. Mary E. H 模型

根据 Mary E. H 的分类,软件可靠性费用函数主要有 3 种形式:线性费用模型、对数指数费用模型和负幂指数费用模型。设软件的复杂度为 α、软件的初始成本为 β、软件系统的失效率为 λ,则软件可靠性费用模型如下:

(1)线性费用模型,公式如下:

$$C(\lambda) = \begin{cases} -\alpha\lambda + \beta, & \lambda \leqslant \beta/\alpha \\ 0, & \lambda > \beta/\alpha \end{cases} \tag{7-59}$$

(2)对数指数费用模型,公式如下:

$$C(\lambda) = \begin{cases} -\beta\ln[1-\exp(-\lambda)], & \lambda > 0 \\ +\infty, & \lambda \leqslant 0 \end{cases} \tag{7-60}$$

(3)负幂指数费用模型,公式如下:

$$C(\lambda) = \begin{cases} \dfrac{\beta}{(\lambda-\delta)^\alpha}, & \lambda > \delta \\ +\infty, & \lambda \leqslant \delta \end{cases} \tag{7-61}$$

式中: δ 是允许的软件失效率。

2. EORC 模型

Mary E. H 软件可靠性模型比较客观和高效,但其无法用于因子关系不明确或很难确定的软件系统进行可靠性费用估算。一般来讲:软件系统中存在的错误数量 E 与软件开发投入的费用 C 成反比,即 $E \propto 1/C$;软件中存在的错误数量 E 决定了软件系统的失效率 λ,即 $\lambda \propto E$;软件可靠性与软件的开发难度和软件规模成反比,即当软件开发投入费用一定时,开发难度越高、规模越大的软件系统,其最终可靠性越低。不同的软件拥有不同的难度和规模属性,即软件复杂度,也就具有不同的可靠性与费用关系。

基于以上分析,根据软件可靠性的定义 $r = \mathrm{e}^{-\lambda t}$,可得软件可靠性与费用的关系为 $C \propto -\dfrac{1}{\ln r}$,即在不考虑软件运行时间或运行时间确定的情况下,软件的可靠性费用 C_r 与软件

所要达到的可靠性目标 r 的对数成反比。对于任意一个软件或软件组件,考虑软件的复杂度 α、软件的初始成本 β、软件的可靠度 r,可得软件可靠性费用 EORC 模型为

$$C_r = \beta - \frac{\alpha}{\ln r} \tag{7-62}$$

3. 参数费用模型

参数费用模型是指通过建立费用与特征参数之间的关系式进行费用估算的模型。利用参数费用模型进行软件可靠性费用估算时,首先要确定那些典型的且对软件可靠性费用有主要影响的参数和变量,然后用现有的数据进行曲线拟合,通过拟合曲线建立软件可靠性费用和可靠性参数之间的联系。假设软件系统的可靠度为 r,则软件可靠性费用估算模型为

$$C_r = f(r) = a[\Phi(r)]^b + c \tag{7-63}$$

式中:a、b、c 是常数;$\Phi(r)$ 是可靠度 r 的函数。

一般来讲,若要求软件系统的可靠度很高,则费用 C_r 也会很高,即

$$\lim_{r \to r_a} f(r) = +\infty \tag{7-64}$$

式中:r_a 为软件系统可靠度的上限,其数值可根据类似软件系统的可靠度和未来可能实现的可靠度水平来确定。若没有执行任何可靠性计划,软件系统仍客观存在一定的可靠度水平,此时与可靠性有关的费用为零,即

$$\lim_{r \to r_b} f(r) = 0 \tag{7-65}$$

式中:r_b 为软件系统可靠度的下限。

由此可知,$f(r)$ 应满足:

$$\left.\begin{array}{l} f(r_a) = +\infty \\ f(r_b) = 0 \end{array}\right\} \tag{7-66}$$

根据条件,可设 $\Phi(r)$ 为

$$\Phi(r) = \frac{K}{r_a - r} \tag{7-67}$$

有

$$C_r(r_b) = a\left(\frac{K}{r_a - r_b}\right)^b + c = 0 \tag{7-68}$$

可得

$$c = -a\left(\frac{K}{r_a - r_b}\right)^b \tag{7-69}$$

于是

$$C_r = f(r) = a[\Phi(r)]^b + c = a\left[\left(\frac{K}{r_a - r}\right)^b - \left(\frac{K}{r_a - r_b}\right)^b\right] \tag{7-70}$$

式(7-70)即为基于可靠度的软件可靠性费用估算表达式,且有

$$\frac{dC_r}{dr} = ab\left(\frac{1}{r_a - r}\right)^{b-1} \times \frac{1}{(r_a - r)^2} = ab\left(\frac{1}{r_a - r}\right)^{b+1} > 0 \tag{7-71}$$

4. 软件测试费用模型

(1) 软件测试时间模型。软件测试是保证软件可靠性的主要手段，软件测试费用是软件可靠性工作费用的重要组成部分。软件测试时间模型主要基于 Musa 日历时间模型的基本构想，在 CPU 时间和日历时间之间建立联系，通过建立软件系统测试持续时间、测试资源需求和费用的关系模型，来求得软件系统故障的运行费用。

Musa 认为，决定测试进度的资源主要是故障识别人员(I)、故障改正人员(F)和计算机机时(C)。在测试的任一时刻，如果由上述资源之一所完成的工作量最大限度地使用该资源，则这个资源为有限资源，某段执行时间内的有限资源决定了该段对应的日历时间。由于软件故障强度随测试时间逐渐下降，不考虑计算机机时对测试时间的制约，若软件测试期间存在有限资源转变，则一定是从故障改正人员向故障识别人员转变。

根据前面的假设，故障识别人员(I)、故障改正人员(F)的需求量可表示为

$$\left. \begin{array}{l} X_I = \theta_I \tau + \mu_I \mu(\tau) \\ X_F = \mu_F \mu(\tau) \end{array} \right\} \quad (7-72)$$

式中：X_I 为故障识别人员的总工时；X_F 为故障改正人员的总工时；τ 为软件测试 CPU 执行时间；$\mu(\tau)$ 为 τ 时刻故障数的期望值；θ_I、μ_I、μ_F 为系数，可通过最小二乘法拟合。

当故障改正人员为有限资源时，测试日历时间相对于 CPU 执行时间的变化率取决于故障改正人员总工时相对于 CPU 执行时间的变化率，即

$$\frac{dt}{d\tau} = \frac{1}{P_F \rho_F} \frac{dX_F}{d\tau} = \frac{\mu_F \lambda(\tau)}{P_F \rho_F} \quad (7-73)$$

式中：t 为测试日历时间；P_F 为故障改正人员数量；ρ_F 为故障改正人员使用率；$\lambda(\tau)$ 为故障率函数。

类似地，当故障识别人员为有限资源时，测试日历时间相对于 CPU 执行时间的变化率取决于故障识别人员总工时相对于 CPU 执行时间的变化率，即

$$\frac{dt}{d\tau} = \frac{1}{P_I \rho_I} \frac{dX_I}{d\tau} = \frac{\theta_I + \mu_I \lambda(\tau)}{P_I \rho_I} \quad (7-74)$$

式中：t 为测试日历时间；P_I 为故障识别人员数量；ρ_I 为故障识别人员使用率；$\lambda(\tau)$ 为故障率函数；θ_I 为系数。

综合得到

$$\frac{dt}{d\tau} = \max\left(\frac{\mu_F \lambda(\tau)}{P_F \rho_F}, \frac{\theta_I + \mu_I \lambda(\tau)}{P_I \rho_I} \right) \quad (7-75)$$

故软件测试日历时间为

$$t = \begin{cases} \int_0^{\tau^*} \frac{\theta_I + \mu_I \lambda(\tau)}{P_I \rho_I} d\tau, & \lambda(\tau_{FI}) \leqslant \lambda(0) \\ \int_0^{\tau_{FI}} \frac{\mu_F \lambda(\tau)}{P_F \rho_F} d\tau + \int_{\tau_{FI}}^{\tau^*} \frac{\theta_I + \mu_I \lambda(\tau)}{P_I \rho_I} d\tau, & \lambda(0) < \lambda(\tau_{FI}) < \lambda(\tau^*) \quad (7-76) \\ \int_0^{\tau^*} \frac{\mu_F \lambda(\tau)}{P_F \rho_F} d\tau, & \lambda(\tau_{FI}) \geqslant \lambda(\tau^*) \end{cases}$$

式中，τ_{FI} 为有限资源从故障改正人员向故障识别人员转变点；τ^* 为测试结束时间；$\lambda(\tau_{FI})$、$\lambda(\tau^*)$ 为对应时刻的故障率；$\lambda(0)$ 为测试开始时刻的故障率。$\lambda()$ 函数形式可根据软件项目的特点来选择，$\lambda(\tau^*)$ 可根据软件可靠性目标来确定，$\lambda(\tau_{FI})$ 的计算公式为

$$\lambda(\tau_{FI}) = \frac{\theta_1/P_1\rho_1}{\mu_F/P_F\rho_F - \mu_1/P_1\rho_1} \tag{7-77}$$

（2）软件测试费用估算。软件测试费用主要由两类费用组成：第一类是与测试持续时间成正比的费用，包括人员工时费、设备使用费、设备折旧费、开发管理费等；第二类是不随测试时间变化的前期投入费用，包括人员培训费、工具软件开发费、工具软件购买费、数据预处理费等。因此，软件测试费用可表示为

$$C = (k_1 P_1 + k_F P_F + k_f)t + C_0 \tag{7-78}$$

式中：k_1 为单位时间故障识别人员费用；k_F 为单位时间故障改正人员费用；k_f 为单位时间其他第一类费用支出；C_0 为前期投入费用或启动费用；t 为测试持续日历时间。

7.5.3 软件可靠性费用优化模型

1. 软件可靠性与费用权衡模型

(1) 可靠性与费用权衡原理。软件可靠性与费用之间是一种辩证的关系：增加软件可靠性可以减少软件的维护费用，可以避免软件因可靠性低不能使用所造成的开发费用的浪费；提高软件可靠性大都以增加软件开发费用为代价，而软件成本的提高又制约了软件的销售和推广。进行软件可靠性和费用的权衡研究，就是保证软件达到可靠性指标的前提下使得软件的开发费用最少，因此，可通过软件可靠性分配来对软件可靠性和费用进行权衡。

1) 软件可靠性分配模型。从软件工程角度考虑，软件可靠性的分配必须遵循以下两个原则：一是对于软件系统越重要的模块，分配的可靠性应越大；二是对于越复杂的模块，分配的可靠性应越小。以软件失效率为可靠性的分配指标，可得软件可靠性分配模型为

$$\lambda_k = \frac{u_k}{w_k} \lambda_s \tag{7-79}$$

式中：λ_k 为第 k 个模块应分配的失效率；λ_s 为软件系统的失效率指标；w_k 为第 k 个模块的重要度；u_k 为第 k 个模块的复杂度。

2) 模块重要度计算模型。一般来讲，可将软件结构层次分为系统层、功能层、程序层和模块层，如图 7-16 所示。最高层是软件系统，它由软件的各个功能块体现，功能块构成了软件系统的功能层，各个功能块对软件系统的贡献度可由软件需求分析或用户的直接参与来确定；各个功能块是通过各个程序块来实现的，程序块构成了软件系统的程序层，每个程序块对功能块的贡献度由设计人员确定；各个程序块是通过各个模块来实现的，模块是软件系统中能完成某一特定功能的最小单位。因此，可根据软件结构的层次划分，利用层次分析法（AHP）计算确定各模块对于软件系统的重要度。

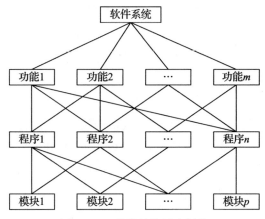

图 7-16 软件结构层次划分

3)模块复杂度计算模型。软件复杂性是指软件的复杂程度,主要分为三类:模块复杂度、类复杂度和程序复杂度。复杂度度量方法有指令计数法、Halstead 度量、McCabe 度量、Thayer 度量等。例如,McCabe 复杂度是对软件结构进行严格的算术分析得到的,实质是对软件拓扑结构复杂性的度量。McCabe 复杂度的基本要素包括循环复杂度、基本复杂度、模块设计复杂度、设计复杂度、集成复杂度、行数、标准化复杂度、全局数据复杂度、局部数据复杂度、病态数据复杂度等。因此,借鉴软件复杂度的度量方法,可得模块复杂度的计算公式为

$$u_k = \sum_{i=1}^{m} s_{ki} u_{ki} \qquad (7-80)$$

式中:u_k 为软件系统的第 k 个模块的复杂度;u_{ki} 为第 k 个模块的第 i 个复杂度要素;s_{ki} 为第 k 个模块的第 i 个复杂度要素权重;m 为第 k 个模块的复杂度要素个数。

(2)可靠性与费用权衡模型。软件可靠性测试不仅可以对软件可靠性水平做出评估,还可以对软件可靠性增长过程及软件开发过程的资源消耗做出预测,但软件可靠性测试的费用相对较大,往往要占到软件开发总费用的 30%~50%,因此,需要合理地安排测试进程,有效地提高测试效率和减少测试费用,其中很重要的一个环节就是确定最佳的测试终止时间。

1)测试终止时间与可靠性关系模型。软件可靠性与测试终止时间关系与采用的可靠性预计模型密切相关,可靠性预计模型不同,所得到的可靠性结果不同,但其原理是相同的。使用非常广泛的是 G-O 软件测试费用模型,其是由 Goel 和 Okumoto 提出的,是基于软件可靠性约束的最小化软件测试维护期成本构建的数学模型。

设软件故障的间隔时间为 $\{\eta_n\}(n=1,2,\cdots)$,则第 n 个故障出现的时间为

$$s_n = \sum_{i=1}^{n} \eta_i \qquad (7-81)$$

用 $N(t)$ 表示 t 时刻累计检测出的故障数,根据 G-O 模型的基本假设可知,$N(t)$ 服从期望函数为 $m(t)$ 的泊松分布,则有

$$p_r\{N(t)=y\}=\frac{m(t)^y}{y!}\mathrm{e}^{-m(t)} \tag{7-82}$$

式中：$m(t)$ 为 t 时刻累计故障数的期望值，其计算公式为

$$m(t)=a(1-\mathrm{e}^{-bt}) \tag{7-83}$$

式中：a 为软件内总故障数的期望值；b 为软件故障检测率。a 和 b 的数值可由测试得到的数值通过参数估计来获取。

软件开始测试时的可靠性可表示为

$$p_{\eta_1}(x_1)=p_r\{\eta_1>x_1\}=p_r\{N(x_1)=0\}=\exp[-a(1-\mathrm{e}^{-bx_1})] \tag{7-84}$$

软件在 $\eta_1=x_1$ 条件下的可靠性为

$$\begin{aligned}p_{\eta_2|\eta_1}(x_2\mid x_1)&=p_r\{\eta_2>x_2\mid \eta_1=x_1\}=\\&p_r\{N(x_1+x_2)-N(x_1)=0\}=\\&\exp[-a(\mathrm{e}^{-bx_1}-\mathrm{e}^{-b(x_1+x_2)})]\end{aligned} \tag{7-85}$$

同理可得，软件在 $s_{k-1}=t_{k-1}$ 条件下的可靠性为

$$p_{\eta_k|s_{k-1}}(x_k\mid t_{k-1})=p_r\{\eta_k>x_k\mid s_{k-1}=t_{k-1}\}=\exp[-a(\mathrm{e}^{-bt_{k-1}}-\mathrm{e}^{-b(t_{k-1}+x_k)})] \tag{7-86}$$

假设已经经过的测试时间为 t，则软件在规定的运行时间 x 后的可靠性为

$$R(x\mid t)=\exp[-a(\mathrm{e}^{-bt}-\mathrm{e}^{-b(x+t)})] \tag{7-87}$$

其表示在 t 时刻终止测试后，软件在规定的时间内无故障运行的概率，即软件的预计可靠性。

2）测试终止时间与费用关系模型。假如在软件测试期间，再进行测试所需的费用比由于投放软件所带来的损失和允许用户修改剩余错误的费用之和还要大，而此时可靠性的提高又不明显，那就应该终止软件测试。设 C_1 为单位测试时间所需的费用，C_2 为测试中发现和改正一个错误所需的费用，C_3 为软件使用中发现和改正一个错误所需的费用，则在 t 时刻终止测试时软件在测试和使用中所需的总费用为

$$C(t)=C_1 t+C_2 m(t)+C_3[m(T)-m(t)] \tag{7-88}$$

式中：T 为软件的生命周期；$m(T)$ 为软件在整个生命周期内能够发现的期望故障数，可用 a 近似代替。

2. 可靠性分配最优决策模型

（1）软件可靠性分配决策问题描述。假设一个软件系统包括 n 个模块，要求的最低可靠度为 R_G，确定软件系统各模块的可靠度，使得软件系统的可靠度不低于 R_G，且整体开发费用最低。对于这一优化问题，可将其转化为一个非线性规划问题，即

$$\min C=\sum_{i=1}^{n}C_i(R_i)$$

$$\begin{cases}R_S\geqslant R_G\\R_{i\min}\leqslant R_i\leqslant R_{i\max}\\i=1,2,\cdots,n\end{cases} \tag{7-89}$$

式中：C 为软件系统的总体开发费用；C_i 为第 i 个模块的开发费用；R_S 为软件系统的可靠

度；R_i 为第 i 个模块的可靠度；$R_{i\min}$ 为第 i 个模块的初始可靠度，即可靠性分配前由可靠性模型评估出的模块可靠度；$R_{i\max}$ 为第 i 个模块可以达到的最大可靠度。

(2) 软件可靠性分配相关参数确定。

1) 软件系统可靠度 R_S。软件系统可靠度 R_S 取决于构成模块的可靠度 R_i 及模块之间的关系。对于简单的软件系统，若各模块是串接关系且相互独立，可以认为软件系统的可靠度即为各模块可靠度的乘积。但是，对于复杂的软件系统，各模块之间的关系错综复杂，软件系统的可靠度不再是各模块可靠度的简单相乘，需要针对具体的软件系统来建立可靠性模型并进行可靠性评估。常用的软件可靠性模型有以下 3 种：

A. 基于路径的模型。该模型通常在软件系统构建完毕后，针对测试用例所遵循的路径，通过计算该路径上各模块的使用数量和概率，来计算软件系统的可靠度。

B. 基于状态的模型。该模型把软件系统的执行过程当作模块之间的状态转移过程，利用随机过程理论，构造马尔可夫链，对软件系统可靠度进行计算。

C. 基于运行剖面的模型。该模型是对软件系统输入域的刻画，针对不同的输入域、不同的上下文，单一模块的可靠度也不一致，通过计算不同的剖面出现概率、模块之间的迁移概率等来得到软件系统的可靠度。

2) 模块可靠性成本 C_i。模块可靠性成本 C_i 反映了模块开发成本与模块可靠性之间的关系，也称模块成本估计函数。通常可通过分析影响 C_i 的各种因素，找到 C_i 关于各因素的函数表达式，从而确定 C_i 与 R_i 的关系。一般来讲，模块 C_i 的影响因素有模块可靠度 R_i、模块初始可靠度 $R_{i\min}$、模块最大可靠度 $R_{i\max}$、模块提高可靠性的难易程度 f_i 等，于是可得模块 C_i 与 R_i 的关系式为

$$C_i(R_i;f_i,R_{i\min},R_{i\max}) = \exp\left[(1-f_i)\frac{R_i - R_{i\min}}{R_{i\max} - R_i}\right] \quad (7-90)$$

可以看出：模块 C_i 与 R_i 之间满足指数关系，且 C_i 是 R_i 的单调递增函数，表明模块的 R_i 越高，其开发费用 C_i 也越高；模块 C_i 是 f_i 的单调递减函数，表明模块的 f_i 越大，提高模块的 R_i 越容易，提高模块的 R_i 所需的费用 C_i 越低。

(3) 软件可靠性分配模型求解方法。软件可靠性分配模型是一个非线性规划问题，可采用非线性规划技术进行求解。但是，由于费用函数的复杂性，传统方法难以保证所得的解是全局最优，而遗传算法(GA)将对问题的求解转化成对一群"染色体"的一系列操作，通过群体的进化，最后收敛到一个最适应环境的染色体上，从而能求得问题的最优解。

1) 遗传算法(GA)的计算步骤。

A. 编码。通常是利用位串编码将解空间映射到位串空间。

B. 初始化种群。$t=0$ 时，随机产生 n 条基因链组成一个初始种群 $P(0)$，该种群代表优化问题的一些可能解的集合。

C. 确定适应性函数。适应性函数是对种群中个体适应性的度量，用来区分个体好坏的标准，是自然选择的唯一依据。

D. 选种。按一定概率从群体 $P(t)$ 中选择 M 对个体，作为双亲繁殖后代，被选中的概率与个体适应值成正比。

E. 遗传算子的设计。遗传算子是父代产生后代的规则，包括繁殖算子、杂交算子和变异

算子。变异算子给群体中带来新的遗传基因以恢复由于选择算子的作用而失去的个体多样性,杂交算子对群体内现有的信息进行重组以发现与环境更为适应的个体。

F.确定算法的终止规则。一般的方法是预先规定一个最大的演化代数,或算法在连续多少代后解的适应值没有明显的改进时,算法终止。

2)基于 GA 的可靠性优化分配。

A.整理模型。GA 一般用于求解无约束优化问题,而可靠性分配模型是一个有约束的非线性规划模型。因此,采用罚函数的办法将约束条件纳入原目标函数中,得到新的目标函数为

$$\min C' = C + \sum_{i=1}^{n} M_i \tag{7-91}$$

对于任意的 i,若满足模型中的第 i 个约束条件,则 $M_i=0$,否则 $M_i=100\,000$,以此来保证不可行解不能成为最优解。

B.确定编码方式。由约束条件可知,$0 \leqslant R_i \leqslant 1$,因此可用一个 10 位的二进制数表示一个决策变量 R_i,这样,在[0,1]范围内可得到 1 024 个离散点,每个点的值为

$$X_j = \frac{j-1}{1\,024-1} \quad (j=1,2,\cdots,1\,024) \tag{7-92}$$

如果有 m 个决策变量,则需要一个 $10 \times m$ 位的二进制数来表示一个解,解空间由 $1\,024^m$ 个解组成,遗传算法的任务就是从这个庞大的解空间中搜索出一个最优解。

C.$t=0$ 时,随机产生包括 200 个染色体的初始种群。

D.对 200 个染色体进行解码,根据目标函数 C' 进行个体适应值评估,如果最优解连续 20 代没有变化,则转步骤 I 处理。

E.根据染色体的适应值进行选种,共选出 100 对染色体。

F.进行杂交,产生 200 个新的染色体。

G.以变异概率 $P_m=0.04$ 从 200 个新个体中选出 3 个个体进行突变,突变位随机选取。

H.$t=t+1$,转步骤 D 处理。

I.得出最优解,停止迭代。

(4)软件可靠性分配实例分析。某装备软件系统只有 3 个模块,各模块相互独立且串联,要求软件系统的最低可靠度为 0.9,且假设平均无故障时间为 100 h,各模块的可靠度分别为 R_1、R_2、R_3,计算在不同情况下如何进行可靠性分配,可使得该软件系统的开发费用最低。

情况 1:假设软件系统的 3 个模块的时间失效概率均服从韦布尔分布 $F(t) = \exp[-(t/\eta)^\beta]$,其中 $\beta=1.318$、$\eta=312$ h,并设各模块提高可靠性的难易程度为 $f_1=f_2=f_3=0.9$,各模块可达到的最大可靠度为 $R_{1\max}=R_{2\max}=R_{3\max}=0.99$。

情况 2:假设软件系统的 3 个模块的时间失效概率均服从韦布尔分布 $F(t) = \exp[-(t/\eta)^\beta]$,其中 $\beta=1.318$、$\eta=312$ h,并设各模块提高可靠性的难易程度分别为 $f_1=0.9$、$f_2=0.5$、$f_3=0.1$,各模块可达到的最大可靠度为 $R_{1\max}=R_{2\max}=R_{3\max}=0.99$。

情况 3:假设软件系统各模块的起始可靠度分别为 $R_{1\min}=0.70$、$R_{2\min}=0.80$、$R_{3\min}=0.90$,并设各模块提高可靠性的难易程度为 $f_1=f_2=f_3=0.9$,各模块可达到的最大可靠度

为 $R_{1\max}=R_{2\max}=R_{3\max}=0.99$。

情况 4：假设软件系统各模块的起始可靠度分别为 $R_{1\min}=0.70$、$R_{2\min}=0.80$、$R_{3\min}=0.90$，并设各模块提高可靠性的难易程度分别为 $f_1=0.9$、$f_2=0.5$、$f_3=0.1$，各模块可达到的最大可靠度为 $R_{1\max}=R_{2\max}=R_{3\max}=0.99$。

情况 5：假设软件系统各模块的起始可靠度分别为 $R_{1\min}=0.70$、$R_{2\min}=0.80$、$R_{3\min}=0.90$，并设各模块提高可靠性的难易程度分别为 $f_1=0.1$、$f_2=0.9$、$f_3=0.5$，各模块可达到的最大可靠度为 $R_{1\max}=R_{2\max}=R_{3\max}=0.99$。

1）计算装备软件系统可靠度。根据假设可知，该装备软件系统是一个简单的串联系统，其系统可靠度为各模块的可靠度之积，所以有 $R_S=R_1R_2R_3$。

2）建立可靠性分配决策模型。根据软件系统的可靠度 R_S、价格评估函数 $C_i(R_i)$、要求的软件系统可靠度 R_G、各模块可达到的最大可靠度 $R_{i\max}$ 等，可得到该装备软件系统的可靠性分配决策模型为

$$\min C = \sum_{i=1}^{3}\exp\left[(1-f_i)\frac{R_i-R_{i\min}}{0.99-R_i}\right]$$

$$\begin{cases} R_1R_2R_3 \geqslant 0.90 \\ R_{i\min} \leqslant R_i \leqslant 0.99 \\ i=1,2,3 \end{cases}$$

3）进行可靠性分配决策分析。针对情况 1，由于各模块的时间失效概率均服从参数 $\beta=1.318$、$\eta=312$ h 的韦布尔分布，所以 100 h 内各模块成功运行的概率为 $R_i(100)=\exp[-(100/312)^{1.318}]\approx 0.80$，即各模块的起始可靠性为 $R_{1\min}=R_{2\min}=R_{3\min}=0.80$。将其代入可靠性分配模型，采用遗传算法进行计算，可得到最佳的可靠性分配方案是 $R_1=R_2=R_3=0.97$。按照同样的方法和步骤，可计算得到其他 4 种情况下的最佳可靠性分配方案，如表 7-18 所示。

表 7-18　不同情况下的可靠性分配方案

软件模块	情况 1	情况 2	情况 3	情况 4	情况 5
模块 1	0.97	0.99	0.95	0.98	0.93
模块 2	0.97	0.96	0.96	0.95	0.99
模块 3	0.97	0.95	0.98	0.96	0.98

第8章 装备费用风险分析

装备费用风险是装备项目风险的一项重要内容,也是装备项目技术风险、进度风险等的综合体现。系统开展装备费用风险的识别、估计、评价研究,能够有效保证装备系统的战术性能、研制进度和费用效益。本章首先介绍装备费用风险的基本概念、风险来源和主要特点,给出装备费用风险管理的内涵、过程和方法,然后探讨装备费用风险识别、风险估计和风险评价的内涵、过程和方法,最后讨论基于熵判据法、蒙特卡洛法、挣得值法(Earned Value Method,EVM)的装备费用风险估计、评价和控制的基本原理、模型算法和方法步骤,并通过实例进行方法应用分析。

8.1 装备费用风险的概念和特点

8.1.1 装备项目风险的定义、等级及分类

1. 装备项目风险的定义

关于风险(Risk)的定义很多,不同研究领域的学者对风险的看法和给出的定义也不尽相同。例如:美国学者海民斯(Haynes J)在所著的《作为经济因素的风险》(*Risk as an Economic Factor*)一书中,给出的定义是:"风险意味着损害的可能性";美国学者威利特在他的博士论文《风险与保险的经济理论》中,指出"风险是关于不愿发生的事件的不确定性的客观体现"。

从装备项目管理角度,美国国防部对风险的定义是:风险指武器装备在规定的费用、进度和技术的约束条件下不能实现整个项目目标的可能性及产生后果的一种度量。具体来讲,风险至少包含两个基本要素:①风险具有不确定性,即它的发生有一定的概率;②风险会带来不希望有的后果或损失。因此,风险的一般数学表达式为

$$R = f(P,L) \qquad (8-1)$$

式中:R 为风险大小;P 为风险概率;L 为风险后果。

2. 装备项目风险的等级

装备项目风险等级是依据对风险事件的发生概率和后果分析而为该风险事件确定的一个数值,其表示潜在风险对项目影响程度的大小,是对风险事件发生概率和后果的综合度量。若风险事件发生的概率和后果可以定量测定,则可以采用定量评价模型进行风险大小

的评价。

(1) 风险发生可能性的等级。根据风险事件发生的可能性或风险发生概率的大小,可将风险事件发生的可能性评定为 A、B、C、D、E 共 5 个等级,如表 8-1 所示。

表 8-1 风险发生可能性评分表

评价等级	风险概率的范围/(%)	风险事件发生的可能性
A	91~100	接近可能发生
B	61~90	极有可能发生
C	41~60	很有可能发生
D	11~40	不大可能发生
E	0~10	极小可能发生

(2) 风险后果严重性的等级。对于装备项目风险,风险后果可用其对装备性能、研制进度和装备费用的影响来表示,因此,根据风险对性能、进度和费用影响的大小,可将风险后果严重性评定为 a、b、c、d、e 共 5 个等级,如表 8-2 所示。

表 8-2 风险后果严重性评分表

评价等级	装备性能	研制进度	装备费用变化
a	影响不能接受	不能实现关键节点或重要里程碑的进度	费用变化≥10%
b	影响可以接受,但已没有任何可以缓解的余地	对关键里程碑或受影响的关键路径有重大偏离	7%≤费用变化<10%
c	采取重要缓解措施,影响可以接受	对关键里程碑有轻微偏离,不能满足需要的进度	5%≤费用变化<7%
d	采用一些缓解措施,影响可以接受	需要另外增加资源,可以满足需要的进度	2%≤费用变化<5%
e	影响极小或无影响	影响极小或无影响	费用变化<2%

(3) 装备项目风险等级的划分。装备项目风险等级一般分为"低""中""高"三级。

1) 低风险:装备项目风险极少或不可能出现费用增长、进度中断和性能下降。此时,只需要在计划的项目范围内采取行动,进行正常的管理工作即可将风险控制在可接受的水平上。

2) 中风险:装备项目风险可能导致某种费用增长、进度中断和性能下降。此时,需要采取专门措施和专门管理活动,才能将风险控制在可接受的水平上。

3) 高风险:装备项目风险会导致明显的费用增长、进度中断和性能下降。此时,需要另外采取重要措施,需要管理方面的特别关注才能将风险控制在可接受的水平上。

(4) 装备项目风险等级图。根据装备项目风险发生可能性等级和风险后果严重性等级,可确定装备项目的风险等级,可用图 8-1 所示的风险等级图来表示。

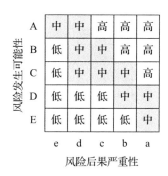

图 8-1 装备项目风险等级图

3.装备项目风险的分类

对于装备项目而言,要实现性能、进度和费用目标,必然会面临 6 个方面的风险:技术风险、计划风险、保障性风险、性能风险、费用风险和进度风险。

(1)技术风险。技术风险是指由于采用新技术以提高原有已经验证的性能水平所带来的风险。技术风险往往是由于对新系统和新设备提出了前所未有的性能要求而产生的,其具有风险来源的复杂性、产生结果的滞后性、风险度量的困难性等特点。

(2)计划风险。计划风险是指包括获取和使用一些可能不受项目控制但又可能影响项目的可用资源和活动的风险。计划风险的风险因素主要有:①与装备项目直接有关的高层权力机构决策造成的中断;②影响装备项目的有关事件或行动造成的中断;③不可预见的与项目有关的问题造成的中断;④因能力不足而造成的中断;⑤其他不可预见问题而造成的中断。

(3)保障性风险。保障性风险是指与武器装备的部署和维修有关的风险。保障性风险通常包含技术风险和计划风险两个方面,例如,训练本身属于计划风险,但当维修和使用保障成为主宰因素时,训练就成为保障性风险。

(4)性能风险。性能风险是指在预定的资源条件(如进度和费用)下,武器装备从原有设计水平向较高设计水平演进过程中,装备技术性能水平达不到预期要求所带来的风险。

(5)费用风险。费用风险是指装备项目在实现其寿命周期费用方面存在的风险。导致费用风险的因素主要有:①费用估算和费用目标在准确合理方面存在的风险;②技术风险未能缓解导致装备项目不能满足其费用目标的风险。

(6)进度风险。进度风险是指因对武器装备的研制、生产和部署所估算和分配的时间不足而产生的风险。导致进度风险的因素主要有:①进度估算和进度目标在准确合理方面存在的风险;②技术风险未能缓解导致装备项目不能满足其进度目标的风险;③费用风险导致项目不能实现进度目标的风险。

8.1.2 费用风险的来源与特点

1.费用风险的来源

装备项目的内外部环境中均存在很多不确定性因素,包括来自政治法律、科学技术、经济社会、军事环境、自然环境等的外部因素,以及人力、物力、财力、信息、技术等的内部因素,这些不确定性因素都会引起装备项目的实际费用与预算费用产生偏离。因此,可将装备项目费用风险的来源归结为以下几个方面:

(1)装备任务要求变化。武器装备具有强烈的对抗性特点,当国家发展战略、潜在作战对象等发生变化,或新技术发展有较大突破时,往往需要对装备最初提出的任务要求进行调整,这必然会引发装备的实际费用与预期费用产生偏离。

(2)装备项目技术风险。现代武器装备采用了大量的高新技术,在提高装备技术性能的同时,也增加了装备的复杂程度,尤其是关键技术对装备项目的进度和费用会产生很大的影响,甚至会危及装备项目的存亡,也就是说,技术风险会导致装备项目的费用超支和进度拖延,因此,如何有效控制技术风险已经成为控制费用的重要策略之一。

(3)装备项目进度风险。无论是外部因素还是内部因素导致装备项目进度发生变化,都会对装备项目费用产生影响。假如某项目需要提前完成任务,那么设计、生产等部门势必要加大人力、物力的投入,这必然会造成费用的增加。此外,当装备项目发生进度拖延时,人力、物力投入的时间也要延长,也会引起装备项目费用的增加。

(4)费用预算的准确性。装备复杂程度和技术含量的不断提高,影响装备成本的因素也逐渐增多,利用以往的历史费用数据进行新研装备费用预测,往往存在较大的预测偏差。因此,准确预测费用变得越来越困难,尤其是在装备项目的早期更是如此。装备项目费用预算如果与实际费用的偏差较大,必然会给装备费用的控制带来不利的影响。

(5)装备项目合同类型。装备项目的合同类型多种多样,按定价方式可分为固定价格合同(定价合同)和成本补偿合同(成本合同)。固定价格合同是双方通过协商,一次性确定合同价格,其适用于技术、性能、进度和费用等方面风险较小的项目。签署了固定价格合同,承制方不管实际成本是多少,都必须按预定价格提供规定的产品和服务。成本补偿合同是双方通过协商约定计价成本、收益和具体的成本补偿办法,其适用于技术或费用等不确定因素较多、配套关系复杂、研制风险较大、研制周期较长的项目。成本补偿合同是一种带有激励作用的合同,它促使承制方去尽力达到约定的目标,如果承制方达到或超过合同规定的要求就给予奖励,如果达不到合同规定的要求则给予惩罚。

(6)装备项目投标报价。投标是投标方在收到招标书后,用书面形式向招标方表明应标意向。装备项目的投标报价对后续的评标、定标等工作都有重要影响。评标是对已被招标方接受的投标文件进行评审,而定标依据不仅要看报价的合理性,还要考虑装备性能、研制进度、接受风险等诸多因素。

2.费用风险的特点

装备项目费用风险是指由各种不确定性因素引起的实际发生费用与预算费用发生偏离的可能性,以及因此可能对装备项目目标的实现造成的不利影响。装备项目费用风险一般具有以下的典型特点:

(1)费用风险的普遍性。现代武器装备具有功能结构复杂、科技含量高、研制周期长等特点,装备项目的实施面临很多的不确定性因素,给装备费用风险识别和评价的实现带来了不确定性。费用风险存在于装备寿命周期各个阶段的各个方面,且所有的装备寿命周期费用均普遍存在风险。

(2)费用风险的多样性。装备费用风险的来源多种多样,如论证不充分、决策失误、需求变更、先期技术开发不足、进度拖延、管理效率不高等,都可能导致费用偏离既定目标而产生费用风险。各种风险因素错综复杂、相互交织,使得费用风险呈现多样性特征,从风险发生的客体来讲,费用风险可能来源于系统、子系统、原材料、元器件等;从风险发生的主体来讲,费用风险可能来源于研制生产单位、管理决策部门、装备采购部门等。

(3)费用风险的相对性。风险管理组织机构掌握的人力、物力、财力、时间等资源的结构和数量不同,使得不同主体即使面对同一费用风险,也会做出不同的判断。如果时间和人力资源充足,且有充足的经费保障,那么费用偏离既定目标的风险就是可承受的;如果时间和人力资源紧张,那么费用发生很小的偏离都可能是难以承受的。因此,费用风险的程度会因主体承受力的差异而具有相对性。

(4)费用风险的过程性。装备费用风险因素的复杂性和多样性,以及各种风险因素的相互交织和相互作用,使得装备全寿命周期都可能发生费用超支或偏离预算目标的情况。前阶段的费用风险因子处理不当,往往会造成后续阶段费用的不确定性,此外,各种风险事件的相互转化,也不断产生新的费用风险。例如,论证周期较长且不充分,不仅可能造成论证费用超支,还可能引起装备的研制阶段、生产阶段、使用保障阶段、退役处理阶段产生费用风险。因此,装备费用风险存在于装备全寿命周期的各个阶段。

8.2 装备费用风险管理过程和模型

8.2.1 装备费用风险管理的含义

1. 装备费用风险管理的概念

风险管理是研究风险发生的规律和风险控制技术的一门管理科学。不同组织、不同领域的专家对风险管理有不同的认识。从本质上讲,项目风险管理(Project Risk Management,PRM)是应用一般的管理原理去管理一个组织的资源和活动,并以合理的成本尽可能减少意外事故损失和它对组织及其环境的不利影响。

装备项目风险管理是指项目管理组织对装备项目可能遇到的各种风险进行规划、识别、估计、评价、应对、监控的过程,是以科学的管理方法实现最大安全保障的实践活动的总称。装备项目风险管理的目标是控制和处理装备项目风险,防止和减少损失,减轻或消除风险的不利影响,以最低成本取得对项目安全保障的满意结果,保障装备项目的顺利进行。

装备费用风险管理是指风险管理组织运用适当的风险管理方法和技术,对可能引起装备项目费用发生偏离的各种风险因素进行识别、分析、评价、控制和监控的过程。

2. 装备费用风险管理的内涵

装备项目费用风险管理与一般项目管理理论中的费用管理是不同的,表现为管理周期的阶段不同、管理主体的非单一性,因此,装备项目费用风险管理有其独特的内涵。

(1)费用风险管理贯穿装备全寿命。装备项目费用风险存在于装备全寿命过程的各个阶段,费用风险管理也必须要贯穿于装备全寿命过程。由于装备立项论证阶段的费用仅占全寿命周期费用的3%左右,却决定了装备全寿命周期费用的70%;进入装备生产阶段前所耗费用约占全寿命周期费用的20%,却决定了装备全寿命周期费用的95%。因此,要特别强化费用风险管理在早期阶段的实施,要重视早期决策对全寿命周期费用的决定性影响。在装备项目的方案论证阶段,要重视方案拟定和技术设计,避免一切可能存在的产品缺陷问题;在工程研制阶段,要通过研制试验、作战试验、鉴定验收等工作,对产品缺陷进行更改,确保装备战术技术性能得到满足。

(2)费用风险管理控制全寿命费用。装备项目费用风险管理是以发现可能导致费用发生偏离的风险因素和风险事件为目标,在对费用风险大小和影响程度进行评价的基础上,通过采取相应的措施来降低当前的费用风险,将费用风险控制在可承受的水平内。由于装备项目费用风险影响因素多样且相互之间的关系复杂,风险管理机构对待风险的态度和处理风险的方式也不相同,因此,装备项目费用风险管理的目标不是绝对地消除费用风险,而是力求将费用风险控制在可接受的范围内。

(3)费用风险管理需要军地相协同。装备的预先研究、型号论证等工作,主要由工业部门、科研院所、民营企业等承担,军方与这些承研单位是合同关系,对装备的质量、进度和费用有合同条款要求。在装备的研制生产阶段,军方与承研单位也是合同关系,对装备的质量、进度和费用同样有合同条款要求。在装备的使用保障阶段,其发展趋势是军民一体化保障。因此,装备项目费用风险管理需要军地协同实施。

8.2.2 装备费用风险管理的过程

1.装备项目风险管理的过程

装备项目风险管理的任务是要弄清楚各类风险的相互关系及其随项目研制进展的变化规律。只有采用科学的风险管理过程,才能有效划分风险类别,识别各类风险及其相互关系,并从中找出关键风险,找到最经济的降低风险的方法,并始终与整个项目的目标一致。

(1)美国系统工程研究所(System Engineering Institute,SEI)风险管理过程。美国 SEI 把风险管理过程分为6个环节:风险识别、风险分析、风险计划、风险跟踪、风险控制和风险沟通,如图8-2所示。

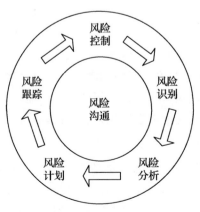

图8-2 SEI 的风险管理过程

(2)欧洲航天局(European Space Agency,ESA)风险管理过程。ESA建立的风险管理过程包括4个步骤和9项基本工作项目。4个步骤分别是确定风险管理目标,识别和评估风险,决策和采取风险措施,监控、传递和接受风险,如图8-3所示。

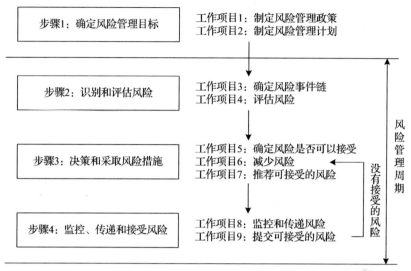

图8-3 ESA的风险管理过程

(3)美国国防部(Department of Defense,DoD)风险管理过程。美国DoD根据其管理实践建立的风险管理过程为:风险规划、风险评估(包括风险辨识和风险分析)、风险处理和风险监控,如图8-4所示。

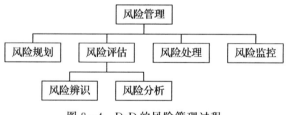

图8-4 DoD的风险管理过程

2.装备项目费用风险管理的过程

装备项目费用风险管理是装备项目风险管理的一项重要内容,结合SEI、ESA和DoD的风险管理过程,可将装备项目费用风险管理过程划分为6个环节:费用风险规划、费用风险识别、费用风险分析、费用风险评价、费用风险处理和费用风险监控,如图8-5所示。

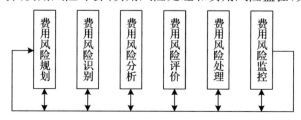

图8-5 装备项目费用风险管理过程

(1) 费用风险规划。费用风险规划是装备项目费用风险管理的首要环节,其主要工作包括:①明确费用风险规划部门和人员;②制定费用风险规划的依据;③把握费用风险规划的时机;④召开费用风险管理规划会议;⑤制定装备项目费用风险规划。装备项目费用风险规划的作用包括:①作为确定能够实现费用目标后备方案的依据;②为费用预算和费用投入顺序提供决策依据;③为里程碑决策提供费用风险信息;④用于监控费用风险状况。

(2) 费用风险识别。费用风险识别是指风险管理人员对装备项目各个方面进行考察,进而识别费用风险来源、确定风险发生条件、描述风险特征并评价风险影响程度的过程。费用风险识别的主要任务是:找出费用风险事件,识别引起费用风险事件的主要因素。费用风险识别的主要内容包括来自项目内部因素和外部环境因素的风险。

(3) 费用风险分析。费用风险分析是指在费用风险识别的基础上,对识别出的费用风险进行详细描述,找出导致费用风险的原因,并确定费用风险等级及后果。费用风险分析的主要任务是对风险发生的可能性和风险等级的次序,按风险发生概率和后果进行定性或定量的评估,或做出统计分布描述。

(4) 费用风险评价。费用风险评价是指在进行费用风险规划、费用风险识别和费用风险分析的基础上,通过建立装备项目费用风险评价模型,选择合适的风险评价方法,对费用风险因素或整体费用风险进行评价;通过找到影响程度较大的关键风险因素,确定整体费用风险水平和费用风险等级,为提出科学有效的费用风险控制建议提供依据。费用风险评价指标体系设计是否科学合理、风险评价方法是否科学有效,将直接影响费用风险评价结果的可靠性。

(5) 费用风险处理。费用风险处理是指在费用风险规划、识别、分析和评价的基础上,根据费用风险发生的概率、风险后果的大小及风险排序,充分分析各种费用风险处理技术的特点及其适用性,从中选择最适合装备项目实际情况的费用风险处理技术,并决定采取何种费用风险处理措施以及采取何种程序。

(6) 费用风险监控。费用风险监控是指以既定的费用目标为衡量标准,对所采取的费用风险处理措施后续效果进行跟踪和评价的过程。费用风险监控的基本任务是根据费用基线,全面跟踪和评价费用风险处理活动的执行情况。费用风险监控的目的:一是检验是否实现了费用风险处理措施的预期实施效果,二是寻找机会改善和细化费用风险规避计划。

8.2.3 装备费用风险管理的模型

装备费用风险管理要综合考虑装备所涉及的各个方面及装备寿命周期的各个阶段,将复杂的费用风险因素进行分解,以得到相对简单的费用基本单元。一般来讲,装备费用涉及的风险因素数量众多、关系复杂,要充分分析其关系和特征,找出它们之间的内在联系,准确地关注到关键的风险因素。

借鉴系统工程学中的霍尔(Hall)三维结构,可建立装备费用风险管理三维结构模型,如图 8-6 所示。时间维包括立项论证、工程研制、生产部署、使用保障、退役处理 5 个阶段;知识维包括军事科学技术、装备系统工程、军事装备学、军事经济学、装备管理学等,可根据武器装备发展和费用风险管理的需要对其内容进行扩充;逻辑维包括费用风险规划、费用风险分析、费用风险识别、费用风险评价、费用风险处理、费用风险监控 6 个环节。

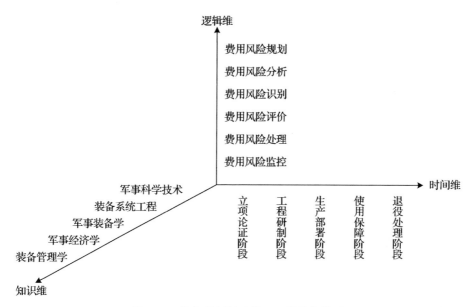

图 8-6 装备费用风险管理三维结构模型

8.3 装备费用风险识别过程和方法

8.3.1 装备费用风险识别的内涵

1. 装备费用风险识别的含义

装备费用风险识别是指装备风险管理人员运用各种风险识别方法,对潜在的或已经存在的各种风险进行系统分类,识别费用风险来源、确定费用风险发生条件、描述费用风险特征并评价费用风险影响的过程。

装备费用风险识别的主要工作是对风险来源进行分类、对风险因素进行判定、对风险性质进行鉴定,也就是要找到潜在风险、判断风险来源、估计风险后果。

2. 装备费用风险识别的任务

装备费用风险识别的主要任务是找出费用风险事件,识别引起费用风险事件的主要因素。可将其归结为两个方面:①识别并确定潜在的费用风险事件;②生成装备费用风险识别报告。

费用风险识别报告主要包括以下 3 个要素:①费用风险来源,主要来自装备项目的内部、外部环境的变化,如时间、费用、技术、法律等;②费用风险事件,即给装备费用带来积极或消极影响的事件,主要涉及风险事件可能的后果、风险事件的预期和风险事件发生的频数等 3 个方面;③费用风险征兆,又称触发器或预警信号,是指示费用风险已经发生或即将发生的外在表现,是费用风险发生的苗头或前兆。

3.装备费用风险识别的目的

装备费用风险识别的目的是确定可能影响装备项目目标实现的费用危险事件或情况,通常需要回答和完成下述问题和任务:

(1)装备项目存在哪些费用风险?

(2)影响费用风险的主要危险因素是什么?

(3)费用风险所引起的后果严重程度如何?

(4)现有的费用风险控制策略是否能成功地控制费用风险或减少风险造成的损失?

4.装备费用风险识别的作用

装备费用风险识别是费用风险分析的重要环节,是费用风险评价的前提和基础,是制订费用风险应对计划的依据。装备费用风险识别的作用主要体现在以下两个方面:

(1)费用风险识别能为费用风险分析提供必要的信息,是装备费用风险分析的基础性工作。

(2)费用风险识别能够实现系统理论与装备实际结合,是装备项目费用计划与控制的重要基础性工作。

8.3.2 装备费用风险识别的过程

1.装备费用风险识别过程框架

装备费用风险识别过程是描述发现费用风险、确认费用风险的活动和方法。费用风险识别过程可以从外部和内部两个视角进行描述,外部视角详细说明过程控制、输入、输出和机制,内部视角详细说明用机制将输入转变为输出的活动。

装备费用风险识别过程框架如图8-7所示,通过过程控制,即资源、需求和费用风险管理能力来调节不确定性、知识、顾虑和问题等费用风险识别输入,最终对费用风险来源、费用风险征兆、费用风险类别、费用风险发生的可能性、风险产生的后果和影响等给出简单的描述。

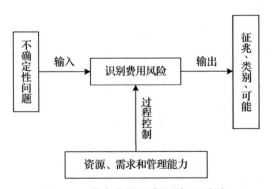

图8-7 装备费用风险识别过程框架

2.装备费用风险识别的一般过程

装备费用风险识别是一项复杂的工作,需要对所有可能的风险源进行调查,对其进行系统分析和严格分类,并准确地评价各种风险因素的影响程度。装备费用风险识别的一般过程如图8-8所示,主要包含以下5个步骤。

(1)确定风险识别对象和方法。装备费用风险识别首先要确定费用风险识别的对象,即对装备项目各阶段的主要工作进行分解,在此基础上确定装备费用风险识别的对象,以保证全面地进行装备费用风险识别。根据费用风险识别对象的特性和装备各阶段的具体情况,选择合适的费用风险识别方法,以实现有效的费用风险识别。

(2)明确参与者并收集相关信息。确定参与装备费用风险识别的人员,然后由参与者进行收集并处理装备费用风险有关的信息。在实际工作中,直接收集装备费用风险信息往往存在一定的难度,但风险事件一般不是孤立的,经常存在一些相关信息,因此可以收集和该项目类似的其他项目的有关费用风险的资料。

(3)费用不确定性分析与判断。费用风险管理人员依据收集并处理的装备费用风险信息,并结合自身的知识和经验,对装备面临的费用不确定性进行分析和判断,只有判断出某种不确定性是客观存在的,才可以将其视作装备费用风险。

(4)费用风险事件汇总与分析。费用风险管理人员将识别出的费用风险事件进行汇总,并运用现有的费用风险信息和费用风险管理经验对费用风险事件进行分类,以全面、准确地识别装备费用风险的各种属性。

(5)编制费用风险识别结果报告。费用风险管理人员在完成装备费用风险识别工作后,还要编制装备费用风险识别结果报告。装备费用风险识别结果报告应包括装备费用风险清单、费用风险分类及费用风险征兆等内容。

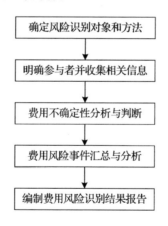

图8-8 装备费用风险识别的一般过程

3.装备费用风险识别的主要依据

装备费用风险来源是进行装备费用风险识别的依据,根据装备项目费用风险来源的不同,可将装备费用风险来源按项目阶段和风险类型进行分类描述。

(1)装备项目各阶段的费用风险来源。通过对装备项目各阶段主要工作的分析,可得装备项目各阶段的费用风险来源,如表8-3所示。

表 8-3 装备项目各阶段的费用风险来源

序号	装备项目阶段	费用风险来源
1	立项论证阶段	①提出的装备作战任务是否明确； ②主要作战使用性能和战技指标是否可行，有无技术储备； ③总体方案、研制周期、研制经费概算是否可行； ④需要突破的预研关键技术是否进行了经济可行性和作战效能分析
2	工程研制阶段	①研制单位是否根据批准的研制总要求进行研制； ②装备的设计、试制和试验等工作是否顺利进行； ③设计图纸资料是否进行审查； ④试制产品是否进行试验鉴定； ⑤参加定型审查的专家是否为本领域专家； ⑥定型审查专家的权威性与责任心是否可信； ⑦采用的定型审查方法是否恰当
3	生产部署阶段	①生产设备和工艺是否达到要求； ②物资器材供应能否保证质量； ③产品的质量检验是否严格有效，是否采取了有效的成本降低措施，是否提出了新的质量要求； ④装备采购计划的连续性、装备采购合同价格条款有无风险防范； ⑤军代表对装备承研承制单位履行合同情况的监督是否严格； ⑥装备的检验验收是否严格； ⑦装备的交接发运是否规范； ⑧承制单位提供的售后技术服务是否完善
4	使用保障阶段	①装备的使用管理是否严格； ②装备的储存管理是否严格； ③装备维修管理机制是否健全； ④装备出现故障时故障定位和维修级别是否能确定； ⑤装备是否需要改型
5	退役处理阶段	①退役装备进行处理过程中的安全隐患和处理技术是否会造成环境破坏、人员伤亡等； ②装备退役处理是否采用了高效的处理技术

(2)装备项目综合性的费用风险来源。通过对装备项目各种类型风险及其相互关系的分析，可得装备项目综合性的费用风险来源，如表 8-4 所示。

表 8-4 装备项目综合性的费用风险来源

序号	装备风险因素	费用风险来源
1	环境政策风险	①国际局势、国防发展政策、装备需求程度等； ②国家财政货币政策、原材料市场物价指数情况、不可抗拒的自然因素等
2	技术风险	技术风险是装备最主要的风险，其存在于装备项目的各个阶段，往往导致费用风险和进度风险
3	进度风险	进度风险是因给装备的研制、生产、部署所估算和分配的时间不足而产生的风险，包括进度估计风险和进度完成风险
4	合同风险	①招标过程有无瑕疵，专家的专业性、责任心与使命感是否可信赖； ②承研承制单位资质情况、财务状况、信誉等级； ③合同条款的严密性、完整性、明确性、准确性； ④采购方式与采购程序的对应性； ⑤合同履行过程中的严肃性
5	保障性风险	保障性风险指由于装备组织管理水平的状况及其变化对装备项目产生的风险，包括人员风险和资源风险

8.3.3 装备费用风险识别的方法

1.检查表法

检查表是管理中用来记录和整理数据的常用工具。利用检查表进行费用风险识别时，将可能发生的各种潜在费用风险列于一个表上，费用风险管理人员对其进行检查核对，用来判断是否存在表中所列或类似的费用风险。检查表中所列的都是类似历史上曾发生过的费用风险，是费用风险管理经验的结晶，对费用风险管理人员具有开阔思路、启发联想、抛砖引玉的作用。

检查表的制定过程如下：

(1)对装备项目费用问题有一个准确的描述，确保达到意见统一；

(2)确定费用资料收集者和费用资料来源；

(3)设计一个方便实用的检查表。

检查表法具有操作简单、易于掌握的特点，但其对经验和资料具有很强的依赖性，出现遗漏的可能性比较大。

2.流程图法

费用流程图也是费用风险识别常用的一种工具，其将费用过程以图表的形式表示出来，可以清晰地描述各个过程、部分之间的关系。费用流程图可以帮助风险识别人员分析和了解费用风险所处的具体环节、各个环节之间存在的费用风险以及费用风险的起因和影响。利用费用流程图对装备项目流程的分析，可以发现和识别费用风险可能发生在哪个环节或哪个进程，以及项目流程中各个环节对费用风险影响的大小。

费用流程图的绘制步骤如下：

(1)确定费用过程的起点和终点;
(2)确定费用过程经历的所有步骤和判断;
(3)按顺序连接成费用流程图。

费用流程图与网络图的主要区别是:费用流程图的特色是判断点,而网络图不能出现闭环和判断点;费用流程图用来描述费用环节的逻辑步骤,而网络图用来排定工作时间。

3.头脑风暴法

头脑风暴法又称集思广益法,它是通过营造一个无批评的、自由的会议环境,使与会者畅所欲言,充分交流、互相启迪,产生出大量创造性意见的过程。头脑风暴法以共同目标为中心,参会人员在他人的看法上提出自己的意见,它可以充分发挥集体的智慧,提高费用风险识别的正确性和工作效率。头脑风暴法能够将隐藏较深的、不易察觉的风险源及风险事件识别出来,但与会者容易受权威专家的意见左右,形成"羊群效应"。

头脑风暴法的具体过程如下:

(1)参会人员选择。参加头脑风暴会议的人员主要由费用风险分析专家、费用风险管理专家、相关专业领域专家、具有较强逻辑思维能力和总结分析能力的主持人组成。主持人是一个非常重要的角色,通过他的引导和启发,可以充分发挥每个参会人员的经验和智慧。主持人要求具有较高素质、反应机敏,且具备较高的归纳能力和较强的综合能力。

(2)明确中心议题。参会的各位专家在会议中应集中讨论的议题主要有:如果研制某型装备会遇到哪些费用风险,这些费用风险的程度大小如何等。一般可以请2位组员对议题进行复述,以确保每个人都能正确理解该议题的含义。

(3)专家轮流发言。主持人应无条件接纳任何意见,且不加评论地记录。专家在轮流发言时,任何一个成员都可以先不发表意见而跳过,应尽量原话记录专家的每条意见,主持人应一边记录一边与发言人核对表述是否准确。

(4)轮流发言终止。专家的轮流发言过程可以循环进行,但当每个人都曾在发言中跳过时,轮流发言过程即可停止。

(5)评价专家意见。在专家轮流发言停止之后,组员共同评价每一条意见,最后由主持人总结出几条重要结论。

4.德尔菲法

德尔菲法是一种反馈匿名函询法,它以专家达成的一致性意见为准则来进行费用风险识别,其做法是费用风险管理人员首先将项目费用风险调查方案、费用风险调查内容、费用风险调查子项目等做成费用风险调查表,然后采用匿名或背靠背的方式将调查表发放给有关专家,经过多轮信息的收集和反馈,达到某种程度上的一致性,调查结束并进行综合处理。德尔菲法的过程可简单地表示为:匿名征求专家意见→归纳、统计→匿名反馈→归纳、统计,若干轮后停止。

德尔菲法的应用步骤如下:

(1)挑选内部、外部的专家组成小组,要求所有专家不会面、彼此互不了解;
(2)要求每位专家对所研讨的问题总是进行匿名分析;
(3)所有专家都会收到一份全组专家的综合分析答案,并要求所有专家在这次反馈的基础上重新分析,如有必要,该程序可重复进行。

5. 情景分析法

情景分析法是美国的 Pieer Wark 于 1972 年提出的一种风险分析方法,其从风险分析者现有状态来观察、预见未来风险事件的发展,针对潜在的费用风险因素,模拟可能出现的风险影响后果。情景分析法是假定关键费用风险因素发生后的情景,通过展现费用风险带来的影响后果,进而提醒装备项目管理决策者。情景分析法往往会受到所假定情景的限制,容易产生"隧道眼光"现象。

情景分析法的基本步骤如下:

(1) 情景要素分析。确定所要进行分析的每个费用风险层面和风险影响因素,把所研究的问题交给专家或研究人员进行认真分析,找出构筑该情景的几个关键风险因素。选择关键风险因素的方法有间接影响分析法、模糊集合法、结构解释模型法、结盟与冲突分析法等。

(2) 建立新的情景。依据专家意见对定性风险因素进行描述,同时利用各种预测手段对定量风险因素做出预测。情景分析法一般只研究 2~4 个情景,以考察装备管理部门采取某种决策在这些情景集的演进,每个情景下还可以设定不同的方案。

(3) 进行情景预测。情景预测是情景分析的核心,把关键风险因素作为几个风险事件,让专家估计各个风险事件间的相互影响,并给出风险事件的单个概率或条件概率,然后按照概率原理及最小二乘法进行联合概率拟合处理,最终得出内在一致的情景概率,从而能够比较明确地了解所研究问题的未来可能发展趋势。

(4) 得出决策措施。根据最有可能实现情景下的预测结果,结合实现这些目标的情景假定条件,得出不同层面的对策措施,从而为有关部门提供决策依据。

6. 工作分解结构

工作分解结构(Work Breakdown Structure,WBS)是将装备项目按照产品、流程、任务等不同角度进行分解,得到项目工作单元分解结构的一种方法,在此基础上,针对每个单元给出说明和定义。WBS 可作为项目计划编制、进度控制和风险管理等工作的基础。WBS 是一种适用性强且非常有效的费用风险识别方法,尤其是针对研制周期长、技术含量高、功能结构复杂、参与部门和人员多的装备项目。

装备费用风险识别方法多种多样,每一种方法都有其优点、缺点和适用范围,各种方法的比较结果如表 8-5 所示。

表 8-5 装备费用风险识别方法的比较

序号	费用风险识别方法	适用范围	优点	缺点
1	检查表法	适用于从定性方面对风险进行初步识别和判断的情况	可操作性强,简单便捷,易于使用	不能有效地揭示出风险之间的关系,依赖于经验和资料,识别结果易出现遗漏
2	流程图法	适用于分时段对风险进行识别和分析的问题	能够了解风险所处的环节、风险起因和风险影响	难以从整体上对风险进行系统分析和识别

续表

序号	费用风险识别方法	适用范围	优点	缺点
3	头脑风暴法	适用于比较直接、目标明确的风险识别问题	能够集思广益,产生很多创新性的想法	对会议组织者要求较高,实际使用时有一定难度
4	德尔菲法	适用于缺乏有关资料、经验和能力,只能从定性方面进行风险识别的情况	简单易行,突破传统数据分析的限制,有时能够获取其他方法得不到的信息	受专家专业影响较大,主观性很强,有时会出现偏差
5	情景分析法	适用于风险识别目标存在相互冲突和互相排斥的情况	能够分析关键风险因素及其影响程度,并以图表或曲线等形式直观地表示风险识别结果	受情景的限制,容易产生"隧道眼光"现象
6	工作分解结构	适用于过程复杂、周期较长的装备项目的风险识别问题	能够更全面地从每个任务或工作单元出发识别和判断风险因素	对于复杂性较高的项目,风险识别的工作量会比较大

8.4 装备费用风险估计过程和方法

8.4.1 装备费用风险估计的内涵

1. 装备费用风险估计的含义

装备费用风险估计又称费用风险测定、测试、衡量和估算等,是在装备项目费用风险规划和费用风险识别的基础上,估计装备项目的单个费用风险因素的性质,全面系统地分析费用风险事件发生的概率及其后果的严重程度,以明确装备项目的费用不确定性。

装备费用风险估计的对象包括费用风险因素和费用风险事件。费用风险因素是指一系列可能影响装备费用增加或减小的因素的总和,费用风险事件是指可能影响装备项目费用的各种类型的事件。

2. 装备费用风险估计的目的

装备费用风险估计就是估计费用风险的性质、估算费用风险事件发生的概率及其后果的大小,以减少装备项目的费用不确定性。一般来讲,装备费用风险估计要做到以下几点:

(1) 确定装备项目费用变量的数值;
(2) 计量装备项目费用变量的标度;
(3) 查明装备项目进行过程中各种费用风险事件的各种后果以及它们之间的因果关系;
(4) 根据选定的计量标度确定费用风险后果的大小,考虑哪些费用有可能增加,哪些潜在的威胁可能演变为现实的费用风险事件；

(5)如果潜在的威胁已经演变为现实的费用风险事件,必须考虑其后果的严重程度。

3.装备费用风险估计的内容

装备费用风险估计的内容主要有费用风险可能性估计、费用风险严重性估计、费用风险关联性估计、费用风险进程性估计等。

(1)费用风险可能性估计。费用风险估计的首要任务是确定装备项目费用风险发生概率,即对装备项目费用风险可能性进行估计,也就是根据费用风险识别给出的费用风险识别报告等信息,对已经识别出的每个费用风险事件进行费用风险可能性的估计。

费用风险发生的可能性包括两方面的含义：一是指装备项目某个费用风险发生的可能性,二是指装备项目某个费用风险出现各种不同风险后果的可能性。装备项目费用风险可能性的估计结果通常有以下几种：

1)具体数值,即给出装备项目费用风险发生概率的具体数值,主要用于对那些一旦发生就会带来严重后果的风险可能性估计,需要运用数理条件和概率计算的方法得出。

2)区间数值,即给出装备项目费用风险可能性的分布区间,主要用于新研装备项目、经费投入小的项目以及涉及资源较少的项目,只需给出一个较为宽泛的费用风险概率分布区间,即可达到装备项目费用风险概率的要求。

3)定性说明,即给出装备项目费用风险可能性的定性说明,可以使用"高、中、低"或"大、中、小"3个风险等级,也可以使用"很高、高、中、低、很低"或"很大、大、中、小、很小"5个风险等级,主要用于那些缺乏足够信息的开放性或半开放性的装备项目,只能通过专家判断和决策等方法得到费用风险发生可能性的定性说明。

(2)费用风险严重性估计。费用风险估计的第二项任务是费用风险后果的严重程度,即估计装备项目费用风险可能带来的损失或收益的大小。费用风险严重性估计是指对装备项目费用风险可能造成的各种后果的严重程度进行评价和计量,包括两个方面内容：一是装备项目费用风险单一后果严重性估计,二是装备项目费用风险多种后果严重性估计。

装备项目费用风险严重性估计的结果包括费用风险严重性估计后果的性质及其程度两个方面。装备项目费用风险严重性估计后果的性质,是指装备项目费用风险的后果究竟是给装备项目带来收益还是带来损失;装备项目费用风险严重性估计后果的程度,是指装备项目费用风险的收益或损失的大小。

(3)费用风险关联性估计。装备项目费用风险的关联性是指装备项目费用风险发生后所产生的影响范围的大小,即装备项目费用风险可能会关联到哪些方面或哪些工作。装备项目费用风险关联性估计是指对装备项目费用风险会引发的关联范围和关联方式等方面进行的评价和计量。

装备项目费用风险关联性估计的结果包括费用风险关联范围和关联后果两个方面。装备项目费用风险关联范围,是指装备项目费用风险发生后影响到的其他项目工作或项目因素;装备项目费用风险关联后果,是指装备项目费用风险影响可能产生的后果。

(4)费用风险进程性估计。装备项目费用风险的发生具有时间性,即费用风险是在装备项目的某个时刻或者项目的某个时期发生的,只有分析和找到费用风险发生的时刻或时期,才能开始制定相应的费用风险应对措施。装备项目费用风险进程性估计是指对装备项目费用风险发生的时刻和时期等进行评价和计量。

装备项目费用风险进程性估计包括两个方面:一是找出装备项目费用风险发展进程中的潜在阶段、发生阶段和后果阶段,二是给出装备项目费用风险发生时刻会出现的费用风险征兆。

8.4.2 装备费用风险估计的过程

装备项目费用风险估计是在费用风险识别基础上,运用定性和定量分析方法估计装备项目中各个费用风险发生的可能性和影响程度的大小,并按潜在危险大小进行优先排序的过程。

1.装备项目费用风险估计目标

装备项目费用风险估计目标主要有以下3个:
(1)确定费用风险发生的可能性;
(2)确定费用风险的具体影响;
(3)确定费用风险的优先排列顺序。

2.装备项目费用风险估计过程

装备费用风险估计过程是将识别的装备项目费用风险转变为按优先顺序排列的费用风险列表所需的活动。装备项目费用风险估计的一般过程如图8-9所示,主要包含以下4个步骤。

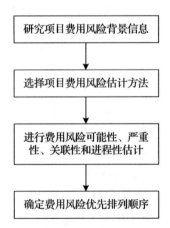

图8-9 装备项目费用风险估计的一般过程

(1)研究项目费用风险背景信息。装备项目费用风险估计的第一步是收集和费用风险相关的各种数据和资料,系统研究装备项目费用风险的背景信息。各种数据和资料通常可以从过去类似项目的经验总结或记录中取得,也可以从一些官方发布的统计数据中得到,要求所收集的费用风险数据和资料必须客观、真实。装备项目费用风险背景信息主要包括项目费用风险识别报告、项目各种计划文件、费用风险估计要求等。

(2)选择项目费用风险估计方法。由于装备项目费用风险估计通常包括定性和定量两个方面,所以费用风险估计方法也可以是定性方法、定量方法和两者的结合。一般来讲,相对简单和风险较小的项目可采用定性的费用风险估计方法,但是对于复杂和风险大的项目,则必须使用定量的费用风险估计方法。

费用风险的定性估计是指对已识别费用风险的可能性、严重性、关联性和进程性所做出的定性评价和估计,例如:费用风险可能性可以用"很大、较大、一般、较小、很小"来定性描述,费用风险严重性可以用"很严重、较严重、一般、较不严重、不严重"来定性描述。定性估计方法主要有专家判断法、核检清单法、先验分析法等。

费用风险的定量估计是指运用现代科学和数学等方法,通过对装备项目费用风险数据资料进行加工处理,建立或选用能够反映费用风险有关变量之间规律的模型或方法,分析、预测和给出项目费用风险定量描述。定量估计方法主要有盈亏分析法、敏感性分析法、事故树法、专家打分法等。

(3)进行费用风险可能性、严重性、关联性和进程性估计。利用建立或选用的项目费用风险估计模型和方法,对装备项目费用风险的发生概率、可能后果、关联影响和时间进程等进行估计。装备项目费用风险估计通常按照一定的顺序依次进行,首先要进行费用风险可能性估计,然后进行费用风险的严重性和关联性估计,最后进行费用风险的进程性估计。

(4)确定费用风险优先排列顺序。在完成装备项目费用风险可能性、严重性、关联性和进程性估计的基础上,还必须要对装备项目费用风险进行综合性判断,包括对每个具体费用风险的综合性估计和对整个项目费用风险的综合性估计。

对每个具体费用风险的综合性估计,是将具体费用风险的可能性、严重性、关联性和进程性,按照具体费用风险赋予它们的重要度权值进行综合估计,通常可采用"连乘""连加""连加带乘"的方法进行综合。

对整个项目费用风险的综合性估计,是将每个具体费用风险的综合性估计,按照其对整个项目费用风险影响程度的大小进行赋权,并采用"连乘""连加""连加带乘"的方法进行综合。

8.4.3 装备费用风险估计的方法

1. 费用风险概率估计方法

装备费用风险概率估计就是估计出装备项目费用风险事件发生的概率,主要有概率分布法和贝叶斯概率法等。

(1)概率分布法。概率分布法就是用概率分布来表示费用风险发生的概率。若某一费用风险的概率分布未知,则可通过历史数据分析来推断其概率分布。已知或通过分析得到概率分布后,根据费用风险发生的条件,用概率分布函数可求出该费用风险发生的概率。

典型的概率分布有均匀分布、三角分布、正态分布、指数分布等。当概率分布难以得到时,可以邀请有经验的专家,根据历史经验对费用风险发生给出主观概率或合成概率。

(2)贝叶斯概率法。如果费用风险事件的概率估计是在没有客观数据或历史数据不足的情况下做出的,那么称这种概率为先验概率。通过对项目进行更多、更广泛调研或统计分析后,再对费用风险事件的概率进行估计的方法称为贝叶斯概率法。贝叶斯概率法是利用概率论中的贝叶斯公式来改善概率估计的,这种改善后的概率估计称为后验概率。

设 A 为某一费用风险事件，且 $P(A) > 0$，$B_1, B_2, \cdots, B_n$ 是费用风险后果，且 $P(B_i) > 0 (i=1,2,\cdots,n)$，根据贝叶斯公式，费用风险后果 B_i 出现的后验概率为

$$P(B_i \mid A) = \frac{P(A \mid B_i)P(B_i)}{\sum_{i=1}^{n} P(A \mid B_i)P(B_i)} \qquad (8-2)$$

2.费用风险后果估计方法

装备费用风险后果估计方法主要有盈亏平衡分析法、敏感性分析法、专家判断法、模拟仿真法、关键路径法、逻辑框架法等。

(1)盈亏平衡分析法。盈亏平衡分析又称盈亏平衡点(Break Even Points，BEP)分析，是研究项目的产量、成本、收益之间的关系，以收益与成本平衡即利润为零时的情况为基础，测试项目的生产负荷状况，计量项目的风险承受能力。具体来讲，盈亏平衡分析是通过盈亏平衡点分析项目成本与收益的平衡关系的一种方法。所谓盈亏平衡点，就是指项目的收益与成本相等时的临界值，也是项目盈利和亏损的转折点。一般来讲，项目的盈亏平衡点越低，说明盈利的可能性越大，亏损的可能性越小，具有更大的抵抗风险的能力。

盈亏平衡分析一般是根据项目正常生产年份的生产数量、可变成本、固定成本、产品价格和销售税金等资料数据计算盈亏平衡点。盈亏平衡点的确定方法有两种：图表法和解析法。

1)图表法。图表法是将项目销售收入函数和销售成本函数在同一坐标图上描述出来，从而得到如图 8-10 所示的盈亏平衡图。图 8-10 中，销售收入和销售成本两条直接的交点就是盈亏平衡点(BEP)，盈亏平衡点所对应的 Q_b 为盈亏平衡销售量(或称盈亏界限)。在盈亏平衡点的左边，销售量小于盈亏界限 Q_b，销售收入小于销售成本，项目亏损；在盈亏平衡点的右边，销售量大于盈亏界限 Q_b，销售收入大于销售成本，项目盈利；在盈亏平衡点上，销售量等于盈亏界限 Q_b，销售收入等于销售成本，项目不盈不亏。

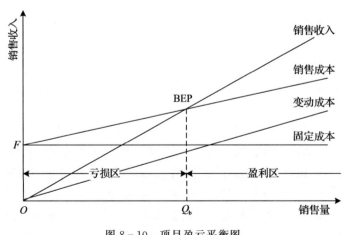

图 8-10 项目盈亏平衡图

2)解析法。解析法是指通过求解方程来确定盈亏平衡点的一种方法。根据盈亏平衡原理，在盈亏平衡点上，销售收入与销售成本相等。设 Q 为产品年销售量，Q_t 为产品年设计

产出量，p 为产品价格，v 为产品单位变动成本，F 为年固定成本，则

产品年总收入：
$$T_r = pQ \tag{8-3}$$

产品年总成本：
$$T_c = vQ + F \tag{8-4}$$

产品年总利润：
$$P_t = T_r - T_c = pQ - vQ - F = (p-v)Q - F \tag{8-5}$$

盈亏平衡界限：
$$Q_b = \frac{F}{p-v} \tag{8-6}$$

盈亏平衡销售收入：
$$T_r^* = \frac{pF}{p-v} = \frac{F}{1-v/p} \tag{8-7}$$

盈亏平衡点价格：
$$p^* = v + \frac{F}{Q_b} \tag{8-8}$$

盈亏平衡点产品单位变动成本：
$$v^* = p - \frac{F}{Q_b} \tag{8-9}$$

生产负荷率：
$$\mathrm{BEP}(Q) = \frac{Q_b}{Q_t} = \frac{F}{(p-v)Q_t} \times 100\% \tag{8-10}$$

利用式(8-3)～式(8-10)计算得到的结果与预测值进行比较，可判断装备项目的风险承受能力。

(2)敏感性分析法。敏感性分析是指分析、测算某些因素发生变化时引起的评价指标发生变化的幅度。有些因素的微小变化会引起评价指标较大的变化，这些因素称为敏感性因素；反之，有些因素在较大的数值范围内变化，却只能引起评价指标很小的变化，这些因素称为不敏感因素。敏感性分析是费用风险分析中常用的一种不确定性分析方法，就是在诸多的费用风险因素中，确定哪些是敏感性因素，哪些是不敏感因素，并分析敏感性因素对装备项目费用的影响程度。敏感性分析的主要步骤如下：

1)确定敏感性分析的指标。装备项目费用风险敏感性分析采用的指标要与经济评价指标一致，通常采用的评价指标有净现值(Net Present Value,NPV)和内部收益率(Internal Rate of Return,IRR)。

净现值(NPV)是指项目收益现值的总额减去投资和生产成本现值总额的余额。其计算公式为
$$\mathrm{NPV} = \sum_{k=1}^{n} \frac{P_k}{(1+i)^k} - \sum_{k=1}^{n} \frac{A_k}{(1+i)^k} \tag{8-11}$$

式中：P_k 为第 k 年的收益；A_k 为第 k 年的投资成本；n 为项目持续时间(年)；i 为贴现率。

内部收益率(IRR)也称内部报酬率，是指项目收益现值总额等于投资成本现值总额即

NPV=0 时的贴现率。内部收益率一般采用内推法计算,即在试算的基础上,利用两个最接近零的正、负净现值所对应的贴现率进行推算。其计算公式为

$$IRR = R_1 + (R_2 - R_1) \frac{NPV_1}{NPV_1 + |NPV_2|} \tag{8-12}$$

式中:R_1 为低贴现率;R_2 为高贴现率;NPV_1 为与 R_1 对应的净现值;NPV_2 为与 R_2 对应的净现值。

2)选择分析因素及其变化范围。选择分析因素的原则是:

A.选取因其变化而将较大幅度影响费用评价指标的因素;

B.选取在项目论证时数据准确性把握不大或今后变动幅度大的因素;

C.进行单因素敏感性分析,即假设只有一个因素变化而其他因素不变时考察评价指标的变化大小;

D.进行多因素敏感性分析,即计算多个因素同时变化情况下的平均指标的变化对项目取舍的影响大小;

E.对整个项目的敏感性分析进行汇总与对比,从中确定各个因素的敏感程度和影响大小的先后顺序,以便决策项目是否可行或实施时应重点防范的因素。

通常选取的因素有投资额、项目建设年限、项目寿命期、生产成本、产品价格、产销量、投产期限和产出水平、达产期、基准折现率等。

敏感性分析是项目费用风险估计中的一个重要方法,但其也存在两个方面的不足:一是在分析时是将几个因素割裂开进行逐个分析,未能考虑几个因素同时作用的情况;二是每种影响因素的变化幅度是由分析人员主观确定的,若收集的数据不全或不准确,容易造成预测结果的片面性。

(3)专家判断法。专家判断法也是项目费用风险估计中经常使用的一种方法,通过专家打分或专家给出核检清单的方法给出项目费用风险估计。该方法主要用于以下两种情况:①如果类似项目的费用风险事件曾经确实发生过,那么虽然对此项目费用风险造成后果的严重程度没有切实的历史资料可查,但是专家经历这些情况而得到的经验作为一种思想型的信息还是存在的;②如果某个项目是前所未有的或项目的费用风险是从未发生过的,专家的智能性还是可以使他们借鉴以前开展项目风险管理的经验,去给出这种独特性项目费用风险的估计。

专家判断法需要找一定数量的项目费用风险专家或项目专业领域方面的专家,然后请他们给出已经识别出来的项目费用风险估计。专家判断法中使用最广泛的是德尔菲法,其通过获取专家的经验判断来获得项目费用风险估计结果。此外,也可以将德尔菲法与其他方法结合使用,以便相互验证与交叉检验项目费用风险估计结果。

(4)模拟仿真法。模拟仿真法是指通过建立项目模拟仿真模型,使用人工或计算机模拟的方法,对项目费用风险进行估计。该方法主要用于那些无法利用数理统计或专家判断等其他方法进行费用风险估计的项目,其借助各种设备、方法、工具等来模拟项目未来的实际情况,从而给出项目费用风险估计结果,具有相对精度高、投入成本小的特点。

(5)关键路径法。关键路径法是一种用于分析和制订项目进度计划的技术方法。由于在确定项目进度的关键路径时,需要进行项目各项活动之间的主观依存关系、客观依存关系

和内外部依存关系的分析,以给出项目各项活动之间的相互依存和关联关系,因此,该方法也可以用于项目费用风险估计。应用关键路径法进行项目费用风险关联性估计的一般步骤如下:

1)将项目中各项活动从项目起点到终点进行排列;
2)标出各结点的紧前活动和紧后活动,从而形成有向网络图;
3)用正向和逆向推算法计算出各活动的最早开始、最晚开始、最早完工、最迟完工时间,并计算出各个活动的时差;
4)找出所有时差为零或负数的项目活动所组成的关键路径;
5)应用关键路径进行项目费用风险关联性估计,找出项目活动的费用风险相互关联和影响的情况。

(6)逻辑框架法。逻辑框架法是一种概念化论述项目的方法,它用一张简单的框架图来清晰地分析一个复杂项目的内涵和关系。逻辑框架法的基本思路是:从确定待解决的核心问题入手,向上逐级展开而得到其影响及后果,向下逐层推演找出引发的原因,通常使用"问题树""目标树"和"规划矩阵"等来给出项目问题、原因、解决办法和结果。逻辑框架法的核心概念是项目层次间的因果逻辑关系,即"如果"提供了某种条件,"那么"就会产生某种结果,这些条件包括项目内部因素和项目所需要的外部条件。

逻辑框架法的逻辑关系分为垂直逻辑关系和水平逻辑关系。垂直逻辑关系是一种因果关系,它是从下往上或从上往下进行四个层次的分析,关键在于层次纲要与假定条件的关系分析,其可用来阐述各层次的目标内容及其上下层之间的因果关系。水平逻辑关系一般由验证指标、验证方法和重要假定条件构成,形成逻辑框架法的 4×4 逻辑框架。

逻辑框架法不仅是一个程序,更重要的是一种帮助思维的模式,其通过明确的总体逻辑框架,把项目费用风险相关的方面和因素加以分析,以确定一旦"项目某费用风险"发生,会造成项目哪些方面的关联影响及其程度。

8.5 装备费用风险评价过程和方法

8.5.1 装备费用风险评价的内涵

1. 装备费用风险评价的含义

装备费用风险评价是指在装备项目费用风险规划、识别和估计的基础上,通过建立装备项目费用风险的系统评价模型,对装备项目费用风险因素影响进行综合分析,并估计出各费用风险发生的概率及其可能导致的损失的大小,确定装备项目的整体费用水平,为如何处置费用风险提供科学依据,以保证装备项目的顺利进行。

2. 装备费用风险评价的依据

进行装备项目费用风险评价的主要依据有:
(1)装备项目费用风险管理计划。
(2)装备项目费用风险识别和估计的结果。主要用于对已识别的装备项目费用风险,以及费用风险对装备项目的潜在影响进行评价。

(3)装备项目的进展状况。装备项目费用风险的不确定性往往与装备项目所处的生命周期阶段有关。装备项目初期的费用风险征状通常表现不明显,但随着装备项目研制工作的推进,装备项目费用风险及发现费用风险的可能性会增加。

(4)装备项目的类型。一般来讲,普通项目或重复率比较高的项目的费用风险程度比较低,技术含量或复杂程度高的项目的费用风险程度比较高。

(5)数据准确性和可靠性。通常要对用于装备项目费用风险识别的数据或信息的准确性和可靠性进行评估。

(6)发生概率和影响程度。装备项目费用风险事件的发生概率和风险影响程度是评估费用风险的两项关键内容。

3.装备费用风险评价的内容

装备项目费用风险评价的内容要依据项目目标和评价标准来确定,通常是对装备项目费用风险识别和估计的结果进行分析,明确费用风险之间的因果关系,确定装备项目费用风险整体水平和风险等级。装备项目费用风险评价的主要内容如下:

(1)系统研究装备项目费用风险背景信息。

(2)确定费用风险评价的基准。费用风险评价基准是装备项目主体针对每一种费用风险后果确定的可接受风险水平。

(3)使用费用风险评价方法确定装备项目整体费用风险水平。装备项目整体费用风险水平是对单个费用风险评价结果的一种综合。

(4)使用费用风险评价工具对装备项目各费用风险事件的严重度进行排序,确定装备项目的关键费用风险事件。

(5)做出装备项目费用风险的综合评价,确定装备项目的费用风险状态。

8.5.2 装备费用风险评价的过程

装备项目费用风险评价就是将费用风险分析的结果与预先假定的费用风险接受基准进行比较,或者在各种费用分析结果之间进行对比,以确定装备项目整体费用风险的等级。装备项目费用风险评价的一般过程如图8-11所示,主要包含以下3个步骤。

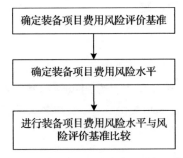

图8-11 装备项目费用风险评价的一般过程

1.确定装备项目费用风险评价基准

装备项目费用风险评价基准就是装备项目主体针对每一种费用风险后果确定的可接受

水平或安全指标。装备项目的单个费用风险和整体费用风险都要确定评价基准,分别称为单个费用风险评价基准和整体费用风险评价基准。

装备项目费用风险评价基准是通过对大量费用风险损失资料的分析,从当前的科学技术水平、社会经济情况、人员心理素质等因素出发,确定一个能被接受的最低费用风险界限,作为衡量装备项目费用风险严重程度的标准。假设装备项目的固有危险性(S_D)、费用风险水平(S_R)和风险控制状态(S_C)是趋于一致的,且对应于级别Ⅰ、Ⅱ、Ⅲ、Ⅳ、Ⅴ,则可认为出现下列情况之一时,费用风险是不可接受的:①装备项目的固有危险性级别比风险控制状态的级别高;②装备项目的费用风险水平比风险控制状态的级别高。装备项目费用风险评价的可接受准则如图8-12所示。

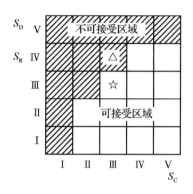

图 8-12 装备项目费用风险可接受准则

2.确定装备项目费用风险水平

装备项目费用风险水平的确定,要考虑多个费用风险因素对装备项目总体目标的影响。首先要确定装备项目费用风险影响的可能后果及其概率,然后采用费用风险矩阵、费用风险坐标图、费用风险发生概率和影响程度评价的方法对单个费用风险进行评价,并确定装备项目费用风险评价基准,最后就可确定项目整体费用风险水平。

(1)费用风险矩阵。费用风险矩阵是用定性的方法评估装备项目费用风险概率及其影响程度的一种费用风险评价方式。装备项目费用风险管理人员为了达到费用风险管理的最终目的,通常将费用风险发生的概率划分为5个等级:不可能、极少、有时、很可能和频繁。装备研制项目中采用的费用风险发生概率的等级划分方式如表8-6所示。

表 8-6 装备研制项目费用风险的发生概率等级划分

等级描述	费用风险等级	风险发生概率
频繁	A	0.9
很可能	B	0.7
有时	C	0.5
极少	D	0.3
不可能	E	0.1

对于单个费用风险的影响程度,可根据其后果的严重性进行分级,如将影响程度分为轻微损失、轻度损失、严重损失、灾难损失4级,如表8-7所示。

表8-7 项目费用风险的严重性等级划分

等级描述	风险影响等级	风险严重性	定 义
灾难的	I	1.0	风险造成整个项目失败
严重的	II	0.7	风险造成项目主要部分失败
轻度的	III	0.4	风险造成项目部分失败
轻微的	IV	0.1	风险造成项目部分失误

在以上两个分级标准的基础上,可对单个费用风险进行等级划分。通常可将装备项目单个费用风险按照"高、中、低"的风险等级进行评价,费用风险矩阵如表8-8所示。

表8-8 项目费用风险矩阵

等级描述	灾难的(I)	严重的(II)	轻度的(III)	轻微的(IV)
频繁(0.9)	高	高	中	中
很可能(0.7)	高	高	中	低
有时(0.5)	高	中	中	低
极少(0.3)	高	中	低	低
不可能(0.1)	中	低	低	低

(2)费用风险坐标图。费用风险坐标图是把装备项目费用风险发生可能性或发生概率的高低、费用风险发生后对项目的影响大小或严重程度作为两个维度绘制在一个直角坐标系内。装备项目费用风险发生可能性的高低、费用风险对项目影响程度的评价有定性和定量两种方法。定性方法是直接用文字描述费用风险发生可能性的高低、费用风险对项目的影响程度,如非常高、高、一般、低、非常低等。定量方法是对费用风险发生可能性的高低、费用风险对项目的影响程度用具有实际意义的数量描述,如用概率的大小来描述费用风险发生可能性的高低,用损失金额来描述费用风险对项目的影响程度。

在装备项目费用风险管理的实际操作中,通常根据费用风险事件发生的可能性,将费用风险分为极高、高、中等、低、极低5个等级,如表8-9所示。

表8-9 项目费用风险发生可能性的定性定量评价标准

费用风险发生的可能性	可能发生的概率	风险度评价
极高:费用风险事件的发生几乎是不可避免的	[1/2,1]	10
	[1/3,1/2)	9
高:费用风险事件的发生与以往经常发生的费用风险事件相似	[1/8,1/3)	8
	[1/20,1/8)	7

续表

费用风险发生的可能性	可能发生的概率	风险度评价
中等:费用风险事件的发生与以往有时发生的费用风险事件有关	[1/80,1/20)	6
	[1/400,1/80)	5
	[1/2 000,1/400)	4
低:费用风险事件的发生与以往偶尔发生的费用风险事件有关	[1/15 000,1/2 000)	3
	[1/50 000,1/15 000)	2
极低:费用风险事件的发生几乎是不可能的	[0,1/50 000)	1

在装备项目费用风险管理的实际操作中,根据费用风险事件发生后对项目费用目标造成的影响程度进行费用风险评价,将费用风险分为很高、高、一般、低、很低5个等级,如表8-10所示。

表8-10 项目费用风险发生影响程度的定性定量评价标准

费用风险发生的影响程度	定性评价	定量评价
不产生明显的费用增加	很低	0.05
<5%的费用增加	低	0.10
5%～10%的费用增加	一般	0.20
10%～20%的费用增加	高	0.40
>20%的费用增加	很高	0.80

(3)费用风险发生概率和影响程度评价。绘制了装备项目费用风险矩阵或费用风险坐标图后,可进一步进行费用风险发生概率和影响程度评价,即费用风险值＝费用风险概率×费用风险影响程度,如表8-11所示。

表8-11 项目费用风险发生概率与影响程度评价

项目费用风险	很低(0.05)	低(0.10)	一般(0.20)	高(0.40)	很高(0.80)
频繁(0.9)	0.045	0.09	0.18	0.36	0.72
很可能(0.7)	0.035	0.07	0.14	0.28	0.56
有时(0.5)	0.025	0.05	0.10	0.20	0.40
极少(0.3)	0.015	0.03	0.06	0.12	0.24
不可能(0.1)	0.005	0.01	0.02	0.04	0.08

3.进行装备项目费用风险水平与风险评价基准比较

装备项目费用风险评价的最后一步是将装备项目整体费用风险水平同整体费用风险评价基准、单个费用风险水平同单个费用风险评价基准进行比较,判断装备项目费用风险是否在可接受的范围之内,进而确定该装备项目应该终止还是继续。

装备项目费用风险的比较结果通常有3种可能:可以接受、不能接受、不可行。当装备项目整体费用风险水平小于或等于整体费用风险评价基准时,装备项目费用风险是可以接受的,装备项目可以按计划继续进行,若有个别单个费用风险水平大于相应的评价标准,则可使用成本效益分析或其他方法进行权衡,确定是否有其他费用风险小的替代方案可用;当装备项目整体费用风险水平高出整体费用风险评价基准很多时,装备项目费用风险是不能接受的,此时需要考虑是否要放弃该装备项目;当装备项目整体费用风险水平高出整体费用风险评价基准不多时,装备项目方案是不可行的,此时可以考虑拟定新的项目整体方案。

8.5.3 装备费用风险评价的方法

装备项目费用风险评价方法一般可分为定性方法、定量方法、定性与定量结合方法3类,其中使用最多的方法主要有风险度评价法、主观评分法、检查表打分法、等风险曲线法、模糊风险分析法、故障树分析法等。

1. 风险度评价法

装备项目费用风险度评价是指项目费用管理人员对项目费用风险事件发生的概率和造成影响的严重程度进行评估。装备项目费用风险度评价可分为项目费用风险事件发生概率评价和项目费用风险事件造成损害程度评价。一般来讲,装备项目费用风险度评价分为1~10级,级别越高,危害程度越重。装备项目费用风险度评价法可以按照项目费用风险度评价的分值确定项目费用风险的大小,分值越大,项目费用风险越大;反之,分值越小,项目费用风险越小。

2. 主观评分法

主观评分法是指利用专家的经验等隐性知识,直观判断装备项目单个费用风险并赋予相应的权值(如0~10之间的一个数,其中,0代表没有费用风险,10代表费用风险最大),然后将各个费用风险的权重相加,再与项目整体费用风险评价基准进行分析比较。

3. 检查表打分法

检查表打分法是指利用费用危险检查表对装备项目进行费用风险评价的一种方法。装备项目往往存在很多的费用危险源,这些危险源在各种费用危险因素的诱发下可能造成费用事故,该方法就是将影响费用风险程度的相关危险因素转化为相对量化的指标,再将相关因素的指标合成为费用危险源风险程度的指标。

4. 等风险曲线法

等风险曲线法(Equi-risk Curve Method,ECM)是一种面向风险曲线描述的方法,在涉及多个风险域的风险评价中很有价值。等风险曲线图由一族风险曲线组成,如图8-13所示,其包括费用风险事件的两个因素:费用风险发生的概率 P_f 和费用风险造成的损失 C_f。根据费用风险的似然估计 $RF = P_f + C_f - P_f C_f$,ECM将识别出来的费用风险分为低风险、中风险和高风险3类。一般认为,当 $RF < 0.3$ 时,属于低风险;当 $0.3 \leqslant RF \leqslant 0.7$ 时,属于中风险;当 $RF > 0.7$ 时,属于高风险。

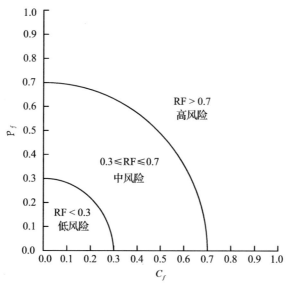

图 8-13 等风险曲线图

5. 模糊风险分析法

模糊风险分析(Fuzzy Risk Analysis, FRA)法进行装备项目费用风险评价的基本思路是：综合考虑所有费用风险因素的影响程度，并设置权重区别各因素的重要性，通过构建数学模型，推算出费用风险的各种可能性程度，其中可能性程度值高者为费用风险水平的最终确定值。其基本步骤如下：

(1) 选择费用风险因素，建立费用风险因素集 $U = \{U_1, U_2, \cdots, U_n\}$。费用风险因素一般具有不同程度的模糊性，难以对其进行定量描述。

(2) 建立费用风险评价集 $V = \{V_1, V_2, \cdots, V_m\}$。费用风险评价集是专家根据自己的经验和知识对项目的每个费用风险因素做出的各种可能的风险等级评价结果，如{很高,高,中等,低,很低}等。

(3) 采用专家打分法建立从 U 到 V 的模糊关系矩阵 $\boldsymbol{R}(r_{ij})$ ($i = 1, 2, \cdots, n; j = 1, 2, \cdots, m$)。$r_{ij}$ 为第 i 个费用风险因素被评为第 j 个风险等级的专家比例。

(4) 建立权重集 $W = \{w_1, w_2, \cdots, w_n\}$。权重集反映了费用风险因素集中各风险因素的重要程度，一般由决策者根据实际问题进行主观确定，也可按照确定隶属度的方法加以确定。

(5) 进行模糊综合运算，得到模糊综合评价集 $\boldsymbol{B}$。

$$\boldsymbol{B} = \boldsymbol{W} \circ \boldsymbol{R} = \begin{bmatrix} w_1 & w_2 & \cdots & w_n \end{bmatrix} \circ \begin{bmatrix} r_{11} & r_{12} & \cdots & r_{1m} \\ r_{21} & r_{22} & \cdots & r_{2m} \\ \vdots & \vdots & & \vdots \\ r_{n1} & r_{n2} & \cdots & r_{nm} \end{bmatrix} = \begin{bmatrix} b_1 & b_2 & \cdots & b_m \end{bmatrix} \tag{8-13}$$

式中:"。"表示 Zadeh 模糊运算,可取算子 $M(\wedge,\vee)$。

对 **B** 进行归一化处理,得

$$\bar{b}_j = \frac{b_j}{\sum_{j=1}^{m} b_j}, \quad \bar{\boldsymbol{B}} = (\bar{b}_1, \bar{b}_2, \cdots, \bar{b}_m) \qquad (8-14)$$

(6)根据计算结果,确定装备项目的费用风险等级。

6.故障树分析法

故障树分析(Fault Tree Analysis,FTA)法是一种演绎的逻辑分析方法,它是从结果出发,通过演绎推理查找原因的一种方法。故障树是一种倒立树状逻辑因果关系图,用一系列事件符号、逻辑门符号和转移符号描述系统中各种事件的因果关系,具有应用广泛、逻辑性强、形象化等特点。FTA 既可做定性风险分析,也可做定量风险分析。故障树定性分析就是将装备项目费用风险形成的原因由总体到部分按树枝形状逐级细化,分析装备项目费用风险及其产生原因之间的因果关系,即识别出导致费用风险事件(顶事件)的所有可能的费用风险因素(最小割集)。故障树定量分析就是根据底层事件发生的概率,按照故障树逻辑门关系,求出装备项目整体费用风险发生的概率,而且能对底事件的费用风险大小进行排序,提出各种控制费用风险因素的方案。FTA 的基本过程为:

(1)选择顶事件;

(2)构造故障树;

(3)定性识别出导致顶事件发生的所有底事件(最小割集);

(4)定量分析计算顶事件发生概率及底事件的结构重要度;

(5)提出各种费用风险控制方案和措施。

8.6 装备费用风险分析应用实例

8.6.1 基于熵判据法的装备费用风险估计

1.装备项目费用风险的层次结构

复杂装备系统往往具有层次结构特点,其费用风险也具有明显的层次特性,因此,可建立装备项目费用风险的层次结构模型,如图 8-14 所示,其将装备项目费用风险分为两个层次:第一层为子系统层,即将装备系统费用风险分解为多个子系统费用风险;第二层为费用项目层,即将子系统费用风险分解为不同的费用项目风险。

假设装备系统共包括 M 个子系统,第 i 个子系统的研制费用为 C_i,每个子系统研制费用均由 N 个费用项目组成,第 i 个子系统的第 j 个费用项目为 C_i^j,则装备系统研制费用 C 为

$$C = \sum_{i=1}^{M} C_i = \sum_{i=1}^{M} \sum_{j=1}^{N} C_i^j \qquad (8-15)$$

式中:装备系统的研制费用 C、第 i 个子系统研制费用 C_i 和费用项目 C_i^j 均为随机变量。

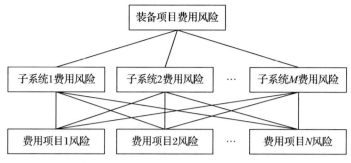

图 8-14 装备项目费用风险层次结构模型

2. 装备项目费用风险的度量指标

由装备项目费用风险的层次结构模型可知,在进行装备项目费用风险分析时,首先要确定各个费用项目的概率分布,然后得到每个子系统研制费用的概率分布,最后得到装备系统研制费用的统计特性,从而估算装备系统最乐观的研制费用、最保守的研制费用和最大可能的研制费用。为有效提高分析结果的直观性和可比性,可采用实际研制费用与预定研制费用之比来衡量费用风险的大小。假设装备系统的预定研制费用 Y 是其研制费用统计均值 $E(C)$ 的 x 倍($x \geqslant 1$),即 $Y = xE(C)$,则实际研制费用与预定研制费用的比值 L 可表示为

$$L = \frac{C}{Y} = \frac{C}{xE(C)} = \frac{P}{x} \tag{8-16}$$

式中:P 为装备系统的实际研制费用与其研制费用的统计均值之比。设第 i 个子系统研制费用的预定值 Y_i 是其研制费用统计均值 $E(C_i)$ 的 x_i 倍,第 i 个子系统的第 j 项费用的预定值 Y_i^j 是该项费用统计均值 $E(C_i^j)$ 的 x_i^j 倍,则

$$x = \frac{Y}{E(C)} = \frac{\sum_{i=1}^{M} x_i E(C_i)}{\sum_{i=1}^{M} E(C_i)} = \frac{\sum_{i=1}^{M} \sum_{j=1}^{N} x_i^j E(C_i^j)}{\sum_{i=1}^{M} \sum_{j=1}^{N} E(C_i^j)} \tag{8-17}$$

由于 $E(C_i^j)$、x_i^j、$E(C_i)$ 和 x_i 均是已知的先验值,因此可根据式(8-17)求得参数 x,那么进行 L 统计特性分析的关键就是确定 P 的概率分布。设第 i 个子系统的研制费用在装备系统总研制费用中的占比为 Q_i,第 i 个子系统的实际研制费用 C_i 与其研制费用统计均值 $E(C_i)$ 之比为 P_i,则 P 的计算公式为

$$P = \frac{C}{E(C)} = \frac{\sum_{i=1}^{M} C_i}{E(C)} = \sum_{i=1}^{M} \frac{E(C_i)}{E(C)} \times \frac{C_i}{E(C_i)} = \sum_{i=1}^{M} Q_i P_i \tag{8-18}$$

设第 i 个子系统的第 j 项费用的实际值 C_i^j 与该项费用统计均值 $E(C_i^j)$ 之比为 P_i^j,第 j 项费用在第 i 个子系统研制费用中的占比为 Q_i^j,则 P_i 的计算公式为

$$P_i = \frac{C_i}{E(C_i)} = \frac{\sum_{j=1}^{N} C_i^j}{E(C_i)} = \sum_{j=1}^{N} \frac{E(C_i^j)}{E(C_i)} \times \frac{C_i^j}{E(C_i^j)} = \sum_{j=1}^{N} Q_i^j P_i^j \tag{8-19}$$

设备子系统的研制费用均包含设计费、材料费、外协费、专用费、试验费、固定资产使用费、工资费和管理费等 8 个费用项目,假设其中的设计费和材料费服从正态分布,其他 6 项费用服从均匀分布,则当 $1 \leqslant j \leqslant 2$ 时,P_i^j 的分布密度函数为

$$f(P_i^j) = \frac{1}{\sqrt{2\pi}\,\sigma_i^j} \exp\left[-\frac{(P_i^j - \mu_i^j)^2}{2(\sigma_i^j)^2}\right] \qquad (8-20)$$

式中:μ_i^j 和 σ_i^j 分别为 P_i^j 的均值和方差,且 $\mu_i^j = 1$。当 $3 \leqslant j \leqslant 8$ 时,P_i^j 的分布密度函数为

$$f(P_i^j) = \begin{cases} \dfrac{1}{a_i^j - b_i^j}, & P_i^j \in (a_i^j, b_i^j) \\ 0, & P_i^j \in (-\infty, a_i^j] \cup [b_i^j, +\infty) \end{cases} \qquad (8-21)$$

式中:(a_i^j, b_i^j) 为 P_i^j 均匀分布的空间。

在进行装备项目费用风险分析时,首先通过蒙特卡洛模拟法得到 P_i 的概率分布,进而可以得到 P 的概率分布,并估计 P 的最乐观值、最保守值和最大可能值。装备项目费用风险的大小可由 $P \leqslant x$ 或 $L \leqslant 1$ 的概率来确定,概率越大说明装备项目研制费用风险越小。

3. 装备项目费用风险程度的估计

熵的概念源于热力学,被推广用于对系统不确定程度的度量,熵越大说明系统的不确定性越大,因此,可以用熵来度量装备项目费用风险的程度。由于 P 和 P_i 是服从一定概率分布的连续随机变量,现将 P 和 P_i 的取值区间划分为 w 个互不相交的子空间,分别表示为 $D_1, D_2, \cdots, D_w$,设 P 和 P_i 在第 k 个子区间 D_k 上取值的概率分别为 S^k 和 S_i^k,则第 i 个系统的费用风险程度可用熵判据 $H(P_i)$ 来度量,即

$$H(P_i) = -\sum_{k=1}^{w} S_i^k \ln S_i^k \qquad (8-22)$$

装备系统的费用风险程度可用熵判据 $H(P)$ 来度量,即

$$H(P) = -\sum_{k=1}^{w} S^k \ln S^k \qquad (8-23)$$

由此可知,计算熵判据 $H(P_i)$ 和 $H(P)$ 的关键在于求出分布概率 S_i^k 和 S^k。通常可以采用蒙特卡洛模拟法来得到 S_i^k 和 S^k,即首先根据先验分布模型对 P_i^j 进行大量的随机抽样,然后根据式(8-19)和式(8-18)确定 P_i 和 P 的抽样值,对抽样值进行统计处理后即可得到 S_i^k 和 S^k 的近似值。

4. 舰炮系统研制费用风险估计

某型大口径舰炮系统主要由发射系统、供弹系统、瞄准随动系统、炮塔与炮架、监控系统和辅助系统等 6 个子系统组成,其中供弹系统是舰炮研制的关键部分。为提高舰炮的炮弹适应性、发射率和可靠性,拟采用双供弹通道方案,该方案的关键在于兼容不同弹种的输弹入膛技术,难点在于输弹通道,其研制费用风险大于传统的单通道方案。

对于舰炮的供弹系统(子系统 2),其研制费用由设计费、材料费、外协费、专用费、试验费、固定资产使用费、工资费和管理费等 8 个费用项目构成。根据以往积累的费用数据,对各参数设置如下:

$$x_2 = x_2^1 = x_2^2 = x_2^3 = x_2^4 = x_2^5 = x_2^6 = x_2^7 = x_2^8 = 1.05$$

$$Q_2^1 = Q_2^2 = 0.25, \quad Q_2^3 = Q_2^4 = 0.15, \quad Q_2^5 = Q_2^6 = Q_2^7 = Q_2^8 = 0.05$$
$$\sigma_2^1 = 0.1, \quad \sigma_2^2 = 0.05$$
$$a_2^3 = a_2^4 = a_2^5 = a_2^6 = a_2^7 = a_2^8 = 0.9$$
$$b_2^3 = b_2^4 = b_2^5 = b_2^6 = b_2^7 = b_2^8 = 1.1$$

根据先验分布模型对供弹系统的 8 个费用项目 $P_2^j(j=1,2,\cdots,8)$ 进行蒙特卡洛仿真，并对费用项目 P_2^j 的仿真结果进行加权求和，可得供弹系统 P_2 的仿真结果如图 8-15 所示，P_2 小于等于各个比值上限的概率如图 8-16 所示，P_2 在不同区间的分布比例（区间长度为 0.01）如图 8-17 所示。

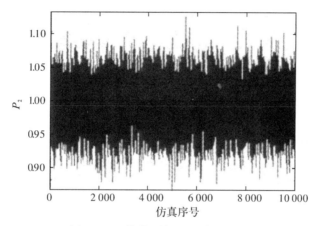

图 8-15　供弹系统 P_2 的仿真结果

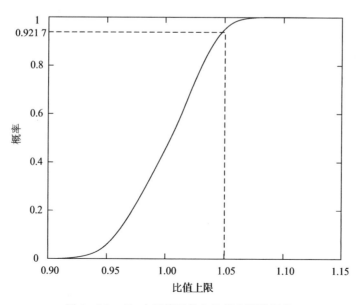

图 8-16　P_2 小于等于各个比值上限的概率

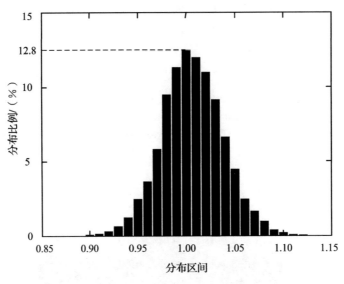

图 8-17　P_2 在不同区间的分布比例

由图 8-15 的仿真结果可知,供弹系统实际研制费用 C_2 与其研制费用统计均值 $E(C_2)$ 之比 P_2 的最小值(最乐观值)为 0.88、最大值(最保守值)为 1.12、均值为 1.00。由图 8-16 可以得到 $P_2 \leqslant x_2 = 1.05$ 的概率为 0.921 7,则供弹系统研制费用超出预定费用的概率为 0.078 3,表明供弹系统的研制费用风险较低。由图 8-17 可知,P_2 在区间 $[0.995, 1.005]$ 上的分布比例最高达到 12.80%,根据分布比例可计算出熵判据 $H(P_2) = 2.56$,该数值较小,也从另外一个角度说明供弹系统研制费用风险较低。采用同样的方法对其他 5 个子系统的研制费用风险进行仿真和评估,最终得出该舰炮系统研制费用不超过预定费用的概率,即 $P \leqslant x$ 的概率为 93.06%,表明该型大口径舰炮系统的研制费用风险较低。

8.6.2　基于蒙特卡洛法的装备费用风险评价

1. 蒙特卡洛法的基本原理

蒙特卡洛法是一种随机模拟方法,能够随机模拟各种变量间的动态关系,解决某些具有不确定性的复杂问题,被认为是一种经济而有效的方法,因此可以利用蒙特卡洛仿真进行装备项目费用风险预测。

假定函数 $y = f(x_1, x_2, \cdots, x_n)$,其中变量 $x_1, x_2, \cdots, x_n$ 的概率分布已知。但是,在实际问题中,函数 $f(x_1, x_2, \cdots, x_n)$ 往往是未知的,蒙特卡洛法利用一个随机数发生器,通过直接或间接抽取出每一组随机变量 $(x_1, x_2, \cdots, x_n)$ 的值 $(x_{1i}, x_{2i}, \cdots, x_{ni})$,然后按 y 对于 $x_1, x_2, \cdots, x_n$ 的关系式确定函数 y 的值,即 $y_i = f(x_{1i}, x_{2i}, \cdots, x_{ni})$。反复模拟 n 次,便可得到函数 y 的一批抽样数据 $y_1, y_2, \cdots, y_n$。当模拟次数足够多时,便可给出与实际情况相近的函数 y 的概率分布及其数字特征。

蒙特卡洛法的一般步骤如下:

(1)对每一项活动,输入最小、最大和最可能估计数据,并为其选择一种合适的先验分布模型。在费用风险估计中常用的概率分布有均匀分布、三角分布、β分布、正态分布等。

(2)计算机根据上述输入,利用给定的规则,快速实施充分、大量的随机抽样。

(3)对随机抽样的数据进行必要的数学计算,求出结果。

(4)对求出的结果进行统计学处理,求出最小值、最大值以及数学期望值和单位标准偏差。

(5)根据求出的统计学处理数据,让计算机自动生成概率分布曲线和累积概率分布曲线。

(6)依据累积概率分布曲线进行项目费用风险分析。

2.装备费用的分解结构

装备费用分解结构完整地描述了装备寿命周期费用的组成及其相互关系,是进行装备费用元素定义和费用估算的基础,因此,要对装备使用保障费用进行风险分析,首先需要建立合理的使用保障费用分解结构。

假设装备采用部队级和基地级两级维修体制,当装备发生故障后,部队级只进行换件维修,并将故障件送往基地级进行修理。依据《武器装备寿命周期费用估算》,对其中的使用保障费用分解结构进行裁剪,可得到装备使用保障费用分解结构,如图8-18所示。

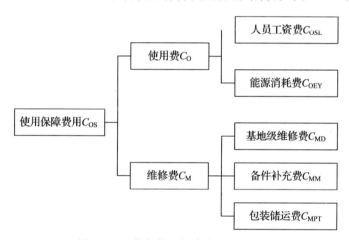

图8-18 装备使用保障费用分解结构

3.装备费用单元计算模型

(1)使用费。使用费C_O包括部队级装备使用人员的工资费C_{OSL}、装备使用所需的能源消耗费C_{OEY},可用装备每工作小时平均所需费用OCR来表示,则装备第j年的使用费为

$$C_{Oj} = 365 \times D \times \text{OCR} \times Q_j \tag{8-24}$$

$$Q_j = (1+Q)^j \tag{8-25}$$

式中:D为装备每天工作时间,单位为h;Q_j为第j年货币的时间价值因子;Q为年利率。

(2)维修费。维修费C_M包括基地级维修费C_{MD}、备件补充费C_{MM}和包装储运费C_{MPT},其中基地级维修费C_{MD}是指备件在基地级维修所需的人力、物资费用,备件补充费C_{MM}是指备件因经济或技术原因选择报废后需补充新备件的费用,包装储运费C_{MPT}是指备

件在部队级与基地级之间送修所引起的包装与运输费用。装备中第 i 个备件的年故障次数 F_{yi} 的计算公式为

$$F_{yi} = 365 \times D \times \lambda_i \times N_i \tag{8-26}$$

式中：λ_i 为第 i 个备件的故障率，单位为次/工作小时；N_i 为第 i 个备件在装备中的数量。

第 j 年基地级维修费为

$$C_{MDj} = \sum_{i=1}^{n}(F_{yi} \times M_{CTi} \times DMR \times Q_j) \tag{8-27}$$

式中：M_{CTi} 为第 i 个备件基地级平均修复时间，单位为 h；DMR 为基地级每小时平均维修费用，单位为元；n 为装备中可更换单元数量。

第 j 年包装储运费为

$$C_{MPTj} = \sum_{i=1}^{n}(F_{yi} \times PTR \times Q_j) \tag{8-28}$$

式中：PTR 为备件故障后平均每次包装储运费，单位为元。

装备中第 i 个备件需求量的简化计算公式为

$$S_i = N_i \times \lambda_i \times TWT \times D + \mu_P \times \sqrt{N_i \times \lambda_i \times TWT \times D} \tag{8-29}$$

式中：TWT 为备件后送基地级修理周期时间，包括备件在部队级、基地级之间两次运输时间和基地级维修时间，假定所有备件的 TWT 均相同，单位为天；μ_P 为正态分布分位数，在备件保障概率为 95% 时取值为 1.65。

第 j 年备件补充费为

$$C_{MMj} = \sum_{i=1}^{n}(S_i \times CNR_i \times UP_i \times Q_j) \tag{8-30}$$

式中：CNR_i 为第 i 个备件的年报废率；UP_i 为第 i 个备件的单价，单位为元。

（3）使用保障费。在求出每年的使用费和维修费的基础上，可得到装备总的使用保障费为

$$C_{OS} = \sum_{j=1}^{T}(C_{Oj} + C_{MDj} + C_{MPTj} + C_{MMj}) \tag{8-31}$$

式中：T 为装备使用寿命期限，单位为年。

4. Excel 工作表模型

Excel 工作表模型包括两个工作表：基本参数输入表和费用数据输出表。基本参数输入表如表 8-12 所示，主要包括的参数有年利率（Q）、装备使用年限（T）、每天工作时间（D）、备件报废率（CNR_i）、装备每工作小时平均所需费用（OCR）、备件故障后平均每次包装储运费（PTR）、基地级每小时平均维修费用（DMR）等。费用数据输出表如表 8-13 所示，其由两部分构成：一是与备件相关的输入参数区，主要包括备件单价、备件故障率、备件装机数量、备件基地级平均修复时间、备件平均周转时间；二是输出参数区，经过计算后可输出的参数有备件年需求量、备件年故障次数、备件年补充费用、基地级年维修费用、备件年储运费用、装备总使用保障费用。表 8-13 中的数值是经过单次模拟得到的数据，装备总的使用保障费用为 10 484 198 元。

第8章 装备费用风险分析

表 8−12 基本参数输入表

参数名称	符号	数值
年利率/(%)	Q	7
装备使用年限/年	T	10
每天工作时间/h	D	15
备件报废率/(%)	CNR_i	20
装备每工作小时平均所需费用/元	OCR	100
备件故障后平均每次包装储运费/元	PTR	300
基地级每小时平均维修费用/元	DMR	400

表 8−13 费用数据输出表

	参数名称	符号	备件1	备件2	备件3	备件4	备件5
输入区（备件数据）	备件单价/万元	UP_i	9.0	3.0	4.0	6.0	5.5
	备件故障率/10^{-4}	λ_i	5.3	3.2	3.7	2.9	4.3
	备件装机数量/个	N_i	2	1	4	2	1
	备件基地级平均修复时间/h	M_{CTi}	3.3	1.2	9.2	8.4	3.9
	备件平均周转时间/天	TWT_i	69.7	69.4	76.3	64.8	51.3
输出区（费用数据）	备件年需求量/个	S_i	3	2	4	2	3
	备件年故障次数/次	F_{yj}	6	2	9	4	3
	备件年补充费用/元	C_{MMj}	54 000	12 000	32 000	24 000	22 000
	基地级年维修费用/元	C_{MDj}	7 920	960	33 120	13 440	4 680
	备件年储运费用/元	C_{MPTj}	1 800	600	2 700	1 200	900
	装备总使用保障费用/元	C_{OS}	10 484 198				

5. 使用保障费用风险分析

基于 Excel 工作表模型，利用蒙特卡洛仿真对影响装备使用保障费用的因素进行随机模拟试验，选取备件故障率 λ_i、备件基地级平均修复时间 M_{CTi}、备件平均周转时间 TWT_i 3 个影响因素，假设 5 个备件的故障率分别服从 $N(0.000\,5,0.000\,05)$、$N(0.000\,3,0.000\,05)$、$N(0.003\,5,0.000\,05)$、$N(0.002\,5,0.000\,05)$、$N(0.000\,4,0.000\,05)$ 的正态分布，基地级平均修复时间均服从均值为 10 h 的指数分布，平均周转时间均服从 $N(60,10)$ 的正态分布，根据参数的分布特性模拟产生相应的随机数，其他数据保持不变，经过 100 次模拟试验得到装备使用保障费用的频率分布如图 8−19 所示。

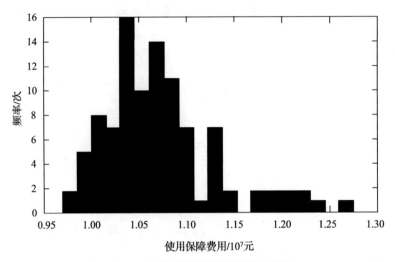

图 8-19 装备使用保障费用的频率分布

在 100 次的模拟试验中,使用保障费用主要集中在 10 000 000 元到 11 000 000 元的区间内,使用保障费用的最大值为 12 685 272 元,最小值为 9 690 978 元,平均值为 10 704 963 元。根据图 8-19 中的模拟试验结果,可得装备使用保障费用的累积概率分布和风险概率分布如图 8-20 所示。

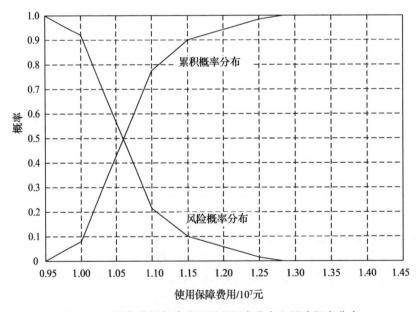

图 8-20 装备使用保障费用累积概率分布和风险概率分布

在图 8-20 中,对于使用保障费用累积概率分布曲线上的任一点,其横坐标表示某一计划费用,纵坐标表示仿真估算的费用低于该计划费用的概率;对于使用保障费用风险概率分布曲线上的任一点,其横坐标表示某一计划费用,纵坐标表示仿真估算的费用高于该计划费用的概率。例如,风险概率分布曲线上的点$(1.1\times10^7,0.22)$的含义是:假设使用保障费用的计划费用为 11 000 000 元,则由于费用影响因素的不确定性导致估算费用超出 11 000 000 元的概率为 22%。

实验 1:备件故障率影响分析。将 5 个备件的故障率 λ_i 都降低 50%,其他数据保持不变,进行 100 次模拟试验,得到装备使用保障费用的频率分布如图 8-21 所示。

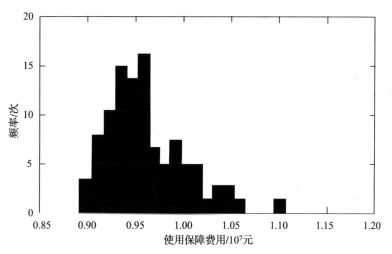

图 8-21　装备使用保障费用的频率分布(λ_i 降低 50%)

实验 2:基地级平均修复时间影响分析。将 5 个备件的基地级平均修复时间 M_{CTi} 都降低 50%,其他数据保持不变,进行 100 次模拟试验,得到装备使用保障费用的频率分布如图 8-22 所示。

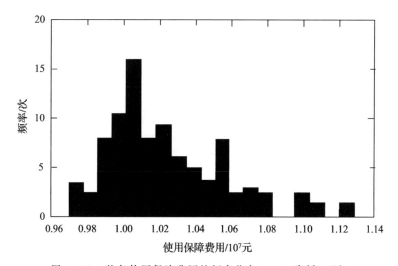

图 8-22　装备使用保障费用的频率分布(M_{CTi} 降低 50%)

实验 3:备件平均周转时间影响分析。将 5 个备件的平均周转时间 TWT_i 都降低 50%，其他数据保持不变，进行 100 次模拟试验，得到装备使用保障费用的频率分布如图 8-23 所示。

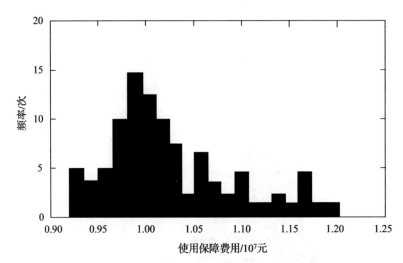

图 8-23 装备使用保障费用的频率分布（TWT_i 降低 50%）

对上述 3 个试验结果分别进行统计，可以得到不同试验条件下装备使用保障费用的最小值、最大值、平均值，如表 8-14 所示。

表 8-14 不同试验条件下的使用保障费用统计值

序 号	最小值	最大值	平均值
基准	9 690 978	12 685 272	10 704 963
实验 1	8 975 256	11 048 540	9 587 538
实验 2	9 687 107	11 288 713	10 218 434
实验 3	9 207 164	12 046 442	10 233 386

由此可以看出，降低备件故障率 λ_i、缩短备件基地级平均修复时间 M_{CT_i} 和备件平均周转时间 TWT_i 都能降低装备使用保障费用，从而降低装备使用保障费用风险。下降比例相同情况下，降低备件故障率 λ_i 能较大幅度地降低使用保障费用，即备件可靠性对使用保障费用的影响较大，是使用保障费用的关键费用驱动因子。

8.6.3 基于挣得值法的装备费用风险控制

1.挣得值法的基本原理

挣得值法(EVM)又称挣值法，是对装备项目进度和费用进行综合控制的一种有效方法，它通过测量和计算已完成工作的预算费用(即获得值)和已完成工作的实际费用，再与计划工作的预算费用相比较，得到有关计划执行的进度偏差和费用偏差，从而判断装备项目预算和进度计划的执行情况。

(1)挣得值法的基本参数。

1)计划价值(Planning Value,PV),也称计划工作量的预算费用(Budgeted Cost of Work Scheduled,BCWS),是指装备项目实施过程中某阶段计划要求完成的工作量所需的预算费用。PV 反映了按进度计划应当完成的工作量的费用表示,计算公式为

$$PV = 计划工作量百分比 \times 总预算费用 \qquad (8-32)$$

2)实际费用(Actual Cost,AC),也称已完成工作的实际费用(Actual Cost of Work Performed,ACWP),是指装备项目实施过程中某阶段实际完成的工作量所消耗的费用。AC 主要反映了项目执行的实际消耗指标,与项目的预算费用无关。

3)挣得值(Earned Value,EV),也称已完成工作的预算费用(Budgeted Cost of Work Performed,BCWP),是指装备项目实施过程中某阶段按实际完成工作量及按预算定额计算出来的值。EV 是将已完成工作量用预算费用来度量,具有反映费用和进度执行效果的双重特性,计算公式为

$$EV = 已完成工作量百分比 \times 总预算费用 \qquad (8-33)$$

(2)挣得值法的监测指标。项目绩效监测(Project Performance Monitoring,PPM)是指在装备项目开始后,适时对装备项目及其活动的费用和进度等信息进行监测,及时定期地将装备项目实际执行情况与计划进行比较,度量装备项目实际执行情况与计划执行情况之间的偏差,并通过偏差分析确定项目绩效的过程。常用的监测指标有:

1)费用偏差(Cost Variance,CV),是指装备项目检查期间挣得值与实际费用之间的差值。CV 是判断装备项目费用是否超支的重要指标,计算公式为

$$CV = EV - AC \qquad (8-34)$$

CV<0,表示装备项目执行效果不佳,即实际消耗费用超过预算费用,费用超支;CV>0,表示装备项目执行效果良好,即实际消耗费用低于预算费用,费用节约;CV=0,表示装备项目按计划执行,即实际消耗费用与预算持平。

2)进度偏差(Schedule Variance,SV),是指装备项目检查期间挣得值与计划价值之间的差值。SV 是判断装备项目进度是否拖延的重要指标,计算公式为

$$SV = EV - PV \qquad (8-35)$$

SV<0,表示装备项目进度拖延;SV>0,表示装备项目进度提前;SV=0,表示装备项目进度按计划进行。

3)费用绩效指数(Cost Performed Index,CPI),反映装备项目的投资效率,用于判断费用是否超支,计算公式为

$$CPI = EV/AC \qquad (8-36)$$

CPI>1,表示装备项目在预算之内;CPI<1,表示装备项目超出预算;CPI=1,表示装备项目实际费用与预算费用一致。

4)进度绩效指数(Schedule Performed Index,SPI),反映装备项目的进度效率,用于判断进度是否拖延,计算公式为

$$SPI = EV/PV \qquad (8-37)$$

SPI>1,表示装备项目进度提前;SPI<1,表示装备项目进度拖延;SPI=1,表示装备项目实际进度与计划进度一致。

(3) 挣得值法的预测指标。项目绩效预测（Project Performance Forecasting，PPF）就是根据装备项目的当前费用与进度绩效估计装备项目完工费用与进度，并将估计值与计划值进行比较以获得装备项目完工费用与进度偏差的过程。完工费用估算又称完工估算（Estimate At Complete，EAC），是指根据装备项目过去的实际开支来估算装备项目完成时的费用，完工费用指的是截止到某一时刻直接成本和间接成本的总和加上所有确认的剩余工作的估算成本。常用的 EAC 计算方法有以下 3 种：

1) 数学推算的 EAC。该方法是不管过去已完成工作量的效率如何，其余的工作都将以完美的绩效完成，即以 CPI=1 的状态完成，计算公式为

$$EAC=BAC-EV+AC \tag{8-38}$$

式中：BAC（Budget At Complete）为装备项目完成时的费用预算，等于装备项目原来的总预算费用，在装备项目完成时其与 PV 相同。

2) CPI 推算的 EAC。该方法假设剩余工作量将按照到目前为止已完成工作量的效率去进行，其也是多数学者普遍接受的 EAC 计算方法，计算公式为

$$EAC=BAC/CPI \tag{8-39}$$

3) 剩余成本重估的 EAC。该方法是对剩余工作量的成本进行重新估算，然后把重新估算值与已完成工作的实际成本相加，计算公式为

$$EAC=重新估算的剩余工作成本+AC \tag{8-40}$$

该方法一般是在认为装备项目实际费用与计划费用有较为严重的背离，或者为了达到一定的项目费用指标，有必要调整当前工作效率的时候采用，其缺点是可能需要额外投入更多的资源重新估算项目剩余工作的成本。

2. 装备项目费用风险控制框架

(1) 费用风险控制原理。装备项目往往具有投资规模大、研制周期长等特点，可将装备研制看成一个开放系统，有研制费用的输入、费用使用情况的输出、对研制费用产生干扰等因素。装备项目费用风险控制原理如图 8-24 所示，首先将系统的输出即费用使用情况与预先计划的费用标准进行比较，计算费用偏差，并分析产生费用偏差的原因，然后将分析比较的结果反馈到系统的输入，从而达到对费用风险进行控制的目的。

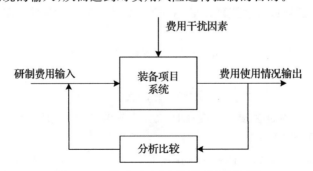

图 8-24 装备项目费用风险控制原理图

(2) 费用风险控制框架。装备项目费用风险控制框架如图 8-25 所示，研制费用输入是进行费用风险控制的依据，主要包括：

1) 费用基准计划。费用基准计划是按时间分段的费用预算计划,可用来测量和监督装备项目费用的实际发生情况,并能够很好地将费用支出与工期进度联系起来,是按时间对装备项目费用支出进行控制的主要依据。

2) 费用绩效报告。费用绩效报告是记载装备项目费用预算的实际执行情况的资料,其主要内容包括装备项目各个阶段或各项工作的费用完成情况,是否超出了费用预算,存在哪些方面的问题等。

3) 费用变更请求。通常情况下,装备项目的费用预算一经确定不得随意调整,若要进行费用变更,必须要有变更申请和相应的审批程序和手续。

4) 费用管理计划。费用管理计划是对在装备项目实施过程中可能会引起费用变化的各种潜在因素进行识别和分析,并提出相应的解决和控制方案,为确保在费用预算范围内完成装备项目提供的一个指导性文件。该计划是关于如何管理好装备项目费用变动的说明文件,是装备项目计划管理文件的一个组成部分。

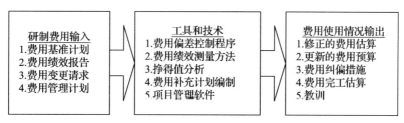

图 8-25　装备项目费用风险控制框架

(3) 费用风险控制内容。装备项目费用风险控制的主要内容有:
1) 确定装备项目实际发生的费用是否已经出现偏差;
2) 当出现费用偏差时,分析费用偏差产生的原因以及对装备项目未来进度的影响;
3) 针对费用偏差产生的原因,采取适当的措施以减少或消除费用偏差。

3. 应用实例分析

飞机型号研制过程是一个结构复杂、投入巨大、持续时间长的过程,存在着大量不确定性因素,这使得飞机型号研制能否按照预定的费用计划完成研制任务难以预料。现以某型号飞机研制项目为例,采用挣得值法进行飞机型号研制项目费用风险分析。

(1) 建立研制工作分解结构(Work Breakdown Structure,WBS)。工作分解结构把项目按层次分解成子项目,子项目再分解成更小的、更易管理的工作单元,直到最底层的具体活动。按照工作过程对飞机型号研制项目的主要工作进行分解,可得飞机型号研制工作分解结构,如图 8-26 所示。

(2) 确定各项工作先后关系。工作先后关系是指某些工作的执行必须在某些工作完成之后,通常有两种:一是工作之间本身存在的、无法改变的逻辑关系;二是人为组织确定的两项工作可先可后的组织关系。根据飞机型号研制项目各项工作的实际顺序,结合相关文献资料、历史信息和限制条件,在进行专家问卷调查的基础上,对各项工作的持续时间进行估计,确定的各项工作的先后关系如表 8-15 所示。

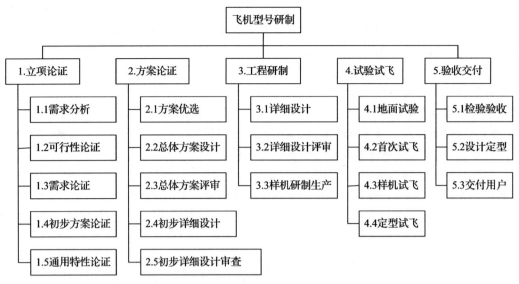

图 8-26 飞机型号研制工作分解结构

表 8-15 飞机型号研制项目工作先后关系表

序 号	工作项目	工作代号	紧前工作	工期/月
1	需求分析	J_a	—	0.5
2	可行性论证	J_b	J_a	1.0
3	需求论证	J_c	J_a	0.5
4	初步方案论证	J_d	J_b、J_c	1.0
5	通用特性论证	J_e	J_d	0.5
6	方案优选	J_f	J_e	0.5
7	总体方案设计	J_g	J_f	2.5
8	总体方案评审	J_h	J_g、J_f	0.5
9	初步详细设计	J_i	J_f	1.5
10	初步详细设计审查	J_j	J_i	0.5
11	详细设计	J_k	J_h	3.5
12	详细设计评审	J_l	J_k	0.5
13	样机研制生产	J_m	J_l	4.0
14	地面试验	J_n	J_m	1.5
15	首次试飞	J_o	J_n	0.5
16	样机试飞	J_p	J_o	0.5
17	定型试飞	J_q	J_p	0.5
18	检验验收	J_r	J_o	1.5
19	设计定型	J_s	J_q、J_r	1.5
20	交付用户	J_t	J_s	0.5

(3)制订项目人力资源计划。结合资源的可利用情况和项目工期,通过责任分配矩阵分析,可得到该飞机型号研制项目所需资源数量和工时(按每周5天工作日,每个工作日8 h计算),如表8-16所示。

表8-16 飞机型号研制项目人力资源计划表

序号	工作项目	工作代号	工期/月	人员类别	工作量/h	人数
1	需求分析	J_a	0.5	技术人员	1 500	15
2	可行性论证	J_b	1.0	技术人员	3 200	15
3	需求论证	J_c	0.5	技术人员	1 500	10
4	初步方案论证	J_d	1.0	技术人员	3 300	12
5	通用特性论证	J_e	0.5	技术人员	1 600	12
6	方案优选	J_f	0.5	技术人员	1 600	10
7	总体方案设计	J_g	2.5	技术人员	7 800	7
8	总体方案评审	J_h	0.5	技术人员	1 500	7
9	初步详细设计	J_i	1.5	技术人员	4 600	38
10	初步详细设计审查	J_j	0.5	技术人员	1 500	7
11	详细设计	J_k	3.5	技术人员	12 500	53
12	详细设计评审	J_l	0.5	技术人员	1 300	7
13	样机研制生产	J_m	4.0	技术人员	1 600	22
				工人	10 800	42
14	地面试验	J_n	1.5	技术人员	4 200	22
15	首次试飞	J_o	0.5	技术人员	1 300	27
16	样机试飞	J_p	0.5	技术人员	1 300	27
17	定型试飞	J_q	0.5	技术人员	1 300	17
18	检验验收	J_r	1.5	技术人员	3 000	7
19	设计定型	J_s	1.5	技术人员	4 600	37
20	交付用户	J_t	0.5	管理人员	1 800	17

(4)飞机型号项目费用分解。该飞机型号研制项目总费用为6 015万元,其中材料费为4 775万元、固定费用为739万元、人员费用为501万元。通过分析计算得到该项目的费用分解如表8-17所示。

表 8-17　飞机型号研制项目费用分解表　　　　　　　　　单位:万元

序号	工作项目	工作代号	固定费用	材料费	人员费用	总费用	月平均费用
1	需求分析	J_a	38	10	16	64	128
2	可行性论证	J_b	40	40	16	96	96
3	需求论证	J_c	25	25	9	59	118
4	初步方案论证	J_d	30	30	13	73	73
5	通用特性论证	J_e	20	20	11	51	102
6	方案优选	J_f	18	18	11	47	94
7	总体方案设计	J_g	68	70	13	151	60.4
8	总体方案评审	J_h	10	8	9	27	54
9	初步详细设计	J_i	45	58	40	143	95.333
10	初步详细设计审查	J_j	10	8	8	26	52
11	详细设计	J_k	72	65	57	194	55.429
12	详细设计评审	J_l	13	17	8	38	76
13	样机研制生产	J_m	140	4 200	123	4 463	1 115.75
14	地面试验	J_n	30	30	24	84	56
15	首次试飞	J_o	20	30	20	70	140
16	样机试飞	J_p	20	38	24	82	164
17	定型试飞	J_q	20	48	28	96	192
18	检验验收	J_r	50	10	13	73	48.667
19	设计定型	J_s	40	40	38	118	78.667
20	交付用户	J_t	30	10	20	60	120

(5) 飞机型号项目挣得值分析。利用挣得值分析工具,对该飞机型号研制项目进行分析,得到飞机型号项目挣得值分析结果如表 8-18 所示。

表 8-18　飞机型号研制项目挣得值分析表　　　　　　　　　单位:万元

序号	工作项目	计划价值(PV)	挣得值(EV)	实际费用(AC)	进度偏差(SV)	费用偏差(CV)	估计完工费用(EAC)
1	需求分析	63.60	55.65	55.65	−7.95	0.00	63.60
2	可行性论证	96.00	96.00	104.00	0.00	−8.00	104.00
3	需求论证	57.60	57.60	57.60	0.00	0.00	57.00
4	初步方案论证	72.00	66.00	66.00	−6.00	0.00	72.00
5	通用特性论证	51.60	40.76	40.85	−10.84	−0.09	51.71
6	方案优选	46.80	46.80	58.50	0.00	−11.70	58.50

续表

序号	工作项目	计划价值(PV)	挣得值(EV)	实际费用(AC)	进度偏差(SV)	费用偏差(CV)	估计完工费用(EAC)
7	总体方案设计	150.00	150.00	160.00	0.00	−10.00	160.00
8	总体方案评审	27.60	27.60	27.60	0.00	0.00	27.60
9	初步详细设计	144.00	136.00	136.00	−8.00	0.00	144.00
10	初步详细设计审查	26.40	20.90	20.90	−5.50	0.00	26.40
11	详细设计	193.20	174.80	174.80	−18.40	0.00	193.20
12	详细设计评审	38.40	38.40	51.20	0.00	−12.80	51.20
13	样机研制生产	4 454.00	4 454.00	4 603.50	0.00	−149.50	4 603.50
14	地面试验	82.80	69.00	69.00	−13.80	0.00	82.80
15	首次试飞	69.60	69.60	81.20	0.00	−11.60	81.20
16	样机试飞	81.60	64.46	64.46	−17.14	0.00	81.77
17	定型试飞	96.00	96.00	96.00	0.00	0.00	96.00
18	检验验收	72.00	72.00	76.00	0.00	−4.00	76.00
19	设计定型	118.80	118.80	132.00	0.00	−13.20	132.00
20	交付用户	60.00	45.00	45.00	−15.00	0.00	60.00
	合计	6 002.00	5 899.37	6 120.26	−102.63	−200.89	6 222.48

对表 8−18 中的数据进行分析,可得到飞机型号研制项目进度费用综合分析结果,如表 8−19 所示。

表 8−19 飞机型号研制项目进度费用综合分析表   单位:万元

序号	工作项目	进度偏差(SV)	费用偏差(CV)	进度情况	费用情况
1	需求分析	−7.95	0.00	延迟	正常
2	可行性论证	0.00	−8.00	正常	超支
3	需求论证	0.00	0.00	正常	正常
4	初步方案论证	−6.00	0.00	延迟	正常
5	通用特性论证	−10.84	−0.09	延迟	超支
6	方案优选	0.00	−11.70	正常	超支
7	总体方案设计	0.00	−10.00	正常	超支
8	总体方案评审	0.00	0.00	正常	正常
9	初步详细设计	−8.00	0.00	延迟	正常
10	初步详细设计审查	−5.50	0.00	延迟	正常

续表

序 号	工作项目	进度偏差（SV）	费用偏差（CV）	进度情况	费用情况
11	详细设计	−18.40	0.00	延迟	正常
12	详细设计评审	0.00	−12.80	正常	超支
13	样机研制生产	0.00	−149.50	正常	超支
14	地面试验	−13.80	0.00	延迟	正常
15	首次试飞	0.00	−11.60	正常	超支
16	样机试飞	−17.14	0.00	延迟	正常
17	定型试飞	0.00	0.00	正常	正常
18	检验验收	0.00	−4.00	正常	超支
19	设计定型	0.00	−13.20	正常	超支
20	交付用户	−15.00	0.00	延迟	正常

对表8−19中的进度偏差(SV)、费用偏差(CV)进行归一化处理，得到对各项工作造成进度延迟、费用超支的影响因子分别如表8−20和表8−21所示。

表8−20 飞机型号研制项目进度影响因子

序 号	工作项目	影响因子	序 号	工作项目	影响因子
1	需求分析	0.077 46	6	详细设计	0.179 28
2	初步方案论证	0.058 46	7	地面试验	0.134 46
3	通用特性论证	0.105 62	8	样机试飞	0.167 02
4	初步详细设计	0.077 95	9	交付用户	0.146 16
5	初步详细设计审查	0.053 59			

表8−21 飞机型号研制项目费用影响因子

序 号	工作项目	影响因子	序 号	工作项目	影响因子
1	可行性论证	0.036 22	6	样机研制生产	0.676 81
2	通用特性论证	0.000 41	7	首次试飞	0.052 51
3	方案优选	0.052 97	8	检验验收	0.018 11
4	总体方案设计	0.045 26	9	设计定型	0.059 76
5	详细设计评审	0.057 95			

由表8−20可以看出，要合理控制该飞机型号研制项目进度，应重点关注的工作项目有详细设计、样机试飞、交付用户、地面试验和通用特性论证，它们对该飞机型号项目研制进度的影响达73.25%。

由表8−21可以看出，要合理控制该飞机型号研制项目费用，应重点关注样机研制生产工作项目，其对该飞机型号项目研制费用的影响达67.68%。

参 考 文 献

[1] 周林,王君,等. 军事装备管理预测与决策[M]. 北京:国防工业出版社,2007.
[2] 王汉功,甘茂治,陈学楚,等. 装备全系统全寿命管理[M]. 北京:国防工业出版社,2003.
[3] 梁庆卫,宋保维,潘光. 鱼雷寿命周期费用分析[M]. 北京:国防工业出版社,2013.
[4] 黄训江. 以费用为独立变量的装备寿命周期费用评价与管理[M]. 北京:科学出版社,2012.
[5] 唐长红. 航空武器装备经济性与效费分析[M]. 北京:航空工业出版社,2018.
[6] 韩景倜. 航空装备寿命周期费用与经济分析[M]. 北京:国防工业出版社,2008.
[7] 朱松山,唐大德,陈桂明,等. 武器装备经济基本理论[M]. 北京:国防工业出版社,2001.
[8] 吕建伟,陈霖,郭庆华. 武器装备研制的风险分析与风险管理[M]. 北京:国防工业出版社,2005.
[9] 徐哲. 武器装备项目进度、费用与风险管理[M]. 北京:国防工业出版社,2011.
[10] 王颖,郭磊,罗强. 项目风险管理[M]. 北京:电子工业出版社,2011.
[11] 邱志明,易善勇,田新广. 武器装备研制风险分析[M]. 北京:兵器工业出版社,2009.
[12] 黎放,王志国,李平,等. 舰船可靠性管理工程[M]. 北京:国防工业出版社,1997.
[13] 申卯兴,曹泽阳,周林. 现代军事运筹[M]. 北京:国防工业出版社,2014.
[14] 王玉泉. 装备费用-效能分析[M]. 北京:国防工业出版社,2010.
[15] 朗荣玲,潘磊,吕永乐,等. 基于支持向量机的飞机故障诊断技术[M]. 北京:国防工业出版社,2016.
[16] 装备可靠性工作通用要求:GJB 450A—2004[S]. 北京:中国人民解放军总装备部,2004.
[17] 武器装备寿命周期费用估算:GJBz 20517—1998[S]. 北京:中国人民解放军总装备部,1998.
[18] 装备可靠性维修性保障性要求论证:GJB 1909A—2009[S]. 北京:中国人民解放军总装备部,2009.
[19] 可靠性鉴定和验收试验:GJB 899A—2009[S]. 北京:中国人民解放军总装备部,2009.
[20] 可靠性维修性保障性术语:GJB 451A—2005[S]. 北京:中国人民解放军总装备

部,2005.

[21] 武器装备研制项目风险管理指南:GJB/Z 171—2013[S]. 北京:中国人民解放军总装备部,2013.

[22] 军用软件开发文档通用要求:GJB 438B—2009[S]. 北京:中国人民解放军总装备部,2009.

[23] 穆莎,艾里诺,奥本. 软件可靠性:度量、预计和应用[M]. 姚一平,林典伦,裴忠侯,等译. 北京:机械工业出版社,1992.

[24] 刘晓东. 装备寿命周期费用分析与控制[M]. 北京:国防工业出版社,2008.

[25] 《世界导弹大全》(第三版)修订委员会. 世界导弹大全[M]. 3版. 北京:军事科学出版社,2011.

[26] 高星,田小川. 国外航母全寿命周期费用管理概述[M]. 哈尔滨:哈尔滨工程大学出版社,2017.

[27] 王胜开,余达太,刘增亮,等. 美军的装备软件工程[J]. 外军信息战,2006(2):9-12.

[28] 杨常青,张尚悦. 军用软件生命周期模型选择方法研究[J]. 高教学刊,2015(13):196-197.

[29] 李川川,王俊江. 软件生命周期模型探析[J]. 电子质量,2017(10):4-5.

[30] 陈小虎,牛明田,陈卫国,等. 装备软件对装备全寿命费用的影响[J]. 装备制造技术,2012(5):97-99.

[31] 朱维军. 装备软件寿命周期费用分析及其效能优化模型[C]//耿俊豹,金家善. 寿命周期费用技术与协调发展. 长沙:国防科技大学出版社,2011:189-192.

[32] 段育红,叶春明. 军用装备软件定价成本与机制优化[J]. 军事经济研究,2014,35(6):35-37.

[33] 慕林霖,孙胜祥,陈炜然. 装备软件价值的影响因素及评估思路分析[J]. 海军工程大学学报(综合版),2015,12(1):45-48.

[34] 马志凌. 基于粒子群优化支持向量机的装备软件成本估算研究[D]. 哈尔滨:哈尔滨工程大学,2019.

[35] 梅冬峰,宋义斌. 装备软件成本测算方法研究[J]. 舰船电子工程,2009(4):113-115.

[36] 曹杨华,曹健,李虎. 基于功能点的装备软件成本度量研究[J]. 航空财会,2020(2):46-49.

[37] 董文丽,潘长春. 基于功能点计算模型的大型军用软件规模估算研究及应用[J]. 项目管理技术,2019,17(3):103-107.

[38] 付雅芳,刘晓东,李延杰,等. 基于遗传算法和案例推理的软件费用估算方法[J]. 计算机工程与应用,2012,48(8):86-91.

[39] 张敏芳,刘沃野,胡玉清. 基于事例推理的装备软件成本估算研究[J]. 军械工程学院学报,2009,21(4):20-24.

[40] 吴登生,李建平,孙晓蕾. 基于加权案例推理模型族的软件成本SVR组合估算[J]. 管理工程学报,2015,29(2):210-216.

[41] 段美美,于本海,朱萌. 基于CBR的软件项目成本估算方法[J]. 计算机工程与设计,

2014,35(11):3837 - 3844.
[42] 姚跃. 基于 CBR 的装备软件成本估算研究[D]. 哈尔滨:哈尔滨工程大学,2016.
[43] 郑靓婧. 基于关键路径的工程项目挣值管理分析[D]. 武汉:湖北工业大学,2016.
[44] 吴庆岩. 挣值管理在船舶建造过程管理中的应用研究[D]. 大连:大连海事大学,2018.
[45] 赵龙. 基于最小二乘支持向量机的军用软件开发成本测算研究[J]. 装备学院学报,2014,25(5):97 - 102.
[46] 孙胜祥,慕林霖,訾书宇. 基于可维护性的装备软件成本估算模型[J]. 海军工程大学学报,2016,28(6):38 - 41.
[47] 王江为,郭新河. 武器装备软件可靠性研究[J]. 电脑知识与技术,2011,7(32):7915 -7918.
[48] 陈岩申,张路青. 装备软件可靠性度量参数分析[J]. 舰船电子工程,2015,35(2):124 - 128.
[49] 胡振强,商英俊. 软件生命周期可靠性因素分析[J]. 计算机与网络,2017,43(10):70 - 72.
[50] HELANDER M E, MING Z, OHLSSON N. Planning models for software reliability and cost[J]. IEEE Transactions on Software Engineering,1998,24(6):420 - 434.
[51] 黄宁,陈未如,石帅. 面向评估的软件可靠性与费用模型的研究[J]. 佳木斯大学学报(自然科学版),2009,27(1):70 - 72.
[52] 刘培培. 软件可靠性费用估算方法研究[J]. 河北大学学报(自然科学版),2003,23(4):434 - 439.
[53] 黎放,朱承,王威. 软件测试费用及资源优化模型研究[J]. 系统工程与电子技术,2000,22(3):72 - 74.
[54] 宁伟华,陈永革,田新华. 软件可靠性与费用权衡[J]. 系统工程与电子技术,2002,24(11):117 - 119.
[55] 余翔羚. 通信对抗软件复杂度[J]. 通信对抗,2002 (1):30 - 37.
[56] 谭鸿健,杨雅惠,董明刚. 基于改进 G - O 费用模型的软件最优发布研究[J]. 广西师范大学学报(自然科学版),2014,32(2):48 - 54.
[57] 陈未如,李可明. 基于架构的软件可靠性分配模型及优化研究[J]. 计算机系统应用,2009 (4):92 - 95.
[58] 黄宁,陈未如,石帅. 一种基于动态规划的软件可靠性分配方法[J]. 计算机应用与软件,2011,28(3):119 - 120.
[59] 徐仁佐,张良平,张大帅. 软件可靠性分配的一个非线性规划模型[J]. 计算机工程,2003,29(17):34 - 36.
[60] 徐仁佐,张良平,陈波,等. 基于模块开发控制的一个软件可靠性分配模型[J]. 武汉大学学报(理学版),2003,49(1):44 - 48.
[61] 罗自强,张志华,周红进. 软件可靠性分配的遗传算法模型研究[J]. 海军工程大学学

报,2003,15(6):90-93.

[62] 沈雪石,陈英武. 软件构件可靠性与费用分配最优模型[J]. 国防科技大学学报,2007,29(2):81-84.

[63] 董莉萍. 基于FAHP的装备全寿命费用风险评价研究[D]. 哈尔滨:哈尔滨工程大学,2015.

[64] 田新广,邱志明,段洣毅. 基于层次评估和熵理论的舰炮武器研制费用风险分析[J]. 舰船科学技术,2008,30(1):92-95.

[65] 卢雷,杨江平. 基于蒙特卡洛仿真的使用与保障费用风险分析[J]. 计算机仿真,2013,30(5):354-357.

[66] 徐吉辉,邹星琪. 基于I-Monte Carlo的飞机研制费用风险建模与实证分析[J]. 数学的实践与认识,2015,45(13):58-66.

[67] 冷毅勋. 飞机型号项目研制费用风险分析[J]. 航空科学技术,2006(2):20-23.

[68] 黄兆东,肖依永,常文兵. 飞机研制费用风险的扩展型蒙特卡洛仿真方法[J]. 项目管理技术,2009,7(8):18-21.

[69] 蔡万区,黄栋,叶卫民. 基于风险的挣值管理方法及其应用[J]. 火力与指挥控制,2019,44(7):110-115.

[70] 杜蓉,梁静国,那保国. 挣得值法在船舶建造费用风险控制中的应用[J]. 科技管理研究,2009(1):254-255.

[71] 于长海,时圣革. 基于费用风险的武器装备研制扩展型蒙特卡洛仿真方法[J]. 论证与研究,2012(6):23-25.

[72] 金峰. 基于费用风险驱动理论的费用风险分析方法[J]. 工程管理学报,2012,26(1):75-78.

[73] 张云雨,郑国良,闫利霞. 赢得值法在项目进度及费用风险控制方面的应用[J]. 安装,2018(2):20-22.

[74] 吴诗辉,解江,刘晓东,等. 装备研制项目的模糊挣值管理方法[J]. 航空学报,2017,38(2):320258.

[75] 邹星琪,徐吉辉. 基于改进挣值法的飞机研制风险建模与分析[J]. 计算机仿真,2015,32(9):114-119.

[76] 乔立红,郭广鑫,杨志兵. 改进的挣值分析法在型号项目管理过程中的应用[J]. 北京理工大学学报,2010,30(1):33-36.

[77] 田昀,袁莹莹,曹金龙,等. 复杂装备研制项目的动态挣值管理与可视化技术[J]. 系统工程,2014,32(4):45-53.

[78] 徐哲,吴瑾瑾,贾子君. 基于概率联合分布的费用与进度联合风险估计[J]. 系统工程学报,2009,24(1):46-53.

[79] 傅慷,刘昊霖,陈袁宁. 基于ISM方法的舰船装备研制阶段费用风险分析[J]. 论证与研究,2018,34(5):71-73.

[80] 梁对,苏圆,张丽叶. 基于支持向量机的通信装备采购费用预测模型构建[J]. 装备指挥技术学院学报,2009,20(5):28-31.

参考文献

[81] 张丽叶,郑绍钰. 基于LS-SVM的装备研制费用建模与分析[J]. 兵工自动化,2009, 28(2):16-18.

[82] 李哲龙. 舰船装备维修费用预测的PSO-LSSVM方法研究[J]. 舰船电子工程, 2013,33(8):129-131.

[83] 高鸥,孙德翔,邢国平,等. 基于遗传算法优化支持向量机的航空装备维修费用预测[J]. 兵工自动化,2011,30(9):24-27.

[84] 黄栋,徐宗昌. 寿命周期费用分析中的数据采集问题探讨[J]. 装甲兵工程学院学报, 2002,16(2):90-95.

[85] 左进明,袁博. 美军装备全寿命周期费用管理研究(上)[J]. 空军装备,2016(8): 53-56.

[86] 高世光,杨晓峰. 武器装备费用估算的一般程序[J]. 军事经济研究,2004,25(8): 30-33.

[87] 李亚轲. 基于参数估算法的寿命周期费用控制方法[J]. 航空兵器,2010(2):54-57.

[88] 史娟娟,侯粉. 基于灰色理论的飞机机体研制费用估算[J]. 飞机工程,2010(1): 28-30.

[89] 冯迎辉,宋敏. 作业成本计算流程与模型构建[J]. 西安航空技术高等专科学校学报, 2006,24(2):40-42.

[90] 唐治恒,潘少卿,王红敏. 作业成本法在军品成本核算中的应用研究[J]. 徐州空军学院学报,2007,18(2):25-28.

[91] 邢志浩,李五洲,刘建涛. 基于作业成本法的军品定价模型研究[J]. 陆军航空兵学院学报,2008,7(1):65-67.

[92] 姜硕,宋磊,刘琳. 作业成本法数学模型的创新[J]. 运筹与管理,2004,13(1): 156-159.

[93] 陈士涛,张志峰,归建洲. 基于Weibull分布的武器系统研制时间-费用模型[J]. 四川兵工学报,2008,29(2):39-41.

[94] 郭基联,段宝君,孙文科,等. 基于威布尔分布的装备研制时间-费用模型[J]. 装备指挥技术学院学报,2002,13(2):1-4.

[95] 徐宗昌,姜晨. 基于Gompertz曲线的武器研制费用-时间模型[J]. 弹箭与制导学报, 2005,25(3):377-379.

[96] 姜晨,张金春,王杰. 利用龚帕兹曲线建立导弹研制费用-时间模型[J]. 系统工程与电子技术,2002,24(4):23-25.

[97] 徐亮,庄弘炜,卢玲. 基于BP神经网络的非致命武器研发费用预测[J]. 警察技术, 2011(2):74-76.

[98] 徐吉辉,杨春周. 军用装备采购费评估中的神经网络模型[J]. 海军航空工程学院学报,2010,25(4):467-471.

[99] 罗云宝,侯志强,崔坤林,等. 基于BP神经网络的战斗机采购费用估算[J]. 海军航空工程学院学报,2006,21(4):463-466.

[100] 杨鹏飞,朱耀琴. 基于支持向量回归机的复杂产品费用估算研究[J]. 现代电子技

术,2015,38(9):38-42.

[101] 陈子山川,魏汝祥,季春阳.基于支持向量机的舰船维修费用组合预测研究[J].中国修船,2008,21(4):45-47.

[102] 蒋铁军,李积源.基于支持向量机的武器系统费用预测分析[J].系统工程理论与实践,2004(9):121-124.

[103] 马明昭,王夷,李静龙.支持向量机的国产飞机研制费用建模估算[J].火力与指挥控制,2014,39(5):180-184.

[104] 梁春华,雷迅,温志诚,等.飞机维修费用估算模型[J].空军工程大学学报(军事科学版),2014,14(3):64-66.

[105] 王卓健,饶学军,沈安慰,等.部附件送修费用的偏最小二乘回归模型及敏感性分析[J].电光与控制,2012,19(10):102-105.

[106] 梁庆卫,宋保维,吴朝辉.鱼雷寿命周期费用参数的灰色敏感性分析[J].火力与指挥控制,2007,32(4):12-13.

[107] 刘霄,李海军.基于偏最小二乘法的装备维修费用估算方法研究[J].中北大学学报(自然科学版),2014,35(4):407-412.

[108] 郭风,侯满义,张恒喜.偏最小二乘回归在导弹研制费用预测中的应用[J].弹箭与制导学报,2005,25(1):429-431.

[109] 罗为,刘鲁.基于偏最小二乘法的军用无人机研制费用预测[J].北京航空航天大学学报,2010,36(6):667-670.

[110] 李寿安,张恒喜,童中翔,等.偏最小二乘法回归在军机价格预测中的应用[J].航空学报,2006,27(4):600-604.

[111] 郭风,李登科,张恒喜,等.军用无人机研制费用的RBF神经网络预测[J].电光与控制,2005,12(6):60-62.

[112] 曲亚鑫.基于历史数据的偏最小二乘建模方法研究与应用[D].北京:华北电力大学,2012.

[113] 陆洪涛.偏最小二乘回归数学模型及其算法研究[D].北京:华北电力大学,2014.

[114] 翟永军,马利,舒文军,等.GA BP网络在机体研制费用预测中的应用[J].火力与指挥控制,2008,33(8):94-97.

[115] 刘铭,赵保军,杨建军,等.基于GA和BP融合算法的装备费用估算方法[J].系统工程与电子技术,2002,24(2):62-65.

[116] 方卫国,蔡伟宁.基于Gram-Schmidt回归的军用无人机研制费用预测[J].工业工程,2013,16(6):29-33.

[117] 王惠文,陈梅玲.Gram-Schmidt回归及在刀具磨损预报中的应用[J].北京航空航天大学学报,2008,34(6):729-733.

[118] 王惠文,夏棒,孟洁.快速Gram-Schmidt回归方法[J].北京航空航天大学学报,2013,39(9):1259-1262.

[119] 李志伟,高崎,刘慎洋,等.基于Gram-Schmidt回归的军械器材储存期限测算方法[J].装甲兵工程学院学报,2015,29(5):22-25.

参考文献

[120] 黎放,费奇,王威. 武器装备可靠性费用研究[J]. 系统工程与电子技术,2005,27(7):1253-1255.

[121] 史秀建,金家善,吴奕亮. 寿命周期费用与可靠性关系模型分析研究[J]. 武汉理工大学学报(交通科学与工程版),2004,28(4):589-592.

[122] 马学军,张怀强. 武器装备可靠性指标调整对 LCC 的贡献研究[J]. 装备制造技术,2013(7):52-56.

[123] 董芮寒,罗涛. 装备可靠性与寿命周期费用相关关系模型研究[J]. 价值工程,2015,34(26):159-161.

[124] 周行权,蔡宁. 电子产品寿命周期费用与可靠性关系的动态研究[J]. 电子学报,1994,22(11):22-27.

[125] 姜健,马振龙,姜悦岭. Duane 模型的推广[J]. 哈尔滨师范大学自然科学学报,1997,13(5):83-86.

[126] 叶安健,刘瑾辉,左军. 可靠性费用估算探讨[J]. 电子产品可靠性与环境试验,1997(6):13-15.

[127] 玄一民,徐智明,宋贵宝. 基于动态规划的导弹装备可靠性优化方法[J]. 战术导弹技术,2012(3):13-16.

[128] 张晓春,韩玉启. 费用与可靠性的优化问题[J]. 南京理工大学学报,2001,25(5):550-553.

[129] 张晓春,韩玉启. 定费用时可靠性的极大化问题研究[J]. 中国机械工程,2003,14(7):565-567.

[130] 陈东宁,张瑞星,姚成玉. 基于混合 PSO-ACO 算法的液压系统可靠性优化[J]. 机床与液压,2013,41(23):157-161.

[131] 原菊梅. 基于粒子群算法的复杂系统可靠性分配与优化[J]. 火力与指挥控制,2011,36(1):90-93.

[132] 鹿祥宾,李晓钢,林峰. 复杂系统的可靠性分配和优化[J]. 北京航空航天大学学报,2004,30(6):565-568.

[133] 刘飞,张为华. 基于费用函数的系统的可靠性优化分配方法[J]. 机械设计与制造,2005(11):11-12.

[134] 王建成. 基于遗传算法的系统可靠性优化[J]. 装备指挥技术学院学报,2005,16(4):112-115.

[135] 桂瞬丰,鲁罕. 一种基于最小费用函数对系统可靠性分配的方法[J]. 科技创新导报,2020(6):93-95.

[136] ADAMANTIOS M. Reliability allocation and optimization for complex systems[C] // IEEE. Proceeding Annual Reliability and Maintainability Symposium. Tucson:IEEE,2000:216-221.

[137] WAY H,RUI W. Recent advances in optimal reliability allocation[J]. IEEE Transaction on Systems, Man, and Cybernetics:Part A:Systems and Humans,2007,37(2):143-156.

[138] SHI Y H, EBERHART R C. A modified particle swarm optimizer[C]// IEEE. IEEE International Conference on Evolutionary Computation. Anchorage: IEEE, 1998: 132-143.

[139] SHI Y H, EBERHART R C. Parameter selection in particle swarm optimization [C]// IEEE. Proceedings of the 7th International Conference on Evolutionary Programming. Heidelberg: Springer Verlag, 1998: 591-600.

[140] 莫黎. 可靠性增长设计技术[J]. 舰船电子工程, 2004(6): 139-142.

[141] 胡顺强, 陈砚桥, 金家善. 基于两种可靠性改进思路的设计方案及其费用研究[J]. 舰船电子工程, 2019, 39(2): 122-125.

[142] 蒋里强, 王权伟, 王桂花, 等. 武器系统维修性分配的规划方法研究[J]. 系统工程与电子技术, 2007, 29(1): 155-157.

[143] 曹凯, 黄政, 陈砚桥, 等. 可靠性维修性与LCC的关系模型研究[J]. 舰船电子工程, 2016, 36(7): 114-119.

[144] 潘洪亮, 徐塈, 唐少强. 基于寿命周期费用的系统可靠性与维修性关系研究[J]. 城市轨道交通研究, 2019, 22(1): 30-33.

[145] 邵松世, 李庆民, 李华. 基于寿命周期备件费用的系统可靠性优化设计[J]. 中国工程科学, 2015, 17(5): 25-30.

[146] 郭少伟. 以可用度为目标的综合传动装置可靠性与维修性权衡分配方法研究[D]. 北京: 北京理工大学, 2016.

[147] 宋保维. 鱼雷系统可靠性理论与方法研究[D]. 西安: 西北工业大学, 1999.

[148] 张作品. 基于可靠性维修性系统的寿命周期费用分析[D]. 秦皇岛: 燕山大学, 2010.

[149] 吕建伟, 徐一帆, 谢宗仁. 大型复杂武器系统可靠性和维修性指标的总体优化方法[J]. 兵工学报, 2016, 37(6): 1144-1152.

[150] 翁雷, 廖军, 孙国强. 电子产品可靠性增长试验综述[J]. 环境技术, 2018, 36(1): 20-23.

[151] 朱永. 电子设备可靠性增长试验方法及应用研究[J]. 电子产品可靠性与环境试验, 2015, 33(3): 17-22.

[152] 黎放, 王威, 胡涛. 可靠性增长试验费用模型研究[J]. 海军工程大学学报, 2000(5): 102-104.

[153] 梅文华. 利用AMSAA模型预测产品可靠性增长[J]. 空军工程大学学报(自然科学版), 2003, 4(2): 81-83.

[154] 刘洋, 伍德勇, 何晶. 基于杜安模型的软件可靠性增长试验[J]. 装备指挥技术学院学报, 2005, 16(3): 74-77.

[155] 谢静, 于海滨, 范文正. 可靠性增长数学模型的应用[J]. 海军航空工程学院青岛分院学报, 2001(2): 47-53.

[156] 李东兵. 浅谈武备系统可靠性工程[J]. 战术导弹技术, 2001(5): 5-9.

[157] 胡坤雷. 降低可靠性验证试验用费的分析[J]. 电子产品可靠性与环境试验, 2012, 30(5): 34-37.

[158] 姚路,钟小军,宋志宏,等.可靠性验证试验费用优化模型研究[J].舰船电子工程,2006,26(1):121-124.

[159] 刘彬,李先龙.武器装备LCC分析的基本原理[J].火力与指挥控制,2009,34(11):180-182.

[160] 于向军,王伟海.武器系统费用分析的发展现状及对策建议[J].军事经济研究,2012,33(1):50-52.

[161] 郭凯红,闫全中,李昊.装备寿命周期费用分析与控制对策[J].海军装备,2013(8):54-55.

[162] 丁炳汉,苏学勇,汪文峰.所有可能回归分析与神经网络在费用预测模型中的应用[J].弹箭与制导学报,2004,24(4):230-232.

[163] 汪文峰,王群,陈之光.带概率因子的最小费用流经济性分析模型研究[J].指挥控制与仿真,2011,33(3):68-71.

[164] 汪文峰,张琳,史文杰,等.基于费用估算的地空导弹装备部件维修方案分析方法[J].装甲兵工程学院学报,2017,31(1):35-39.

[165] 韩晓明,姜科,张琳,等.基于灰色神经网络武器装备研制费用预测模型[J].现代防御技术,2011,39(4):184-188.

[166] 马海英,周林,刘力.基于模糊-价值理论的备件品种预测模型研究[J].四川兵工学报,2012,33(6):39-41.

[167] 宋彦学,周林,霍亮.基于理想点法的武器装备采购评标研究[J].航空计算技术,2007,37(3):24-26.

[168] 汪文峰.备件维修级别经济性分析模型研究[J].战术导弹技术,2011(5):59-64.